Juilene Osborne-McKnight

Patrick von Irland

Juilene
Osborne-McKnight

Patrick von Irland

Roman

Deutsch von
Christa Prummer-Lehmair,
Gerlinde Schermer-Rauwolf
und Robert A. Weiß

Bechtermünz

Genehmigte Lizenzausgabe
für Weltbild Verlag GmbH, Augsburg

Übersetzung: Christa Prummer-Lehmair,
Gerlinde Schermer-Rauwolf und Robert A. Weiß,
Kollektiv Druck-Reif
Umschlaggestaltung: Studio Höpfner-Thoma, München
Umschlagmotiv: AKG, Berlin
Gesamtherstellung: Clausen & Bosse, Leck
Printed in Germany
ISBN 3-8289-6969-0

2004 2003 2002 2001
Die letzte Jahreszahl gibt die aktuelle Lizenzausgabe an.

Icham of Irlaunde
Ant of the holy londe of irlande
Gode sir pray ich ye
for of saynte charite
come ant daunce wyt me
in irlaunde.
(anonymer Autor aus dem 14. Jahrhundert)

Ich bin aus Irland
Aus dem heiligen Land Irland
Inständig bitte ich Dich, guter Herr,
um Gottes Barmherzigkeit willen
komm und tanz mit mir
in Irland.

Prolog

Patrick, der Britannier

Padraig!« Ich blickte auf. Breogan, mein Schreiber, lief über das Feld auf mich zu, seine braune Kutte flatterte im Wind, sein roter Schopf war zerzaust. Er fuchtelte mit den Armen. Ich achtete nicht auf ihn und widmete mich weiter den Pflänzchen auf unserem Klosteracker.

»Padraig!« rief er erneut. Dabei sprach er meinen Namen auf die gräßliche Weise der Iren aus – *Parrig*. Ich richtete mich auf, klopfte mir die Erde von den Händen und wartete, bis er vor mir stand.

»Bruder«, belehrte ich ihn mit Engelsgeduld, »wie sollen die anderen meinen Namen lernen, wenn nicht einmal du ihn richtig aussprichst? Ich heiße nicht Padraig, sondern Magonus Succatus Patricius. Du kannst mich Abba nennen oder Bruder oder auch Patricius, aber nicht Padraig. Als mein Schreiber müßtest du das eigentlich am besten wissen.«

Aber Breogan schüttelte den Kopf.

»Nicht jetzt, Padraig«, erwiderte er, »nicht jetzt, in Gottes Namen. Schau, da drüben.« Er deutete zum Waldrand hinter den Feldern.

Dort saß ein Mann reglos auf einem weißen Pferd. Sein blau-grün karierter Umhang flatterte im Wind wie Vogelschwingen. Still verharrte er, einem Wächter gleich, und beobachtete uns. Aus der Ferne wirkte er jung, sein

Gesicht war faltenlos, das Haar golden. Ja, sogar heute noch, nach all den Jahren, muß ich daran denken, wie jung er aus der Ferne aussah, und es ist mir immer noch ein Rätsel. Werden diejenigen, die uns verändern, von Gott zu uns geschickt? Läßt Er sie als Wunder in unser Leben treten? Und wenn wir zu töricht, zu blind und zu ungläubig sind, um unsere Herzen zu öffnen, was wird dann aus uns?

Derlei Gedanken gehen mir heute durch den Sinn, doch damals war ich einfach nur wütend – auf Breogan, weil er meinen Namen so verunstaltete, auf die lästige Störung durch diesen Fremden, der uns von der Feldarbeit abhielt, auf die anderen Brüder, die sich nun um mich scharten und in ihrer derben Muttersprache miteinander murmelten. Ich machte meinem Unmut mit einem Seufzer Luft.

»Na gut, Breogan, ich werde mich dieser dummen irischen Gepflogenheit, daß man über jeden Fremden unbedingt Bescheid wissen muß, ausnahmsweise beugen. Was sollen wir mit diesem Fremden anfangen?«

Verwundert sahen die Brüder einander an und wechselten leise Worte. Breogan wandte sich an mich.

»Du weißt es nicht, Padraig?«

Ich schaute von einem zum anderen. »*Was* sollte ich wissen?« Breogan betrachtete die Brüder, ohne mir zu antworten.

»Zum Teufel mit dir, mach den Mund auf!« Sofort bereute ich meinen Zornausbruch, bekreuzigte mich und legte Breogan meine Hände auf die Schultern. Ich redete in schlichten Worten, wie man es bei diesen Iren tun muß. »Sag es mir, Bruder.«

Wieder wanderte Breogans Blick zu dem fremden Reiter, der immer noch reglos am Waldrand verharrte und uns beobachtete. Wäre nicht sein wehender Umhang gewesen, hätte man ihn beinahe für eine Statue halten können. Langsam hob Breogan den Arm und ballte die Faust. Die anderen Brüder taten es ihm gleich. Und der Fremde erwiderte den Gruß, sein kräftiger, sehniger Arm reckte sich über den blonden Schopf.

»Er ist ein Fenier, Padraig. Dieser Reiter ist ein Fenier.«

Augenblicklich riß ich Breogans Arm herunter.

»Brüder, seid doch keine Narren! Denkt einmal nicht als Iren, sondern als Männer Gottes. Die Fenier sind längst tot. Wenn sie überhaupt je gelebt haben. Dies sind die Jahre unseres Heilands, Brüder! Und wir sind hier in Ard Macha, um Ihm zu dienen. Schluß mit diesem Fenier-Unsinn! Deren Zeiten in Irland sind vorbei.«

Doch die Brüder streckten weiterhin die Fäuste in die Luft und hielten den Blick auf den Fremden gerichtet. Selbst Breogan wagte es, erneut den Arm zu heben. Da wußte ich, daß es wieder einmal an mir war, diese verträumten Iren in die Wirklichkeit zurückzuholen, auf den Boden der von Gott erschaffenen Erde.

Wütend stapfte ich los und durchquerte das Feld, gefolgt von der Schar der Brüder.

Da saß der Fremde ab. Ich bemerkte die jugendliche Kraft in seinen Bewegungen und sah, daß er noch den Rücken des Pferdes überragte, als er auf dem Boden aufkam. Aber kaum hatten seine Füße die Erde berührt, brach er zusammen.

In diesem Augenblick vernahm ich die Stimme, jene drängende Stimme, die mich gezwungen hatte, zu diesen Iren zurückzukehren.

»Lauf, Padraig!« rief sie.

Und ich rannte los, raffte den hinderlichen Saum meiner Kutte, während mein Herz gegen den Brustkorb hämmerte. Als ich bei dem Fremden ankam, erkannte ich, daß die Entfernung oder auch das helle Sonnenlicht uns getäuscht hatten. Denn die auf dem Boden liegende Gestalt war älter als jeder Mensch, den ich je gesehen hatte. Sein langes Haar war nicht golden, sondern weiß. Unzählige Falten und Runzeln durchfurchten sein Gesicht. Und seine Hände waren schwielig und vom Alter verkrümmt. Er starrte diese welken Hände an, als wäre er selbst von ihrem Aussehen überrascht, indes ich mich neben ihn kniete und ihn hochhob.

»Nur ruhig, alter Mann«, ermahnte ich ihn in der kehligen Sprache der Iren. »Du hast zu lange in der Sonne im Sattel gesessen. Die Brüder bringen dir gleich Wasser.«

Anscheinend verwirrten ihn meine Worte, er schüttelte den Kopf.

»Alter Mann«, wiederholte er. »Alter Mann.«

Ich wandte mich an Breogan.

»Sag ihm, daß wir ihn zum Kloster bringen. Mein Irisch versteht er offenbar nicht.«

Doch mein Schreiber folgte meinen Anweisungen nicht. Eine Weile blieb er neben dem Mann knien, ehe er sprach. »Du warst bei den Anderen, nicht wahr?«

Der Alte nickte. »Ja. Aber nun bin ich auf der Suche nach einem gewissen Padraig.«

Breogan deutete auf mich. »Das ist Padraig.«

Unverwandt musterte mich der Mann aus eisblauen Augen.

»Wo ist Fionn Mac Cumhail? Wo ist Oscar? Wo ist die Fianna Irlands?«

»Schon wieder dieser Fenier-Unsinn?« schrie ich aufgebracht. »Habt ihr denn alle einen Sonnenstich? Brüder, Fionn ist tot! Es gibt keine Fianna mehr in Irland! Wer bist du, Alter?«

Dabei sah ich den verschrumpelten Greis an. Über seine Wangen rannen Tränen.

»Tot? Alle tot? Wie lange war ich bei den Anderen? Ach, zu lang, zu lang!« Er starrte in den blauen Himmel und schrie lauthals: »Und wenn ich diesem da die Geschichte erzählt habe, läßt Du mich dann zu ihnen?«

Ich merkte, wie die Brüder erschrocken zurückwichen. Nur Breogan blieb neben mir knien und bekreuzigte sich voller Inbrunst.

»Wer bist du, alter Mann?« wiederholte ich beharrlich meine Frage.

»Ich bin Ossian, der Dichter der Fianna, der Sohn des Fionn Mac Cumhail, der Vater von Oscar, der Bewahrer der Feniergeschichten.« Sein gleichmütiger Blick richtete sich auf mich. »Und du bist Padraig, zu dem ich geschickt wurde.«

Mein Magen verkrampfte sich. Unversehens ließ ich den Mann los. Nur Breogans Geistesgegenwart war es zu verdanken, daß der Alte nicht mit dem Kopf voran auf die Erde fiel. Ich erhob mich und wies auf die Brüder, dann auf den Fremden, den Breogan behutsam in seine Arme gebettet hatte.

»Ich heiße nicht Padraig. Ich bin Abba, Bruder Magonus Succatus Patricius. Ich bin nach Eire gekommen, um diesen Heiden die Botschaft des wahren Gottes zu verkünden. Wenn ich diese Aufgabe erfüllt habe, werde ich in mein Heimatland zurückkehren. Gott gebe, daß es bald soweit ist!« Ich atmete tief durch, um mich zu beruhigen, dann wandte ich mich an die Brüder.

»Bringt diesen Greis ins Kloster. Gebt ihm zu essen und zu trinken, wie es bei guten Christen Sitte ist. Aber von diesen Narreteien haben wir jetzt genug gehört, Brüder. Wir müssen unsere Feldarbeit zu Ende bringen.«

Doch als er wieder zu Kräften gekommen war, ließen sie nicht von ihm ab. Ständig lungerten sie um ihn herum, sie benahmen sich wie Schuljungen und bettelten, daß er ihnen alte Heldensagen erzählte. Im Laufe der Zeit habe ich diese Iren gut kennengelernt, denn ich habe in ihrem Land gelebt, als Sklave und als Herr. Sie sind wie Kinder an einem Lagerfeuer, sie verlieren sich in ihren Gedichten, ihren Geschichten und ihren verträumten Liedern.
Also mußte ich eine Entscheidung treffen. Ich rief meinen Schreiber.
»Breogan, hol deine Tinte und dein Schreibgerät. Du wirst die Geschichten dieses Fremden aufschreiben. Und abends nach dem Nachtmahl, Brüder, werde ich sie euch allen vorlesen. Das muß genügen. Und nun haben wir unser gottgefälliges Werk zu verrichten.«
Aber sie zögerten zu gehen, sogar als der Schreiber zurückgekehrt war und neben dem alten Mann Platz genommen hatte.
»Brüder«, drohte ich ihnen, »muß ich Strafen wegen Müßiggangs verhängen?«
Da begaben sie sich endlich zurück aufs Feld. Als ich mich ihnen anschließen wollte, richtete der Alte das Wort an mich.
»Bleib, Padraig.« Er schien meine Gedanken lesen zu können, denn soeben hatte ich dasselbe gedacht. »Was ich zu erzählen habe, ist mehr als eine launige Geschichte, die man abends am Feuer zum besten gibt. Meine Geschichte enthält so viel, daß sogar du am Ende verstehen wirst.«
»Was gäbe es denn noch zu verstehen, was ich nicht bereits durch meinen Gott erkannt habe?«
»Was weißt du von der Fianna?«
»Daß es Krieger vergangener Zeiten waren. Zumindest behaupten das die Brüder. Und du, Alter, warst keiner

von ihnen, denn es gibt sie schon seit mehr als zweihundert Jahren nicht mehr.«

»Du irrst dich, Padraig. Wir werden immer fortbestehen, denn wir sind genau wie du von einer höheren Kraft durchdrungen: von der Wahrheit in unseren Herzen, von der Stärke in unseren Armen, von der Aufrichtigkeit unserer Worte. Wir sind Eire, Padraig. Das Licht im Herzen Irlands.«

Breogan holte einen zweiten Schemel herbei. Ich schüttelte den Kopf, zornig darüber, daß er annahm, ich würde hierbleiben, und zornig auch auf mich, weil ich dem Alten zuhörte. Also ging ich zur Tür.

»Ich habe nicht viel Zeit, alter Mann«, sagte ich.

»Ich heiße Ossian.« Er sprach es *Oschin* aus. Dann wartete er ab.

Über sein unmögliches Ansinnen konnte ich nur abermals den Kopf schütteln. »Erzähl deine Geschichte meinem Schreiber, Ossian.«

Daß ich mich am Ende doch setzte, hatte nicht Ossian bewirkt und auch nicht Breogan, der mit seiner gezückten Feder erwartungsvoll dasaß. Es war die Stimme. Die Stimme, die mir befohlen hatte, übers Feld zu dem alten Mann zu laufen, die Stimme, die mich vor langer Zeit mit Einflüsterungen, Schmeicheleien und Drohungen überredet hatte, nach Irland zurückzukehren, obwohl ich mit diesem Land nichts mehr zu tun haben wollte.

»Setz dich, Padraig«, sagte die Stimme.

Ich war überrascht. Und ich gehorchte.

Erstes Buch

»Junge, wir flehen dich an,
kehre zurück zu uns.«

aus Patricks Confessio

Kapitel Eins

»Was weißt du von meinem Vater, Padraig? Was weißt du von Fionn Mac Cumhail?« »Er war der Anführer der Fenier, der irischen Krieger. Und er kann nicht dein Vater gewesen sein. Gebrauche deinen Verstand, alter Mann! Fionn Mac Cumhail ist seit zweihundert Jahren tot.«
»Er war das Oberhaupt der Fianna, das stimmt. Doch nicht von Anbeginn. Seine Anfänge waren bei weitem nicht so glanzvoll. Er wurde im tiefsten Winter geboren, Padraig, im Schnee, während seine Mutter auf der Flucht vor dem Clan des Goll Mac Morna war. Soll ich dir die Geschichte erzählen?«
Ich machte die Augen zu und preßte die Fingerspitzen gegen die geschlossenen Lider, so daß ich rote und purpurfarbene Lichter aufblitzen sah. Ein tiefer Seufzer stieg aus meiner Brust auf. Ossian lachte.
»Du seufzt wie ein Ire, Padraig.«
»Möge dies das einzige sein, was ich wie ein Ire tue. Erzähl' deine Geschichte. Anscheinend bin ich gezwungen, dir zuzuhören. Doch halt' mich nicht zu lange damit auf.«
»Zu lange aufhalten.« Ossian verstummte und betrachtete erneut voller Staunen seine schwieligen, alten Hände. Sein wehmütiges Lächeln weckte mein Mitgefühl. Ich schüttelte den Kopf, um diesen Anflug von Schwäche zu verscheuchen, indes Ossian zu erzählen begann.

»Meine Großmutter hieß Muirne, Padraig. Sie war jung und wunderschön; ihr Haar glich den kupferfarbenen Blättern des Herbstwaldes. Sie war die Tochter einer Druidin, das Weib des mächtigen Herrschers Cumhail Mac Trenmor. Doch weder das eine noch das andere half ihr in diesem Winter, als die Clans sich befehdeten …

Von ihrem Platz im Kieferngestrüpp aus beobachtete Muirne schweigend, wie sich die letzten Versprengten ihres Stammes in die Wälder schlugen. Sie zogen in alle möglichen Richtungen und kehrten sogar zurück, zogen dem näher rückenden Heer ein Stück weit entgegen, um so viele Pfade wie nur möglich zu trampeln und Mac Mornas Krieger zu verwirren. Denn keinesfalls sollten diese den Knaben aufspüren, den Muirne soeben geboren hatte und der jetzt, tief in den Falten ihres warmen Umhangs verborgen, an ihrer Brust saugte. Die Frau hob den Stoff ein wenig an und sah auf den Knaben mit dem gespitzten Mündchen hinab, dessen winzige Hand wie ein gerolltes Blatt auf ihrer Brust ruhte.

Der Schnee um sie herum war blutgetränkt. So viel Blut. Muirne drehte die Handflächen nach oben, um festzustellen, ob denn überhaupt Schneeflocken durch das dichte Geäst drangen und die Spuren dieser Geburt bedecken würden, bis Goll Mac Mornas Männer kamen.

Der Wachoberste ihres Mannes sah die Geste. Mit Kiefernzweigen trat er zu ihr und versuchte, damit die blutigen Spuren zu verwischen. Doch sie bedeutete ihm innezuhalten. Als er sich neben sie kniete und ihre Hand sacht in die seine nahm, spiegelte sich ihre sorgenvolle Miene in seinen Zügen wider.

»Laß mich bei dir bleiben«, flüsterte er in drängendem Ton. »Cumhail hätte es so gewollt. Oder erlaube, daß ich dich trage.«

»Nein«, zischte sie ihm zu, ohne die Augen von dem trinkenden Säugling zu wenden. »Cumhail hätte gewollt, daß sein Sohn lebt, daß sein Bruder lebt. Du vergißt, Crimnall Mac Trenmor, daß man auch nach dir suchen wird.« Geistesabwesend strich sie ihm über die Hand. »Mein Mann hätte gewollt, daß sich der Clan na Bascna wieder erhebt.«

»Aber Mac Morna wird dich umbringen, Muirne!«

»Solange sich Mac Morna fragt, ob mein Kind wohl lebt, und er glaubt, daß jemand mit Nachrichten über den Verbleib meines Sohnes zu mir kommen könnte, solange wird er mir nichts zuleide tun. Er wird mich ziehen lassen und dabei hoffen, daß ich ihn zu dem Kind führen werde. Doch nun erzähle mir von meinem anderen Sohn. Wie geht es Tulcha? Ist er nach Alba geflohen?«

»Er ist glücklich entkommen, Muirne.«

Die Frau nickte und lehnte den Kopf erschöpft an den Baumstamm.

»Bitte nun Bodhmall zu mir.«

Doch da stapfte die alte Druidin bereits durch den Schnee auf sie zu, ihr graues Haar war vom Wind zerzaust. Sie kniete sich neben Muirne und heftete ihre wassergrünen Augen auf sie.

»Gib ihn mir jetzt, hohe Frau. Goll Mac Morna kommt.« Sie streckte die Arme aus.

Behutsam löste Muirne das Kind von ihrer Brust. Ohne eine Träne im Auge sah sie mit an, wie Bodhmall das Kind

in die Decke mit dem Clanmuster wickelte und es der Amme übergab, wo es sofort weitersaugte. Einen Augenblick lang wandte sich Muirne ab, und das kupferfarbene Haar fiel ihr über die Schulter. Sie packte eine Strähne und wand sie sich fest um die Hand. Doch sie weinte nicht.
»Die Kriegerin Liath soll euch begleiten. Mein Sohn muß ebenso die Kunst des Kämpfens wie die der Druiden erlernen.«
»Eine kluge Entscheidung.« Bodhmall stand auf.
»Laß ihn mich noch einmal in den Arm nehmen, Bodhmall.«
»Das wird deinen Schmerz nur vergrößern, Muirne.«
»Es ist *mein* Schmerz. Ich werde ihn ertragen, wie ich den Schmerz über den Tod meines Mannes durch die Hand von Goll Mac Morna ertrage. Und den Schmerz darüber, daß mein Erstgeborener nach Alba gegangen ist.«
»Der Schmerz über den Verlust dieses Kleinen wird schlimmer sein«, sagte Bodhmall, doch sie nahm der Amme den Knaben ab und legte ihn Muirne in die Arme. Die Mutter schien ihn in sich aufzusaugen. Sie liebkoste sein flaumiges Haar, das selbst im Mondlicht auf dieser verschneiten Lichtung golden schimmerte. Einen Moment lang öffnete der Kleine die Augen und sah seine Mutter an. Er hatte riesige, strahlende Augen von einem Blaugrün, das Wasser, Licht und Wald in sich zu bündeln schien und das Muirne bei ihrem anderen Sohn nicht entdeckt hatte. Sie schreckte vor dem eindringlichen Blick zurück, mit dem der Knabe sie betrachtete. Er schien sich der Bedeutung des Augenblicks bewußt zu sein.
»Demna«, sagte die Frau und sah zu Bodhmall auf. »Nenn ihn Demna.«
Bodhmall nickte und griff nach dem Knaben, doch Muirne zog ihn rasch an sich. Sie drückte ihre Nase an seinen

Hals und seine Schulter und sog den süßen Duft des kleinen Körpers ein. Dann hauchte sie ihm einen Kuß auf die samtweiche Wange, auf sein winziges Ohr, und ließ die Lippen auf seinem goldenen Schopf ruhen.

»Ich werde mich deiner nicht als Demna erinnern«, flüsterte sie dem Kind sanft ins Ohr. »In meinem Herzen wirst du Fionn sein. Fionn, das Kind des Lichts.«

Bodhmall stand jetzt gegen den Wind und nahm Witterung auf wie ein Hund bei der Jagd. »Wir haben keine Zeit mehr, Muirne. Goll Mac Morna und seine Männer sind bald da.«

Mit diesen Worten nahm sie das Kind und gab Liath, der Kriegerin, sowie der Amme ein Zeichen. Eilends verschwand die kleine Gruppe lautlos im Wald.

Noch immer weinte Muirne nicht. Sie lehnte sich gegen die Kiefernzweige und beobachtete, wie der Schnee durch das Geäst über ihr fiel und die letzten Spuren der Geburt bedeckte.

Erst als Goll Mac Morna und seine Männer die Lichtung betraten und Muirne in ihre entsetzten Gesichter blickte, als sie sah, wie sie mit den Händen Zeichen machten, um sich vor dem Bösen zu schützen, erst da merkte sie, daß die hohen Klagelaute, die sie hörte, nicht von einem einsamen Wolf herrührten. Doch selbst dann konnte sie sich nicht beherrschen, und sie heulte die Sterne am Winterhimmel an, weil sie dazu verdammt war, eine Mutter ohne Kind zu sein.

»Überlebte sie? Oder wurde sie umgebracht?«
Der alte Mann hatte einfach aufgehört zu sprechen. Nun sah er mich mit einem verschmitzten Grinsen an.
»Ich dachte, du willst meine albernen Geschichten nicht hören?«
Mir schoß die Schamesröte heiß ins Gesicht, und ich stand auf und ordnete den Faltenwurf meiner Kutte. Breogan schrieb noch immer, er sah nicht einmal auf.
»Wohl wahr«, erwiderte ich. »Ich wünsche sie nicht zu hören, und ich kann nicht behaupten, daß ich sie glaube.«
Ossian antwortete nicht. Ich hatte seiner Erzählung die Wahrheit abgesprochen.
»Doch du erzählst gut.«
»Ich war der Geschichtenerzähler, Padraig, der Dichter. Es war meine Aufgabe, zu erzählen. Und mein Vater liebte meine Geschichten.«
»Dein Vater mag deine Geschichten wohl geliebt haben, Alter. Aber dein Vater war nicht Fionn.« Ich wandte mich zum Gehen. »Beende deine Mitschrift, Breogan, und bring die Seiten ins Refektorium.«
Breogan nickte, und ich schritt zur Tür, doch Ossian sollte das letzte Wort behalten.
»Padraig«, sagte er, »sie überlebte.«

Kapitel Zwei

Die ganze nächste Woche ging ich nicht wieder zu dem alten Mann in die Zelle. Ich schickte statt dessen Bruder Longan mit dem Frühstück zu ihm, mit Haferbrei und gutem Schwarzbrot; seine Augen begannen zu leuchten ob dieser Aufgabe, doch ich erlegte ihm ein Schweigegebot auf, damit er dem alten Mann keine Geschichten abringen konnte. Als er aber mit strahlender Miene zurückkehrte, entband ich ihn von seiner Pflicht und schickte von da an jedesmal einen anderen Bruder, damit keiner länger als ein paar Augenblicke bei dem alten Mann verweilte. Und doch bemerkte ich, wenn ich morgens die Messe las, wie die Brüder ihre Köpfe seiner Zelle zuwandten, und das überzeugte mich mehr als alles andere von der Notwendigkeit, ihn fortzuschicken.
Am ersten Tag der zweiten Woche suchte ich ihn deshalb fest entschlossen in seiner Zelle auf. Er war nicht in seinem Bett. Vollständig bekleidet stand er am Fenster, eingehüllt in seinen Tartanumhang, in dem ich ihn am ersten Tag gesehen hatte. Von hinten sah man ihm nicht an, daß er ein alter Mann war. Er überragte sämtliche Brüder und war von stattlicher Statur; sein Kopf und seine Schultern füllten die Fensterlaibung völlig aus. Da stand er und blickte hinaus auf die Felder und den Waldrand dahinter. Ich dachte, er hätte meine Anwesenheit nicht bemerkt, aber dann hob er zu sprechen an, ohne sich umzudrehen.

»Bist du sicher, daß sie alle fort sind?«
»Die Fenier? Ganz sicher.«
Er wandte sich um. Ich sah, daß in seinen blauen Augen Tränen glänzten.
»Du kannst dir nicht vorstellen, wie sehr ich sie vermisse, Padraig. Einen Mann wie meinen Vater gibt es kein zweites Mal. Und wie meinen Sohn. Ich hätte sie nicht verlassen dürfen.«
Ich wollte etwas Spöttisches erwidern, wollte ihm sagen, daß er sie unmöglich vor zweihundert Jahren verlassen haben und noch immer am Leben sein konnte. Doch in seinem Blick lag solch eine unverhohlene Sehnsucht, daß ich an meinen eigenen Kummer denken mußte.
»Ich weiß, wie es ist, wenn man sich nach seiner Familie sehnt und nicht zu ihr gehen kann.«
Der Alte stand mir gegenüber und richtete nun seine strahlend blauen Augen auf mich.
»Haßt du sie deshalb so sehr, Padraig?«
»Wen soll ich hassen? In den Lehren meines Gottes ist für Haß kein Platz.«
»Aber in seinem Druiden«, sagte er mit leiser, drohender Stimme. »Diese Jünglinge, die du um dich geschart hast. Alles blutjunge Krieger, alle bis auf Breogan, aber es gibt keine Fenier, denen sie sich anschließen könnten. Du bestrafst sie und verurteilst sie zum Schweigen und läßt sie in den Feldern herumgraben wie Cumhals. Sie fürchten dich, Padraig. Ist es das, was du willst?«
Ich griff nach einem Stuhl und ließ mich schwer darauf fallen. Vor allem eines seiner Worte hatte meinen Zorn erregt.
»Ich bin kein Druide.«
Er packte mich am Arm.
»Du fürchtest dich, mir Antwort zu geben, Priester. So

nennt man dich doch, oder? Priester. Abba. Bruder. Dann also Bruder. Warum haßt du sie so sehr?«

»Was weißt du von mir, alter Mann?«

»Ich weiß, was Breogan mir erzählt hat. Und Longan. Und die anderen. Du bist noch kein ganzes Jahr hier. Man nennt dich den Talkenn und den Dechselkopf wegen deiner Tonsur. Es heißt, du lehrst von einem, den sie den Lichten Christus nennen. Laut Breogan haben die Druiden deine Ankunft schon lange vorhergesagt.« Mit geschlossenen Augen begann er zu rezitieren:

Einer wird kommen von der östlichen Insel,
Der Dechselkopf, der Talkenn,
Der mit dem braunen Gewand.
Sein Stab ist krumm,
Sein Tisch weist nach Osten
Und trägt ein neues Festmahl
Für einen Gott, von dem wir nie gehört.
Unsere Götter wird er stürzen,
Unsere Altäre zerstören.
Von seinem Altar aus wird er singen,
Und die Menschen werden antworten: So sei es
Bis in alle Ewigkeit.

»Diese Druiden haben Unsinn erzählt.«

»Aber nur deswegen sind viele hier. Sie haben dich erwartet.«

»Ich habe ihnen ein Schweigegebot auferlegt«, erwiderte ich kläglich.

»Pah.« Der alte Mann machte eine wegwerfende Handbewegung. »Glaubst du, sie halten sich an solchen Unfug? Wenn sie die alten Geschichten über die Fenier hören können? Wenn ich hier bei ihnen bin? Sie sind, was sie

sind, Padraig: Iren. Und ich habe es dir schon einmal gesagt, die Fenier sind das Licht im Herzen von Eire. Dagegen kann dein kleines Gebot nichts ausrichten.«
Nun packte mich die kalte Wut.
»Das Herz von Eire? Ich habe es gesehen, das Herz von Eire. Dort gibt es nicht die Spur von Licht, alles ist kalt und öde.«
»Nun kommen wir der Sache schon näher.«
»Welcher Sache? Du sprichst in Rätseln und hältst dich wohl für sehr klug.«
»Ich weiß, daß du ein Sklave warst in Eire.«
»Allerdings!« brüllte ich und fuhr hoch, dabei blickte ich ihm fest ins Auge. »Ich war ein Sklave. Aber sie konnten mich hier nicht halten. Nein, weder meinen Körper noch meinen Geist. Beide sind diesem elenden Ort entflohen.«
»Und dennoch bist du zurückgekehrt.«
»Ich bin zurückgekehrt. Weil ich mußte. Weil ich keine andere Wahl hatte.«
»Und jetzt machst du sie zu Sklaven, jetzt müssen sie für deine Versklavung bezahlen und für deinen Ärger darüber, daß du zurückkehren mußtest.«
»Das ist nicht wahr!«
»Und ich sage dir, so ist es.«
»Was du sagst, zählt überhaupt nicht! Du wirst schon morgen fort sein!«
Daraufhin sprang ich auf, verließ die Zelle und eilte den Gang entlang, wo ich auf Breogan traf, der sein Schreibzeug an die Brust gedrückt hielt.
»Schluß mit diesen Geschichten. Wir haben genug von seinem Geschwätz über die Fenier gehört. Du wirst seine Zelle nicht mehr betreten.«
Breogan erwiderte nichts, er blieb nur reglos stehen. Ich spürte, daß er sich umdrehte und mir nachsah, aber ich

wollte nicht abwarten, ob er meinen Befehl mißachtete und zu dem alten Mann ging. Daher eilte ich hinaus in die Sonne, lief rasch zu der alten Scheune, die uns als schlichte Kapelle diente, und kniete auf dem kalten Steinboden vor dem Altar nieder. Tief beugte ich mich über die gefalteten Hände; mein Zorn war so groß, daß ich ihn nicht länger unterdrücken konnte, deshalb schrie ich ihn lauthals demjenigen entgegen, der mich hierhergeführt hatte.
»Warum?«
Mein Schrei brach sich an den Wänden und wurde donnernd zurückgeworfen in die Mitte der Kapelle; schließlich verhallte er und wich der Stille. In dieser Stille wartete ich, denn ich wußte, daß die Antwort kommen würde. Der Morgen verstrich, es wurde Nachmittag. Im Sonnenlicht, das die Fenster entlangwanderte, flimmerte feiner Staub. Bei Einbruch der Dunkelheit kam Breogan herein und zündete die Altarkerzen an. Ich sah ihn von hinten, sein rotes Haar. Er trug ein weißes Gewand, das mit einer goldgewirkten Borte eingefaßt war; es war ein Druidengewand, und mein Zorn entflammte von neuem. Aber als er sich umwandte, war es nicht Breogan, sondern ein Bruder, dessen Gesicht ich noch nie gesehen hatte.
»Wer bist du?« fragte ich.
»Ein Gesandter«, entgegnete er.
Verwirrung verfinsterte mein Gemüt; ich schüttelte den Kopf.
»Hat der alte Mann also einen Druiden gesandt, der mir gut zureden soll? Was für Albernheiten sind denn das?«
Der Mann lachte, ein volles, lautes Lachen, das die ganze Kapelle erfüllte. Bei diesem Klang wurde mir leichter ums Herz.
»Padraig, du führst Krieg gegen alles, was um dich herum ist, aber mehr noch gegen dich selbst.«

Nun wußte ich, daß er ein Bote war.
»Warum spricht der Herr nicht selbst zu mir? Hier spricht Er sonst immer mit mir.« Ich legte die Fingerspitzen an meine Stirn.
»Dein Geist ist nicht ruhig genug, um die Stimme zu vernehmen. Deshalb wurde ich geschickt.«
Er lachte mich mit einem breiten Grinsen an, aber es lag keine Bosheit darin. Der Knoten in meinem Bauch löste sich, die Spannung wich aus meinem Körper. Ich straffte die Schultern.
»Setz dich, Padraig«, forderte er mich auf. »Du kniest nun schon seit vielen Stunden.«
Auch er setzte sich mir gegenüber bequem hin, schlug die Beine übereinander und ließ die Hände auf den Knien ruhen. Ich tat es ihm gleich, doch mich beschlich ein merkwürdiges Gefühl. Der Bote begann zu sprechen.
»Man hat dir den alten Mann gesandt.«
Ich schüttelte den Kopf.
»Das kann nicht sein. Diesen streitlustigen Alten, der lauter Lügen erzählt. Er berichtet von Druiden und verhöhnt mich vor meinen eigenen Brüdern; jegliche Ordnung, die ich im vergangenen Jahr aufgebaut habe, hat er zerstört.«
»Aber er hat Geschichten mitgebracht, Padraig«, erwiderte er schlicht.
»Heidnische Geschichten. Geschichten von uralten Kriegern und heidnischen Bräuchen. Und die Brüder verschlingen diese Hirngespinste wie ihr tägliches Brot. Mein Herr kann diese Dinge nicht gewollt haben.«
Die Antwort des Boten war scharf.
»Du zweifelst also am Willen des Herrn?«
»Das tue ich nicht«, entgegnete ich, immer noch wütend. »Bin ich etwa nicht hier? An dem Ort, wo ich am wenigsten sein will?«

Der Bote schmunzelte. Sein Lächeln erinnerte mich an den alten Mann.
»Du bist hier«, sagte er. »Aber es hat achtzehn Jahre gedauert, bis du zurückgekehrt bist, Padraig.«
Darauf wußte ich nichts zu erwidern, ich breitete die Arme aus und zuckte die Achseln.
»Hör dem alten Mann zu, Padraig. Sein Körper wird von Tag zu Tag schwächer. Und wenn du seine Geschichten nicht aufschreibst, sind sie für immer verloren. Geschichten sind für den Erzähler stets ein wertvolles Gut. Und die Geschichten des alten Mannes sind voll schlichter Liebe für dieses Land, das du so haßt.«
»Dieses Land, pah! Ich sage dir, er wird die Brüder von all dem Guten, das wir hier bewirkt haben, wieder abbringen. Diese Leute sind nicht wie meinesgleichen; allzu leicht lassen sie sich von Geschichten und Liedern verführen.«
Wiederum lachte der Bote laut auf und warf den Kopf in den Nacken. Dann hob er die Hände.
»Du suchst Dir wahrlich immer die Schwierigen aus«, sprach er, zur Decke gewandt. Zu mir sagte er nichts, aber ich wußte, daß ich gemeint war, daher fuhr ich fort, ihm meine Gründe darzulegen.
»Weißt du, daß er vorgibt, Ossian zu sein, der Sohn von Fionn Mac Cumhail, dem Heerführer der Fenier? Willst du, daß ich die Geschichten eines Lügners aufschreiben lasse?«
Der Bote gab keine Antwort, er sah mir in die Augen und wartete.
»Willst du etwa behaupten, daß er Ossian ist? Soll ich das glauben? Ich kann mir nicht vorstellen, wie das möglich sein soll.«
»Du weißt besser als alle anderen, daß durch das Wort alles möglich ist.«

Als er dies aussprach, wußte ich es. Mein Herz kannte die Wahrheit.
»Er ist also Ossian.«
»Er ist es«, bestätigte der Bote.
»Dann soll er hierbleiben.«
»Natürlich soll er das«, sagte der Bote.
An diesem Abend beim Mahl hob ich das Schweigegebot auf. Obwohl sie es schon die ganze Zeit gebrochen hatten, zeigten die Brüder keine Zerknirschung. Statt dessen ließen sie mich hochleben.
Ich werde diese Iren nie begreifen.

Kapitel Drei

Am nächsten Morgen stand ich früh auf und klopfte an Breogans Zellentür. Er war bereits wach, sein Schreibgerät lag vor ihm. Kaum hatte er mich erblickt, griff er nach Federkiel und Tinte.

»Du hast es gewußt?«

Auf Breogans Gesicht erstrahlte ein Lächeln.

»Ich war schon dein Bruder und Schreiber, Padraig, lange bevor wir nach Eire zurückkehrten. Mittlerweile ist es fünf Jahre her, daß ich mit dir in deinem Land umhergereist bin und auf dem Kontinent Auxerre besucht habe. Inzwischen habe ich dich verstehen gelernt. Kam es dir niemals seltsam vor, daß die Bischöfe dir einen irischen Schreiber zugewiesen haben, selbst wenn er Latein zu schreiben versteht?«

»Darüber habe ich nie nachgedacht. Wenn überhaupt, dann sah ich uns als gutes Gespann, weil wir beide die drei Sprachen der von uns bereisten Länder beherrschten.«

»Ich habe um die Stellung nachgesucht, Abba.«

»Warum?«

»Es wurde mir in einem Traum befohlen.«

Weiter gab es offenbar nichts zu sagen, und wir gingen zu der Zelle des alten Mannes, der an diesem Morgen recht guter Dinge schien und sich bei unserem Eintritt die welken Hände rieb.

»Welche Geschichte soll ich euch heute morgen erzählen?« rief er vergnügt aus.

»Kennt denn jeder außer mir die Zukunft?« fragte ich mißmutig und setzte mich auf den römischen Klappstuhl. Doch Ossian lachte nur.
»Ich habe bereits gefrühstückt. Du hast das Schweigegebot aufgehoben. Die Brüder reden.«
Ich stieß einen tiefen Seufzer aus.
»Schön. Nun, wenn ich mich recht entsinne, hast du uns die Geschichte von der Geburt deines Vaters erzählt und somit, wie es sein soll, am Anfang angefangen. Schildere uns also jetzt seine Kindheit. Aber fasse dich kurz mit deiner Geschichte, Alter, ich darf meine Aufgaben im Kloster nicht vernachlässigen.«
Überrascht sah Ossian mich an.
»Mein Vater«, sagte er. »Du hast ihn meinen Vater genannt. Also weißt du es. Ich habe mich nicht geirrt, als ich dich einen Druiden nannte.«
»Wenn du nur in dieser Weise denken kannst, dann bin ich für dich eben ein Druide des Christus«, erwiderte ich.
»Gut«, nickte Ossian. »Wenn dieser Christus dir von meinem Vater erzählt hat, würde ich ihn gerne kennenlernen.«
Da sah ich einen Hoffnungsschimmer und lächelte.
»Sehr gut«, erwiderte ich. »Wir tauschen Geschichten gegen Geschichten. Aber heute morgen bist erst einmal du an der Reihe.«
Ossian willigte ein.
»Mein Vater wuchs in den Bergen von Slieve Bloom heran. Wie seine Mutter befohlen hatte, wurde er Demna genannt. Allerdings waren Bodhmall und Liath die einzigen Mütter, die er je kannte. Ja, mit Ausnahme von ein paar Wanderern und Händlern waren sie die einzigen menschlichen Wesen, von denen er überhaupt wußte, zumindest bis er fünfzehn Jahre zählte ...«

Demna duckte sich hinter die Felsen und beobachtete staunend das Treiben. Knaben! Jungen seines Alters! Noch nie in seinem ganzen Leben hatte er jemanden gesehen, der so alt war wie er.
Er schaute zu, wie die Jungen lachend über das Feld rannten; die langen Haare flogen ihnen ums Gesicht, ihre Körper glänzten von Schweiß. Liath und Bodhmall würden ihn bestimmt verprügeln, wenn sie davon erfuhren, sie hatten ihm eingeschärft, sich von jedermann fernzuhalten und sich zu verstecken, sobald er Fremde entdeckte. Aber die Neugier, das aufgeregte Kribbeln in seiner Magengrube, gewann die Oberhand.
Er hatte die fünfzehn Jahre seines Lebens in den wilden Schluchten und Tälern der Berge von Slieve Bloom verbracht, und seine einzigen Gefährten waren Bodhmall und Liath gewesen. Die alte Druidin hatte ihn in die Zauberei eingeführt und ihm die Geschichten des alten Irland erzählt, von der Kriegerin hatte er jagen und fischen, kämpfen und Speerwerfen gelernt.
Hin und wieder war ein Wanderer oder ein Händler vorbeigekommen, doch sonst kannte Demna keine Menschen. Sehnsüchtig betrachtete er die Jungen bei ihrem Spiel. Sie jagten mit einem gebogenen Stock einem Ball hinterher. Das sah eigentlich ganz einfach aus. Demna stand auf und trat hinaus auf das sonnenbeschienene Spielfeld.
»He, Bursche!« Ein hochgewachsener Kerl mit langem schwarzem Haar stürzte auf ihn zu. »Du stehst im Weg!«

»Ich möchte mitspielen.«
Hinter dem schwarzhaarigen Läufer kamen die Spieler beider Mannschaften näher, sie scharten sich um ihn und starrten ihn freimütig an. Mit seinen fünfzehn Jahren maß Demna bereits mehr als sechs Fuß. Das jahrelange Jagen in den stillen Bergwäldern von Slieve Bloom hatte seinen muskulösen Körper gestählt. Im Sonnenlicht schien sein hellblondes Haar von einem weißleuchtenden Glorienschein umgeben zu sein, die klaren blaugrünen Augen wirkten eigentümlich.
»Kennen wir dich?« fragte ihn der Dunkelhaarige.
»Man nennt mich Demna. Ich lebe in diesen Bergen. Aber euch habe ich noch nie gesehen.«
Da wies der Dunkelhaarige hinter sich, wo am anderen Ende des Feldes ein behelfsmäßiges Lager aufgeschlagen war.
»Wir reisen mit der Fianna, dem Heer, im Namen von König Cormac.«
Demna spürte, wie ihn eine seltsame Erregung erfaßte. Er versuchte, sich davon freizumachen, aber vergebens. Was hatte ihm Bodhmall wieder und wieder gesagt? »Du wirst dein Schicksal erkennen, sobald es dir begegnet, mein Junge.« Laut lachte Demna auf. Was für törichte Gedanken. Erwartungsvoll sahen die anderen Jungen ihn an.
»Ich möchte gerne mitspielen«, wiederholte er.
»Bist du gut im Hurling?« fragte ihn der Dunkelhaarige.
»Im was?«
Da brachen die Jungen in wildes Gelächter aus und schlugen sich gegenseitig auf den Rücken. Der dunkelhaarige Bursche lächelte.
»Komm in meine Mannschaft. Ich werde dir beibringen, was ich kann. Ich heiße Caoilte. Caoilte Mac Ronan.«

Dabei warf er den Stock hoch. Und Demna fing ihn in der Luft wieder auf.

Nach Demnas siebtem Tor fing die gegnerische Mannschaft an zu murren.
»Der Junge spielt zu gut. Wir müssen uns neu aufteilen. Seine Mannschaft hat einen ungerechten Vorteil!«
»Dann nehmt euch drei von uns«, rief Mac Ronan, den die Schnelligkeit und Kraft des hellhaarigen Jungen ebenfalls erstaunten. »Wir spielen mit weniger Leuten und behalten dafür Demna.«
Doch obwohl sie ihre Reihen um drei verstärkt hatten, konnten die Gegner nicht gewinnen. Demna war überall zugleich, er rannte behende wie ein Waldhirsch und schlug Haken wie ein Hase. Die Verlierer wurden böse.
»Du hast ihn gekannt, Mac Ronan. Du hast ihn in deine Mannschaft eingeschmuggelt!«
»Ich schwöre beim Dagda, das habe ich nicht getan. Fragt doch den Fionn, ob er mich schon einmal gesehen hat.«
Demna, der mit schlagbereitem Stock über das Feld flitzte, blieb unvermittelt stehen. Er drehte sich um und starrte Mac Ronan an.
»Wie hast du mich genannt?«
»Den Fionn. Den Lichten. Du hast eben außergewöhnlich helles Haar. Warum schaust du so?«
Demna überlief eine Gänsehaut. Eine kalte Hand faßte ihm ans Herz, Beklommenheit breitete sich in seinem Inneren aus und drohte ihm den Atem abzuschnüren. Er warf den Stock hin und bewegte sich auf den Waldrand zu.
»Ich muß gehen.«
»Nein, bleib. Wir haben das Spiel doch eben erst angefangen.«

»Und du hast noch nicht in unserer Mannschaft gespielt«, rief ein rothaariger Bursche. »Dazu hast du ihn angestiftet, Mac Ronan. Jetzt wird deine Mannschaft gewinnen, und wir haben keine Gelegenheit, aufzuholen.«
Demna erkannte Zorn in ihren Gesichtern und spürte, wie sich die Stimmung gegen ihn wandte, aber er sah sich außerstande, etwas dagegen zu tun. Es war dieses Wort, Fionn. Fionn. Dabei mußte er an Schnee denken und an etwas, an jemand Warmes. Ihm stand ein goldener Streitwagen vor Augen, eine weißgekleidete Frau drückte ihn, als etwa sechsjährigen Knaben, schluchzend an ihre Brust. Und er wehrte sich nicht, als die Spieler über ihn herfielen, sich auf ihn warfen und mit ihren Stöcken auf ihn einhieben. Willenlos ließ er es über sich ergehen, bis ihm Bodhmall in den Sinn kam.
»Sie weiß es!« schrie er laut unter dem Haufen heraus. »Sie hat es immer gewußt! Und nun, bei den Göttern, wird sie reden!«
Mit einer einzigen behenden Bewegung war er obenauf und stieß die Jungen beiseite, als seien sie nichts weiter als die Strohpuppen, die Liath einst für ihn gefertigt hatte, damit er als Kind gegen sie kämpfte. Während ihm Blut aus der Nase und der einen Augenbraue lief, ging er auf die Hartnäckigeren los, versetzte dem einen einen Hieb in die Rippen, einem anderen einen Schlag auf die Nase und warf einen dritten kopfüber auf den Rücken.
Kaum hatte er sich freigekämpft, wollte Demna entfliehen. Doch Caoilte Mac Ronan verstellte ihm den Weg. Demna lachte ihm ins Gesicht.
»Ein lehrreicher Morgen, Mac Ronan. Aber komm mir nicht in die Quere.«
Mac Ronan trat zur Seite.
»Wir sehen uns wieder, Fionn«, entgegnete er.

Noch ehe die meisten Jungen es überhaupt bemerkt hatten, war Fionn federnden Schrittes im flirrenden Halbschatten des Waldes verschwunden.

»Du mußt es mir sagen!«
Bedächtig fuhr Bodhmall mit der Linken das Garn entlang, während sie mit der rechten Hand die Spindel drehte und die Wolle in lange Docken legte. Der graue Zopf fiel ihr vorne übers Kleid.
»Ich werde es dir sagen, sobald du Liath erlaubt hast, deine Wunden zu versorgen.«
Liath nahm seinen Kopf in beide Hände und drehte ihn zu sich, dann drückte sie ein mit kaltem Flußwasser getränktes Tuch fest auf sein blutendes Auge.
»Du bist ein Tölpel, Demna, dich auf so etwas einzulassen. Haben wir dir denn gar nichts beigebracht, daß du dich wie ein Kind blindlings in Gefahr begibst?«
»Du hast mich kämpfen gelehrt, Liath. Nun kannst du dich vom Können deines Schülers überzeugen. Und Bodhmall hat mir stets gesagt, daß mir dereinst mein Schicksal begegnen würde. Nun, dies ist heute geschehen, dessen bin ich gewiß. Und ihr braucht mich nicht länger Demna zu nennen. Ich denke, mein Name ist Fionn.«
Liath atmete geräuschvoll ein und drehte sich zu Bodhmall um.
»Nein, mein Junge, du heißt Demna«, erwiderte diese ruhig. »Nur das Herz deiner Mutter kennt dich als Fionn.«
»Die Frau im Streitwagen!«
Bodhmall lächelte ihn an und nickte.
»Du denkst scharfsinnig, Junge, selbst wenn du aufgeregt bist. Sie hat dich besucht, als du sechs Jahre alt warst, denn sie konnte die Trennung von dir nicht länger ertragen. Ich

hatte ihr Nachricht gegeben, daß du wohlauf bist, und daraufhin hat sie uns hier aufgespürt. Doch ich habe ihr verboten, jemals wiederzukommen.«

»Warum? Wie konntest du derart grausam sein? Hast du so eifersüchtig über mich gewacht, daß du mich nicht einmal meiner eigenen Mutter gegönnt hast?«

Liath schlug ihm hart ins Gesicht, aber Bodhmall sah ihn nur ruhig an.

»Das glaubst du von mir, Junge? Nach all den Jahren, die wir hier zusammen verbracht haben?«

Beschämt senkte Demna den Kopf.

»Nein, Großmutter. Ich weiß, daß du mich immer selbstlos geliebt hast. Aber ich verstehe es nicht.«

»Deine Mutter hat sich und dich in Gefahr gebracht, indem sie hierhergekommen ist. Und das hat sie gewußt, mein Junge. Denn deine Mutter ist Muirne, Weib des Cumhail Mac Trenmor.«

Verblüfft sah Fionn auf.

»Mac Trenmor? Du hast mir viele Geschichten über ihn erzählt.«

»Woran erinnerst du dich?« erkundigte sich Bodhmall in scheinbar gleichmütigem Ton. »Sag mir, was du gelernt hast.«

»Mac Trenmor wurde von Goll Mac Morna und dessen Anhängern ermordet. Lia von Luachair, einer dieser Gefolgsleute, stahl von Mac Trenmors Leichnam die Tasche aus Kranichhaut mit den Insignien der Fenierherrschaft darin, dem Lichtspeer der Anderen und den drei heiligen Steinen von Eire. Doch eines Tages wird die Fianna wieder dem rechtmäßigen Herrscher unterstehen, wenn nämlich Fionn, Sohn des Cumhail Mac Trenmor … o Götter!« Er fiel vor Bodhmall auf die Knie.

»Weise Frau, bin ich dieser Fionn?«

Vom Eingang der Hütte aus betrachteten die beiden Frauen Fionn, der am Flußufer saß und ihnen den Rücken zukehrte.
»Wir müssen ihn bei uns behalten!« verlangte Liath.
»Das können wir nicht. Er ist seinem Schicksal bereits begegnet. Wie sollen wir ihn hierbehalten, wenn schon die Lüfte seinen Namen rufen?«
»Aber er wird außerhalb der Berge von Slieve Bloom nicht überleben. Er weiß nichts von der Welt da draußen, nichts von den Königen, den Kriegern, den Frauen.«
Die alte Frau legte der jüngeren die Hand auf die Schulter.
»Er weiß zu kämpfen, denn das hast du ihn gelehrt. Er kennt sich im Wald aus wie ein Vierbeiner. Manchmal glaube ich sogar, die Tiere sprechen zu ihm und er zu ihnen. Er versteht es, zu fischen und zu jagen. Und er hat mir aufmerksam zugehört, wenn ich von der Geschichte Eires sprach, ihn die Gesänge und Sagen lehrte. Er weiß von den Anderen und ihrer Welt. Nun kennt er zudem seinen Platz in der Geschichte dieses Landes. Was mehr sollten wir ihn lehren?«
»Es gibt noch eines, das ich ihm zeigen könnte, Bodhmall. Danach würde er bei uns bleiben, wo er in Sicherheit ist.«
Liath löste ihr kastanienbraunes Haar.
Traurig lächelte Bodhmall sie an.
»Ich weiß, was du ihm zeigen möchtest, kleine Kriegerschwester. Du willst deine weißen Schenkel öffnen und ihn eindringen lassen. Du willst ihn an deinen Brüsten saugen lassen. Und du glaubst, daß du ihn mit diesen Freuden an dich binden kannst. Aber ich sage dir, du irrst dich. Du bist eine Frau von vierzig Jahren, du wirst keinen Fünfzehnjährigen halten, dem die ganze Welt offensteht.«
Mit einer entschlossenen Bewegung warf Liath ihr schweres Haar zurück.

»Willst du mir verbieten, ihn auch dies zu lehren?«
Bodhmall seufzte.
»Nein, nein. Es ist besser, wenn er diese Kraft durch eine Frau kennenlernt, die ihn liebt und die er achtet.«
»Ich sage dir, er wird bleiben«, sprach Liath und schritt zielstrebig hinaus und zu Fionn hinüber.
Schweigend beobachtete Bodhmall, wie Liath ihren Kittel abstreifte und sich vor den Jungen kniete, der die Stirn runzelte, als sie sich an den überkreuzten Bändern seiner Beinkleider zu schaffen machte. Bodhmall seufzte, ging wieder hinein und setzte sich an den Kamin. Ehe sie erneut die Wolle zur Hand nahm, knetete sie zuerst noch ein wenig ihre Finger.
»Ich bin alt geworden«, murmelte sie. »Gealtert in den Bergen von Slieve Bloom. Aber noch nicht zu alt, um nicht zu wissen, daß unsere schwachen Körper das Schicksal nicht von der Schwelle weisen können.«

»Für heute haben wir genug gehört.«
Ossian lachte hell auf. »Der Körper lechzt jetzt wohl nach dem Trost eines Weibes?«
»Hier ist dieser Trost nicht üblich«, erwiderte ich. »Wir leben im Zölibat.«
»Im Zölibat?«
Breogan räusperte sich und beugte sich tiefer über seine Mitschrift.
»Wir vereinigen uns nicht mit Frauen.«

»Bei allen Göttern! Warum denn nicht?«
»Wir sparen uns unsere Körper auf für den Dienst an unserem Gott.«
»Verlangt euer Gott dies von euch?«
»Nein, das nicht.«
»Da bin ich aber froh. Sonst würde ich nämlich nichts von ihm wissen wollen.«
Um eine Antwort verlegen, schüttelte ich stumm den Kopf. Denn um der Wahrheit die Ehre zu geben, schmerzten meine Lenden, und in meinem Kopf schwirrte es vor Erinnerungen. Ich verließ die Kammer. Doch Fionn und die Kriegerin wollten mir den ganzen Tag nicht aus dem Sinn gehen, und ich wurde sehr wütend – auf mich, auf Ossian und seine Geschichten und vor allem auf Ihn, der mir diesen Alten samt seinen Geschichten gesandt hatte.

Kapitel Vier

»Wie oft am Tag darf die Vereinigung stattfinden?«

Liath unterdrückte ein Seufzen, blickte auf die Beule in Fionns Beinkleidern hinab und lächelte. »Mindestens dreimal täglich, wie mir scheint. Du lernst deine Lektion wie immer schnell.«

Fionn lächelte einfältig, während er ihr den Kittel von der Schulter streifte. Behutsam küßte er ihre Brustwarze und beobachtete, wie sie hart wurde.

»Welch wundersame Veränderung«, staunte er.

Mit einem nachsichtigen Lächeln zog sich Liath den Kittel über den Kopf. Während Fionn sich über ihre Brüste beugte, fuhr sie ihm durch den weißgoldenen Haarschopf und sagte:

»Du bist jung und stark, Fionn, es gibt keinen Grund, warum du nicht so oft, wie du möchtest, mit einer Frau zusammensein solltest. Vergewissere dich jedoch, daß deine Auserwählte auch dazu bereit ist. Laß von einer Frau sogleich ab, wenn sie zu müde ist, kurz vor der Niederkunft steht oder dir sagt, daß sie nicht das Lager mit dir teilen will.«

Fionn fuhr zurück und starrte sie beunruhigt an.

»Ist das hier für dich zu ermüdend, Liath?«

»Ach, komm, Junge!« Liath gab ihm einen neckischen Klaps auf den Kopf. »Hast du in all unseren gemeinsamen Jahren jemals erlebt, daß ich bei der Jagd oder beim Speerwerfen ermüdet bin? Ich bin eine Kriegerin!«

Das entsprach nicht ganz der Wahrheit. Während der fünfzehn Jahre als Fionns Lehrerin hatte sie in beinahe vollständiger Keuschheit gelebt, abgesehen von ein oder zwei kurzen Begegnungen mit Reisenden auf dem Weg durch die Berge von Slieve Bloom. Nach Fionns nunmehr dreiwöchigen Erkundungen schmerzte ihr Körper an ungeahnten Stellen. Doch sie würde Fionn niemals von ihrer Erschöpfung wissen lassen. Lächelnd zog sie ihn wieder zu ihren Brüsten hinab.

»Welche von den Stellungen, die ich dir beigebracht habe, möchtest du jetzt üben?«

Fionn richtete sich achselzuckend auf und entledigte sich seiner Beinkleider. Dann streckte er sich rücklings auf dem Waldboden aus.

Liath legte sich auf ihn. Anfangs bewegte sie sich sachte, bis sie feucht wurde. Fionn legte einen Arm um sie und nahm erst die eine, dann die andere Brust in den Mund. Als Liath leise stöhnte, lächelte Fionn verzückt.

»Also gefällt es dir doch mit mir.«

Liath strich ihm über die Schläfen.

»Du bist schon immer ein gelehriger Schüler gewesen.«

Nun bewegte sie sich etwas schneller. Fionn preßte seine Hüften gegen die ihren und stöhnte.

Liath hielt seine Schultern umfaßt und ließ ihn bei jedem Stoß tiefer in sich eindringen, als ein Reiter auf die Lichtung galoppierte.

»Du willst uns mit diesen Geschichten verspotten!« Ich sprang von meinem Stuhl auf, ging zum Fenster und blickte hinaus in den Garten.
Ossian schien erstaunt, daß man ihn mitten in seiner Erzählung unterbrach.
»Nein, Padraig, keineswegs. Ich erzähle die Geschichten nur so, wie ich sie von meinem Vater gehört habe.«
»Diese Geschichte hat dir dein Vater erzählt?«
»Mein Vater hatte eine Vorliebe für Kriegerinnen, nachdem er von Liath unterrichtet worden war. Bevor er meine Mutter heiratete, teilte er mit vielen von ihnen das Lager. Er nannte sie stark und verspielt.«
Ich legte beide Hände an die Fensterlaibung und lehnte den Kopf gegen den kühlen Stein. Die Kälte durchdrang meinen Körper. Feine Nebelschleier, wie man sie nur in Irland kennt, verhüllten die regnerische Landschaft draußen. Da vernahm ich hinter mir ein Rascheln. Als ich mich umdrehte, stellte ich fest, daß Breogan den Raum verlassen hatte.
»Ich bat ihn zu gehen«, erklärte Ossian ruhig.
»Aha«, bemerkte ich. »Und dir gehorchen sie aufs Wort.«
»Breogan weiß, wann du Kummer hast. Jedesmal wenn ich von geschlechtlichen Vereinigungen spreche, wirst du ungehalten. Liegt es daran, daß du den Frauen entsagt hast? Oder plagen dich schmerzliche Erinnerungen an eine Frau, die du einst gekannt hast?«
Ich setzte mich auf das Fenstersims und legte die Hände in den Schoß.
»Einst war ich in Irland ein Sklave, Ossian. Sechs Jahre lang. Wußtest du das?«
»Ja.«
»Sie war die Pflegetochter des Mannes, der mein Herr war. Miliuc hieß er«, stieß ich hervor. »Als ich versklavt

wurde, war ich ein Knabe, und sie war noch jünger. Wir wuchsen zusammen auf, doch wir standen uns so fern, wie es zwischen Sklaven und Herren Sitte ist. Trotzdem lächelte sie mir manchmal zu und rief mich beim Namen – leise, wenn ihr Pflegevater außer Hörweite war. Sie war wunderschön. Ihr Haar hatte die Farbe von Kupfer, es war lang und üppig, und hier hatte sie Sommersprossen.« Dabei deutete ich auf meinen Nasenrücken. »Ihre Haut war so rein und weiß wie die Schwingen einer Taube. Ich beobachtete sie. Und das wußte sie. Das wissen Frauen immer.«
»Wohl wahr«, pflichtete Ossian mir bei und lächelte.
Ich drehte mich um und schaute wieder in den Regen hinaus. Den Blick von ihm abgewandt, erzählte ich ihm die Geschichte.
»Es war im dritten Jahr meiner Gefangenschaft. Damals war ich nur mehr ein Schatten meiner selbst. Ich hatte jede Hoffnung verloren, daß ich jemals nach Hause zurückkehren könnte. Ich fand kaum mehr Schlaf und aß noch weniger, als einem Sklaven zustand. Zu beten verstand ich noch nicht; ach, wie einsam war ich in jener Zeit. Die Tage verbrachte ich bei den Schafen auf der Weide, nachts schlief ich bei den Wolfshunden. Eines Nachts, als ich in meiner Hütte lag, schlich sie sich zu mir. Ich war wach und spähte in die Dunkelheit, ich roch sie und spürte ihre Gegenwart, noch ehe sie vor mir stand. Da ging mir das Herz vor Freude über, als hätte ich immer nur auf sie gewartet.
Ohne ein einziges Wort streifte sie ihren Kittel von den Schultern und legte sich neben mich. Sie bot mir ihre Brüste dar, umfaßte sie mit beiden Händen und hielt sie mir an die Lippen wie saftige Vögel.«
Überrascht blickte ich auf meine unwillkürlich gewölbte Hand hinab.

»Als ich in sie eindrang, gab sie keinen Laut von sich. Sie strich mir über das Haar und flüsterte: ›Jetzt wird es besser, Padraig. Jetzt kannst du es ertragen.‹«

Ich spürte, wie ich bei der Erinnerung an das Mädchen errötete, senkte den Kopf und starrte auf das Fenstersims. Hinter mir sagte Ossian: »Und du hast sie nie wieder gesehen.« Es war keine Frage, sondern eine Feststellung. Ich schüttelte den Kopf.

»Ihr Pflegevater muß etwas gemerkt haben. Am Morgen war sie fort, er hatte sie zu ihrer eigenen Familie zurückgeschickt. Aber sie hatte das Feuer in mir neu entfacht, das unter der Asche nur noch glühte. Nun begann ich wieder, Fluchtgedanken zu spinnen und von der Heimat zu träumen. Ich fastete und betete, und in meinen Gebeten war ich nicht mehr allein. Ich fing an, den Menschen im nahe gelegenen Foclut-Wald von meinem Heiland zu predigen, und sie hörten mir zu. Und dann, im sechsten Jahr meiner Gefangenschaft, sagte mir die Stimme Gottes, wie ich ein Schiff finden konnte, das mich in die Heimat zurückbringen würde.

Ich reiste durch ganz Irland, und währenddessen hielt ich unentwegt Ausschau nach ihr, ich betete darum, ihr noch einmal zu begegnen. Aber ich konnte sie nirgends finden. Schließlich gelangte ich an die Küste, wo die Schiffe ankerten. Mit einer Ladung Wolfshunde segelte ich in die Heimat zurück.«

»Warum erfüllt dich denn die Erinnerung daran mit Scham und Zorn?«

Ich seufzte. Wie sollte ich das diesem Heiden erklären? Ich schüttelte den Kopf.

»Als ich in Gefangenschaft geriet, war ich ein dummer, unwissender Junge. Ich hatte von Gott und Seiner Botschaft nicht mehr Ahnung als ... als du, Alter. Doch in der

Abgeschiedenheit meiner Sklaverei, in den Jahren des Schweigens, lernte ich meinen Gott kennen. Jene Kenntnis hätte mir genügen sollen; ich hätte nicht der Sinnenlust frönen dürfen.«

Als er zu einer Erwiderung ansetzen wollte, hob ich abwehrend die Hand.

»Es geht noch um mehr als das. Um die Ehre. Ich hätte das Mädchen ausfindig machen und ihr sagen sollen, was mir ihr Geschenk bedeutet hat. Aber ich werde sie weiterhin suchen, und wenn ich sie finde, werde ich ihr dafür Christus zum Geschenk machen.«

»Dieser Christus, von dem du immer sprichst ... ist er ein göttliches Wesen?«

»Er ist der Sohn des Schöpfers, das Licht, das fleischgewordene Wort.«

»Also war er ein leiblicher Gott?«

»Ja.«

»Verkehrte er mit Frauen? Das tun viele Götter.«

»Er nicht. Er wohnte in einem menschlichen Leib, und er starb darin.«

»Aber wenn er die Freuden des Körpers nicht genossen hat, warum hat er sich dann dafür entschieden?«

»Er genoß durchaus körperliche Freuden. Er wanderte gern durch die Berge, er feierte Feste mit seinen Freunden, aß und trank Wein. Außerdem gefiel es ihm, zu fischen, übers Meer zu fahren und Geschichten zu erzählen. Ja, er erzählte gern Geschichten.«

»Aha«, meinte Ossian.

Da erkannte ich die Falle, doch während der Zorn in mir aufwallte, war mir angesichts des schlauen Alten zugleich nach Lachen zumute.

»Du verdrehst mir ja das Wort im Mund wie ein Sophist!«

»Diesen Ausdruck kenne ich nicht, aber dieser Gott, den

du verehrst, ist ziemlich gerissen, Padraig. Und feinsinnig.«
»Gerissen?«
»Es muß ihm sehr viel daran gelegen haben, daß du hierher zurückkehrst, sonst hätte er dir nicht eine so liebliche Erinnerung an Irland geschenkt, eine leise Stimme, die dir von Sinnenfreuden erzählt und dich an jene Frau gemahnt, damit du nicht vergißt, daß du ein Mensch bist.«
»Ich schäme mich meiner Tat. Sie war kein Gottesgeschenk, sondern zeugte von meiner menschlichen Schwäche.«
»Bist du dir sicher?« fragte er mich. »Du schämst dich deiner Tat nicht so sehr, daß du sie vergessen hättest.« Er sagte es mit ernster Stimme, doch seine Augen blitzten schelmisch.
Darauf hätte ich ihm erwidern sollen, daß unsere Seelen nur vorübergehend in unseren Körpern wohnen und daß die leiblichen Bedürfnisse den geistigen untergeordnet werden müssen. Doch ich blieb stumm. Statt dessen starrte ich auf meine Hand hinab, auf die langen, schmalgliedrigen Finger und die von der Arbeit schwielige Handfläche, die sich zu einem zierlichen, beinahe weiblichen Halbrund wölbte.
»Ich habe diese Missetat einmal jemandem anvertraut, den ich für einen Freund hielt. Er verriet mich an die Bischöfe von Frankreich.«
»Es ist eine gute Geschichte, Padraig. Aber ich werde sie niemandem weitererzählen, wenn du es nicht willst.«
»Das weiß ich«, erwiderte ich, selbst erstaunt über meine Worte. Plötzlich fühlte ich mich leicht und unbeschwert. Zwei Dutzend Jahre lang hatte ich meine Bürde mit mir herumgeschleppt und mich ihrer niemals entledigen können, bis ich die Geschichte einem alten Heiden erzählte,

der ohne Zweifel zudem ein begnadeter Lügner war. Ich schüttelte den Kopf.

»Ich mag deinen Gott mehr, als ich gedacht hätte, Padraig«, sagte Ossian.

»Ich heiße nicht Padraig«, entgegnete ich unwillkürlich. »Aber sicherlich fühlt sich mein Gott höchst geehrt durch deine Anerkennung.« Doch noch während ich dies sagte, konnte ich nicht umhin, ihm zuzulächeln.

Ich gestattete dem Alten, den Brüdern nach dem Abendessen Geschichten zu erzählen, nahm ihm aber das Versprechen ab, daß sie nicht von leiblichen Vereinigungen handeln würden. Der allgemeinen Aufregung nach zu schließen hätte man meinen können, ich ließe die Brüder an der Bergpredigt teilnehmen. Sie scharten sich um ihn, murmelten und lachten und rangelten um die Plätze in seiner Nähe. Wir hatten Ossian einen niedrigen römischen Klappstuhl mit Armlehnen und einem Wolfsfellbezug gegeben, und Breogan hatte ihm einen großen Krug von unserem besten Klosterbier gebracht. Als ich den Alten dort sitzen sah, wie er den um ihn versammelten Brüdern zulachte, mit dem einen scherzte und dem anderen mit dem Finger drohte, schien es mir beinahe, als beobachtete ich einen alten König, der sich seiner Macht so sicher war, daß sie nicht einmal durch sein hohes Alter gemindert werden konnte. Und keiner verstand es so wie er, Geschichten zu erzählen – mit Kunstpausen, ausladenden Gesten und einer Stimme, die den Klang vieler anderer Stimmen heraufbeschwor. Wie froh war ich, daß der Bote mir aufgetragen hatte zuzuhören, denn sonst hätte ich mich geschämt, den Geschichten eines Heiden mit so großem Vergnügen zu lauschen.

»Wo soll ich anfangen?« rief er in die Runde.

Ich antwortete ihm.
»Fang damit an, wie Fionn den Wald und die Obhut von Liath und Bodhmall verlassen muß.«
»Ah ja«, sagte er. »Der Tag, an dem Fionn gezwungen wurde, von seiner geliebten Druidin Abschied zu nehmen – und von der Kriegerin Liath.« Dabei sah er mich unvermittelt an und schmunzelte, ehe er begann.

Der Reiter jagte auf die Lichtung, auf der Fionn mit der Kriegerin Liath ... zugange war. Hastig saß er ab und schlug seinen Mantel über die Schulter.
»Caoilte Mac Ronan!« rief Fionn freudig. Er zog seine Beinkleider an, schnürte sie zu und klopfte Mac Ronan auf die Schulter. »Ich erinnere mich wohl an dich. Aber wie hast du mich hier ausfindig gemacht?«
Liath trat neben Fionn, nackt und schweißglänzend. Ihr Atem ging schwer. In der Rechten trug sie einen Speer, doch Fionn hielt sie zurück. Da sprach Mac Ronan:
»Nicht ich habe dich gefunden, sondern Goll Mac Mornas Männer. Nach dem Hurlingspiel neulich konnten die Jungen von nichts anderem mehr sprechen als von dir – von dem Lichten, der aus dem Wald kommt, der es beim Hurling allein mit einer ganzen Mannschaft aufnehmen kann, der springt wie ein Hirsch und rennt wie ein Wolf. So hat Goll Mac Morna von dir erfahren. Es wunderte ihn, daß ein so hellhaariger junger Krieger allein im Wald haust. Deshalb ließ er seine Fenier tagelang den Wald nach

dir absuchen. Gestern abend kehrten sie mit der Nachricht zurück, daß ein Junge mit zwei alten Frauen allein im Wald lebe.«

Nach einem kurzen Blick auf Liath fügte er noch hinzu: »Allerdings war ihr Bericht nicht ganz zutreffend.«

Liath ging ungerührt darüber hinweg.

»Weshalb bist du gekommen, Junge?« fragte sie ihn barsch.

»Mac Morna hat sofort gewußt, daß der Hellhaarige Cumhail Mac Trenmors Sohn sein muß. Er kann nicht dulden, daß du am Leben bleibst, denn du hast Anspruch auf die Fianna. Er ist mir bereits auf den Fersen. Als ich von dem Plan erfuhr, brach ich auf, noch ehe sie sich versammeln konnten. Doch sie rücken mit einer ganzen Fian an – zwölf Männer, angeführt von Goll Mac Morna, die dir nach dem Leben trachten.«

Da trat Bodhmall auf die Lichtung, in den Händen ein Bündel. Ruhig und bedächtig gab sie Liath einen frischen Kittel und schnürte das Bündel an den Sattel von Mac Ronans Pferd.

»Nun ist es also soweit«, meinte sie schlicht. »In diesem Bündel findest du Nahrung für mehrere Tage sowie frische, trockene Kleider.« Sie bedachte Liath mit einem hämischen Blick. »Und auch das Tarnkraut. Du mußt nach Norden, zum Fluß Boanne, einen guten Tagesritt entfernt. Dort lebt ein Zauberer namens Finegas. In seiner Obhut wirst du sicher sein, mein Junge.«

»Großmutter, ich kann dich und Liath doch nicht zurücklassen. Wie wollt ihr euch denn verteidigen?«

Liath brach in schallendes Gelächter aus.

»Was ich nicht niedermachen kann, wird Bodhmall in ihren Druidennebel hüllen,« meinte sie schwärmerisch und schien in Gedanken bereits alle Möglichkeiten durchzu-

spielen. »Uns wird nichts geschehen. Und wenn sie verschwunden sind, ziehen wir nach Süden ...«
»Liath!« schnitt Bodhmall ihr das Wort ab. »Der Junge muß jetzt gehen. Spürst du nicht die Hufschläge?«
Einen Augenblick verharrte Liath vollkommen reglos, dann nickte sie. Mac Ronan stieg auf sein Roß und streckte Fionn die Arme entgegen.
»Komm, Fionn«, rief er. »Unser erstes Abenteuer!« Er lachte übermütig.
Da schwang sich Fionn ebenfalls auf den Rappen, und sie galoppierten auf den Wald zu. Das letzte, was Liath und Bodhmall von Fionn sahen, war, wie er sich mit nacktem Oberkörper unter den Ästen hinwegduckte, dabei rief er:
»Mac Ronan! Als erstes müssen wir ein Pferd für mich auftreiben!«

Am Nachmittag war das Pferd erschöpft, sein Rist hob und senkte sich schwer, es hatte Schaum vor dem Mund. Mac Ronan führte den Hengst zu einem Bach, nahm ihm den Sattel ab und ließ ihn trinken. Dann rieb er ihm die Flanken mit einer Decke trocken und suchte seine Hufe nach Steinen ab.
Aus südlicher Richtung vernahmen sie fernes Hundegebell.
»Sie sind ein ganzes Stück hinter uns«, meinte Fionn leise. »Aber ihre Hunde haben unsere Witterung aufgenommen.«
Mac Ronan nickte.
»Wir beide sind zu schwer für das Tier.«
»Du wirst es freilassen müssen.«
»Dann müssen wir uns bis Anbruch der Nacht versteckt halten. Morgen können wir uns frische Pferde besorgen.«

»Aber zuerst mußt du mir beibringen, wie man mit ihnen spricht.«
Mac Ronan sah ihn verwundert an.
»Kannst du denn nicht reiten?«
»Ich habe mein ganzes Leben in den Wäldern von Slieve Bloom verbracht. Was sollte ich da mit einem Pferd anfangen? Doch jetzt weiß ich, daß ich ihre Sprache erlernen muß, damit wir zusammen reiten können.«
Mac Ronan schüttelte den Kopf.
»Man spricht nicht mit ihnen. Man beruhigt sie und lenkt ihren Kopf. Man muß lernen, ihre Bewegungen zu steuern.«
»Zeig mir, wie man das macht.«
Mac Ronan nahm das Zaumzeug, schwang sich auf das Roß und zog an den Zügeln. Er ließ das Pferd sich aufbäumen, wenden und von einer Gangart in eine andere wechseln. Aufmerksam sah Fionn ihm zu. Aber als Mac Ronan abstieg und Fionn die Zügel gab, stellte sich Fionn an die Kopfseite des Pferdes, legte seine Stirn gegen die des Tiers und verharrte reglos. Nach einer Weile hob das Pferd den Kopf. Da wölbte Fionn seine Hände um das Kinn des Hengstes und blies ihm sachte in die Nüstern, was dieser mit leisem Schnauben erwiderte. Als Fionn dann auf dem Rücken des Pferdes saß, band er die Zügel über dessen Hals zusammen und ritt freihändig über die kleine Wiese.
»Es ist also wie beim Hurling. Du machst es nicht zum ersten Mal.«
»Doch, Bruder. Aber das Leben im Wald hat mich gelehrt, daß alle Tiere eine Sprache sprechen. Seit ich diese Sprache erlernt habe, sind sie meine Freunde, so wie ich ihr Freund bin.«
»Man wird dir nachsagen, daß du dich in Tiere verwandelst.«

Fionn lachte.
»Ich bin das, was du vor dir siehst. Wie meine Großmutter mich gelehrt hat, sind alle Verwandlungen eine Sache des Geistes. Doch jetzt gilt es, uns zu verstecken.«
Abermals legte er seine Stirn an die des Pferdes, und gleich darauf galoppierte der Hengst davon. Nachdem Fionn und Mac Ronan den Sattel versteckt hatten, wateten sie das Bachbett entlang. Wieder im Wald angelangt, griff Fionn in Bodhmalls Tasche und nahm einen kleinen, bauchigen Steinkrug heraus.
»Halt die Hände auf«, befahl er Mac Ronan und goß ihm eine zähe schwarze Flüssigkeit auf die ausgestreckten Handflächen.
»Pfui, das stinkt nach Tod und Fäulnis!«
»Das ist das Tarnkraut. Du mußt deinen Körper und deine Kleider damit einreiben. Es wird die Hunde in die Irre führen und sie so verwirren, daß sie unsere Spur verlieren.«
»Was für ein Gebräu ist das?«
»Der Geruch vieler Tiere, ihr Aas und ihre Brunftdüfte. Und starke Pflanzensäfte.«
»Nun werden die Leute von dir auch noch sagen, daß du dich im Wald in Luft auflöst. Aber ich werde ihnen die Wahrheit erzählen, Fionn, ich werde ihnen sagen, daß du dich nur in Gestank auflösen kannst!«

Bei Einbruch der Nacht krochen sie aus ihrer kleinen, von Dickicht überwucherten Höhle am Hang des Hügels. Das Gebell der Hunde hatte sich immer weiter entfernt und war schließlich westlich von ihnen verklungen. Mac Ronan führte seinen Gefährten in nordöstliche Richtung, bis sie zu einem kleinen Rath am Waldrand gelangten.
»Das ist aber ein armseliges Dorf. Bestimmt ist der Stam-

mesführer der einzige, der Pferde hat«, flüsterte Mac Ronan Fionn zu.
»Sollen wir sie stehlen?«
Mac Ronan nickte.
»Entspricht das Mac Mornas Gepflogenheiten?«
»Ja.«
»Aber nicht meinen. Wenn ich das Oberhaupt der Fenier bin, werden wir die Armen nicht noch ärmer machen.«
Fionn erhob sich und schritt auf das Tor der Feste zu. Ein Wächter, der den einfarbigen Umhang armer Leute trug, versperrte ihnen den Weg.
»Nenne deinen Namen.«
»Ich bin Fionn Mac Cumhail.«
Der Wachposten lachte.
»Und ich bin der Dagda. Sag, wie du heißt. Wir sind in Trauer, für törichte Jungenspäße haben wir keinen Sinn.«
Fionn wandte sich an Mac Ronan. »Was ist mit diesem Burschen los, daß er einem Mann nicht glauben will, der seinen Namen angibt?«
»Weißt du das nicht?«
»Was denn?«
»Es gibt Sagen und Geschichten, die vor Jahren aus dem Süden, aus Kerry, zu uns gedrungen sind und die auch König Cormac in seiner Banketthalle zu Ohren kamen. Wie es heißt, hinterließ Cumhail Mac Trenmor einen Sohn, und dieser wird sich eines Tages erheben und den Platz einnehmen, der seinem Vater geraubt wurde. Denn Mac Morna ist kein Anführer.«
»Bist du deshalb heute zu mir gekommen?«
»Ja. Bei dem Hurlingspiel habe ich es erkannt: Du bist zum Anführer geboren, dir ordnen sich die Männer bereitwillig unter.« Er wandte sich an den Wächter.
»Sieh dir diesen Mann doch einmal bei Licht an.«

»Holt eine Fackel«, rief der Wachposten, worauf sich hinter dem Wall jemand in Bewegung setzte. Als eine tropfende Kiefernfackel zum Eingang gebracht wurde, trat Fionn in ihr Licht, und sein helles Haar erstrahlte wie ein Glorienschein um sein Haupt. Bald darauf erschien der Stammesführer des Rath, ein Mann an der Schwelle zum Greisenalter mit einem aufgedunsenen, faltigen Gesicht, den Umhang nachlässig übergeworfen. Stumm betrachtete er den Jungen.

»Ich bin Mac Earc«, sprach er schließlich. »Meine Männer sagen, du behauptest, Fionn Mac Cumhail zu sein.«

»Ich behaupte es nicht, Vater, ich bin es.«

Einige Augenblicke lang musterte der Stammesführer schweigend die Jünglinge, dann bedeutete er ihnen, ihm in seine Hütte zu folgen. Im Schein des Feuers sahen sie eine Frau, die sich weinend über den aufgebahrten Leichnam eines etwa dreizehnjährigen Knaben beugte.

»Er war unser einziger Sohn, Glonda«, erklärte der alte Anführer. »Unser Spätgeborener. Und heute morgen wurde er erschlagen.«

Als die Frau noch lauter schluchzte, trat Fionn von hinten an sie heran, legte ihr seine linke Hand auf die Schulter und umfaßte mit der Rechten ihre Stirn. So stand er da, schweigend, und sein Mantel hob und senkte sich unter seinen gleichmäßigen Atemzügen. Ihr Schluchzen ging in ein leises Keuchen über und verebbte schließlich ganz. Einen Augenblick später war sie mit ausgestreckten Armen über dem Leichnam des Knaben eingeschlafen.

»Was hast du gemacht?« fragte der alte Anführer.

»Ich habe ihren Geist beruhigt und ihren Herzschlag verlangsamt. Nun wird sie eine Weile schlafen. Doch ihren Kummer kann ich ihr nicht nehmen. Wer hat das getan, und aus welchem Grund?«

»Lia von Luachair.«
»Einer von Mac Mornas Männern«, fügte Mac Ronan hinzu, der hinter Fionn stand.
»Er war auf das Pferd aus und auf die Vorräte, die mein Sohn bei sich trug«, fuhr Mac Earc fort. »Aber vielleicht hat er es auch nur aus reinem Vergnügen getan, denn das Pferd war betagt, und das Essen bestand nur aus einem Laib Schwarzbrot und ein wenig Käse.« Der Stammesführer wandte sich ab und starrte in die Dunkelheit.
»Die Ehre verlangt, daß er sein Leben für das des Jungen gibt. Hat er diesen Preis bezahlt, Mac Earc?«
Der alte Stammesführer richtete den Blick auf Fionn.
»Er ist ein Fenier, mein Junge. Denkst du, einer wie ich könnte dem Krieger des Königs Cormac den Preis der Ehre abverlangen? Er ritt nach Westen in Richtung Connaught, und ich glaube nicht, daß wir ihn jemals wieder zu Gesicht bekommen.«
»Doch«, entgegnete Fionn, »denn ich werde dir seinen Kopf bringen. Sein Geist wird gezwungen sein, für immer über deine Heimstatt zu wachen. Und ich sage dir, es wird eine Zeit kommen, da die Fenier Irlands die Ehre höher schätzen werden als alle Besitztümer.«
Nachdem die Jungen mit Pferden und Proviant versorgt worden waren, ritten sie in der Dunkelheit aus dem Dorf. Fionn wandte sich nach Westen. Da zügelte Mac Ronan sein Reittier.
»Dein Vorhaben, den Jungen zu rächen, mußt du auf später verschieben, Fionn. Hast du Goll Mac Morna vergessen? Und daß wir das Bellen seiner Hunde aus westlicher Richtung gehört haben?«
»Das habe ich keineswegs vergessen, aber ich habe mein Versprechen gegeben und bin an mein Wort gebunden. Du mußt nicht mit mir kommen, Mac Ronan.«

Doch da trieb Mac Ronan sein Pferd an Fionns Seite und rief laut in die Dunkelheit: »Für die Fenier!«
»Für Irland!« setzte Fionn hinzu.

Der alte Mann sackte auf seinem Stuhl zusammen und nahm einen kräftigen Schluck von seinem Krug Ale. Ich bemerkte das leichte Zittern seiner Hände, den schlaffen Zug um seine Mundwinkel. Plötzlich überkam mich das Bedürfnis, diesen Alten zu beschützen; die Brüder sollten ihn nicht so erschöpft sehen. Über ihre Köpfe hinweg rief ich:
»Ossian, mit mächtiger Stimme hast du zu uns gesprochen! Gesegnet sei Fionns Seele!« Ich fuhr mir an den Mund, so erstaunt war ich, daß diese Worte über meine Lippen gekommen waren. Doch sie erzielten die gewünschte Wirkung; der Bann der Erzählung war gebrochen. Nun wechselten die Brüder leise Worte und erhoben sich, um sich zu ihren Zellen zu begeben. Mit einem Schulterklopfen oder einer Handberührung bedankten sie sich bei Ossian, ein oder zwei machten sogar ein Kreuzzeichen in die Luft. Dann marschierten sie mit gesenkten Köpfen an mir vorbei. Nur Longan, einer der jüngeren Brüder, wagte ein Lächeln und hob die Hand zum Segen.
»Gesegnet seist du, Padraig«, flüsterte er.
»Ich heiße nicht Padraig«, erwiderte ich. Longan nickte lächelnd.
Und nur Breogan und ich spürten, wie schwer sich der alte Mann auf uns stützte, als wir ihn in seine Zelle brachten.

Kapitel Fünf

Wir saßen in dem kleinen Garten auf einer Bank in der Morgensonne. Ossian lehnte sein Haupt gegen die Klostermauer und ließ seine Handflächen bescheinen. Seit er bei uns war, war der Frühling in den Frühsommer übergegangen. Alle Pflanzen waren bereits gesetzt. Einige der Brüder jäteten im klaren Licht des kühlen Morgens Unkraut, während andere sich daran machten, das Fasten zu brechen.

Mit meiner Neugier störte ich die frühmorgendliche Stille.

»Hat dein Vater den Mörder des Jungen getötet?«

»Das hat er getan, ja ...«

Fionn und Caoilte brauchten zwei Tage, bis sie Lia von Luachair auf die Spur kamen, aber als sie ihn schließlich ausfindig machten, war es aufgrund der Fährte eines lahmen Gaules und eines Mannes, der sich so sehr in Sicherheit wiegte, daß er jegliche Vorsicht außer acht ließ. Weder riß er seine Schutzhütten ab, noch trat er die Lagerfeuer aus und warf die Überreste in den Fluß. Seinen Abfall ließ

er für jedermann sichtbar herumliegen. Ganz offensichtlich rechnete er nicht damit, verfolgt zu werden.
Am Nachmittag des vierten Tages holten sie ihn ein. Er saß vor seiner Hütte, aß eine Kaninchenkeule und stand nicht einmal auf, als sie sich näherten. Obwohl er sehen mußte, daß sie noch Jungen waren und einer von ihnen den Umhang der Fenier trug, lud er sie nicht ein, das Mahl mit ihm zu teilen.
»Was führt zwei Jungen nach Connaught?« knurrte er ihnen von seinem Platz vor dem Lagerfeuer aus zu.
Fionn ergriff als erster das Wort.
»Wir suchen einen gewissen Lia von Luachair.«
»Der bin ich. Wer sucht nach mir?«
»Ich suche dich, denn du hast einen Jungen ums Leben gebracht und mußt nun den Preis dafür bezahlen, den die Ehre fordert.«
Das ließ Luachair aufmerken, er hob den Kopf.
»Drohungen von einem Milchgesicht. War er etwa dein Bruder? Es sollte mich besser dein Gefährte herausfordern, er scheint mir zumindest zwei oder drei Jahre älter zu sein als du und weist sich durch seinen Umhang als Krieger aus.«
Mac Ronan lachte.
»Unterschätze ihn nicht, Luachair. Denn das wäre dein letzter Fehler.«
Dabei warf er sein Schwert Fionn zu, der es im Flug auffing.
»Ich bin Fionn Mac Cumhail, der Sohn des Cumhail Mac Trenmor. Niemand wird in der Fianna dienen, der seinen Dienst nicht ehrenhaft erfüllt.«
Als er seinen Namen nannte, stand Luachair auf.
»So. Du bist also derjenige, den Mac Morna erwartet hat. Nun, von so einem Jüngling wie dir hat er allerdings

wenig zu befürchten.« Er nahm sein Schwert mit beiden Händen, holte aus und hieb auf Fionn ein. Doch als er zustieß, stand der Junge längst nicht mehr an seinem Platz.

»Er sollte mich aber fürchten. Ebenso wie du, Luachair. Denn mein Feuer wird deine Schande tilgen.«

Zischend durchschnitt Fionns Schwert die Luft. Luachairs Kopf fiel auf den Waldboden, rollte ein Stück und blieb dann neben dem Stamm eines großen Baumes liegen.

Fionn löste Glondas Pferd die Fußfesseln, tränkte es, rieb es trocken und versorgte den lahmenden Fuß. Dann holte er den Kopf von Lia von Luachair und band ihn, blutig und mit einem überraschten Ausdruck auf dem Gesicht, an der Mähne des Pferdes fest. Schließlich drehte er das Tier in Richtung von Glondas Rath und gab ihm einen Klaps.

»Es wird den Kopf zum Vater des Jungen bringen. Möge er ihm ein kleiner Trost sein ...«

»Wie barbarisch, das mit dem Kopf! Was für ein Trost sollte das sein? Es erinnert ihn nur an seinen Kummer.«

»Der Kopf ist der Sitz der Seele, Padraig. Das weißt du doch besser als jeder andere. Mein Vater sorgte so dafür, daß Luachairs Seele Glondas Eltern beschützen mußte, solange sie lebten.«

»Was meinst du mit Seele?«

»Der Teil von uns, der nicht stirbt. Der Teil, der in ein neues Leben übergeht und wiederkehrt.«
»Das glaubst du? Daß die Seele weiterlebt?«
»Priester, das haben unsere Druiden uns seit jeher gelehrt. Darf ich nun mit meiner Geschichte fortfahren?«

Als das Pferd fort war, wandten Fionn und Caoilte ihre Aufmerksamkeit dem Lager zu. Sie löschten das Feuer und warfen die Holzscheite in den nahe gelegenen Fluß. Dann verstreuten sie die Asche und machten sich daran, die Schutzhütte einzureißen. Dabei stieß Fionn auf eine Tasche, die hinten in der Hütte lag.
Die Tasche war länglich, länger als Fionns Arm, bogenförmig, und sie fühlte sich so weich an wie ein Vogelflügel. Als Fionn mit der Hand darüberstrich, stellte er fest, daß sie aus den Häuten von Kranichen gefertigt war, den Vögeln von Aengus Og, dem Gott der Vogelmenschen. Allerdings hatte man sie rot und blau eingefärbt und mit einem Muster aus Spiralen und Wirbeln verziert. Fionn zog die Tasche aus der Hütte und zeigte sie Mac Ronan.
»Schau mal, was für ein seltsames Ding ich gefunden habe.«
Mac Ronan wurde bleich und erstarrte.
»Wenn ich bisher auch nicht an Prophezeiungen geglaubt habe, so kann ich sie nun doch nicht länger leugnen.«
»Was ist das?«
»Das ist die Tasche, die deinem Vater gehörte. Jahrelang

ging die Kunde, daß Luachair sie ihm abgenommen hat, als er starb, aber bis heute habe ich es nicht geglaubt.«
Fionn starrte die Tasche an, seine Hände zitterten.
»Ich weiß, was in dieser Tasche steckt, Mac Ronan. Bodhmall hat es mir gesagt, als ich noch ein Kind war.«
Und er begann feierlich zu sprechen:
»Es gab eine Tasche, die gehörte Cumhail Mac Trenmor, und darin befanden sich die Insignien der Macht über Irland, die heiligen Steine und das Schwert, das in den Schmieden der Sidhe gefertigt wurde.«
Mac Ronan legte seinen blau-grünen Umhang ab und breitete ihn auf dem Boden aus. Vorsichtig ließ Fionn die in der Tasche verborgenen Schätze auf den Umhang gleiten. Tatsächlich lagen da drei Steine: ein rubinroter, der leuchtete wie Feuer; ein smaragdgrüner, der Funken zu sprühen schien; und ein flacher grüner, der die Form einer Tafel hatte und gesprenkelt war wie ein Fisch. Fionn nahm die Steine in die Hand und trug weiter vor, was Bodhmall ihn gelehrt hatte.
»Dieser Rubin ist das Blut von Eire, damit wir, die dafür leben und sterben, immer in seinem Herzen bleiben. Der Smaragd steht für die grünen Felder und Wälder von Eire, daß wir uns an der Schönheit des Landes erfreuen und es vor allem Unheil bewahren. Der letzte Stein ist das Meer, das Eire umgibt, das uns nährt und beschützt mit seiner Fülle an Leben.«
Dann zogen Fionn und Caoilte zusammen das Schwert heraus. Sein Griff war mit kleineren Steinen derselben Art besetzt und mit Spiralen und Flechtmustern ziseliert. Die Klinge des Schwertes schimmerte und blitzte, Schriftzeichen in Ogham, der alten Stabsprache der Druiden, waren über seine ganze Länge eingraviert.
»Was heißt das?«

»Ich weiß es nicht. Diese Sprache hat mich Bodhmall nicht gelehrt. Das Schwert haben die Anderen gemacht, die in den Bergen und im Meer wohnen. Es muß ihre Sprache sein.«

»Ich kenne einen, der sie spricht.« Mac Ronan strich mit den Händen über den Griff. »Aber ich weiß nicht, ob er noch am Leben ist. Dein Vater hatte einen Bruder ...«

»Ich weiß von seinem Bruder, Crimnall Mac Trenmor! Bodhmall hat mir von ihm berichtet. Er wollte sich opfern, um Muirne, die Mutter von ... meine Mutter zu retten. Aber sie ließ es nicht zu. Sie bat ihn, das Geschlecht der Fenier nicht untergehen zu lassen. Ob er wohl noch lebt?«

»Seit Jahren schon gibt es Gerüchte, daß eine Gruppe Fenier im Connaught lebt, in der Wildnis der Steinwälder. Ich habe diesen Gerüchten nie Glauben geschenkt, aber jetzt denke ich, daß es möglich wäre. Warum sonst hätten sich Mac Mornas Hunde nach Westen gewandt, als sie dich nicht finden konnten? Warum sonst hätten wir Luachair hier aufgestöbert, an der Grenze zum Connaught, mit der Kranichtasche und den Insignien? Sie denken bestimmt, daß dein Onkel noch lebt.«

»Dann müssen wir ihn finden!«

Fionn steckte die kostbaren Gegenstände wieder in die Tasche und hängte sie sich über die Schulter. Als er aufsaß, schmiegte sie sich an seinen Rücken und ein Stück die Pferdeflanke entlang; sie war fürs Reiten wie gemacht. Dann brachen die Jungen gen Westen auf, immer tiefer in das wilde Land hinein, auf der Suche nach den Überresten der einst so glorreichen Fianna.

»Das ist eine gute Geschichte, aber dein Vater ist weit herumgekommen, nachdem Bodhmall ihm doch aufgetragen hatte, den Zauberer Finegas aufzusuchen.«
»Mein Vater hat im Lauf seines Lebens ganz Eire bereist, von Norden nach Süden und von Osten nach Westen. Er kannte alle Wälder und Flüsse, sämtliche Raths und Stammesfürsten. Und alle kannten und achteten ihn.«
Ossian blickte sich um.
»Was möchtest du hier tun, Priester?«
»Ich möchte die Wahrheit über meinen Gott verbreiten.«
»Und das willst du hier, in diesem ärmlichen Rath, bewerkstelligen?«
Nun war es an mir, mich umzusehen. Das Kloster war klein. Es bestand aus einem rechteckigen Gebäude, das aus Lehm, Stroh und Steinen errichtet war, ähnlich den Behausungen der Stammesfürsten, nur daß ich die Brüder angewiesen hatte, den Raum innen mit Holz zu unterteilen, so daß abgeschlossene Zimmer mit Türen entstanden waren. Es gab zwölf solche Zellen und ein Refektorium, denn wir zählten nicht mehr als zwölf. Unsere Kapelle, eine einfache kleine Scheune, befand sich am anderen Ende des Gartens und bildete zusammen mit dem Klostergebäude eine L-förmige Anlage.
»Dieser ärmliche Rath war schwer zu erringen, Alter.«
»Mit wem mußtest du darum kämpfen?«
Ich lachte laut heraus.
»Ich mußte es mit den Hunden von Dichu, dem örtlichen Stammesoberhaupt, aufnehmen. Als ich zu ihm kam, um

ihm von Christus zu predigen, wollte er nichts davon hören. Statt dessen hetzte er seine Hunde auf mich. Es muß ein ganzes Dutzend gewesen sein, riesige Wolfshunde. Das Rudel stürzte sich heulend auf mich, doch ich kniete mich nieder und machte die Laute und Gesten, die ich mir als Schäfer angeeignet hatte. Damals habe ich unter Wolfshunden gelebt; sie waren meine einzigen Gefährten. Ich denke, dein Vater hätte gesagt, ich habe ihre Sprache erlernt. Wie dem auch sei, sie brachten mich zu Fall, und ich stürzte zu Boden, doch im Nu kniete ich inmitten der Hunde, und sie tollten um mich herum wie Welpen und leckten mir Hände und Gesicht.«

Die Erinnerung daran brachte mich zum Lachen.

»Ich dachte mir, ich sollte sie sicherheitshalber noch segnen. Also zeichnete ich jedem Tier ein Kreuz auf die Stirn. Das Gesicht vom alten Dichu hättest du sehen sollen. Er dachte schließlich, sie würden mich zerfetzen. Noch an Ort und Stelle konvertierte er, er kniete nieder und ließ sich segnen, dann schickte er mir diese Jungen, um das Gebäude hier zu errichten. Und er schenkte uns die Scheune, die uns als Kapelle dient. Dazu wollte er uns auch Frauen geben, die für uns nähen und kochen sollten, doch das ließ ich nicht zu.«

Auch Ossian begann nun zu lachen.

»Das ist eine gute Geschichte, die würde ich gerne weitererzählen.«

»Du magst sie in deinen Geschichtenschatz aufnehmen, alter Mann, aber verrate das eine nicht: daß es kein Wunder war, das mich rettete, sondern lediglich das Wissen eines Sklavenjungen.«

»Ist das nicht auch ein Wunder, Priester? Stell dir vor, wie es wäre, wenn dein Gott dich nicht hierhergesandt hätte. Du entflohst auf einem Schiff voller Wolfshunde nach

Hause, und du hast deine ersten Anhänger mit der Hilfe von Wolfshunden gefunden. Vielleicht hat dein Gott dir einen Gefallen erwiesen, indem er dich in die Sklaverei schickte.«

Ich musterte ihn scharf.

»Du bist für uns beide zu schlau, alter Mann.«

Ossian schmunzelte.

»Aber sag doch, was hoffst du hier zu erreichen?«

»Nun, nichts anderes als das, was ich bereits getan habe. Ich erhoffe mir, diesen Menschen meinen Gott nahezubringen, sie auf den rechten Weg zu führen. Wenn mir das gelungen ist, übergebe ich die Leitung jemandem wie Breogan und kehre nach Hause zurück.«

»Ich glaube nicht, daß du nach Hause zurückkehren wirst. Du wirst hier bei den Iren bleiben.«

»Nein, gewiß nicht. Das ist ein Volk von Barbaren. Sie halten sich Sklaven und schneiden ihren Feinden die Köpfe ab. Die schmutzigen Hütten, in denen sie hausen, halten sie für Paläste. Und sie glauben, das grüne Land um sie herum würde leben und atmen und hätte eine Seele. Sie glauben an jene Wesen, die sie die Anderen nennen. In ihren anstößigen Geschichten, Liedern und Gedichten schwelgen sie, als wären sie Wirklichkeit. Sie sind Narren, Träumer. Dort, wo ich herkomme, führen die Menschen ein geordnetes Leben. Mein Vater hieß Calpornius. Er war Christ und ein Dekurio, ein Beamter der römischen Regierung, ein wichtiger Mann, der ein hohes Amt bekleidete. Meine Mutter hieß Conchessa. Sie war eine schöne, stille Frau; in allem fügte sie sich meinem Vater. In unserem Haus hätte man keine Reden über Kriegerinnen oder Druidinnen geduldet.

Wir lebten in einer wundervollen Villa, Ossian, weiß mit roten Dachziegeln. Sie hatte einen quadratischen Grundriß, und in der Mitte gab es Gärten und Brunnen. Ich denke jeden Tag an dieses Haus. Die Böden waren mit Keramikmosaiken ausgelegt. Wir beheizten unsere Fußböden mit Rohrleitungen und konnten jeden Tag heiß baden. In den Zimmern gab es glühende Kohlenbecken, weiche Liegen und Alabasterstatuen. Wir waren zivilisierte Leute.

All das wurde mir genommen, als ich in Gefangenschaft geriet. Alles. Ich war ein sechzehnjähriger Junge. Sechs Jahre lang sah ich meine Eltern und mein Zuhause nicht wieder. Als ich wegging, war ich ein Jüngling, voller Hoffnungen und Träume und Mut. Als geschlagener Mann kam ich, halb verhungert, zurück, und ich hatte so lange unter Tieren gelebt, daß ich die Sprache der Menschen beinahe vergessen hatte.

Pah! Diese Iren! Lieber wäre ich zur Hölle gefahren, als noch einmal bei ihnen zu leben.«

»Und dennoch bist du zurückgekommen.«

»Ja, ich bin zurückgekommen. Aber ich habe alles getan, um es zu vermeiden. Ich studierte, um Priester zu werden, und lebte im Kloster meines Onkels in Auxerre. Das war ein richtiges Kloster aus Stein, ganz aus Stein ...«

»Warum bist du zurückgekommen?«

»Weil ich mußte. Weil Er mir Visionen, Träume und Stimmen sandte. Weil Er mir achtzehn Jahre lang keine Ruhe ließ. Deshalb kam ich zurück. Und ich werde tun, was Er von mir verlangt. Vielleicht läßt Er mich dann zu meinem Volk zurückkehren.«

»Das glaube ich nicht, Padraig. Ich glaube, du gehörst inzwischen zu diesem Volk hier. Ich glaube, du wirst für immer hierhergehören.«

»Du täuschst dich. Ich habe doch versucht, es dir zu erklären. Ich bin nicht Padraig und werde es nie sein. Ich

heiße Magonus Succatus Patricius, aus Bannavem bei Tiburnae. Ich werde niemals Padraig sein.«
»Für sie bist du es bereits.« Er zeigte auf die Jungen, die im Garten Unkraut jäteten. »Dein Gott singt dir ein Lied, aber du verschließt deine Ohren.«
Unsäglicher Zorn erfaßte mich.
»Deine Seele sei verdammt, Alter«, verfluchte ich ihn.
Und ich ließ ihn allein im Garten zurück.

Kapitel Sechs

Am Nachmittag schämte ich mich, daß ich mich von dem alten Mann so in Rage hatte bringen lassen, und noch mehr, daß ich ihn verflucht hatte. Ich ging zu seiner Zelle, wo ich Breogan antraf, der dieselbe Geschichte niederschrieb, die mir Ossian am Vormittag erzählt hatte. Mit einer Geste scheuchte ich ihn aus der Zelle, aber sein Blick sagte mir, daß er Bescheid wußte, ebenso wie die anderen Brüder. Es hatte sich herumgesprochen, daß ich den alten Mann verflucht hatte und im Garten hatte sitzen lassen.

Reumütig kniete ich an seinem Bett nieder.

»Es tut mir leid, alter Mann.«

»Was tut dir leid? Was gibt es zu bedauern?«

»Ich hätte dich nicht verfluchen und dann einfach wegrennen dürfen. Ich war aufgebracht und bitte dich um Verzeihung.«

Ossian lachte.

»Starke Männer gebrauchen starke Worte.«

»Dennoch hätte ich dich nicht verfluchen dürfen.«

»Ich weiß gar nicht, was das bedeutet.«

»Nun, es heißt, ich habe gewünscht, daß deine Seele der ewigen Dunkelheit anheimfällt.«

»An das Dunkel glaube ich nicht. Wenn mein Körper stirbt, wird mein Geist nach Tir Nan Og gehen. Auf diesen Tag warte ich und freue mich darauf.«

»Ich bete, daß es so sein möge; dennoch erbitte ich deine Erlaubnis, dich segnen zu dürfen und damit meinen Fluch von dir zu nehmen.«

»Das ist nicht nötig, denn ich glaube nicht an deine Gesten und Flüche.«

Wieder fühlte ich, wie ich zornig wurde, und stand auf.

»Laß es mich einfach tun! Du brauchst nicht daran zu glauben, aber laß mich das Kreuzzeichen über dich schlagen.«

»Mach jedes Zeichen, das dir beliebt, Padraig, wenn es dir dann leichter ums Herz wird.«

Ich versuchte mich zu beruhigen, indem ich tief Luft holte, dann malte ich ihm das Kreuz auf die Stirn, flüsterte dazu auf Latein die heiligen Namen und erbat Gottes Segen für Seinen Geschichtenerzähler. Als ich die Stirn des alten Mannes berührte, fiel mir unwillkürlich auf, daß unter seinen Haaren eine weiche Stelle war, die sich wie Fell anfühlte. Doch ich versenkte mich gleich wieder in die heilige Handlung und vollendete den Segen; danach erflehte ich auch für meine widerborstige Seele Vergebung. Nachdem ich geendet hatte, lächelte er zu mir hoch.

»Ist dir nun wohler, Padraig?«

»Es hat geholfen.«

»Dann bin ich froh darüber. Und welche Geschichte darf ich dir nun erzählen?«

Aber ich war nicht in der richtigen Stimmung, um Geschichten zu lauschen.

»Du hast mich gefragt, was ich hier vorhabe, und ich habe es dir gesagt. Daraufhin hast du behauptet, mein Gott singt ein Lied, doch ich verschließe meine Ohren. Was hast du damit gemeint?«

Ossian zwinkerte mir verschmitzt zu.

»Ich werde es dir nur erzählen, wenn du mir versprichst,

mich dafür nicht wieder mit ewiger Dunkelheit zu bestrafen.«

Da brach ich in schallendes Gelächter aus und mußte mich an die Mauer lehnen, um mir die Augen trocken zu wischen.

»Mein Wort darauf«, versprach ich schließlich mit todernster Stimme.

Ossian hob zu sprechen an:

»In meinem Vater loderte eine Flamme, Padraig, die alle, die mit ihm waren, sehen konnten. Nur einmal in seinem ganzen langen Leben ist er sich nicht treu geblieben, und dieser Verrat kam ihn teuer zu stehen. Auch in dir brennt ein Licht. Ich kann es sehen. Breogan und die Brüder sehen es. Und Dichu hat es trotz seiner geifernden Hunde gesehen und nicht wegen ihnen. Aber du verschließt deine Augen davor und hoffst, daß dein Gott es dir hoch anrechnen wird und dich in Frieden entläßt, wenn du hier im letzten Winkel von Eire in diesem kleinen, von dir erbauten Kloster ein paar Brüder um dich scharst und dich mit ihnen verschanzt. Nun, dich selbst kannst du nicht betrügen.«

»Was schlägst du also vor?«

»Predige von deinem Gott, wie es ein Fenier tun würde. Sammle deine Leute um dich und zieh mit ihnen von Dorf zu Dorf! Nach Art der Fenier, mit Pferden und Hunden und Frauen und Kindern. Hab dabei ein frohes Lied auf den Lippen. Bring den Stammesfürsten Geschenke dar. Zeig dich den Menschen und laß sie zu dir kommen. Wenn du dann von deinem Gott sprichst, werden sie dein Licht strahlen sehen und deine frohe Stimme hören. Und sie werden dir freudig folgen, nicht aus Furcht.«

Es gibt Augenblicke im Leben, da eine Wahrheit ausgesprochen wird, die das Herz schon immer kannte. In diesen Momenten herrscht tiefes Schweigen, doch der Mittelpunkt der Erde bebt dumpf wie von einem Trommelwirbel. Ich wußte, daß er recht hatte. Die Stimme hatte zu mir gesprochen, aber ich hatte sie in eine Kammer meines Herzens verbannt. Nun fehlten mir die Worte. Und so verließ ich den alten Mann und ging aus dem Klostergebäude. In der Kapelle kniete ich vor dem Altar nieder, doch das bescheidene Gebäude konnte meine großen Gefühle nicht fassen.

Also wanderte ich den Fluß entlang bis zu seiner Mündung und blickte hinaus aufs Meer. Den ganzen Nachmittag und die ganze lange Nacht saß ich dort. Mondschein fiel auf die Wellen, deren Schaumkronen in der Ferne weiß glitzerten. Immer wieder glitten selbst in der Dunkelheit noch schimmernde Wesen auf den Wogen vorbei. Ich wartete auf Seine Stimme, und ich wußte, daß ich sie bald hören würde.

Stunden verstrichen, und eine tiefe Ruhe senkte sich über mich. Schließlich sprach ich es aus:

»Wenn dies Dein Wille ist, dann soll er geschehen.«

Da erhob sich die Stimme des Herrn. Gerade so wie damals, als ich noch ein Sklave war und sie mich nach Hause führte. Gerade so wie damals, als sie mich in Visionen und Briefen zurückrief. Gerade so wie damals, als sie mich auf dem Festland verfolgte, mir in meinen Träumen irische Worte einflüsterte und mir von grünen Anhöhen und dem blauen Meer sang. Die Stimme erhob sich. Und diesmal lachte sie.

Ich rief die Brüder im Speisesaal zusammen und wies Ossian den Platz ganz vorne zu. Nachdem ich ihm erzählt hatte, was ich zu tun gedachte, hatte er sich in sein bestes

Gewand gekleidet und sein Haar zu einem Zopf geflochten. Ich stand schon in der Tür der Zelle, als er mir auf die Schulter hieb und dabei dröhnte:
»Sehr gut, Padraig! Dazu kenne ich eine passende Geschichte. Du wirst es nicht bereuen.«
Obgleich ich ihm die Antwort schuldig blieb, war auch ich voller Überschwang und stellte mich, während sich die Brüder noch um ihn scharten, neben ihn auf das Podest.
»Brüder«, sprach ich. »Heute abend wird uns der Geschichtenerzähler eine ganz besondere Sage erzählen, nämlich die von der Wiedergeburt der Fianna.«
Zuerst tuschelten sie und wunderten sich, daß ich diese Geschichte eigens ankündigte, doch schon nach wenigen Worten hatte Ossian sie ganz in seinen Bann gezogen ...

Fionn und Caoilte Mac Ronan wanderten viele Tage lang im Westen umher. Die Gegend war einsam und felsig, immer wieder wechselte karge Ödnis mit dichten Wäldern ab, in denen hohe Steine zwischen den Bäumen aufragten wie Wächter aus einer anderen Zeit. Anfangs lauschten Fionn und Caoilte unentwegt, ob sie Mac Mornas kläffende Hundemeute hörten, doch nach einigen Tagen kamen sie zu dem Schluß, daß Mac Morna die Verfolgung wohl aufgegeben hatte, und sie genossen das freie Leben draußen in der Natur.
Abends bauten sie sich aus Kiefernzweigen Schutzhütten

mit drei Wänden und einem Dach. In steinigem Gebiet übernachteten sie in Felsspalten oder in Höhlen, die mit aufrecht stehenden Felsen und einem Schlußstein darüber einer gemauerten Unterkunft ähnelten. Sie jagten Kaninchen und Vögel und fischten in den zahlreichen Flüssen. Fionn zeigte Caoilte, wie man eine Vertiefung grub, sie mit Steinen auslegte und dann die mit Gras umwickelten Fische darin garte. Während er das schmackhafte weiße Fleisch von den Gräten zupfte, schwor Mac Ronan, Fische künftig nur noch auf diese Weise zubereitet zu verzehren.
Unter dem Sternenhimmel erzählte Fionn seinem Begleiter von seinem Leben in den Wäldern mit Bodhmall und Liath, und Mac Ronan schilderte Fionn seine Tage am Hof von Cormac Mac Art. Er sprach von den großen Festen auf dem Königshügel von Tara, von Dichtern und Wagenrennen und von wunderschönen Frauen, deren helle Haut frisch gefallenem Schnee glich.
»Eines Tages werde ich nach Tara zurückkehren und meinen Anspruch auf die Führung der Fianna geltend machen. Und ich werde sie zu ebensolchem Ruhm führen, wie sie ihn einst, zu Zeiten meines Vaters, genoß.«
Mac Ronan nickte.
»Mac Morna ist kein böser Mann, aber er ist verbissen und dumm und hat der Fianna nicht gut gedient. Unter seiner Führung haben sich ihre Reihen gelichtet, und Cormac Mac Art mußte die Lücken mit Söldnern aus nördlichen Landen schließen. Diese Männer jedoch kämpfen nur des Geldes wegen und wenden sich schon aus dem allergeringsten Anlaß gegen uns. Einst war es eine Ehre für einen Mann, ein Fenier zu sein, und so viele junge Männer aus Irland waren bereit, den Treueschwur zu leisten, daß dein Vater Prüfungen ihrer geistigen und

körperlichen Fähigkeiten einführte, um die besten von ihnen auszuwählen.«
»Warum hast du dich ihnen angeschlossen?«
»Ich bin zum Kämpfer geboren. Dieses Leben«, er machte eine ausladende Geste, »dieses Leben im Freien, mit ständig neuen Herausforderungen, gefällt mir. Als Viehzüchter würde ich ersticken, und ich wäre nutzlos als Stammesoberhaupt, das für das Wohlergehen seiner Leute verantwortlich ist. Wahrscheinlich werde ich niemals heiraten oder Nachkommen zeugen. Und wie steht es bei dir damit?«
Fionn schmunzelte.
»Mir gefällt es, mit einer Frau zusammen zu sein.«
»Das ist mir nicht entgangen, Bruder.«
Sie lachten.
»Mit einer Frau, die stark ist und klug und von innerer Schönheit leuchtet. Für sie könnte ich das Kämpfen aufgeben.«
»Gibt es eine solche?«
»Sobald ich sie gefunden habe, werde ich es wissen.«
»Du bist ein Träumer«, grinste Mac Ronan.
»Vielleicht. Aber auf dieser Reise leitet mich ein anderer Traum.«

In ihrer dritten Woche unterwegs schlugen die Jungen am späten Abend in einem dichten Wäldchen ihr Lager auf. Während Mac Ronan eine Hütte baute, machte sich Fionn mit ausgreifenden Schritten, den Speer in der Hand, auf zur Jagd. Knapp eine Stunde später kehrte er mit einem Hirsch auf den Schultern zurück.
»Gut gemacht, Bruder«, lobte Mac Ronan. »Daran können wir uns viele Tage gütlich tun.«
Sie stellten einen Spieß auf und brieten daran die Lende

und andere wohlschmeckende Teile. Fionn schnitt währenddessen dünne Fleischstreifen von dem Wild ab, um sie zu trocknen. Doch plötzlich hielt er inne, dann kauerte er sich nieder.
»Was ist los?« flüsterte Mac Ronan.
»Spürst du nichts?«
Ganz ruhig stand Mac Ronan da, witterte und lauschte angestrengt.
»Doch, jetzt merke ich es auch. Wir werden von drei Seiten umzingelt. Aber ich habe keine Ahnung, um was für Tiere es sich handelt.«
»Um zweibeinige. Das erkenne ich an ihren Bewegungen.«
Fionn stand vom Lagerfeuer auf und streckte sich genüßlich.
»Ich komme gleich wieder, Bruder«, sagte er laut. »Ich muß nur Wasser lassen.«
Mit einer behenden Bewegung war er im Wald verschwunden. Mac Ronan machte da weiter, wo Fionn aufgehört hatte, und schälte dünne Streifen Fleisch von dem Wild. Dabei hatte er der Hütte den Rücken zugewandt und hielt sich geduckt.
Einige Zeit verstrich.
Plötzlich tauchte Fionn wieder aus dem Wald auf und stieß zwei alte, ausgemergelte Männer vor sich her.
Mac Ronan schnellte hoch und nahm dabei ein zweites Messer zur Hand, so daß nun in jeder seiner Fäuste eine Klinge blitzte.
Laut rief Fionn:
»Kommt raus, ihr anderen. Oder ich werde eure Kameraden hier töten und ihre Köpfe mitnehmen, auf daß sie meine weitere Reise beschützen.«
Das Laub um die Jungen herum fing an zu rascheln, und ein Mann nach dem anderen kroch heraus, bis schließlich fünf-

zehn von den Jahren gebeugte Greise auf der Lichtung standen. Ihre Haare waren struppig, und manche von ihnen hatten Bärte, die ihnen bis zur Hüfte reichten. Sie waren samt und sonders abgemagert, ihre Beine glichen knotigen Tauen, und ihre Arme waren zu dünn, um eine Waffe zu tragen. Bekleidet waren sie mit Tierhäuten: Flickwerk aus Hirschleder und Wolfspelz und dazwischen hin und wieder auch ein Stück Robbenfell. Zusammengebundene dickere Häute an den Füßen dienten ihnen als grobe Schuhe.

Sie drängten sich schweigend auf der Lichtung, wobei einige die Augen nicht von der Hirschlende am Spieß wenden konnten.

Mac Ronan ergriff das Wort.

»Wir sind Fenier, ihr alten Männer. Wir teilen, was wir haben. Dürfen wir euch zu unserer Abendmahlzeit laden?«

Bei dieser formellen Aufforderung grinste Fionn über die Köpfe der alten Männer hinweg seinem Begleiter zu.

»Mein Bruder Caoilte spricht in wohlgesetzten Worten, ihr Väterchen. Nehmt euch, was euch beliebt, und wir werden uns gemeinsam daran laben.«

Immer noch schweigend bildeten die Alten einen Kreis und verzehrten ihren Anteil an Lende und Keule. Manche von ihnen fielen wie Hunde über das Fleisch her, sie rissen es von den Knochen, bis ihnen der Saft vom Gesicht tropfte, schließlich zerbissen sie noch die Knochen, um das Mark auszusaugen. Doch einer von ihnen kaute bedächtig und genoß jeden Bissen. Obwohl er ebenso mager und zerlumpt war wie die anderen, war sein Bart gestutzt, und in seiner Haltung lag Würde. Nachdem sie gegessen hatten, richtete Fionn seine Fragen an ihn.

»Wir suchen hier in diesem Wald nach einem Mann namens Crimnall Mac Trenmor. Hast du je von ihm gehört?«

Es entstand leise Unruhe, einer schürte das Feuer.
Schließlich sprach der Alte:
»Ich bin hochbetagt und erinnere mich noch, was vor Jahr und Tag in Eire geschah. Einst gab es einen solchen Mann, er war der Bruder von Cumhail Mac Trenmor. Doch er starb wie sein Bruder durch Goll Mac Mornas Hand.«
Da erhob sich Fionn. Das Feuer warf seinen flackernden Schein auf das Gesicht des Jungen und ließ sein weißes Haar erstrahlen.
»Er wurde nicht getötet, obwohl er bereit war, für meine Mutter sein Leben zu geben.«
»Für *deine* Mutter?«
Unbeholfen stand der alte Mann auf und ging gebückt und mit steifen Schritten auf Fionn zu. Er mußte den Kopf in den Nacken legen, um dem Jungen ins Gesicht schauen zu können, und als er dies tat, scharten sich seine altersschwachen Gefährten um ihn und sprachen leise zueinander.
»Demna«, stieß er atemlos hervor. »Obgleich deine Mutter dich anders nannte ...«
»Fionn. Ich bin Fionn, der Sohn von Cumhail. Und du bist mein Onkel, der Bruder meines Vaters.«
Daraufhin ging er in die Hütte, holte die Tasche aus Kranichleder und kniete damit vor seinem Onkel nieder.
»Ich reiche dir die Tasche mit den Insignien der Fenier von Irland. Dir, dem Bruder meines Vaters.«
Da begann der alte Mann zu weinen, er schluchzte mit hängendem Kopf und bebenden Schultern, bis er schließlich die Hand auf den Scheitel des Jungen legte.
»Fionn«, flüsterte er mit spröder, brüchiger Greisenstimme. »Kind des Lichts. Du bist gekommen, uns heimzuführen.«

Nun zog Fionn das Schwert aus der Kranichtasche. Der juwelenbesetzte Griff blitzte im Feuerschein, doch Fionn fuhr mit dem Daumen über die Oghamschrift auf der Klinge.
»Wohin weisen die alten Worte, Onkel?«
»Ich weiß es nicht, mein Junge. Und ich glaube, nicht einmal dein Vater wußte es. Aber du wirst eines Tages ihre Bedeutung kennen.«

Am nächsten Morgen war die seltsame Gruppe von altersschwachen Greisen wie verwandelt. Sie hatten sich die Bärte abrasiert und ihr Haar in althergebrachter Weise geflochten, nachdem sie im Fluß gebadet hatten. Gemeinsam zeigten sie nun Fionn die Höhlen und einfachen Lehmhütten, in denen sie seit fünfzehn Jahren hausten. Crimnall erzählte:
»Zuerst hetzten uns Golls Krieger Tag und Nacht. Wir trennten uns, doch mit dem Versprechen, daß sich die Überlebenden im Westen erneut vereinen würden. Vier Fians deines Vater, also achtundvierzig Männer, hatten den Kampf mit Mac Morna überlebt. Aber im Lauf der langen Jahre sind nur wir hier übriggeblieben.
Als wir hierherkamen, lebten wir wie Wölfe und Füchse. Wir versteckten uns in Erdlöchern und aßen, was wir fangen konnten. Dann bauten wir diese Hütten und warteten auf unsere Heimkehr. Unsere Waffen hielten wir glänzend und scharf, und wir übten uns in den Wäldern im Kampf. In den ersten Jahren wagten wir uns immer wieder zu zweien oder dreien in die Welt der Menschen, suchten Neues über Goll Mac Morna zu erfahren und hielten Ausschau nach Verbündeten für den Umsturz. Doch jedesmal, wenn Goll davon hörte, jagte er uns erneut und metzelte nieder, wen er nur finden konnte. Schließlich ließen wir alle Hoffnung fahren.«

Bei diesen Worten hielt er sein rostiges Schwert in die Höhe.
»Wir haben nun schon so lange auf diese Weise gelebt, daß ich mich eines anderen Lebens kaum noch entsinnen kann. Daß Cumhail einen Sohn hinterließ, hatten wir schon fast vergessen, denn wir vermieden es, von ihm zu sprechen, aus Angst, Mac Morna könnte ihn suchen und töten.«
Fionn nickte.
»Er ist mir auf den Fersen.«
Da mischte sich Mac Ronan ins Gespräch.
»Doch gegen Fionn steht er auf verlorenem Posten. Denn dieser hier kann im Wald untertauchen und läßt nur den Gestank von Verwesung zurück.«
Die beiden Jungen lachten, und einige Männer fielen in das Gelächter ein.
»Du schenkst uns die Jugend wieder«, sagte Crimnall.
»Wir folgen dir, Fionn«, rief da einer der alten Männer.
Doch Crimnall hob abwehrend die Hand.
»O nein. Was wir in den vergangenen Jahren gelernt haben, wird meinem Neffen von weit größerem Nutzen sein. Wir werden uns in Zweiergruppen unter die Menschen mischen und mit Hilfe von Gerüchten, Legenden und Liedern verbreiten, daß Fionn Mac Cumhail kommen wird, um seinen rechtmäßigen Platz als Heerführer der Fianna einzunehmen. Wenn du dann Anspruch auf diesen Platz erhebst, mein Junge, wird Eire für dich bereit sein.«
Crimnall reckte die Faust zum Feniergruß, und die alten Männer schlossen sich ihm an.
Fionn und Caoilte erwiderten den Gruß. Dann schloß Fionn den alten Mann in seine kräftigen Arme.
»Es tut gut, zu wissen, daß wenigstens einer meiner Blutsverwandten noch lebt, Onkel.«

»Vergiß nicht deine Frau Mutter, Junge.«
Fionn schreckte zurück und starrte Crimnall an. Doch seine Kehle war wie zugeschnürt, und er brachte kein Wort heraus. Deshalb sprach Mac Ronan an seiner Stelle:
»Seine Mutter lebt?«
»Sie ist eine verheiratete Frau und lebt wohlbehütet im Süden, in Kerry. Hast du das nicht gewußt, mein Junge?«
Fionn schüttelte den Kopf. Dann wandte er sich an Mac Ronan.
»Liath. An dem Tag, als wir aufgebrochen sind. Erinnerst du dich? Sie hat gesagt, daß sie nach Süden gehen würden, aber Bodhmall hat sie unterbrochen. Sie wollten zu meiner Mutter, um ihr zu berichten.«
Mac Ronan sattelte bereits die Pferde.
Fionn faßte den Onkel am Arm.
»Wirst du die Kranichtasche für mich aufbewahren?«
»Sie ist hier in Sicherheit, bis du wiederkehrst.«
Mit einem Gruß verabschiedete er sich von den Feniern.
»Wir werden uns wiedersehen, Brüder«, rief er.
Dann bestieg er sein Pferd, und die beiden Jungen ritten nach Süden, an die Küste von Kerry.

Als der alte Mann geendet hatte, stellte ich mich neben ihn. Die Brüder waren noch ganz von der Erzählung gefangen. Doch als ich die Hände hob, um den Segen zu erteilen, schauten sie mich erwartungsvoll an.
»Brüder«, hob ich zu reden an. »Der Zeitpunkt ist ge-

kommen, das sichere Kloster zu verlassen. Auch wir müssen uns ins Land hinauswagen, um das Wort Christi in Eire zu verbreiten. Zuerst werden wir zu Dichu gehen und sein Angebot annehmen, uns Näherinnen und Köchinnen zur Verfügung zu stellen. Wir werden hier als Christi Brüder, als seine Familie, eine Siedlung gründen. Wenn dies gelungen ist, werden wir jene auswählen, die mit mir zusammen aufbrechen sollen, um die frohe Botschaft zu verkünden.

Seid ihr bereit, meine Brüder, mich auf dieser Reise zu begleiten, die gefährlich sein wird und unbequem? Wir werden in der Kühle der Nacht rasten und im hellen Licht des Tages wandern. Dabei werden wir Menschen begegnen, die nicht glauben wollen und uns nicht wohlgesonnen sind, die uns am liebsten tot sehen wollen. Doch wir ziehen in der freudigen Nachfolge des Lichten Christus, und der süße Klang seiner Worte wird unser Schutzschild sein.

Was sagt ihr dazu, meine Brüder?«

Breogan war der erste, doch dann taten es ihm die anderen gleich: Er stand auf und hob den Arm zum Gruß der Fenier. Mit gereckten Fäusten standen die Brüder, außer dem Schreiber samt und sonders blutjunge Männer, schweigend vor mir. Und ich segnete sie. Ich segnete die jungen Kämpfer, und mir standen Tränen in den Augen dabei.

Kapitel Sieben

Dichu leistete unserer Einladung sogleich Folge und besuchte uns mit seinen Leuten. Darunter waren seine besten Bauhandwerker, und binnen eines Monats hatten sie einen vollständigen Rath errichtet. Das Hauptgebäude des Klosters samt Garten ließen sie unverändert, ergänzten es jedoch um eine rechteckige Versammlungshalle, mehrere kleinere Behausungen für Familien, ein Backhaus, eine Schmiede sowie um Lagerhäuser auf erhöhten, überdachten Plattformen, auf denen das Getreide vor Feuchtigkeit und Tieren geschützt war.
Es war wunderbar, den Männern bei der Arbeit zuzusehen. Schon zu Beginn der zweiten Woche hatte ich so viel gelernt, daß ich die Ärmel meiner Kutte hochkrempelte und ihnen zur Hand ging. Wir trieben die Träger für die Häuser kreisförmig in den Boden, flochten dann Schilf und junge Zweige dazwischen und verstärkten dieses Mauergeflecht mit einer Art Mörtel aus Lehm, Kuhdung und Kalk. Zuletzt deckten wir das kegelförmige Strohdach, in dessen Mitte wir ein Loch als Rauchabzug freiließen. Es war eine anstrengende, doch auch erfüllende Tätigkeit, und der Kameradschaftsgeist und die munteren Zurufe der Arbeiter waren mir, der ich so lange in Einsamkeit gelebt hatte, eine Wohltat.
Als die Hauptgebäude unseres kleinen Dorfes fertiggestellt waren, rief Dichu all seine Leute zusammen. Es

mochten etwa zweihundert gewesen sein. Und er richtete das Wort an sie:
»Manche von euch möchten vielleicht hier bei Padraig und seinen jungen Männern leben, als Brüder und Schwestern des neuen Christus. Dieses Dorf, das wir hier errichtet haben, bietet etwa dreißig Menschen Wohnstatt. Wir werden das Schwesterdorf dieser neuen Siedlung sein. Und wir werden sie Sabhal Padraig nennen.«
Ich stand auf, um gegen den Namen Einspruch zu erheben, doch Ossian griff nach meiner Hand.
»Wie sollen sie den Rath deiner Meinung nach sonst nennen, Priester? Sabhal Succatus?«
Der Name klang fremd in meinen Ohren, und ich raunte ihm zu:
»Warum muß er denn überhaupt nach mir benannt werden?«
Da er als Antwort nur ein ärgerliches Grunzen von sich gab, hob ich schließlich die Hand zum Segen.
Daraufhin fuhr Dichu fort:
»Wer von euch möchte in Sabhal Padraig wohnen?«
Einige junge Männer, die die Reihen unserer Bruderschaft zu verstärken gedachten, standen auf. Dann trat Dichus Tochter vor. Sie baute sich vor mir auf und sah mir unverwandt in die Augen.
»Sind dem Lichten Christus des Padraig Frauen in seinen Reihen willkommen?«
Das rief sie mit lauter Stimme, und von weiter hinten hörte ich das Gemurmel anderer Frauen.
Ich dachte daran, daß mein Herr auch Martha und Maria zu seinen Freunden gezählt hatte, und rief aus voller Kehle zurück:
»Sie sind ihm willkommen, und er liebt sie wie seine Schwestern.«

»Dann werden wir uns dieser Gemeinschaft anschließen.«
Vier Frauen gesellten sich zu der Tochter des Stammesfürsten.

Als nächstes folgte ein Schmied, anschließend ein Hirte, der eine ansehnliche Schafherde besaß. Ein Imker steuerte seine Bienen bei, und dann trat ein Bierbrauer vor.

»Unser Herr fand Gefallen am Saft der Reben«, begrüßte ich ihn. »So werden auch deine Braukünste hier geschätzt werden.«

Zwei Familien kamen mit ihren Kindern nach vorn.

Zuletzt meldete sich ein Knabe von ungefähr zehn Jahren.

»Ich heiße Benin«, sagte er schlicht.

»Wo sind deine Eltern, Benin?« fragte ich und sah mich nach ihnen um, da es mir nicht richtig schien, ein Kind von seinen Eltern zu trennen. Aber der Junge schüttelte den Kopf.

»Sie sind tot, Padraig, doch wenn du mich aufnimmst, habe ich dem Lichten Christus meine Gabe anzubieten.«

Ich lächelte das Kind an.

»Unser Herr schätzte die Gaben der Kinder ganz besonders.«

Da begann der Junge zu singen, mit einer hohen und lieblichen Stimme, die mir schier das Herz zerriß. Als er geendet hatte, machte ich das Zeichen des Segens über seinem Kopf.

»Heute hat uns der Herr wahrlich mit vielen Gaben bedacht«, rief ich laut. »Diejenigen unter euch, die getauft werden wollen, mögen nun vortreten.«

Alle, die sich für Sabhal Padraig entschieden hatten, versammelten sich um mich, und ich besprengte sie mit Wasser und sprach den Namen des dreifaltigen Gottes. Als ich fertig war, erhob Dichu wieder seine Stimme.

»Noch eines, Padraig. Es werden viele Menschen dem

Gottesdienst Christi beiwohnen wollen, und dann wird deine Scheune nicht mehr genügen. Deshalb wollen wir dir hier in Sabhal Padraig ein Gotteshaus bauen, eines aus Stein, das unser aller Leben überdauern wird.«
Mir ging das Herz über. Von meinen Gefühlen überwältigt, wandte ich mich hilfesuchend an Ossian.
»Ein Fest«, zischte er. »Verkünde, daß jetzt ein Fest beginnt, das drei Tage dauern soll.«

Ich hatte schon früher Feste miterlebt. Meine Eltern hatten anläßlich meiner Rückkehr eine Feier ausgerichtet, und in unserem Kloster in Auxerre luden wir regelmäßig hochrangige Gäste zur Festtafel. Doch ich hätte wissen müssen, daß bei diesen Iren Feste mehr waren als das. Weitaus mehr.
Sicherlich, auch hier wurde mit dem Essen angefangen, und nicht zu knapp. Man trug frisches Wildbret, gebratenes Wildschwein und vier unterschiedlich zubereitete Fischsorten auf. Mehr als dreihundert Laib Brot waren gebacken worden, und es gab Töpfe voll goldfarbenem Honig. Auf einem Tisch stapelten sich ganze Käselaibe, daneben standen Krüge mit sahniger Milch.
Humpen mit Bier und Met wurden von einem zum anderen weitergereicht, und ich muß gestehen, daß ich beidem ordentlich zusprach. Als das Mahl beendet war, mußte ich mich an meiner Stuhllehne festhalten. Zu diesem Zeitpunkt hatte jemand damit begonnen, eine Bodhran zu schlagen, und der dumpfe Rhythmus der Trommel lockte zum Tanz. Verschlungene Muster und Figuren formend, bewegten sich die Tänzer vorwärts, rückwärts und umeinander, und nach einer Weile verschmolz die Farbenpracht der flatternden Mäntel vor meinen Augen zu einem leuchtenden Sonnenuntergang, zu einem schillernden Regen-

bogen. Als die Frauen mich zum Tanzen aufforderten, lehnte ich ab, doch die Frauen von Eire geben sich mit einer abschlägigen Antwort nicht zufrieden. Sie zerrten mich in ihre Mitte, und wenngleich ich anfangs nur wie ein Tölpel herumstolperte, begriff ich bald die Folge der Schritte. Ich ließ mich vom Rhythmus mitreißen und fühlte mich immer leichter.

»Pa-draig, Pa-draig«, feuerten sie mich an, doch ich empfand keinen Ärger bei der Verunstaltung meines Namens, sondern nur eine Art benommener Heiterkeit. Unermüdlich tanzte ich weiter, bis ich mit meinem weinseligen Kopf das Gleichgewicht nicht mehr halten konnte und rücklings auf den Boden plumpste.

Unter schallendem Gelächter half man mir wieder auf die Beine, doch anstatt von meiner Narrheit peinlich berührt zu sein, klopften mir die Leute den Staub vom Gewand und schlugen mir auf die Schulter.

»Bist ein guter Kerl, Padraig!« riefen mir die Männer zu, und die Frauen wetteiferten um den nächsten Tanz mit mir.

»Jetzt bin ich aber dran.«

»Nein, ich!«

Zum ersten Mal erkannte ich, daß die Iren viel großmütiger waren, als ich gedacht hatte. Und mir lachte das Herz im Leib vor Freude, wie ich sie zuletzt als sechzehnjähriger Knabe empfunden hatte.

Als ich mich schließlich von den Tanzenden losriß, sank ich vor Ossians Stuhl nieder. Ich legte ihm meine Hand aufs Knie und lächelte zu ihm auf.

»Das alles hast du zuwege gebracht«, sagte ich.

Er erwiderte mein Lächeln.

»Das glaube ich nicht, Padraig. Dies haben weder du noch ich zuwege gebracht.«

Bis lange nach Mitternacht ging der Tanz weiter, dann wurden Lieder angestimmt. Und ach, was für Lieder! Traurige, sehnsuchtsvolle Liebesweisen, mitreißende Kriegsgesänge und solche, die die Freuden der Fleischeslust priesen und mein Gesicht erglühen ließen. Die verheirateten Paare blickten einander tief in die Augen, und gelegentlich mußten die Frauen ihren Ehemännern einen Klaps auf die Finger geben. Mir entging nicht, daß einige der jungen Männer und Frauen sich Hand in Hand davonstahlen, aber ich brachte es nicht über mich, sie zurückzurufen.
Es war schon kurz vor der Morgendämmerung, als der Ruf nach Geschichten laut wurde. Ossian hatte auf seinem Stuhl vor sich hingedöst, doch bei der Erwähnung seines Namens wurde er wieder munter.
Zu dieser Stunde war Ruhe eingekehrt. Die Kinder schliefen auf den Schößen ihrer Mütter, die alten Leute saßen in ihre Gewänder gehüllt in der sanften Brise der Sommernacht.
Da stand Ossian auf und schlug sich den Umhang über die Schulter.
»Ich will euch erzählen, wie Fionn seiner Mutter wiederbegegnet ist«, verkündete er leise, und ein zustimmendes Gemurmel ging durch die Menge.

Die Frau stand auf dem hölzernen Turm und blickte nach Norden, wie sie es seit der Ankunft von Bodhmall und Liath jeden Tag getan hatte.

»Warum hören wir nichts von ihm?« fragte sie.
Bodhmall antwortete ihr leise:
»Ich weiß es nicht, Muirne. Ich habe ihm befohlen, zu Finegas zu gehen, zusammen mit dem jungen Mac Ronan. Doch inzwischen hätte Finegas mir längst eine Nachricht geschickt.«
»Er muß verletzt sein. Wenn ihm nicht noch Schlimmeres zugestoßen ist.«
»Das glaube ich nicht, Muirne. Er ist ein eigensinniger Junge. Er ist schon immer seinen eigenen Weg gegangen und hat mir nicht gehorcht. Bereits als Kind war er so. Ja, ich erinnere mich, wie er ...«
Muirne gebot der alten Frau einzuhalten.
»Erzähl mir nichts davon. Es bricht mir das Herz, wenn ich höre, wie er als kleiner Junge war, als ich nicht an seiner Seite sein konnte. Wenn ich ihn nur einmal noch sehen dürfte, ihm sagen könnte, wie sehr ich ihn in all dieser Zeit geliebt habe.«
»In seinem Herzen weiß er es, denn er erinnerte sich gut daran, wie du ihn in deinem Streitwagen besucht hast.«
»Er erinnert sich an irgendeine Frau. Doch er weiß nicht, wer sie war.«
»Doch, das weiß er.«
»So hast du es ihm gesagt?«
»Ja.«
»Und wie nahm er es auf?«
»Er warf mir vor, ich hätte ihn von dir ferngehalten.«
Da drehte Muirne sich um, und aus ihrer Miene sprach tiefes Mitgefühl für die alte Frau.
»Das habe ich nicht gewollt.«
»Es ist gut«, entgegnete Bodhmall. »Im Herzen weiß er auch, daß ich ihn liebe.«
Muirne spähte wieder nach Norden.

»Er wird kommen«, sprach Bodhmall. »Du wirst es ja sehen, Muirne. Der Junge ist wie der Wind, oder wie die flinken, stummen Wesen, die sich unter Wasser bewegen.«

Fionn und Caoilte ritten Seite an Seite auf die Tore der großen Festung zu.
»Dieser Gleor muß wirklich mächtig sein.«
»Die Geschichten über ihn waren nicht übertrieben«, bestätigte Caoilte. Seit Tagen hatten sie sich während ihres Ritts, der sie näher und näher an die Küste geführt hatte, immer wieder nach dem mächtigsten Mann dieses Landstrichs erkundigt. Und nun lag Dun Gleor, eine gewaltige Festung, vor ihnen und kündete von Gleors Macht. Drei tiefe Gräben, bewehrt mit zugespitzten Palisaden und Steinen, umschlossen die Siedlung. Zwei Dammwege führten zu den großen Toren, von denen das eine zum Meer und das andere nach Norden ausgerichtet war. Jedes der beiden Tore wurde von waffenstarrenden Kriegern bewacht. Entlang des inneren Walls standen in regelmäßigen Abständen bemannte Wachtürme.
»Was sollen wir vorbringen, um eingelassen zu werden?« fragte Fionn.
»Wir sagen, daß wir Fenier sind und in Gleors Dienste treten wollen«, antwortete Caoilte.
Nachdem man ihnen Einlaß gewährt und ihre Pferde untergebracht hatte, wurden sie in den großen Saal geführt. Auf einem Podest thronte Gleor, ein Mann um die fünfundfünfzig Jahre, klein, stämmig und mit ergrauendem Haar, doch schien ihm noch immer die Kraft eines Bären innezuwohnen.
»Man hat mir gesagt, daß ihr Fenier seid, die in die Dienste eines Herrn zu treten wünschen«, richtete er das Wort

an sie und sah von der Partie Fidchell auf, die er gerade spielte.
»So ist es«, erwiderte Caoilte.
Gleor musterte die beiden eine Weile.
»In welche Not seid ihr geraten, daß es euch so weit nach Süden verschlagen hat?«
»Wir sind bei Goll Mac Morna in Ungnade gefallen.«
»Aha. So ist es schon vielen ergangen.«
Gleor starrte Fionn durchdringend an.
»Du mit dem hellen Haar. Spielst du Fidchell?« Um seine Mundwinkel zuckte ein Lächeln.
Fionn nickte.
»Ja, Herr.«
Gleor bedeutete seinem Gegenspieler, den Platz zu räumen.
»Dann komm. Hoffentlich bist du eine größere Herausforderung für mich als der da.«
Fionn besiegte den alten Stammesfürsten siebenmal. Klug und bedächtig machte er seine Züge, und bei jedem Spiel überlistete er den Fürsten in letzter Minute. Schließlich fegte Gleor die Spielsteine vom Tisch und lachte laut heraus.
»Du bist noch besser, als mich deine Mutter glauben machte. Allerdings wundert es mich, daß du mich nicht nach ihr fragst.«
»Du hast also von mir gewußt?« staunte Fionn, als sie sich ihren Weg durch den Hof zum Grianan, dem Sonnenhaus der Frauen, bahnten.
»Ich habe deine Mutter nicht zwölf von den fünfzehn Jahren deines Lebens beschützt, ohne all ihre Geheimnisse zu erfahren, mein Junge.«
»Dann stehe ich tief in deiner Schuld«, sagte Fionn.
»Muirne ist mir genug Lohn für alles, was mir jemals

jemand geschuldet hat«, entgegnete Gleor, und seine Stimme wurde sanft, als er ihren Namen aussprach. Er deutete auf eine Bank in der Mitte des Raums.

Fionns Herz flatterte wie ein Vogel im Käfig.

Die Frau, die dort im Garten saß, war Ende vierzig, doch sie war dieselbe Frau wie die im Streitwagen, an die er sich deutlich erinnerte. Ihr kupferfarbenes Haar, das nur von einigen wenigen grauen Strähnen durchzogen war, glänzte im Sonnenlicht, ebenso wie ihr weißes Kleid. Fionn verharrte still wie ein Hirsch und beobachtete sie, doch da schlug sie die Augen auf, als spürte sie seine Gegenwart. Sie preßte die Hand an den Mund und gab keinen Laut von sich. Nur ihre Augen weiteten sich bei seinem Anblick.

Er schritt auf sie zu und fiel vor ihr auf die Knie.

»Fionn«, hauchte sie. »Ach, mein geliebtes Kind.«

Sie nahm ihn in die Arme und preßte die Lippen an seinen Haarschopf.

Und zum ersten Mal in seinem Leben weinte Fionn Mac Cumhail.

Am Ende der Geschichte schlang Ossian die Arme um mich, und ich wußte, daß er es nicht nur aus Freundlichkeit tat. Schwer lastete sein Gewicht auf meinen Schultern. Ich half ihm möglichst rasch auf seinen Stuhl, denn die anderen sollten nicht sehen, wie erschöpft er war.

»Erzähl noch eine Geschichte«, ließ sich eine leise, aber drängende Stimme aus der Menge vernehmen.

»Ja, Ossian, noch eine«, bat eine Frau.
»Nun ist mein Bruder Padraig an der Reihe«, erwiderte er.
Ich fuhr herum und zischte ihm zu:
»Mann, bist du von Sinnen? Ich bin doch kein Geschichtenerzähler!«
»Ich kann nicht mehr, Bruder. Ich bin zu müde.«
Also trat ich vor die versammelten Gäste und setzte ein Lächeln auf. Ich dachte an die Geschichten meiner Kindheit und an diejenigen, die ich mir während meiner langen Gefangenschaft selbst ausgedacht hatte. Doch keine davon schien mir passend. Die Stille wurde immer beklemmender.
»Los, Padraig«, rief jemand.
Von hinten flüsterte mir Ossian zu:
»Du hast mir doch gesagt, daß dein Christus gern Geschichten erzählt hat, Padraig.«
Und da wußte ich, was ich erzählen würde.

Einst hatte ein Vater zwei Söhne, die er beide von Herzen liebte. Der eine war genau so, wie sich ein Vater seinen Sohn wünscht: Er kümmerte sich um das Vieh und bestellte die Felder des Vaters, er nahm ein braves Weib zur Frau und zeugte viele Kinder. Der andere jedoch war ein wilder, toller Bursche.

An dieser Stelle hielt ich inne und überlegte einen Augenblick.

Er wurde ein Fenier, aber er diente nicht ehrenhaft. Nein, er stahl Pferde von den Armen und besudelte seines Vaters Namen, indem er sich jenen anschloß, die ihre Dienste für Geld feilboten.

Hinter mir vernahm ich Ossians Räuspern, doch die Zuhörer nickten verständig.

Als ihn die Fenier schließlich fortjagten, ließ er sich mit Strauchdieben ein. Elend und zerlumpt streifte er durch die Wälder von Eire und stahl sich das Lebensnotwendigste zusammen. Länger als ein Jahr ging das so, bis der Junge seine Schande eines Tages nicht mehr ertragen konnte.
»Einstmals war ich der geliebte Sohn meines Vaters«, sagte er da zu sich. »Ich will nach Hause zurückkehren. Vielleicht bin ich dort noch willkommen.«
So näherte sich der Sohn dem Rath seines Vaters, und die Wächter am Tor sahen ihn schon von weitem. Sogleich wurde seinem Vater die Nachricht gebracht. Da suchte dieser eilig Gewänder für seinen Sohn aus und wählte einen farbenprächtigen Umhang, der mit Spiralmustern und flügelschlagenden Vögeln reich verziert war, dazu einen Kittel aus edelster Seide und einen goldenen Halsring.
Seiner Familie und seinen Dienern rief er zu:
»Unser Sohn kehrt heim. Bereitet ein Festmahl mit Wildbret und Schwein. Backt Brotlaibe und bringt das beste Bier.«
Als der Sohn seinen Vater mit all den schönen Gewändern am Eingang stehen sah, fiel er weinend auf die Knie und heulte vor lauter Reue für seine Taten.
Doch sein Vater half ihm auf, er schloß ihn in die Arme und sagte nur:

»Du bist zurückgekehrt. Es ist dir alles verziehen.«

»Aber was war mit dem anderen Sohn?« wollte ein Mann aus der Menge wissen.

»Eine kluge Frage«, antwortete ich.

Als der andere Sohn von der Viehweide zurückkam, war er außer sich vor Zorn. Er stellte seinen Vater zur Rede. »Ich habe deinem Namen stets nur Ehre gemacht. Ich habe dein Vieh gehütet und deine Felder bestellt. Ich habe viele prächtige Söhne und Töchter gezeugt, auf daß sie dir im Alter Freude bereiten. Niemals habe ich dich verlassen.« Da nahm der Vater seinen Sohn in die Arme, legte die Stirn an sein Haupt und flüsterte:
»Du bist mein geliebter Sohn, der mich nie verlassen hat und der im Innersten meines Herzens wohnt. Aber freue dich mit mir. Denn dein Bruder war verloren, und nun hat er zurückgefunden. Sein Geist war tot, aber jetzt ist er wieder lebendig.«

»Welchen Vater aus Eire meinst du damit, Padraig?« fragte jemand unter den Zuhörern.
»Dieser Vater ist unser Herr«, rief ich zurück. »Er wird euch willkommen heißen, so wie ihr mich willkommen geheißen habt. Wann immer ihr zu Ihm kommt, werdet ihr Freude bringen in Sein Haus.«

»Gut gesprochen, Padraig«, hörte ich hinter mir eine Stimme.

»Ich hatte einen guten Lehrer«, erwiderte ich.

Kapitel Acht

Am Morgen war es nahe daran, daß wir den alten Mann verloren. Ich hatte die Matutin versäumt und fast bis zu den Laudes geschlafen, doch zum Morgengebet stand ich auf und begab mich anschließend in seine Zelle. Mir dröhnte noch immer der Schädel, als schlüge jemand darin die Bodhran, zu der wir am Abend zuvor getanzt hatten, und ich war wackelig auf den Beinen wie damals auf See. Aber ich schwelgte in einem Glückstaumel, und an diesem Gefühl wollte ich den alten Mann teilhaben lassen. Als ich jedoch seine Zelle betrat, wußte ich sofort, daß er im Sterben lag.

Sein Gesicht war bleich, die Haut fühlte sich an wie Wachs und war kalt. Zum Schlafen hatte er sich seinen Feniermantel umgelegt, und aus seinen knotigen Fingern, mit denen er ihn an der Brust zusammenhielt, war jegliche Farbe gewichen. Ich hielt meine Hand an seine Lippen und seine Nase, um die feuchte Wärme des Atems zu spüren, aber vergeblich. Als ich nach seiner Halsschlagader tastete, zitterten meine Finger zu sehr, um den Puls fühlen zu können. Und das Dröhnen in meinen Ohren machte es mir unmöglich, irgendein Geräusch zu hören. Doch ich verharrte mit der Hand so lange an seinem Hals, bis ich schließlich ein schwaches Flattern spürte, zaghaft, kränklich, aber es war da.

Ich stürzte auf den Gang hinaus und rief aus vollem Hals

nach Breogan. Er mußte meine Panik gespürt haben, denn er eilte sogleich herbei, angetan nur mit seinem Lendenschurz, der seine bleiche irische Haut, die mageren Arme und hervorstehenden Rippen entblößte. Fassungslos starrte er auf Ossian hinunter.
»Geh hinaus zu den Leuten«, schrie ich. »Finde heraus, ob sich in Dichus Dorf ein Heiler aufhält. Irgendwo. Besorg dir ein Pferd. Wir müssen einen Heiler herbringen.«
In diesem Augenblick kam der kleine Benin, der Sänger, herein, mit einem Wildblumenstrauß in der Hand. Er warf einen Blick auf den spärlich bekleideten Breogan und den bleichen, stillen Ossian. Mir gab er die Blumen.
»Die habe ich für dich gepflückt, Padraig«, sagte er, und bevor ich noch ›jetzt nicht‹ schreien konnte, stürmte er schon wieder hinaus und rief über die Schulter zurück:
»Ich weiß, wer dem Geschichtenerzähler helfen kann.«
Als er wiederkam, brachte er eine Frau mit, die ein paar Jahre älter war als ich. Sie betrat den Raum mit wehendem Umhang und verbreitete den Duft von Kiefernnadeln. Mit verächtlicher Miene musterte sie zunächst mich, dann Breogan, der inzwischen seine Kutte angelegt hatte. Schließlich trat sie zu Ossian ans Bett und blickte auf ihn hinab. Sie nahm seine Hände in ihre und hob seine Arme ein wenig an.
»Komm zurück, Reisender«, befahl sie.
Dann ließ sie seine Arme zurückfallen.
Ein seltsames schnalzendes Geräusch entwich Ossians Mund, wie bei jemandem, dessen Lippen ausgetrocknet sind und der Wasser braucht. Dann stieß er einen langen, tiefen Seufzer aus. Er öffnete die Augen. Lange betrachtete er die Frau, bis ihm schließlich Tränen in die Augen traten und seine Schläfen hinabrollten.

Da wandte sich die Frau mir zu, und ich musterte sie eingehend.
Sie mochte etwa fünf Jahre älter sein als ich – ich war damals gerade vierzig. Ihr Haar hatte die Farbe dunklen Rotweins, ihre Augen waren von dem klarsten Grau, das ich jemals gesehen hatte. Zumindest erschienen sie mir zunächst grau. Denn als sie näher auf mich zukam, fiel mir auf, daß sie grün waren. Ihren braunen Umhang hatte sie wohl in großer Hast umgelegt, denn er war nicht mit einer Fibel verschlossen. Darunter kam ein weißes Gewand zum Vorschein, das mit einer goldenen Borte eingefaßt war.
Ich kannte dieses Muster.
Dies war das Kleid einer Druidin.
Bevor ich meine verwirrten Gedanken ordnen konnte, hob sie zu sprechen an.
»Der Junge sagte, er sei tot.«
Ich gab keine Antwort. Sie schüttelte angewidert den Kopf.
»Pah! Von eurer Bruderschaft habe ich schon gehört. Nun ist mir klar, wie sehr es euch an Wissen mangelt. Dem einfachsten Schüler im dritten Jahr wäre aufgefallen, daß er sich auf der Reise befand.«
Sie wandte sich wieder Ossian zu.
»Wohin bist du gereist, daß du so leiden mußtest?«
»Zu meiner Frau.« Er würgte die Worte heraus.
Ich versuchte, meiner Verwirrung und meines Schreckens Herr zu werden. Ich hatte ihn für tot gehalten. Daß er eine Frau hatte, hörte ich zum ersten Mal. Da stand ich, in der Hand den Strauß Wildblumen, die schon die Köpfe hängenließen, und fühlte mich wie ein Einfaltspinsel, dem es die Sprache verschlagen hat.
Sie mußte das gleiche gedacht haben, denn schon schleuderte sie mir die nächste Frage entgegen.

»Bist du stumm?«
Da erlangte ich meine Sprache wieder.
»Natürlich nicht. Ich bin Abba Magonus Succatus Patricius von Sabhal Padraig.«
Ich klang wie ein eingebildeter Tor.
»Nun, Succatus«, begann sie, und mir schien, daß sie absichtlich meinen Taufnamen benutzte. »Dein Freund war nicht tot. Er ist gewandert. Wie du siehst, ist er zurückgekehrt.«
Ich schüttelte den Kopf und bedauerte, letzte Nacht beim Fest so viel Met getrunken zu haben. Ihre Worte nahm ich nur langsam auf, als kämen sie von unter Wasser, und ich versuchte die ganze Zeit, sie ins Bretonische oder Lateinische zu übersetzen, damit ihr Wort »wandern« einen Sinn bekäme. Schließlich gab ich es auf; und ich könnte schwören, daß sie nur darauf gewartet hatte.
»Ich verstehe nicht, was dieses ›wandern‹ bedeutet«, sagte ich.
»Die Seele deines Freundes verließ den Körper und begab sich auf eine Reise. Sein Körper blieb hier, aber die Seele ging woanders hin. Wenn die Seele auf Wanderschaft ist, braucht der Körper keine Nahrung und nur wenig Luft. Er verharrt in einem Wartezustand.«
Ich erlaubte mir, vor Erleichterung herzlich zu lachen, und wandte mich an Benin.
»Wo hast du sie gefunden, Junge?«
Benin wirkte verwirrt und ein wenig ängstlich. Ich legte ihm beruhigend die Hand auf den Kopf.
»He, das hast du gut gemacht. Sieh mal, Ossian bekommt schon wieder Farbe.«
Ich wollte ihm nicht sagen, daß es nichts mit dem Werk dieser Verrückten zu tun hatte.
»Aber sie ist Ainfean, die Heilerin«, sagte er verdutzt.

»Und ich danke dir, daß du sie hergebracht hast«, entgegnete ich. »Doch jetzt mußt du gehen, damit ich mich mit dieser Heilerin unterhalten kann.«
Nachdem er sich entfernt hatte, ging ich scharf mit ihr ins Gericht.
»Irrglaube und Unsinn. Willst du den Jungen etwa erschrecken mit deinem Gerede über Seelen, die den Körper verlassen und auf Wanderschaft gehen? Du bist eine Druidin; es hilft dir nichts, es zu verheimlichen, auch wenn du dir, wie ich sehe, nicht besonders viel Mühe damit gegeben hast.« Ich deutete auf ihr Kleid.
»Verschwinde jetzt und laß uns mit deinen druidischen Narreteien zufrieden.«
Mit angewiderter Miene wies ich ihr die Tür.
Da sprach Ossian sanft vom Bett aus.
»Sie sagt die Wahrheit, Padraig. Ich war bei meiner Frau. Ich war bei Niamh mit dem Goldenen Haar. Und wenn Ainfean mich nicht zurückgerufen hätte, wäre ich dort geblieben, bis das Herz in meinem Körper ganz zu schlagen aufgehört hätte. Hättest du mich doch dort gelassen, weise Frau.« Sie trat an sein Bett.
»Deine Zeit war noch nicht gekommen, alter Mann. Ich hörte es in deinen Träumen. Es gibt noch etwas, das du für diesen hier tun mußt«, sagte sie und sah mich dabei an. Verblüfft stellte ich fest, daß ihre Augen nun tiefblau waren. »Obwohl ich zugeben muß, daß die Versuchung groß war, dich dort zu lassen.« Sie schüttelte den Kopf. »Aber alles hat seine Zeit.«
Sie gab Breogan ein Zeichen.
»Hol Wasser«, trug sie ihm auf.
Als er zurückkam, brachte er einen hölzernen Pokal mit kaltem Wasser mit. Sie hob ihn an Ossians Lippen, und er trank in kleinen Schlucken davon. Dann stellte sie den

Pokal neben seine Lagerstatt, nahm mir die welkenden Blumen aus der Hand und stellte sie in den halbvollen Kelch. Vor Ärger und Verwirrung verlor ich die Fassung.

»Für wen hältst du dich? Du kommst hierher, verbreitest all diese Lügen und kommandierst uns herum wie kleine, dumme Jungen? Die Seele verläßt den Körper erst, wenn er tot ist, und selbst dann weiß man nicht, ob sie ins Licht oder ins Dunkel wandert.«

»Über eines sind wir uns einig, Succatus«, erwiderte sie bedächtig. »Es gibt wahrhaftig das Licht und auch das Dunkel. Dein Fehler ist nur, daß du glaubst, ich sei die Dunkelheit.«

Sie ging zur Tür und drehte sich auf der Schwelle noch einmal um.

»Wir sehen uns wieder, Priester«, fügte sie ruhig hinzu.

Daran hatte ich keinen Zweifel, und der Gedanke daran erfüllte mich mit Entsetzen. Ich wandte mich an Breogan.

»Dieser Name, Ainfean, hat doch eine Bedeutung«, sagte ich. »Aber ich bin so durcheinander, daß ich mich nicht darauf besinnen kann.«

Da sprach Ossian leise vom Bett aus.

»Er heißt wütender Sturm«, sagte er. Ich hätte schwören mögen, daß er dabei lachte.

Den ganzen Tag lang ließ ich die Brüder abwechselnd bei ihm wachen, denn ich befürchtete, er könnte wieder in das todesgleiche Dämmern fallen. Abends nach der Vesper besuchte ich ihn. Nachdem ich meine Fackel in die Halterung an der Wand gesteckt hatte, setzte ich mich zu ihm an seine Lagerstatt.

Was ich dort sah, erschreckte mich. Er schien totenbleich, die Schultern waren dürr und abgemagert, die Hände lagen kraftlos auf der Decke.

»Du bist alt und ausgezehrt«, entfuhr es mir.
»Ich bin älter als zu der Zeit, als ich hier ankam.« Er sagte es ganz zufrieden, mit einem Nicken, als hätte dieser Gedanke etwas Tröstliches für ihn.
»Das war doch erst vor drei Monaten«, wandte ich ein. »In dieser kurzen Zeit kannst du nicht derart gealtert sein.«
»Ich weiß nicht, wie lange meine Anwesenheit hier noch erforderlich ist«, sagte er.
»Was meinst du mit ›erforderlich‹? Und wohin gehst du danach?«
»Ich werde zu ihr zurückgehen, zu Niamh.«
»Zu deiner Frau. Es tut mir leid, daß ich dich nie nach ihr gefragt habe. Wann ist sie gestorben, Ossian?«
»Sie ist nicht tot.«
Ich nickte.
»Es ist gut, daß du das glaubst. Unser Herr schenkte uns diese Gabe. Die Seele stirbt nicht. Sie dauert fort im Reich ...« Da unterbrach er mich.
»Dein Herr hat dir von Tir Nan Og erzählt?«
»Was ist das denn?«
»Das Land der ewigen Jugend, der Ort des Lachens und der Feste.«
Ich betrachtete ihn schweigend.
»Wir nennen es Himmel. Lebt dort deine Frau?«
»Ja.« Es schien ihn zu freuen, daß er mir das sagen konnte.
»Sie bat mich, sie nicht zu verlassen. Mein Körper würde dahinschwinden und sterben, warnte sie mich, und so geschieht es auch. Doch ich mußte hierherkommen. Da waren mein Vater und mein Bruder, und auch du, Padraig.«
Nun war ich aufs neue verwirrt.

»Willst du etwa behaupten, daß du bei ihr warst? Daß du im Himmel warst?«
»Wir waren zusammen in Tir Nan Og.«
»Dann mußt du ein Engel sein.«
»Was ist ein Engel?«
»Engel sind Himmelsboten, Wesen des Lichts, jene, die das Wort des Schöpfers verkünden.«
Ossian lachte laut heraus.
»Ich bin kein Engel, Padraig. Ich bin ein Mann wie du. Ein Krieger und Ehemann.«
»Dieser Tag war zu verwirrend für mich, Ossian. Ich werde das Trinken künftig bleibenlassen.«
»Du solltest bei dieser Frau in die Lehre gehen.«
»Bei welcher Frau?«
»Bei Ainfean, der Druidin.«
»Bei der? Ich soll mich von einer Druidin unterweisen lassen? Über die Druiden weiß ich Bescheid. In meinem Land hat man sie schon fast vollständig ausgerottet. Sie sind finster und böse; sie pflegen heidnische Bräuche. Ich werde die Druiden Irlands vernichten; ich werde sie aus dem Land jagen und das Licht des Herrn hereintragen.«
Ossian seufzte.
»Padraig, dein Gott ist der Eine, der da kommt. Das weiß ich, ich sehe es hier in Sabhal Padraig. Doch bevor du danach trachtest, etwas zu vernichten, mußt du es zuerst begreifen. Du mußt wissen, was du eigentlich zerstörst, und herausfinden, ob etwas daran ist, was du bewahren kannst. Überleg einmal, Padraig! Die Menschen leben nun schon so lange auf ihre Art, länger als du lebst und länger als ich lebe. Wenn du ihnen jetzt deinen Christus aufzwingst, werden sie ihn dann lieben oder hassen? Werden sie dich nicht eher fürchten und dir Böses wünschen?

Wollte dein Christus, daß man ihn auf solche Weise kennenlernt?«

Lange Zeit schwieg ich. Ich dachte daran, wie sanft und ruhig mein Herr und Gott seine Werke tat. Und wie wenig ich ihm in meinem Streben gleichkam. Doch sagte ich nichts dergleichen zu Ossian. Statt dessen lenkte ich das Gespräch auf seine Krankheit.

»Du mußt mir versprechen, daß du deinen Körper noch nicht verläßt.«

»Du glaubst, daß du es ohne mich nicht schaffst. Doch du irrst dich, Padraig. Du bist ein Druide des Christus. Das waren deine eigenen Worte. Wird dir Seine Stimme nicht alles sagen, was du wissen mußt?«

»Versprich es mir.«

»Nun, zumindest vorläufig bleibe ich noch hier«, erwiderte er sanft.

Ich lehnte meinen Kopf gegen die Zellenwand und nickte kurz ein. Ich träumte von einem Fluß. Ich träumte, ich würde nackt gegen die Strömung anschwimmen, doch so sehr ich mich auch mühte, ich kam kein Stück weit voran. Rings um mich sprangen Lachse wie kleine Regenbogen die Stromschnellen hinauf und verschwanden in der sprühenden Gischt über mir; sie schienen die starke Strömung mühelos zu bewältigen. Allmählich wurde ich es leid, es ihnen gleichtun zu wollen, mir schmerzten die Arme. So ließ ich mich mit dem Strom treiben. Von flußabwärts her sprang ein riesiger Lachs mit schillernd-leuchtenden Schuppen auf mich zu und schwamm ein wenig neben mir her.

»Wie macht ihr das?« fragte ich ihn.

Er drehte den Kopf zu mir und sah mich mit sanften Augen an. Seine Stimme war jene, die auch in meinem Träumen zu mir spricht.

»Es ist die Freude am Springen«, entgegnete er. »Die Freude am Springen hält dich bei Kräften.«
Jäh erwachte ich.
Ossian lag immer noch hellwach auf seinem Lager und starrte in die Dunkelheit.
»Soll ich dir erzählen, was Fionn von dem Druiden Finegas lernte?« fragte er mich.
Ich nickte in die Dunkelheit hinein.
»Gut«, erwiderte er, obwohl er mich nicht hatte sehen können. »Dann werde ich dir vom Salm der Weisheit erzählen.«

Die Frau lief hastig den Hügel von Dun Gleor hinauf. Sie trug keinen Umhang. Ihren dunkelgrünen Kittel hatte sie so weit heruntergezogen, daß der Ansatz ihrer Brüste zu sehen war, und sie hatte die Brüste eingeölt, damit der seidene Stoff an den harten Brustwarzen haften blieb …

»Ist das wieder eine Geschichte, die von fleischlicher Vereinigung handelt? Ich dachte, es ginge um einen Salm.«
»Das kommt später.«
Ich stöhnte.
»Willst du sie lieber doch nicht hören?«
»Doch, erzähl sie mir, alter Mann. Ich werde noch vor Tagesanbruch im See baden.«
»Und das hilft?«
»Nein.«

Er kicherte im Dunkeln. »Bei mir auch nicht, Padraig.«
Ich seufzte. Ossian fuhr fort.

Vor der Hütte, in der Fionn Mac Cumhail schlief, hielt sie einen Augenblick inne und preßte ihre flache Hand gegen das Messer, das sie an ihrem Oberschenkel festgebunden hatte. Dies war eine heikle Aufgabe. Es hieß, er sei ein ungewöhnlicher Krieger. Aber trotzdem war er doch noch immer ein junger Bursche, ein Grünschnabel. Und sie kannte ihre Kräfte. Oft genug hatte sie sie im Dienste von Mac Morna eingesetzt. Es war zu schaffen.

Sie machte sich bereit und trat in die Rundhütte. Das Feuer glomm nur noch schwach, aber in seinem spärlichen Licht konnte sie erkennen, daß er sich bereits aufgesetzt und den Blick auf die Tür gerichtet hatte.

Beinahe war ihr nach Lachen zumute. Man hatte ihr erzählt, er sei ein Knabe von fünfzehn Jahren, und so hatte sie ein dünnes, unerfahrenes Bürschchen mit unreiner Haut erwartet, jemanden, der leicht zu überrumpeln war. Doch dieser hier war hochaufgeschossen, seine Schultern breiter als ein Schwert vom Knauf bis zur Spitze, sein Blick ruhig und stetig, die Augen von einem eigenartigen Blaugrün. Schweigend musterte er sie.

Während sie fieberhaft überlegte, verfluchte sie Mac Morna dafür, daß er sie so mangelhaft unterrichtet hatte. Doch es war nicht das erste Mal, daß er sie in Gefahr brachte. Von ihren achtzehn Lebensjahren hatte sie die letzten drei Jahre damit zugebracht, für ihn zu spionieren. Manchmal mußte sie nur die Ohren offenhalten, manchmal auch ihre weiblichen Reize einsetzen. Sie hatte die Erfahrung gemacht, daß bei den meisten Männern ein paar Küsse und die Berührung zarten Fleisches genügten, schon schmolzen sie dahin und gaben alles preis, was sie wissen wollte, und lobten sie noch dafür. Das kleine Messer an ihrem Oberschenkel bewahrte sie davor, mit ihnen das Lager teilen zu müssen. Wenn sie es nicht wollte. Aber irgend etwas sagte ihr, daß ihre Künste bei diesem Jungen versagen würden.

Er musterte sie ganz offen, seine Hände ruhten entspannt in seinem Schoß. Jede Einzelheit von ihr nahm er auf, das schwarze Haar, ihr Kleid, das sich an ihren Körper schmiegte, und nachdem er sie lange genug betrachtet hatte, begann er zu lächeln, sanft und süß.

Ihr Herz setzte einen Schlag aus.

Sie trat auf ihn zu. Er sagte nur ein Wort.

»Caoilte.«

Verborgen im Schatten an der gegenüberliegenden Wand setzte sich ein zweiter auf. Wie ein Hund nach dem Schlafen schüttelte er sein langes schwarzes Haar. Er sah hinüber zu dem Hellhaarigen und folgte dann dessen Blick. Als er ihrer ansichtig wurde, weiteten sich seine Augen.

»Bei den Göttern!«

Die Frau spürte, wie ihre Hände feucht wurden. Verfluchter Mac Morna, dieser verdammte Narr! Er hatte ihr gesagt, der Junge wäre allein. Sie hatte keineswegs die Absicht, es mit den beiden aufzunehmen. In einer ähnlichen Situation war sie bereits einmal gewesen, und sie hatte sich geschworen, sich nie wieder in eine solche Falle locken zu lassen. Wenn sie zu zweit waren, gab es zu viele Unwägbarkeiten, das war gefährlich.

Sie räusperte sich und preßte die Handflächen gegeneinander.

Der Dunkelhaarige ergriff das Wort.

»Dürfte ich erfahren, was du willst?«

»Ich bin eine Fenierin«, erwiderte sie, was soweit der Wahrheit entsprach. Das war ihre Belohnung dafür gewesen, daß sie Mac Morna Nachrichten hatte zukommen lassen. Und es war das einzige, was sie sich immer gewünscht hatte: Mitglied der Fianna zu sein. Was immer es ihr auch gebracht haben mochte. Sie überlegte. Ihrer Erfahrung nach war es am besten, möglichst nahe an der Wahrheit zu bleiben. Dann war es weniger wahrscheinlich, daß das Opfer die dünnen Silberfäden der Lüge entdeckte, bevor es in die Falle tappte.

»Ich heiße Ainder.« Auch das stimmte.

Die beiden Männer warteten ab und sagten nichts weiter.

»Ich möchte mit euch ziehen, wenn ihr abreist.«

Sie fragte sich, ob ihr auch nur einer von den beiden glaubte. So wie sie dastand in ihrem dünnen Kittel und mit den eingeölten Brüsten. Verzweiflung erfüllte sie, und sie kam sich vor wie eine Närrin.

Abermals ergriff der Dunkelhaarige das Wort.

»Reisen wir denn ab?«

Da hatte sie eine Eingebung. Sie sprach hastig:

»Die Spione von Goll Mac Morna lauern überall in Dun Gleor. Er verfolgt den Lichten und seine Mutter.«

Sie fragte sich, warum Mac Morna den Dunkelhaarigen nicht erwähnt hatte. Anscheinend war er der Sprecher der beiden, also drehte sie sich in seine Richtung.

»Ich kenne Mac Mornas Gepflogenheiten. Wenn er genug weiß, schickt er Meuchelmörder aus. Sie haben es nicht nur auf den Lichten abgesehen, sondern auf alle, die ihm nahestehen, auch auf seine Mutter. Ich sage dir das, weil die hohe Frau Muirne stets gut und freundlich zu mir gewesen ist. Ich möchte nicht, daß man ihr etwas antut. Ich habe mich von meinem Nachtlager wie eine Diebin im Dunkeln zu euch geschlichen, damit niemand mich entdeckt. Wie ihr seht, bin ich nur notdürftig bekleidet.« Sie deutete auf ihr Kleid.

Der Dunkelhaarige lächelte.
Ainder hielt inne. Sie beobachtete ihre Gesichter. Jedes ihrer Worte entsprach der Wahrheit, abgesehen von der Behauptung, daß sie aus lauter Eile und aus Angst vor Entdeckung so leicht bekleidet war. Und daß sie eine von Mac Mornas besten Spionen war, hatte sie nicht erwähnt. Sie hoffte, sie würden ihr die Geschichte glauben, und wartete ab.
Nun sprach der Hellhaarige zu ihr.
»Ich danke dir«, sagte er. Kein Wort davon, ob sie aufbrechen würden oder nicht. Halb war sie erleichtert. Nun hatte sie Mac Morna nichts zu berichten, doch sie hatte auch nicht die Absicht, sich ihnen anzuschließen.
Der Lichte hob seinen dunklen Umhang vom Boden auf. Er warf ihn ihr zu, und sie fing ihn in der Luft auf.
»Du nimmst besser meinen Mantel«, sagte er. »Die Nachtluft ist kühl.«
Kein Lächeln lag auf seinem Gesicht.
Sie hüllte sich in den Mantel, der ihr viel zu lang war. Als sie sich rückwärts zur Tür wandte, trat sie beinahe auf den Saum, so eilig hatte sie es, die Behausung zu verlassen. Draußen drehte sie sich um und rannte eilends zurück zum Grianan, und bei jedem Schritt verfluchte sie Mac Morna.
Als sie verschwunden war, wandte sich Caoilte an Fionn.
»Was soll man davon halten?«
»Was sie über Mac Morna gesagt hat, stimmt. Wir sind nun seit beinahe vier Monden hier. Er hatte genügend Zeit, uns ausfindig zu machen und zu beobachten. Nur weil Dun Gleor so stark befestigt ist, hat er bisher nichts unternommen.«
Einen Moment lang versank er in nachdenkliches Schweigen. Caoilte bemerkte, daß der Schatten einer alten Sorge über sein Gesicht huschte.

»Ich darf meine Mutter nicht in Gefahr bringen. Ich muß von hier fort.«
Caoilte sprach mit sanfter Stimme.
»Seltsam, wie sich der Lauf der Dinge wiederholt, Fionn.«
»Wirklich seltsam, Bruder«, pflichtete er ihm mit erstickter Stimme bei.
Eine Zeitlang schwiegen beide, dann ergriff Caoilte erneut das Wort.
»Wenn sie wirklich eine Fenierin wäre, wüßte sie, daß wir von diesen Dingen bereits Kenntnis haben. Sonst wären wir doch Narren.«
»Dann hat Mac Morna sie geschickt.«
»Sie bat uns, mit uns reiten zu dürfen. Ich denke, wir sollten sie beim Wort nehmen.«
Fionn lachte wehmütig.
»Die Sache wächst sich zu einem Versteckspiel aus. Nur daß niemand weiß, wer sucht und wer sich versteckt.«
»Ich gehe am Morgen zu ihr, während du dich von deiner Mutter verabschiedest.«

Er fand seine Mutter im hohen Turm, der landeinwärts nach Norden ausgerichtet war. Sie sprach mit schlichten Worten.
»Du verläßt uns jetzt.«
»Woher weißt du?«
»Ich war die Frau eines Feniers. Ich lernte so gut wie er, den Wind zu lesen.«
Sie lächelte und legte die Hand auf Fionns Unterarm.
»Uns wurde ein Geschenk zuteil, auf das ich nie zu hoffen gewagt hätte. Diese Tage, die wir zusammen verbracht haben, waren mehr, als ich mir je erträumte, seit ich dich damals in jenem Winter vor vielen Jahren mit Liath und Bodhmall entschwinden sah.«

»Wenn ich Anführer der Fenier geworden bin, bringe ich dich zum Hügel von Tara. Ich werde dir dort eine schöne Wohnstätte bauen, und du mußt nie wieder Angst haben.«
»Mein Platz ist hier bei Gleor, Fionn.«
»Auch Gleor ist willkommen! Er ist ein guter Mann, ich schätze ihn sehr.«
Doch Muirne schüttelte den Kopf.
»Ich war im Mittelpunkt von Eire. Ich war Mitglied im Rat der Könige und Krieger. Aber damals war ich jünger. Jetzt genügt es mir, mit meinem Pferd den Strand entlang zu reiten und mit meinem Mann Fidchell zu spielen. Dein Schicksal ruft dich, du mußt gehen. Ich aber bleibe hier, und du kannst immer zu mir kommen, wenn du müde bist oder Angst dich quält.«
Fionn nahm ihre beiden Hände in seine. Er senkte das Haupt.
Muirne fuhr fort:
»Ich weiß, daß du nur fortgehst, um mich zu schützen, und auch, wie schwer so etwas ist.«
Fionn schlang die Arme um sie und drückte sie fest an sich.
»Du hast mich besucht, als ich sechs Jahre alt war«, sagte er. »Und damals hieltest du mich genauso in den Armen. Nun kann ich nachfühlen, daß es dir das Herz brach, mich verlassen zu müssen.«
Als er vom Turm gestiegen war, beobachtete sie ihn, wie er sich den Weg zwischen den Kriegern und Pferden bahnte, sah, wie das Licht sein Haar umspielte.
»Leb wohl, mein lichter Kleiner«, flüsterte sie.
Erst als er ihren Blicken entschwunden war, ließ sie ihren Tränen freien Lauf.

»Wie traurig das ist.«
Ich sprach mit sanfter Stimme. Draußen vor dem Fenster setzte die Dämmerung ein und ließ Schatten und Umrisse entstehen.
»Im Laufe ihres langen Lebens haben sie sich noch viele Male gesehen, Padraig. Ich erinnere mich gut an meine Großmutter, denn sie blieb noch dreißig Jahre lang eine rüstige Frau.«
»Meine Eltern sind tot. Meine Mutter starb vor vielen Jahren, mein Vater zwei Jahre, bevor ich nach Eire zurückging.«
»Das erklärt vieles.«
»Weißt du, wie ich hierherkam?« fragte ich ihn. Obwohl mich dabei ein schlechtes Gewissen plagte, mußte ich es loswerden. »Ich verkaufte die Ländereien meines Vaters, sein Landhaus, seinen Titel, seine Stellung. Ich habe alles verkauft, um nach Eire zurückzukehren.«
»Das war sehr klug von dir.«
»Klug? Ich verkaufte mein Geburtsrecht, mein Bürgerrecht in meinem eigenen Land.«
»Ein Mann, der um einer großen Sache willen all seinen Besitz verkauft, ist ein kluger Mann, Padraig. Er kann nicht zurück; er kann nicht wieder nach Hause. Er kann nur vorwärts gehen.«
»Ich kann nicht nach Hause«, sagte ich leise. Bei diesen Worten mußte ich an den Fisch denken. »Die Freude am Springen.« Ich sagte es zögernd, jedoch mit lauter Stimme.

»Was meinst du damit?« erkundigte sich Ossian.
»Du sagtest, wir würden über einen Salm sprechen. Du nanntest ihn den Salm der Weisheit.«

Ganz unverhofft war sie zurückgekommen, ich hatte ihre Schritte nicht gehört.
»Salm?« Die Hände in die Hüften gestemmt, stand sie in der Tür.
»Du lieber Himmel, sie ist wieder da«, zischte ich Ossian zu.
»Hast du ihn überhaupt nicht schlafen lassen? Bist du noch bei Trost, Priester? Ein Reisender muß ruhen, wenn er zurückgekehrt ist. Jetzt raus hier! Verschwinde! Ich muß mich um Ossian kümmern.«
Hinter ihr lugte Benins Kopf durch den Türrahmen. Sein kleines Gesicht wirkte bekümmert.
»Es tut mir leid, Abba«, sagte er und tänzelte dabei hin und her. »Sie hat mich beim ersten Licht des Tages geweckt und gesagt, sie müsse wieder hierher. Ich habe erwidert, daß dir das wahrscheinlich mißfällt, aber da war sie schon auf dem Weg. Habe ich etwas falsch gemacht?«
»Geh nur, Padraig«, sagte Ossian lachend. »Bei der weisen Frau bin ich in guten Händen.«
Ich schnappte mir Benin und verließ eilends die Zelle. Und ich bekenne ohne Scham, daß ich froh war, von dort wegzukommen.

Kapitel Neun

Als wir uns zum Nachtmahl versammelten, sah er besser aus, seine Wangen zeigten mehr Farbe, und er ging festen Schrittes, als er am Arm der Druidin das Refektorium betrat. Nachdem er seinen Platz neben mir eingenommen hatte, bot er ihr den Stuhl zu seiner Rechten an, doch ich war schon aufgesprungen, ehe sie sich setzen konnte. Zwar pflegten wir dreimal pro Woche gemeinsam mit den Bewohnern von Sabhal Padraig zu speisen, und an diesen Abenden drängten sich auf den langen Bänken im Speisesaal stets Mütter mit ihren Kindern und die Schwestern, wie ich die Frauen von Dichus Stamm inzwischen nannte, die sich uns angeschlossen hatten.

Doch eine Druidin an dem Tisch, der das Kopfende im Refektorium bildete, das ging entschieden zu weit. Und so trat ich auf einen der langen Tische zu und zeigte ihr einen freien Platz auf der Bank davor.

»Du bist eingeladen, das Mahl mit uns zu teilen«, sprach ich. »Setz dich hierher.«

Ossian verbarg sein Schmunzeln hinter der vorgehaltenen Hand, als er sich auf seinem Stuhl niederließ. Sie jedoch lächelte nicht.

Die Hände in die Hüften gestemmt, sagte sie überlaut: »Ach so, der große Succatus will nicht mit einer Druidin am selben Tisch sitzen.«

Am liebsten hätte ich dem dreisten Weib ins Gesicht geschlagen. Aber ich bewahrte die Fassung.
»Wenn du möchtest, setze ich mich hier neben dich«, erwiderte ich äußerlich ruhig, aber mit zusammengebissenen Zähnen. »Doch jener Tisch dort ist meinen Brüdern und unserem Geschichtenerzähler vorbehalten.«
Natürlich war es im Saal jetzt totenstill, alle hatten die Ohren gespitzt. Selbst diejenigen, die an diesem Abend den Tischdienst versahen, hatten aufgehört, die Holzbretter mit den Brotlaiben und Milchkrügen zu verteilen. Die vier Schwestern von Dichus Stamm ließen mich nicht aus den Augen.
Wie gerne hätte ich das Weib davongejagt! Sie sollte verschwinden und nie wieder herkommen. Aber mir fiel ein, was Ossian darüber gesagt hatte, daß man die alten Traditionen nicht zerstören sollte. Und ich entsann mich unseres Herrn, der unbefangen mit Steuereintreibern, Huren und Sündern aller Art gegessen und getrunken hatte.
Da erschien Benin zu meiner Rettung. Er trat neben mich und nahm meine Hand.
»Danke, daß du es nicht vergessen hast, Abba«, sagte er honigsüß.
Ich lächelte ihn an, doch ich hatte keine Ahnung, wovon er sprach. Nun wandte er sich an Ainfean und meinte mit unschuldigem Liebreiz:
»Padraig hat versprochen, daß ich heute abend beim Essen neben ihm sitzen darf. Er wollte mir nur meinen Platz oben am Tisch freihalten.«
Über seinen Kopf hinweg starrten die Frau und ich einander wütend an. Doch nun sah ich eine Möglichkeit, die Oberhand zu gewinnen.
»Laßt uns doch hier am Tisch zu dritt zusammensitzen«, schlug ich freundlich vor. »Dann braucht niemand dar-

über zu klagen, daß man ihm den Platz weggenommen hat.«
Die anderen im Saal lächelten und nickten ob meines vermeintlichen Großmuts, einige lobten meinen weisen Ratschluß.
Die Frau brodelte vor Zorn.
Mit Benin in der Mitte ließen wir uns nieder.
»Du hast Glück gehabt, Priester«, zischte sie mir über Benins Kopf hinweg zu.
»Du bist unhöflich, Druidin«, gab ich zurück. »Du drängst dich auf, wo du nicht wohlgelitten bist.«
Ich legte Benin den Arm um die Schulter.
»Der Segen des Herrn sei mit dir, mein Kind.«
»Möchtest du etwas Brot, Abba?« fragte er mich und reichte mir einen Laib.
Die Mahlzeit schritt voran. Am Tisch der Brüder gab es zwei leere Plätze, links und rechts von Ossian, der die Mißstimmung überhaupt nicht zu bemerken schien und zu uns herüberlächelte, während er es sich schmecken ließ. Die Frau aß, als ob sie am Verhungern wäre, sie schlang ein ganzes Brot herunter, nahm ein zweites Mal vom Fisch und vertilgte drei Beerenkuchen, die sie mit Unmengen von Milch herunterspülte.
»Du ißt wie ein Wolf«, bemerkte ich und beugte mich über meinen Teller.
»Und du wie ein magerer Spatz«, entgegnete sie. »Essen ist ein Geschenk, das man genießen sollte.«
Vorne räusperte sich Ossian.
»Ich habe Padraig erzählt, wie Fionn zusammen mit Caoilte und Ainder zum Zauberer Finegas reiste, um von ihm zu lernen. Soll ich mit der Geschichte fortfahren?«
Inbrünstig dankte ich Gott, daß er uns den Geschichtenerzähler gesandt hatte.

Ainder mußte jetzt schon seit drei Tagen mit Fionn und Caoilte durch die Wälder reiten. In ihrem Haar hatten sich Zweige und Gestrüpp verfangen, ihr Kleid war schmutzig und am Saum zerissen. Nur der blaue Fenierumhang sah nicht anders aus als zu dem Zeitpunkt, da sie an Caoiltes Seite Dun Gleor verlassen hatte und seitdem bei jedem Hufschlag Mac Morna verfluchte.

Ihre Beine, ihre Hüften und ihr Hinterteil schmerzten. Sie spürte auch eine Blase, wagte aber nicht, die Stelle näher zu untersuchen, denn dann hätten die Jungen vielleicht gemerkt, was für eine erbärmliche Reiterin sie war. Als Fenierin sollte sie reiten können, eine Spionin hingegen saß nur selten auf einem Pferderücken.

Mit steifen Gliedern half sie, das Lager zu errichten, und band die Pferde mit Fußfesseln an, während Caoilte eine Schutzhütte baute und ein Feuer entfachte. Fionn war auf der Jagd, wie jeden Abend, kaum daß sie abgesessen waren. Zwei Abende hatte Ainder nun schon mit den beiden Jungen am Lagerfeuer gegessen und zwischen ihnen in der Hütte geschlafen, ohne daß sie je das Wort an sie gerichtet hätten.

Daher sah sie überrascht auf, als Caoilte sie ansprach.

»Der Ritt war zu lang und zu hart für dich, Fenierschwester. Ich sehe, daß deine Glieder wund sind und steif. Komm her, ich reibe sie mit einer heilenden Salbe ein, damit sie morgen nicht völlig ungelenk sind.«

Ainders Nackenhärchen sträubten sich, und sie sah hinüber zum Waldesrand, ob Fionn bereits nahte.

»Er wird bald wieder hier sein«, meinte Caoilte. »Hast du Angst vor mir? Du bist eine Fenierin, du kennst unsere Regeln. Keiner von uns Männern würde dir etwas zuleide tun.«

Sie hätte beinahe erwidert, daß sich Mac Morna nicht daran hielt, aber sie biß sich auf die Zunge.

Statt dessen legte sie ihre Hand in die seine und machte einen Schritt auf ihn zu. Er lächelte sie an. In seiner anderen Hand hielt er ein Säckchen, an dem er sie schnuppern ließ. Es roch nach Minze und süßen Beeren.

»Ein wohltuender Balsam, den ich selbst benutze, wenn ich erschöpft bin.«

Sie nickte ihr Einverständnis.

»Dann komm, setz dich ans Feuer und streif den Kittel ab. Ich fange mit dem Rücken an.«

Ainder fühlte sich wie eine Katze, die man in die Enge getrieben hat. Der Blonde war schon ungewöhnlich lange fort. Normalerweise kehrte er im Nu mit einem erlegten Wild zurück. Doch als sie Caoilte in die Augen blickte, dachte sie sich: Was der kann, kann ich auch. Sie löste die Träger ihres Kittels und ließ ihn auf den Waldboden gleiten. Nackt stand sie vor ihm, nur der Dolch an ihrem rechten Schenkel blitzte.

Caoiltes Augen weiteten sich, und sie verbarg ihr triumphierendes Lächeln hinter einem Gähnen. Doch er bat sie nicht, den Dolch abzuschnallen.

»Du hast recht, ich bin völlig erschöpft. In Dun Gleor bin ich nur hin und wieder zum Spaß geritten. Nun, komm her, Fenierbruder. Und wenn du fertig bist, werde ich dir denselben Gefallen erweisen.«

Sie setzte sich ans Feuer, der Kittel diente ihr als Decke. Kaum hatte er damit begonnen, ihr die Salbe auf den Rücken zu reiben, fühlte sie sich warm und behaglich, der

Geruch der Minze und seine starken Hände taten ihr wohl. In den ganzen drei Jahren bei Mac Morna hatte nicht einer seiner Fenier sie jemals Schwester genannt oder sich um ihr Wohlergehen gekümmert. Sie war den Männern nicht gleichgestellt gewesen. Man hatte Witze über sie gerissen und alberne Annäherungsversuche gemacht, doch nie war sie als Kameradin behandelt worden. Dabei war dies stets ihr sehnlichster Wunsch gewesen. Schon als Kind hatte sie unbedingt Kriegerin bei den Feniern werden wollen.

Sie seufzte behaglich.

»Läßt der Schmerz nach?«

Seine Stimme klang rauh, belegt. Sofort waren ihre Sinne wieder hellwach. Mit einer einzigen behenden Bewegung stand sie auf und zog sich den Kittel über.

»Das war sehr angenehm, Bruder. Nun bin ich an der Reihe.«

»Nein, nein, wir sind nicht so lange geritten, als daß mir der Rücken weh tun könnte. Aber ich komme gern einmal darauf zurück.«

Dabei lächelte er sie an, und seine weißen Zähne blitzten. Er zog seine Decke aus der Satteltasche und breitete sie vor dem Feuer aus.

»Leg dich hin, ich werde deine Beine kneten.«

Mit klopfendem Herzen legte sich Ainder ausgestreckt auf den Bauch.

Kundig walkte er ihre Muskeln, er preßte die Finger auf die schmerzenden Stellen, und sie stöhnte wohlig. Als Caoilte den Kittel höher schob, blieb sie ganz still liegen. Doch plötzlich stieß er einen erschrockenen Laut aus.

»Da ist ja Blut auf deinem Kittel!«

Er hob ihn an.

»Du hast dir eine Blase geritten.«

Seine Stimme klang seltsam.
»Ich habe dir doch gesagt, daß ich in Dun Gleor kaum geritten bin. Meist nur einmal in der Woche. Und niemals zur Jagd, immer nur zum Spaß.«
In ihrer Angst plapperte sie einfach drauflos, was sie selbst merkte. Als sie versuchte, auf die Füße zu kommen, drückte Caoilte sie mit der flachen Hand auf den Boden.
»Bleib ganz still liegen. Wir müssen die Wunde reinigen und verbinden, damit sie sich nicht entzündet.«
Zu Ainders großem Erstaunen war der scherzhafte Unterton in Caoiltes Stimme verschwunden. Und so blieb sie reglos liegen und ballte die Hände zu Fäusten, als er die Wunde säuberte und dann eine andere Salbe auf die offene Stelle auftrug.
Da kehrte Fionn mit einem Hirsch auf den Schultern zurück.
»Was ist los?«
Er legte das Wild neben das Feuer und kniete sich neben Ainder, dann pfiff er leise durch die Zähne.
Indessen zog Caoilte sich den Kittel über den Kopf und riß einen langen Stoffstreifen vom Saum, den er Ainder um den Schenkel band.
»Wir haben uns einen Spaß mit dir erlaubt, Schwester«, sagte Fionn. »Das war nicht recht von uns.«
»Einen Spaß?«
»Wir sind zu lange und zu schnell geritten. Es ist unsere Schuld. Morgen werden wir ausruhen. Bleib jetzt ruhig liegen, während wir das Wild zubereiten. Schlaf, wenn du willst. Wir wecken dich, wenn das Essen fertig ist.«
Ainder preßte das Gesicht in die Decke. Heiße Wellen der Scham röteten ihre Wangen. Wie konnte sie Mac Morna jetzt noch erzählen, was sie in Erfahrung gebracht hatte? Damit würde sie den Jungen ihre Freundlichkeit schlecht

vergelten. Doch schließlich machte das warme Feuer sie ruhig, und sie döste ein.
Indessen faßte Fionn seinen Gefährten scharf ins Auge.
»Wolltest du sie für uns gewinnen?« Seine Worte waren nur ein Flüstern.
»Das hatte ich vor, bis ich die Wunde sah. Da schämte ich mich. Nein, es war nicht Scham«, er schüttelte verwirrt den Kopf, »es war Wut. Ich war wütend auf mich. Wütend auf Mac Morna.« Er betrachtete die schlafende Gestalt. »Und auf sie.«
»Nimm dich in acht, Bruder«, lachte Fionn. »Hast du nicht behauptet, du würdest niemals heiraten? Und vergiß nicht, sie ist eine Kundschafterin von Mac Morna.«
»Nicht aus freien Stücken, denke ich.«
Fionn lächelte.
»Ich glaube, da hast du recht.«

Sie fütterten sie liebevoll wie ein kleines Kind, während sie auf die Seite gestützt am Feuer lag. Als es Zeit wurde zu schlafen, nahmen die Jungen sie vorsichtig in ihre Mitte und streckten sich neben ihr aus. Sie hatten das Mädchen in einen Umhang gepackt, sorgsam darauf bedacht, daß sie nicht auf die wunde Stelle zu liegen kam. Ainder kämpfte ihre Angst nieder. Sie war hin und her gerissen zwischen dem Bedürfnis zu weinen und dem Drang, sich ihnen anzuvertrauen, doch das wäre das sichere Ende ihrer Liebesdienste gewesen. Die beiden würden sie vermutlich umbringen, wenn sie erfuhren, daß sie eine Spionin war. Ein langer, tiefer Seufzer entrang sich ihrer Brust.
Da sagte Fionn im Dunkeln hinter ihr:
»Mac Morna hat dich nicht gut behandelt, Fenierschwester.«

Jeder Muskel und jede Sehne in ihr spannte sich an.
»Du weißt Bescheid?«
»Wir haben es vermutet«, antwortete Caoilte, der vor ihr lag.
Da brach es aus ihr heraus; sie erzählte von den Informationen, die sie für Mac Morna beschafft hatte, von den Orten, an denen sie einsam und ohne Freunde leben mußte, wenn sie für Mac Morna auf Erkundung ging.
»Und in all dieser Zeit hat er mir nicht einmal angeboten, mit den Feniern auszureiten, mit ihnen auf Jagd zu gehen oder auf Tara mit ihnen zu feiern. Zu Zeiten von Cumhail Mac Trenmor gab es in den Reihen der Fenier auch Frauen, die als Wachposten und Meldegänger dienten. Sie lebten auf Klippen und Berggipfeln, und wenn Eroberer nahten, schwangen sie sich aufs Pferd. Manche von ihnen kämpften sogar zusammen mit ihren Brüdern.«
»Cumhail war mein Vater«, sagte Fionn.
»Ja.« Ainder nickte.
»Jetzt reitest du mit uns.«
»Ja«, wiederholte sie. War es wirklich so einfach? Ihr brannten Tränen in den Augen.
Unbeholfen tätschelte Fionn ihr die Schulter. Sie legte ihren Arm um Caoilte, der ihre Hand nahm und ihr einen Kuß auf die Handfläche drückte.

Die nächsten drei Tage erzählte sie ihnen während des Ritts alles, was sie von Mac Morna wußte, von der Stärke seines Fenierheeres und von seinem gespannten Verhältnis zu König Cormac.
»Er ist ein schlechter Anführer, was Cormac weiß. Aber da ihm niemand seine Stellung streitig macht, findet sich Cormac mit ihm ab. Mac Morna gleicht einem Bären. Er

ißt und schläft viel, doch wenn man ihn reizt, wird er gefährlich.«

Abends erneuerte Caoilte ihren Verband und rieb ihr Gesäß mit Salbe ein, dafür flocht sie ihm seine Zöpfe neu. Tagsüber ließ sie immer wieder die Hand auf seinem Unterarm ruhen, als habe sie Angst, er könnte sich ohne ihre Berührung verflüchtigen. Fionn beobachtete die beiden, doch er schwieg.

Am Morgen des siebten Tages erreichten sie den Fluß Boanne. Fionn ging stromaufwärts, tauchte in die herbstlich kühlen Fluten und schleuderte ein paar Fische ans Ufer, die er zum Frühstück braten wollte. Als er zum Lager zurückkehrte, sah er sie aus der Ferne: Ainder stand mit dem Rücken an einen Baum gelehnt und umarmte Caoilte. Sie küßten sich immer und immer wieder, schnell und gierig, ihre Körper schienen miteinander zu verschmelzen, und sie preßten sich an den Stamm, als ob sie eins mit ihm werden wollten. Fionn empfand bei diesem Anblick gleichermaßen Trauer wie Freude. Er hängte die Fische unweit des Lagers ins Geäst und ging davon, immer weiter stromauf. Es war schon beinahe Mittag, als er einen alten Mann mit einer Harpune in der Hand am Flußufer stehen sah.

Der Mann wandte sich um und beschattete die Augen, während er ihn musterte.

»Komm her, Junge«, rief er ihm zu. »Kannst du fischen?«

Fionn war überrascht, daß ihn ein Fremder in dieser Weise ansprach, doch er antwortete höflich.

»Ja. Kann ich dir behilflich sein?«

»Ich zittere zu sehr, deshalb erwische ich ihn nicht. Tja, das Los eines alten Mannes! Aber diesen Fisch muß ich unbedingt haben. Ich habe ihn heute schon gesehen, es ist ein riesiger Lachs.«

Die Harpune in der Hand, machte der Mann eine auffordernde Geste.
»Ich helfe dir gerne.«
Der Alte reichte ihm die Harpune.
»Schön. Aber noch etwas, Junge.«
Fionn schaute ihn fragend an.
»Faß ihn nicht an, wenn du ihn aufgespießt hast. Bring ihn sofort zu mir.«
Fionn stand stundenlang am Wasser und wartete. Dabei dachte er an Caoilte und Ainder unter dem Baum. Er dachte an seinen Vater und die Fianna. Und er entsann sich seiner Mutter und Bodhmalls eindringlichen Ermahnungen, als er Dun Gleor verließ:
»Diesmal gehst du aber, wohin ich dich schicke!« Bei diesen Worten hatte sie ihm zudem noch eine schallende Ohrfeige versetzt. Bei der Erinnerung daran lachte er hell auf.
Dann ging ihm durch den Sinn, wie Liath sich an ihn gepreßt hatte; er meinte ihre Brüste durch den dünnen Kittelstoff hindurch zu spüren und ihr Lächeln vor sich zu sehen.
»Nun zieh' los und finde ein Mädchen deines Alters, Junge«, hatte sie ihn lächelnd aufgefordert.
Noch nie in seinem ganzen Leben hatte er sich so einsam gefühlt wie an jenem Tag am Fluß.
Der Nachmittag verstrich, der Tag ging zur Neige. Als die Sonne im Westen versank, warf sie einen letzten glutroten Schein aufs Wasser. Und da sah Fionn eine blitzschnelle Bewegung unter der Oberfläche. Dort drüben wieder!
Vorsichtig, damit sein Körper keinen Schatten warf, bewegte er sich darauf zu. Der alte Mann hatte nicht übertrieben. Der größte Lachs, den er je gesehen hatte, zog im Wasser seine Bahn.
Fionn schloß, den Daumen unter den Griff gelegt, die

Hand um die Harpune, dann holte er aus und warf sie mit aller Kraft.
Der riesige Lachs sprang, sich windend, hoch, das spritzende Wasser glitzerte in allen Farben des Regenbogens.
Darauf bedacht, den Fisch nicht zu berühren, brachte Fionn ihn zu dem alten Mann in die Hütte.
Dieser war hocherfreut. Er nahm den Fisch und spießte ihn sorgsam auf; den Spieß legte er über dem Feuer auf zwei gegabelte, in den Boden gerammte Äste. Anerkennend klopfte er Fionn auf die Schulter.
»Gut gemacht, Junge. Schon seit zehn Jahren versuche ich, ihn zu fangen. Zehn Jahre! Du bist zur rechten Zeit gekommen.«
Doch plötzlich wurde der alte Mann unsicher, und er schüttelte den Kopf.
»Der Zeitpunkt ist allzu gut getroffen. Du hast den Fisch doch nicht angefaßt, Junge?«
»Nein, das habe ich nicht.«
»Gut, gut. Setz dich hierher.« Er wies auf eine Bank an der Hüttenwand. Fionn ließ sich nieder und musterte den Greis, der älter war als Bodhmall, ja älter als irgend jemand, den Fionn kannte. Sein Haar war schneeweiß, nicht eine einzige graue Strähne fand sich darin. Sein Gesicht glich einem verschrumpelten Apfel, so viele Falten durchzogen es. Der weiße Bart reichte ihm bis an die Brust, und sein weißes Gewand war mit goldenen Stickereien verziert.
»Du bist ein Druide!« entfuhr es Fionn.
Der alte Mann hörte auf, vor sich hinzubrummeln, und sah von dem Fisch auf.
»Ja, und?«
»Eine Druidin hat mich unterwiesen.«
Überrascht sah der alte Mann ihn an.
»Was hat sie dir beigebracht?«

»Sie lehrte mich die Sagen von Eire und einige Formen der Dichtkunst. Ich kenne Kräuter und Pflanzen, die heilen, die man essen kann und die einen verschwinden lassen. Die Mondwende und der Wechsel der Jahreszeiten sind mir ebenso bekannt wie die Festtage. Und ich weiß von den Wesen der Anderswelt.«

»Anfängerwissen«, schnaubte der alte Mann verächtlich.

Fionn beschlich Mißtrauen gegenüber dem Alten. Gerade wollte er ihn fragen, wie er hieß, als ihn der Druide aufforderte:

»Dreh du den Fisch um, Junge. Ich besorge derweil Lauch und einen guten Schluck Met.«

Gehorsam trat Fionn ans Feuer, und als er neben dem Alten stand, packte dieser ihn mit so überraschend festem Griff am Handgelenk, als besäße er Raubvogelklauen. Erstaunt betrachtete Fionn seine Hand. Der alte Mann gluckste, ließ aber nicht locker.

»Hör mir gut zu, Junge. Der Fisch darf nicht anbrennen. Er darf weder verkohlen noch Blasen werfen. Hast du mich verstanden?«

Fionn nickte. Der alte Mann war wohl etwas verrückt, dachte er.

»Wenn du mir diesen Gefallen erweist und dafür sorgst, daß dieser Fisch brät, ohne zu verbrennen, werde ich dieses Festmahl mit dir teilen. Ja, ja, ich bin ein gerechter und vernünftiger Mann, Gier liegt mir fern. Ich werde den Fisch mit dir teilen. Wenn auch nicht den ersten Bissen.« Dabei drohte er mit dem Finger. »Der erste Bissen gehört mir. Aber ich weiß zu teilen.«

Gereizt seufzte Fionn:

»Keine Bange. Ich habe schon viele Fische gebraten, wie ich auch schon viele gefangen habe. Ich weiß damit umzugehen.«

Mit einem Nicken verließ der Alte die Hütte.
Sorgfältig wendete Fionn den Fisch. Er beobachtete die Haut und lauschte dem Zischen des Feuers, wenn Saft in die Flammen tropfte. Der Wohlgeruch stieg ihm in die Nase.
»Fisch ist Fisch«, sagte er laut. »Zwar ist dies ein großer, prächtiger Lachs, und er wird eine herrliche Mahlzeit abgeben, aber letztlich ist er doch nur ein Fisch.«
Und er schüttelte den Kopf über die Grillen des alten Mannes.
Da bildete sich eine Blase auf der Haut, und Fionn seufzte. Der Fisch dürfe weder verkohlen noch Blasen werfen, das hatte der alte Mann ausdrücklich befohlen. Also benetzte Fionn seinen Daumen und preßte ihn fest dagegen. Die Blase verschwand, doch die Hitze ließ seinen Daumen rot werden, und er fing an zu pochen.
»Hoffentlich ist er jetzt zufrieden, daß ich mir wegen seines Fisches den Daumen verbrannt habe«, brummte Fionn.
Er hörte den alten Mann zur Hütte zurückkommen und rief ihm zu:
»Übernimm du einen Augenblick den Fisch. Ich habe mir den Daumen verbrannt.«
»Nein!« brüllte der alte Mann, rannte in die Hütte und fuchtelte drohend vor Fionn herum. Verständnislos schüttelte Fionn den Kopf und steckte sich den verbrannten Daumen in den Mund.
Was er nun fühlte, erstaunte ihn anfänglich sehr.
Die Luft atmete. Das Licht atmete. Ihm wurde schwindelig, und er fühlte sich federleicht.
Fionn taumelte aus der Hütte und sank in dem Gras am Flußufer auf die Knie.
Auch der Fluß atmete. Ebenso Bäume und Wind. Die Welt kehrte ihr Innerstes nach außen, er sah sie wie von

der Oberfläche eines Sees, wie vom Grund eines goldenen Bechers. Seine Mutter stand ihm vor Augen, sie stillte ein Kind: ihn selbst. Um sie herum fiel dichter Schnee. Dann sah er das Gesicht seines Vaters. Das Gesicht seines Vaters! Es war ihm vertraut wie sein eigenes, und doch hatte er es nie zuvor gesehen. Bodhmall wiegte ihn, Liath führte seine Hand, als er das erste Mal den Speer warf. Nun fiel sein Blick auf Caoilte und Ainder, die ineinander verschlungen im Wald lagen und sich fragten, wo er wohl war. Er weinte um ihre Liebe zueinander. Die Hirsche im Wald raunten ihren Jungen zu: Fionn. Unser Bruder Fionn. Einer dieser Hirsche verwandelte sich, wurde zum Gesicht einer Frau, wie er es schöner nie gesehen hatte. Mein Geliebter, flüsterte sie. Er hörte die Wale vor den Küsten Eires singen. Und er kannte sie. Brüder Wale, dachte er, laßt uns zusammen singen. Da nahm ihn ein Adler auf und trug ihn auf seinen Schwingen fort. Er selbst war der Adler. Schnell wie der Wind schoß er über Eire hinweg und flog übers Meer. Ein großes, grünes Land tauchte vor seinen Augen aus den Wogen auf, riesiger als alle Länder, die er kannte. Dann erhob er sich zu den Sternen und zog zwischen ihnen seine Bahn. Manche sprachen zu ihm, in ihm unbekannten Zungen. Er hörte das große Herz schlagen, im Mittelpunkt des Alls. Licht umflutete ihn. Wärme. Herzlichkeit. Lachen. Freude.

Schließlich kam er wieder zu sich, er kniete noch immer neben dem Fluß Boanne auf dem Boden. Schluchzer und Gelächter schüttelten ihn.

Als er aufblickte, sah er den alten Mann, der sich vor Enttäuschung mit der Faust in die offene Hand schlug.

»Vater Finegas«, sprach er. »Ich bin Fionn, und ich bin gekommen, um zu lernen, was du an Weisheit für mich bereithältst.«

Kapitel Zehn

Die wenigen, die sich zum frühmorgendlichen Gottesdienst versammelt hatten, blickten erwartungsvoll zu mir auf. Ich hatte Benin erlaubt, mir als Meßdiener behilflich zu sein, und nun flitzte er in seiner Kutte hin und her, die auf dem Steinboden schleifte, während er Kerzen anzündete und den Tisch des Herrn deckte.

Ich kehrte der Gemeinde den Rücken zu und kniete nieder zum Gebet. Nun wußte ich, was Er von mir wollte. Er hatte mir Ossian geschickt, damit ich ein Geschichtenerzähler wurde und mit den Geschichten des Herrn diese verträumten Iren für Ihn zu gewinnen suchte.

Doch dazu fehlten mir die Worte.

Ich stammte nicht von Geschichtenerzählern ab, sondern von Beamten: umsichtig, auf Ordnung bedacht und gebildet, aber ungeübt im Erzählen. Und ich hatte so lange in stummer Gefangenschaft gelebt, daß ich mich hier am wohlsten fühlte, hier in der stillen Klause meiner Gebete. Zum ersten Mal beneidete ich diese Iren, für die das Leben eine Kette aneinandergereihter Geschichten war.

Ich wußte um die Wahrheit der Geschichte von Ossian. Fionns Erkenntnis, als er von dem Salm aß, war das Wissen, das ich in meinem Herzen trug. Jedesmal, wenn ich am Tisch meines Christus aß und trank, sah ich die Welt, wie Fionn sie gesehen hatte: als ein großes Ganzes, so schön und zugleich so schmerzlich, daß ich kleines Menschenwesen es nicht ertragen konnte.

Aber ich wußte nicht, wie ich all das in Worte fassen sollte. Die Versammelten dachten bestimmt, mein Gebet würde gar kein Ende mehr nehmen.

Schließlich erhob ich mich und wandte mich ihnen zu. Und ich sagte ihnen die Wahrheit.

»Ihr Menschen von Sabhal Padraig«, begann ich. »Ich weiß, ihr haltet mich für einen wundertätigen Mann, einen Gelehrten von jenseits des Meeres, der euch neue Zeichen und neue Wunder vom Lichten Christus bringt. Um meinetwillen, so glaubt ihr, seien Dichus Hunde besänftigt worden, um meinetwillen sei Ossian, der große Geschichtenerzähler, hierhergekommen.

Doch laßt euch sagen, daß ich ein einfacher, ungebildeter Mann bin, der die Sprache seiner Kirche nur bruchstückhaft zu sprechen vermag und in der Kunst des Schreibens so unbedarft ist, daß er einen Schreiber dafür benötigt.« Dabei deutete ich auf Breogan, der den Blick senkte.

»Ich weiß nur, daß mein Gott mich hierher gesandt hat. Anfangs sträubte ich mich, aber er wollte, daß ich zu euch komme. Wie ich mich doch irrte! Denn jetzt sehe ich, daß ihr das Volk seid, das ans Licht geführt werden will, das Volk, das die Geschichten meines Herrn verbreiten wird. Er ist der Eine, der Dreifaltige, Er ist Vater, Sohn und Heiliger Geist. Er ist das Licht im Herzen aller Dinge, das Wort, das allem seinen Odem einhaucht. Er ist der Salm der Weisheit, der uns nährt, wenn wir darben, selbst wenn es scheinbar an Nahrung mangelt.«

Ich legte meine Finger an die Lippen und dachte angestrengt nach.

»Ich will euch eine Geschichte erzählen, auch wenn ich sie nur kunstlos zu erzählen vermag.«

Der Herr überquerte mit seinen Gefolgsleuten das Meer und begab sich in die Berge, um auszuruhen.
Zu dieser Zeit fand er nirgendwo mehr Ruhe. Er vermochte Kranke zu heilen, durch ihn konnten Blinde wieder sehen und Lahme wieder gehen. Deshalb folgten ihm die Menschen überallhin, und die Schar seiner Anhänger wurde immer größer.
An diesem Tag entfernte er sich weit von der Stadt, aber dennoch folgten ihm so viele, daß es auf den Anhöhen von Menschen wimmelte.
Unser Herr war müde und von Staub bedeckt. Sein Rücken schmerzte ihn, und seine Kehle war trocken. Doch als er die Gesichter der vielen Menschen sah, die wie erwartungsvolle Kinder zu ihm aufblickten, empfand er Mitleid mit ihnen, und er wußte, wie sehr es sie danach verlangte, Geschichten aus seinem Mund zu hören.
Also erzählte er ihnen Geschichten, bis sich die Sonne im Westen herabsenkte. Die Menschen hörten ihm zu, und die Geschichten gaben ihren Seelen Nahrung.
Schließlich nahte die Zeit für das Abendessen. Unser Herr war hungrig, und er wußte, daß seine Zuhörer ebenso hungrig waren.
Da rief er seine Gefolgsleute zu sich – es waren zwölf, wie eine Fian in den alten Zeiten. Er trug ihnen auf, der Menge zu essen zu geben, doch seine Fian erhob Einwände.
»Wir sind keine reichen Männer, und selbst wenn wir es wären, sind wir doch zu weit von der Stadt entfernt. Schick sie nach Hause, Herr, denn wir können sie nicht

alle satt machen. Schau doch, sie sind zahlreicher als sämtliche Fenier von Eire.«

Meiner kleinen Gemeinde verschlug es den Atem.
Ich nickte.
»Ja, so viele waren es. So viele waren ihm gefolgt.«
Ich schloß die Augen und stellte mir vor, wie heiß und trocken es an jenem Tag gewesen sein mußte. Dann fuhr ich fort:

Doch in der Menge war ein Knabe, der Gerstenbrot und getrockneten Fisch verkaufte. Als Christus ihn zu sich rief, überließ ihm der Junge bereitwillig seine Körbe. Die Fian unseres Herrn schaute in die Körbe und lachte. Denn darin waren nicht mehr als fünf Gerstenbrote und zwei getrocknete Fische! Mit so wenig konnte man niemals so viele Menschen satt machen.
Doch unser Herr hob die Körbe über den Kopf, wandte den Blick gen Himmel und dankte dem Schöpfer für seine Freigebigkeit. Dann gab er die Körbe seiner Fian und befahl ihr, die Menschen zu speisen.
Die Gefolgsmänner Christi waren in Sorge; sie wußten, daß das Essen nicht reichen würde und manche Leute hungrig bleiben mußten. Dann, so fürchteten sie, würde sich der Zorn der Menge gegen Christus richten, und sie würden ihm womöglich Schaden zufügen.
»Tu es nicht, Herr«, flüsterten sie ihm zu.
Aber er sprach nur ein einziges Wort zu ihnen:
»Glaubt!«
Also reichten sie die Körbe mit dem getrockneten Fisch und den Broten unter den Menschen herum, und immer wenn sie dachten, nun seien die Körbe leer, waren sie wieder aufgefüllt. Auf diese Weise erhielten alle, die dort

zusammengekommen waren, Speisung, und nach dem Mahl sammelte die Fian Christi die Reste ein, und es waren zwölf Körbe mit Fisch und Brot.

In dieser Weise, ihr Menschen von Sabhal Padraig, kümmert sich unser Herr um uns. Denen, die hungern, gibt Er zu essen, und sogar mehr, als sie benötigen.
Und so wird Er uns hier in Sabhal Padraig und überall in ganz Eire nähren. Wir werden uns an den Geschichten des Herrn laben, ebenso wie am Brot und am Wein von Seinem Tisch.

An jenem Nachmittag sah ich, wie sich die Männer des Dorfes daran machten, einen weiteren Rath zu errichten. Frohgemut und dankbar, daß noch mehr Menschen sich taufen lassen wollten, eilte ich zu ihnen und half ihnen bei der Arbeit.
Als ich gerade bis zu den Ellbogen in der Erde grub, trat die Druidin auf mich zu.
»Ich habe heute vormittag deine Geschichte gehört, Succatus. Vielleicht besteht doch Hoffnung für dich.«
Erstaunt sah ich sie an; ich hatte sie bei der Messe nicht gesehen.
»Aber für die Druiden besteht keinerlei Hoffnung. Meine Geschichten werden ihr Untergang sein.«
»Du solltest nicht daran denken, wie du sie zerstören, sondern wie du sie gewinnen kannst.«

»Ich habe nicht die Absicht, die Priester einer heidnischen Religion für meine Kirche zu gewinnen. Sie gehen mit Falschheit zu Werke. Sind sie erst einmal in unseren Reihen, werden sie versuchen, meinen Herrn zu vernichten.«
»Wenn dein Herr der wahre Herr ist, wie du sagst, Succatus, dann wird Er nicht vernichtet werden.«
Ich stieß einen tiefen Seufzer aus.
»Du siehst doch mit eigenen Augen, daß Er der wahre Herr ist. Tagtäglich kommen mehr Menschen, die bei uns leben wollen. Und immer mehr lassen sich taufen. Das ist der Beweis.«
Ainfean brach in schallendes Gelächter aus.
»Was du da baust, Succatus, ist mein Haus.«

Zweites Buch

»Wo ich Geringer nun unter Fremden weilen muß.«

aus Patricks Confessio

Kapitel Elf

Ich will sie nicht hierhaben!« – »Mich wolltest du erst auch nicht hierhaben.« – »Das war etwas anderes.« – »Wieso?« – »Du bist ein Geschichtenerzähler. Und sie ist eine Druidin.«

»Sie ist eine Heilerin und eine weise Frau. Die Menschen achten sie.« Ossian stand an seinem Zimmerfenster und schaute zu, wie im Dorf die Hütte errichtet wurde.

»Sie ist eine Druidin!«

»Na und? Ich habe Druiden kennengelernt, die mehr Weisheit besaßen, als du dir vorstellen kannst. Meine Großmutter Muirne war die Tochter einer Druidin, und die Lehrer meines Vaters, Bodhmall und Finegas, waren beide Druiden.«

»Aber sie sind tot. Das sind nur Geschichten aus der Vergangenheit. Ich weiß über diese Druiden Bescheid; sie haben Hexerei und Zauberei im Sinn. Heidnische Gottheiten beten sie an. Sie sind Götzendiener.«

»Mein Vater lebte sieben Jahre lang bei Finegas, der ihm in dieser Zeit vieles beibrachte. Er lehrte ihn die zwölf Arten der Dichtung und die Geschichte von Eire und der bekannten Welt. Vom Mond und von den Sternen erzählte er ihm, und davon, was die Sterne uns sagen. Zudem unterwies er ihn in der Kunst, Krankheiten zu heilen und Wunden zu nähen, in den medizinischen Grundkenntnissen, die man als Krieger braucht. Mein Vater lernte Ogham, die

Stabschrift der Druiden, die diese in Ebereschenstöcke schnitzen, und Imbas Forosna, die Erleuchtung durch die Handflächen. Finegas lehrte ihn auch Teinm Laida, jene Dichtung, die aus der Eingebung entspringt. Sie sprachen über die Anderen und das Land Tir Nan Og. Es stimmt, daß Finegas meinen Vater die Namen der Götter und ihre Funktionen lehrte, aber er unterwies ihn nicht in Zauberei oder Götzenanbetung, wie du es nennst.«

»Er war offenbar ein guter Lehrer«, meinte ich verstimmt.

»Das sind viele Druiden, Padraig. Manche von ihnen haben sich der schwarzen Magie verschrieben, den Göttern der Dunkelheit, aber solche hat es zu allen Zeiten und an allen Orten gegeben. Die meisten von ihnen jedoch sind Bewahrer großer Weisheit und Gelehrsamkeit.«

»Diese Frau ist aber zu jung, um eine Bewahrerin großer Weisheit zu sein.«

»Sie dürfte etwa in deinem Alter sein, Padraig. Um die vierzig Jahre. Und mehr als die Hälfte dieser Jahre hat sie damit zugebracht, Wissen zu erlangen. Doch vielleicht bist du noch zu jung und unwissend. Du solltest dich anschicken, von ihr zu lernen.«

»Ausgerechnet von einer Druidin soll ich mich unterweisen lassen? Ich werde alle vernichten, die an falsche Götter glauben.«

»Mein Vater hatte einen Leitsatz, Padraig. Er sagte immer, man soll seinen Feind gut kennen. Denn wenn man ihn kennt, kann man ihn entweder schlagen oder für die eigene Sache gewinnen.«

»Ich habe nicht den Wunsch, sie für meine Sache zu gewinnen.«

»Aber sie wäre eine gute Verbündete. Sie ist eine willensstarke Frau. Es heißt, sie sei die Tochter eines großen Stammesfürsten.«

»Warum will sie sich in unserem Dorf niederlassen?«
»Das weiß ich nicht. Warum fragst du sie nicht selbst?«
»Das werde ich nicht tun.«
Ossian lachte laut.
»Jetzt verstehe ich! Die Frau gefällt dir.«
»Aber nein. Wir leben hier im Zölibat.«
»Hat euch das etwa auch blind gemacht?«
Breogan entfuhr ein kehliger Laut, woraufhin er sich eilig über seinen kleinen Tisch beugte, um sein Schreibgerät anders anzuordnen.
»Ich bin nicht blind. Sie ist das unausstehlichste Weib, das ich jemals kennengelernt habe. Sie ist eine unerträgliche, rechthaberische, halsstarrige und aufdringliche Person.«
»Vielleicht magst du sie nur nicht leiden, weil sie so ist wie du.«
»Auf mich trifft keine dieser Eigenschaften zu.«
Mir entging nicht, daß Breogans Schultern zu zucken begannen, wie er so über den Tisch gebeugt dasaß.
»Na schön, vielleicht bin ich ein wenig halsstarrig, aber verglichen mit diesem unverschämten Weibsbild bin ich ein unschuldiges Lämmchen.«
Ossian sprach mit leiser Stimme.
»Das ist ihr Land, Padraig. Du bist hier der Eindringling. Vielleicht ist sie in deinen Rath gezogen, weil sie beobachten will, was du mit ihrem Volk anstellst. Sie hält sich genau an den Leitsatz meines Vaters.«
»Und hat diese Losung deinem Vater stets zum Vorteil gereicht? Gelang es Fionn immer, seine Feinde zu schlagen oder für sich zu gewinnen?«
»Nicht immer. Allerdings vermochte er Goll Mac Morna auf seine Seite zu ziehen.«
Vor Verblüffung vergaß ich die Frau.

»Denselben Mac Morna, der seinen Vater tötete?«
»Ebendiesen.«
»Wie kam es dazu? Diese Geschichte mußt du mir unbedingt erzählen.«
Ossian lächelte.
»Wenn du versprichst, daß du mit dieser Druidin redest.«
»Einem Heiden verspreche ich gar nichts«, gab ich zurück.
Das hinderte ihn nicht daran, die Geschichte dennoch zu erzählen.

Fionn lebte sieben Jahre lang bei Finegas. Als er alles gelernt hatte, was Finegas ihm beibringen konnte, bestellte ihn der alte Mann eines Tages zum Fluß. Seite an Seite saßen sie im spätherbstlichen Sonnenlicht, und Finegas hob an zu sprechen.
»Als du zu mir kamst, ein hochaufgeschossener Junge von fünfzehn Jahren, und den Salm der Weisheit fingst, haderte ich mit den Göttern, denn sie hatten einen törichten Jüngling zu mir geschickt, der das lernen sollte, was eigentlich mir gebührt hätte.
Aber, mein Junge, ich irrte mich.
Nun bist du ein Mann, und du hast alle Aufgaben, die ich dir stellte, geduldig und beharrlich erfüllt. Schweigend hast du mit mir unter dem Sternenhimmel gesessen, und du hast so lange im Fluß getaucht, wie ich es verlangte. Du hast dir jede Lektion, die ich dir erteilte, gut gemerkt. Und

dann hast du das getan, was sich jeder Lehrer nur für einen seiner Schüler wünscht: Du hast mich übertroffen. Du bist der Meister geworden, Fionn.«

Fionn protestierte, doch Finegas hob abwehrend die Hand.

»Ich weiß nun, daß es der Wunsch der Götter war, daß du zu mir kamst. Dies war ihr Geschenk an mich. Denn was der Salm mich gelehrt hätte, wäre mit diesem meinem einsamen alten Körper gestorben.

Dein Name jedoch wird ewig weiterleben, Fionn. An dein Wissen und deine Ruhmestaten wird man sich noch in zwölf Generationen erinnern. Und mit dir wird auch mein Name weiterleben. Ich bin sehr zufrieden mit dem, was die Götter für mich vorgesehen haben, mein Junge.«

Er ließ seine Hand auf Fionns Arm ruhen.

»Die Zeit ist für dich gekommen, das einzufordern, was dir vorenthalten worden ist. Es ist Zeit für die Fenier Irlands, daß sie ihrem Namen wieder Ehre machen.

Du mußt mich nun verlassen und zum Hügel von Tara ziehen.«

Fionn umarmte den Greis, denn er hatte ihn sehr liebgewonnen.

»Werden wir uns wiedersehen, weiser Mann?«

»Wir werden uns an der Festtafel in Tir Nan Og wiedersehen.«

Nun war es in jenen Tagen Sitte, daß der Ard-Ri, der Hochkönig von Irland, an Samhain, dem Jahreswechsel, ein großes Fest hielt. Dieses Fest dauerte sieben Tage, denn es war die wichtigste Zeit im Jahr, da man die Feuer des alten Jahres auslöschte und die des neuen Jahres auf dem Königshügel von Tara entzündete. Es gab ein Gelage und allerlei Vergnügungen, doch stand das Fest unter dem

Gebot des Friedens. Solange das Samhain Feis dauerte, durfte keiner gegen den anderen die Waffe erheben, aus welchem Grund auch immer.
Zu diesem Fest wollte Fionn nach Tara zurückkehren.
Er betrat den Rath auf dem Hügel von Tara nicht unbemerkt, denn mittlerweile war er von größerer Statur und hatte breitere Schultern als jeder andere Fenier, und sein Haar leuchtete mehr weiß als golden. Er schlüpfte in die Banketthalle und nahm seinen Platz unter den Feniern ein, als ob er schon immer dazugehört hätte.
Alle Fenier um ihn herum begannen zu tuscheln und musterten ihn neugierig, aber bevor ihn noch einer nach seinem Namen fragen konnte, betrat der Hochkönig von Irland, Cormac Mac Art, den Saal.
Begleitet von seinen zahmen Wölfen und in den sieben Farben der Königswürde leuchtend, schritt er zu seinem erhöhten Platz am Kopfende der Tafel und setzte sich.
Sogleich bemerkte er den ungewöhnlichen Fremden, der zwischen den Kriegern von Eire saß.
Er hieß ihn mit einem Nicken willkommen und machte mit der Rechten eine auffordernde Geste.
»Erhebe dich, Jüngling, und nenne uns deinen Namen, denn wir haben dich in dieser Runde noch nie gesehen.«
Fionn stand auf. Er holte tief Luft, um sich zu sammeln, und sprach dann mit klarer Stimme.
»Ich bin Fionn Mac Cumhail, der Sohn des Cumhail Mac Trenmor vom Clan na Bascna. Ich bin gekommen, um Cormac Mac Art, dem Ard-Ri von Eire, den Schwur als Fenier von Irland zu leisten!«
Im Raum brach ein Sturm los.
Goll Mac Morna schritt zum Thron, und da erblickte Fionn den Mörder seines Vaters zum ersten Mal. Ein Schauder überlief ihn, denn Goll Mac Morna besaß nur

ein Auge. Er war klein und stämmig. Doch was einst Muskeln gewesen waren, war nun weiches, schlaffes Fleisch, und er hatte die Lebensmitte lange hinter sich. Seine Stimme aber war immer noch kräftig, als er Fionn die Stirn bot.

»Dieser Jüngling ist ein Lügner. Er hat die Legenden über den Lichten gehört und möchte nun, als Fremder in unserer Runde, dessen Anspruch geltend machen.«

Cormac Mac Arts Miene war ernst und nachdenklich geworden. Eine Weile lang stützte er sein Kinn auf die Hand, dann hob er an zu sprechen.

»Es trifft zu, daß wir über diesen Lichten nichts wissen. Doch es stimmt ebenfalls, daß wir seit sieben Jahren Gerüchte über ihn hören, über Fionn, den Sohn von Cumhail. Weilt einer unter uns, der die Rechtmäßigkeit seines Anspruchs bestätigen kann?«

Es wurde unruhig unter den Feniern, bis ein junger Mann mit dunklem Haar aufstand.

»Ich kann bestätigen, daß sein Anspruch rechtens ist!«

Fionn wirbelte herum und rief: »Caoilte Mac Ronan! Mein Fenierbruder.«

Caoilte reckte die Hand zum Feniergruß.

»Er ist derjenige, von dem ihr gehört habt, Brüder, denn ich war es, der ihn im Wald fand, wo er allein mit der Druidin und der Kriegerin lebte. Ich war bei ihm, als wir die Überlebenden des Clan na Bascna aufspürten, die in der Wildnis von Connaught hausten; ich begleitete ihn, als er seine Mutter besuchte, die hohe Frau Muirne, die Frau von Cumhail Mac Trenmor.

Fionn spricht die Wahrheit. Ich begrüße ihn als den rechtmäßigen Heerführer der Fianna!«

»Nein!« donnerte Goll Mac Morna. »Diese Ehre muß er erst im Kampf gegen mich erringen!«

Fionn schritt zum Thronpodest und baute sich vor Mac Morna auf, den er um einiges überragte.
»Wohlan! Dein Leben für das Leben meines Vaters!«
Doch da stand Cormac Mac Art auf und hob die Arme.
»Wir feiern das Samhain Feis, und niemand soll die Waffen gegen einen anderen erheben, denn wer den Frieden bricht, hat sein Leben verwirkt.«
Fionn blickte den König an. Er zog sein Schwert aus der Scheide und legte es Cormac Mac Art behutsam zu Füßen.
»Ich bin Fionn«, rief er. »Der Hüter von Eire. Mit Ehre befolge ich seine Gebote.«
Cormac nickte.
»Mac Morna«, sagte er eisig.
Mac Morna ließ seine Waffe auf die Bretter des Podests fallen.
»Du hast mein Versprechen«, erwiderte er kalt. »Doch ich sage auch, daß diese Sache geregelt werden muß.«
Der Raum verwandelte sich in einen Hexenkessel. Fenier schrien. Alte Männer im hinteren Teil der Halle riefen nach Fionn. Als er in die Richtung blickte, aus der die Stimmen kamen, sah er das Gesicht seines Onkels Crimnall in der Menge. Mac Mornas Männer riefen dessen Namen und forderten Gerechtigkeit.
Als der Lärm seinen Höhepunkt erreicht hatte, hob Cormac gebieterisch die Arme.
Stille senkte sich über den Raum.
»Ich sehe einen Weg, wie man der Gerechtigkeit zum Sieg verhelfen kann. Jedes Jahr in der großen Nacht des Samhain Feis sucht uns ein Wesen aus der Anderswelt namens Aillen heim, das stets einen Teil unseres großen Raths niederbrennt. Mein Vorschlag ist, daß derjenige, der diesem Wesen Einhalt gebietet, Heerführer der Fianna wird.«

Mac Morna erwiderte nichts. Er trat von einem Fuß auf den anderen und blickte den Mann mit dem goldenen Haar an.
Fionn hatte keine rechte Vorstellung von dem, was der König von ihm verlangte. Er führte seinen Daumen an den Mund und biß kurz darauf. Schon formte sich vor seinem inneren Auge ein Bild von Feuer und von dem Wesen, das es entfachte. Fionn nickte.
»Ich werde diese Kreatur vernichten«, rief er. »Ich werde den Hügel von Tara wieder sicher machen. Und wenn ich das vollbracht habe, werde ich das Heer von Eire anführen. Die Küsten und Wälder werden unter unserem Schutz stehen, damit in ganz Eire niemand mehr in Furcht leben muß.«
Dann legte er seinen Mantel um und verließ die Große Bankethalle zusammen mit Caoilte, unmittelbar gefolgt von einigen der alten Männer, die die Gefährten seines Vaters gewesen waren.

Draußen, im flackernden Schein der Lagerfeuer am Hügel, drückte Fionn den alten Crimnall an seine Brust, dann ergriff er Mac Ronans Arme.
»Bruder! Mein Herz lachte, als ich deine Stimme in der Menge vernahm! Doch wo ist die Fenierin, die Spionin, die wir für uns gewonnen haben?«
Mac Ronan gab ihm einen Klaps auf den Arm.
»Sie trägt unser zweites Kind unter dem Herzen, sonst hätte sie an meiner Seite gestanden und ebenfalls deinen Namen gerufen. Aber Bruder, als du so lange bei Finegas weiltest, haben wir alle«, dabei wies er in einer ausladenden Geste auf die alten Männer, »haben wir alle fast schon die Hoffnung aufgegeben.«
Fionn lächelte ihn an.

»Ich habe gelernt, daß alles sich zur rechten Zeit findet. Damals war ich noch ein Junge. Jetzt bin ich ein Mann. Und ich bin bereit.«

Der alte Crimnall ergriff das Wort.

»Es wird nicht so leicht werden, wie du denkst. Dieses Wesen, das den Hügel von Tara in Brand steckt, ist ein Dämon der Dunkelheit. Viele haben schon versucht, ihn zu bezwingen. Doch er lullt sie mit seiner Harfe in den Schlaf, und wenn sie seinem Zauber verfallen sind, brennt er wieder eine Behausung nieder. In diesem Feuer der Dunkelheit sind schon viele umgekommen.«

»Führe mich auf den Weg der Weisheit, Onkel«, erwiderte Fionn leise.

Crimnall nickte.

»Es ist Zeit.«

Er erhob sich und verließ den kleinen Kreis. Unbeholfen stieg er den Hügel hinab. Der Mond verbarg sich hinter einer Wolke, und als er wieder zum Vorschein kam, kehrte Crimnall mit der Tasche aus Kranichhaut zurück. Er holte das Schwert der Fenier heraus und hielt es ans Licht des Feuers.

»Dieses Schwert gehört dem Heerführer der Fenier, solange wir Krieger von Eire sind. Sein Griff trägt den Schweiß und die Kraft jener Männer in sich, die es zu Eires Verteidigung trugen. Seine Klinge singt ein Lied von ihrem Mut. Wir nennen dieses Schwert ›Guter Streiter‹. Nimm es mit dir, wenn du gegen Aillen von den Sidhe kämpfst. Mit der Macht der Heerführer von Eire wird das Böse bezwungen werden.«

Fionn hielt das Schwert in die Höhe.

»Fenier, Brüder! Finegas der Weise hat mich die alte Sprache gelehrt.«

Er zeichnete mit den Fingern die Oghamlinien nach, die

auf dem Schwert eingraviert waren, und sprach dann mit sanfter Stimme.
»Wohne im Licht«, begann er. »So sagen die alten Worte. Wohne im Licht. Noch Generationen nach uns möge man von uns sagen, daß wir das taten.«

Die Nacht des Samhain brach an, kalt und wolkenlos. Ein Dreiviertelmond hing wie eine Lampe über Tara.
Die Druiden hatten Totenschädel an die Äste der Bäume gehängt, in der Hoffnung, daß so viele Schutzgeister Aillen von den Sidhe abschrecken würden. Viele der Köpfe glommen in der Dunkelheit, denn sie wurden von innen mit Kerzen erleuchtet.
Fionn ging auf dem Hügelkamm auf und ab. Das Herz hämmerte ihm gegen die Rippen, und er vernahm den keuchenden, hohlen Klang seines eigenen Atems, doch ansonsten bewegte er sich völlig lautlos, denn er hatte seine Winterstiefel mit schwerer Wolle umwickelt, um seinen Tritt zu dämpfen.
Den Guten Streiter hielt er fest in der Hand.
Da war ihm, als hörte er aus weiter Ferne liebliche Musik. Lauschend drehte er den Kopf in die Richtung, aus der sie kam.
Die Klänge kamen näher.
Es war die bezauberndste Musik, die er je gehört hatte, liebliche Harfenklänge und rhythmisches Trommeln dazu. Eine angenehme Schläfrigkeit umfing seine Glieder. Langsam, als befände er sich unter Wasser, hob er den Guten Streiter und preßte sich den Griff mit dem Rubin des Blutes von Eire fest gegen die Stirn. Dieses Blut von Eire und sein eigenes fließendes Blut hielten ihn wach, auch als die Klänge näher kamen und lauter wurden.
Schließlich sah er den Unhold den Hügel heraufkommen.

Er war klein und schien sich auf Ziegenbeinen fortzubewegen. Sein Haar war zu spiralförmigen Kegeln gezwirbelt, dessen Spitzen in der Dunkelheit blau leuchteten. Ohne nach links oder rechts zu sehen, zupfte er unentwegt seine Harfe.

Als Fionn seinen Namen rief, geschah es, daß er vor Überraschung darüber, daß jemand seiner Musik widerstehen konnte, die Harfe auf den Boden fallen ließ und wie angewurzelt stehenblieb.

»Wie nennt man dich, Junge?« fragte ihn der Kobold. Er hatte eine melodische, freundliche Stimme.

»Ich bin Fionn, der Sohn von Cumhail, und man hat mich gesandt, damit du nie wieder etwas niederbrennst.«

Der Kobold schüttelte den Kopf.

»So verzweifelt sind sie also schon. Daß sie einen Jungen opfern, um mich zu besänftigen.«

»Kein Opfer, Aillen von den Sidhe. Es sei denn, du meinst dein eigenes Leben.«

Seufzend bückte sich der Kobold nach seiner Harfe. Doch Fionn stellte den Fuß darauf.

»Schluß mit der Musik.«

Da schnellte der Kopf des Kobolds nach oben. Er öffnete den Mund und blies Fionn seinen Atem entgegen. Blaue Flammen schossen aus seiner Zunge. Ehe Fionn ausweichen konnte, züngelten die Flammen schon an seinem Handrücken. Sie waren sengend heiß. Fionn roch verbranntes Fleisch, sein Fleisch; im Nu war seine Haut mit zarten Blasen übersät.

Vor Schmerz und Überraschung stieß Fionn einen Schrei aus.

Er reckte den Guten Streiter hoch in die Luft und holte aus, doch der Schmerz hatte ihn langsam gemacht. Der Kobold sprang zur Seite, und als Fionn ihm nachsetzen

wollte, bückte sich der Kobold nach seiner Harfe und zupfte sie schon wieder, während er sich aufrichtete.
Abermals breitete sich die Trägheit in Fionns Gliedern aus, und er sank auf die Knie.
Der Kobold stieß erneut seinen Atem aus. Das Feuer leckte an Fionns Gesicht und versengte seine Haarspitzen. Um sich vor der Hitze zu schützen, beugte Fionn sein Haupt bis zum Boden.
Hoch über dem Knienden spielte der Kobold sanft seine Harfe und sprach mit weicher Stimme.
»Du bist recht hübsch, geopferter Jüngling Fionn. Ich werde mit Freude daran zurückdenken, wie ich dich verbrannt habe.«
Da hörten die Harfenklänge auf, und Fionn spürte heiße Flammen, die an seinem ledernen Kampfhemd den Rücken entlang bis zu seinem Haar wanderten. Doch fort war alle Müdigkeit! Mit einem Brüllen rollte er sich auf den Rücken, stieß mit dem Schwert zu und durchbohrte den Kobold unterhalb des Halses. Den Schwung des Schwertes nutzte er aus, um wieder auf die Füße zu kommen.
Der Kobold starrte Fionn verblüfft an, während blaugrünes Blut aus seiner Wunde strömte.
Mit einem mächtigen Ruck zog Fionn den Guten Streiter heraus und drehte sich einmal im Kreis herum, wobei er das Schwert mit beiden Händen ausgestreckt vor sich hielt. Pfeifend sauste der Gute Streiter durch die Luft, er machte seine ganz eigene Musik; und Aillens Kopf mit dem überraschten Gesichtsausdruck fiel zu Boden.
Mit letzter Kraft schlug Fionn die Harfe in tausend Stücke.
Dann holte er den Kopf, steckte ihn auf einen Spieß und stellte ihn vor die Große Halle von Cormac Mac Art.

Am Morgen trat Fionn vor die Versammlung auf dem Hügel von Tara. Seine Hände waren in weiße Stoffstreifen eingewickelt und seine goldene Haarmähne ein gutes Stück gekürzt. Auch das Gesicht schimmerte rötlich, und eine Augenbraue war beinahe völlig versengt.
Doch vor einer jubelnden Menge wurde er zum Heerführer der Fenierkrieger von Irland ernannt.
Mit Hilfe von Crimnall und Caoilte legte man ihm die Tracht der Fenier an, ein grünes Seidengewand und einen Umhang mit blauen und grünen Karos, der mit einer kunstvoll gearbeiteten Goldfibel verschlossen wurde. Man flocht sein Haar und band es mit Schleifen in Feniergrün, und er trug den Guten Streiter vor sich her. Nur wenige bemerkten, daß er vor Schmerz zuckte, als er das Schwert in die Luft reckte, denn als er zu sprechen anhob, wußten die Menschen, daß Eire nie wieder so sein würde wie zuvor.
»Ich bin Fionn, der Sohn des Cumhail«, rief er mit lauter Stimme.
»Ich gelobe Eire meine Ehre und mein Leben. Solange ich der Heerführer der Fenier von Irland bin, werden wir Fenier stets dem Wohl der Menschen von Eire verpflichtet sein. Niemals werden wir Vieh oder Pferde gewaltsam an uns bringen; das gemeine Volk wird von unserem Edelmut sprechen. Zwei Drittel unserer Milde und Güte werden wir den Frauen und Kindern und den Dichtern von Eire zuteil werden lassen, denn erst ihre Weisheit macht uns zu Menschen und verleiht uns Stärke. Kein Hund in Eire wird durch die Hand eines Feniers geschlagen werden. Wir werden ecland und dithir sein, landlos und clanlos, damit niemand aus unserer Mitte von seinen fenischen Brüdern und Schwestern den Preis der Ehre fordern kann. Wir leben und sterben in der Verteidigung

dieses grünen Landes und unseres großen Königs Cormac Mac Art.
Jene, die im Heer dienen wollen, müssen zuvor vier Prüfungen ablegen, um ihre Stärke und Ehrhaftigkeit unter Beweis zu stellen; unsere Gemeinschaft kann keine Söldner gebrauchen.
Wenn wir einstmals nicht mehr sind, wird man von uns sagen: Dies waren die Tage von Eire, als jeder Fenier seiner Ehre verpflichtet war, als das Land grünte und blühte, als die Menschen ohne Angst lebten.
In diesem Sinne fordere ich euch auf, mir zu folgen.«
Ein gewaltiger Lärm hob an, und die Männer und Frauen scharten sich um Fionn, fielen vor ihm auf die Knie und streckten ihm die Griffe ihrer Schwerter entgegen.
Doch inmitten des Gedränges begann Mac Morna zu brüllen.
»König Cormac, was ist mit dem Clan Mac Morna, der dir all die Jahre gut gedient hat?«
Ein unbehagliches Schweigen senkte sich über die Menge. Jene, die neben Mac Morna gestanden hatten, entfernten sich von ihm, bis er schließlich alleine dastand.
Cormac, der den Arm um Fionns Schultern gelegt hatte, trat nun vor.
»Ich überlasse es Fionn Mac Cumhail, über das Schicksal von Mac Mornas Kriegern zu entscheiden. Was dich betrifft, Goll Mac Morna, wirst du nach Alba verbannt und sollst dein Leben lang nicht mehr nach Eire zurückkehren.«
Da beugte sich Fionn vor und flüsterte Cormac etwas ins Ohr. Cormac wirkte überrascht, doch er nickte. Nun sprach Fionn mit lauter Stimme an Mac Morna gewandt:
»Wenn die Krieger Mac Mornas mir dienen wollen, sind sie willkommen, vorausgesetzt, daß sie die Fenierprüfung bestehen.«

Einige von Mac Mornas Clanmitgliedern begannen zu jubeln. Mac Morna warf ihnen quer durch die Halle wütende Blicke zu.
»Doch dies sage ich nun zu dir, Mac Morna: Vom heutigen Tag an werden die Fenier für ihre Gerechtigkeit bekannt sein. Wenn du mir Treue schwören willst und sie auch halten kannst, wenn du mir mit bedingungsloser Ergebenheit dienen kannst, dann hebe ich das Verbannungsurteil auf!«
Mac Morna stand reglos und schweigend da. Er ließ seinen Blick durch den Raum wandern und schließlich auf dem Krieger ruhen, der neben dem Thron des Königs hoch aufragte.
»Das hätte ich für dich nicht getan, Junge«, knurrte er.
Fionn erwiderte nichts.
Da schlurfte Mac Morna schwerfällig nach vorn und kniete sich nieder. Mit lauter Stimme, den Blick auf das Gesicht seines neuen Anführers gerichtet, begann er zu sprechen:
»Solange ich in diesem Körper wohne, schwöre ich Fionn Mac Cumhail, dem Heerführer der Fenierkrieger von Irland, meine Treue. Ich werde den Dienst ehrenvoll und mit meiner ganzen Kraft erfüllen!«
Im hinteren Teil der Halle hielt Caoilte Mac Ronan einen Pokal in die Höhe.
»Auf Fionn!« rief er.
Doch Fionn auf dem Podest reckte den Guten Streiter in die Höhe, daß sich das Licht auf den Edelsteinen brach und die Klinge funkelte wie ein Meer von Blitzen.
»Auf Eire!« hielt er dagegen.
Und das Echo davon erklang auf dem Hügel und setzte sich bis zu den Sternen fort. Es erreichte das lauschende Herz eines alten Druiden und die verschlungenen Hände von Fionns Mutter und seinen Lehrerinnen.
»Auf Eire«, stimmten sie mit ein.

»So kam mein Vater zu den Feniern.« Erschöpft vom Erzählen ließ sich Ossian in seine Kissen zurücksinken. »Und für den Rest seines Lebens war Goll Mac Morna meinem Vater treu ergeben.«
»Glaubst du, daß Fionn diesen Aillen von den Sidhe getötet hat?«
»Ich glaube, daß das Böse existiert. Du denn nicht, Padraig?«
»Doch, das glaube ich auch.«
Ich erhob mich und sah aus dem Fenster seiner Zelle. Draußen waren die Männer dabei, das Dach für die Behausung der Druidin zu decken.
»Wenn du es nur nicht am falschen Ort suchst«, sagte Ossian leise.
Doch ich winkte ab, denn mir war ein Gedanke gekommen.
»Breogan«, sagte ich. Er hörte auf zu schreiben.
»Hol Benin her.«
Gleich darauf stürmte der Junge in die Zelle, ausgelassen wie ein junger Welpe, und schlang die Arme um meine Knie, ehe er zu Ossian auf den Schoß sprang.
»Er hat vor dem Fenster gelauscht«, sagte Breogan grinsend.
Ich mußte lachen angesichts der Unschuldsmiene des Kleinen.
»Dann erfährst du um so früher, was ich dich fragen möchte. Dieses Fest auf dem Hügel von Tara, von dem Ossian erzählt hat ...«

»Das Samhain Feis.«
»Genau das. Wird es heutzutage immer noch abgehalten?«
»Ja.«
Ossian setzte sich aufrecht hin, und schlagartig änderte sich sein Gesichtsausdruck.
»Du spielst mit dem Gedanken, dorthin zu gehen, Padraig. Bei den Göttern! Du willst wirklich hin!«
»Mit Gottes Gnade«, verbesserte ich ihn. »Des einen, wahren Gottes. Aber du hast recht. Und ihr müßt alle mitkommen.«

Kapitel Zwölf

Es war September, als ich diese Entscheidung traf, und bis zu unserem Aufbruch in einem Monat gab es noch jede Menge zu tun. Ich hatte mich entschlossen, auf Ossians weise Worte zu hören und durchs Land zu reisen wie die Dichter und Stammesfürsten früherer Zeiten: mit Streitwagen und in farbenfrohe Umhänge gekleideten Reitern, von Spielleuten und einem Glöckner begleitet, und mit Geschenken für den König von Irland.

Wenn ich meinen Herrn zur großen Hügelfeste von Tara brachte, dann würde ich Ihn auf eine Weise vor mir hertragen, die diese Menschen verstanden.

Dichu stellte mir seinen Wagen zur Verfügung, und unser Schmied begann unverzüglich, die Leder- und Eisenteile zu erneuern. Für Benin wurde eine kleine Glocke gegossen, mit der er die Gegenwart unseres Herrn verkünden sollte, wenn wir uns dem großen Feis näherten. Die Schwestern arbeiteten nach meiner Anleitung an kunstvollen Stickereien des Kreuzes; dabei ließen sie ihre irischen Schnörkel mit einfließen, und die mit Spiralen und Ringen verzierten Kreuze, die unter ihren Händen entstanden, waren herrlich anzusehen.

Da die Brüder und ich die Schlichtheit Christi in uns tragen sollten, würden wir in unseren grobgewebten Gewändern reisen. Und so saß ich gerade mit den Schwestern beisammen und flickte einen Riß in meiner Kutte, als die Druidin auf mich zutrat und sich am anderen Tischende aufbaute.

»Gut, daß du deine Hände zu gebrauchen weißt, Succatus«, sagte sie.

Mir sträubten sich die Nackenhaare, und ich starrte finster zu ihr hinüber.

»Die Jünger Christi scheuen sich nicht, jegliche ehrbare Arbeit zu verrichten.«

»Oh. Ich wollte dich nicht beleidigen, Succatus«, entgegnete sie mit erhobenen Händen. »Ich habe im Ernst gesprochen.«

»Hör auf, mich Succatus zu nennen. Du willst mich damit nur reizen.«

Ein leises Lächeln umspielte ihre Lippen, doch sie widersprach.

»Man hat mir gesagt, daß du den Namen Padraig nicht schätzt. Du schimpfst immer mit den Brüdern, die dich so nennen. Da du aber nicht mein Vater bist, kann ich dich nicht Abba nennen. Auch bist du nicht mein Bruder. Succatus schien mir eine wenig anstößige Form der Anrede zu sein. Außerdem paßt der Name zu dir.«

»Was weißt du schon über die Bedeutung dieses Namens?«

»Ich spreche die Sprache deiner Kirche. Daher weiß ich, daß Succatus ›gewandter Krieger‹ heißt.«

Sie beobachtete, wie ich die letzten Stiche nähte.

Nie hatte ich eine Frau mehr gehaßt als Ainfean in diesem Augenblick. Sorgsam legte ich meine Kutte zusammen und unterhielt mich freundlich mit den Schwestern, doch innerlich kochte ich vor Wut. Als ich aufstand und mich scheinbar ruhig vom Tisch entfernte, folgte sie mir.

Wir hatten den Hof schon halb durchquert, als ich mich umdrehte und ihr ins Gesicht sagte:

»Du lügst, wenn du behauptest, die Sprache Roms zu kennen.«
»Du wünschst dir, daß es eine Lüge ist, weil du sie selbst nur unvollkommen beherrschst.«
Mit einem Satz war ich bei ihr, packte ihre Oberarme und beugte mich mit gefletschten Zähnen über ihr Gesicht. Sie zuckte nicht zurück. Aus dieser Nähe betrachtet, hatten ihre Augen ein seltsames Blau, und ihr in der Sonne rotschimmerndes Haar verströmte den Duft von Spätsommerblumen. Da erstarb mein Bedürfnis, sie kräftig durchzuschütteln, und ein anderes Verlangen keimte in mir auf. Ich ließ sie los und wischte mir die Hände an meiner Kutte ab, dann wandte ich mich zum Gehen.
»Dein Gott ist der Eine, der da kommt«, sagte sie leise, als ich mich ein paar Schritte von ihr entfernt hatte.
Ich blieb stehen und drehte mich zu ihr um, während sie fortfuhr und etwas rezitierte, das wie ein Gedicht klang.
»Es gibt einen Gott über den Göttern, dessen Namen niemand weiß. Doch wenn seine Zeit gekommen ist, wirst du ihn erkennen, ihn, den Gott, der da kommt.«
Argwöhnisch musterte ich sie aus der Entfernung.
»Was redest du da?«
»Das ist ein sehr alter Glaubenssatz der Druiden, der seit vielen Generationen weitergegeben wird. Wir wußten, daß einer kommen wird, und ich glaube, dieser Eine ist dein Gott. Ich spreche die Sprache deiner Kirche. In meiner Jugend habe ich Gallien bereist und dort von der Dreieinigkeit gehört. Und ich wußte, daß es der Gott ist, den unsere Ahnen prophezeit haben. Deshalb bin ich hier. Ich möchte mehr über diesen Gott wissen und erfahren, ob er erleuchtet oder zerstört. Und ich hatte gedacht, daß wir voneinander lernen könnten, aber das ist wohl unmöglich.«

Nach diesen Worten drehte sie sich um und ging in Richtung des Dorfes.
Eine Ader an meinem Hals fing an zu pochen, schnell wie der Flügelschlag eines gefangenen Vogels. Mit zusammengeballten Fäusten befahl ich mir, sie ziehen zu lassen. Doch zu meiner eigenen Überraschung rief ich:
»Ainfean?«
Es klang wie ein Grunzen.
Als sie mich daraufhin ansah, entdeckte ich an ihrem Hals dasselbe heftige Zittern. Sie preßte die Hände vor ihrer Brust zusammen, aber sie schwieg.
»Du kannst bleiben«, sagte ich.
Das Schweigen, das zwischen uns hing, wurde immer drückender.
Schließlich brach sie es.
»Du wirst Kenntnisse über unsere Götter und die Druiden brauchen, wenn du nach Tara ziehen willst. Und ich muß mehr von deinem Gott erfahren, wenn ich meinen Mitpriestern von ihm erzählen will.«
»Du wirst nicht mit uns nach Tara kommen.« Mich packte Angst und Wut.
»Aber natürlich komme ich mit.«
»Ich habe dich nicht gebeten, uns zu begleiten, und ich wünsche deine Gesellschaft nicht.«
»Mein Leben und mein Sterben hängt nicht von deinen Wünschen ab, Succat. Ich bin eine irische Druidin, ich komme und gehe, wann und wie es mir gefällt.«
Mit diesen Worten stolzierte sie davon, und die eigenartige Stimmung, die kurze Zeit zwischen uns geherrscht hatte, war verflogen. Doch mein vertrauter Zorn war mir auch lieber.

Als wir an jenem Abend mit den Bewohnern von Sabhal Padraig das Mahl im Refektorium eingenommen hatten, stieß Dichu in Begleitung zweier seiner großen Wolfshunde zu uns. Die Tiere tollten und sprangen herum, und ganz besonders schienen sie Ossian zugetan. Wie Welpen leckten sie ihn ab, bevor sie ihre Nasen an seiner Stirn rieben und unter seinem Haar an der pelzigen Stelle schnupperten, die ich gespürt hatte, als ich ihn segnete.

»Sie erinnern mich an Bran und Sgeolan, die Hunde meines Vaters«, rief Ossian lachend, während er vergeblich die Tiere von seinem Gesicht fernzuhalten versuchte. »Obgleich sie kleiner sind. Aber sie haben dasselbe lebhafte Wesen.«

»Die Hunde deines Vaters waren noch größer?«

Ich kämpfte mich mit beruhigenden Lauten und Gesten zwischen den Hunden durch, die auf mich hörten und sich dann wie flankierende Löwen links und rechts von Ossian niederließen. Als ich sah, wie Dichu sich dabei bekreuzigte, lachte ich hell heraus.

»Alter Mann, du kennst mich doch inzwischen gut genug, um zu wissen, daß es sich nicht um ein Wunder handelt. Ich kann einfach nur mit Hunden umgehen.«

Doch Dichu schüttelte den Kopf.

»Meine Hunde lassen sich von niemandem beruhigen außer von dir, Padraig. Deshalb habe ich sie hierhergebracht. Sie sollen dich nach Tara begleiten, damit alle sehen, daß selbst die wilden Tiere der Wälder von Eire dem Priester des Einen, der da kommt, ergeben sind.«

Ossian nickte.

»Ebenso trug es sich bei meinem Vater zu. Seine Wolfshunde Bran und Sgeolan waren größer als Ponys, aber sie folgten ihm aufs Wort wie brave Kinder.« Er streichelte den Hunden über den Kopf.

Doch ich sah, daß Tränen in seinen Augen glitzerten, und beugte mich zu ihm.

»Was ist los, alter Mann?« fragte ich voller Sorge.
Er indes sah lächelnd hoch und schüttelte den Kopf.
»Soll ich euch erzählen, wie mein Vater zu seinen Hunden kam? Es ist eine wirklich märchenhafte Geschichte.«
Die Menschen taten lautstark ihre Zustimmung kund, und Dichu ließ sich mit seinen Männern rittlings auf unseren Bänken nieder, um der Sage zu lauschen. Eine große Zufriedenheit überkam mich, und ich gab überschwenglich meine Einwilligung.
»Deine Stimme klingt süß in unseren Ohren, Ossian. Gesegnet sei die Seele deines Vaters Fionn. Und nun erzähle uns von den Hunden des Fionn Mac Cumhail.«

Nachdem Fionn der Heerführer der Fianna von Irland geworden war, verbreitete sich sein Ruhm weit übers Land und sogar über die Wasser bis hin nach Alba.
Und so geschah es, daß ein Stammesfürst von Alba übers Meer segelte und Fionn um seine Hilfe bat. Denn dieser Herr war mit einem prachtvollen Sohn gesegnet worden, doch hatte man ihm das Kind gleich nach der Geburt gestohlen. Eine große schwarze Kralle hatte durch den Kamin in die Kammer gegriffen, in der sein Weib nach der Niederkunft lag. Nun ging dieses Weib erneut schwanger mit einem Kind und hätte es nicht ertragen, auch dieses zu verlieren, ebensowenig wie der Stammesfürst aus Alba einen solchen Verlust verkraftet hätte.
Er flehte Fionn um Hilfe an.

»Ich habe Wachen um die Kammer herum aufgestellt und die besten Hebammen gerufen, um ihr beizustehen. Wenngleich ich selbst bei ihr in der Kammer wachen werde, fürchte ich dennoch jene finstere Macht. Mein geliebtes Weib aber wird den Verlust eines weiteren Kindes nicht überleben. Sie weint Tag und Nacht und klagt, daß es besser für dieses Kind wäre, tot geboren als geraubt zu werden. Dein Ruhm, Fionn, ist bis nach Alba gedrungen. Es heißt, kein Wesen des Waldes sei flinker, du wüßtest jeder Fährte zu folgen und jeden Geruch zu deuten. Bitte, komm mit mir nach Alba, damit meiner Frau leichter ums Herz wird. Falls ich der finsteren Macht nicht die Stirn bieten kann, sollst du dem Räuber folgen und mir meinen Sohn wiederbringen.«
Fionn jedoch witterte eine Falle und schlug die Bitte ab. Nun wurde der Mann aus Alba von Verzweiflung gepackt. Er belegte Fionn mit einem Geis, der ihn zwang, mit ihm zu gehen, und so setzten sie die Segel und brachen nach Alba auf.

Die versammelten Menschen schnappten nach Luft, doch ich war verwirrt.
»Was ist dieser Geis?«
»Er ist ein heiliges Versprechen, das ein Krieger nicht einmal unter Todesqualen brechen kann. Es war auch ein Geis, der über meinen Vater das größte Leid seines Lebens brachte.«
Ossian schüttelte den Kopf.
»Doch das ist eine andere Geschichte.«
Ich bedeutete ihm, fortzufahren.

Unter dem Zwang des Geis segelte Fionn nach Alba, doch er gestattete nur Caoilte Mac Ronan und Goll Mac

Morna, ihn zu begleiten, denn er fürchtete noch immer einen Hinterhalt.
Am selbigen Tag, da die Frau niederkam, erreichten sie die Küste von Alba.
Fionn willigte ein, mit dem Mann in der Kammer des Weibes zu wachen, doch er sandte Caoilte und Goll aus, unter den gewöhnlichen Männern und Kriegern Albas welche zu finden, die ihm von Nutzen sein konnten, falls es Schwierigkeiten gab.
Und noch in derselben Nacht brach das Unheil herein.
Die Frau gebar einen prachtvollen, gesunden Knaben.
Als Fionn die Freude des Stammesfürsten von Alba und die ängstliche Miene der glücklichen Mutter sah, wußte er, daß man ihm keine Falle gestellt hatte.
Zusammen mit dem Mann aus Alba postierte er Wachsoldaten vor der Kammer der Mutter und an den Zugängen zum Dorf sowie rings um das Wohnhaus.
Fionn und der Stammesfürst bezogen Posten in der Kammer.
Dieselbe Hebamme, die der Frau schon bei der ersten Geburt geholfen hatte, stand ihr auch diesmal bei. Sie suchte die aufgeregte Herrin zu beruhigen, doch vergebens. Die Mutter schluchzte, drückte das Kind an ihre Brust und schrie laut ihre Angst heraus, daß man es ihr rauben würde.
Schließlich erbat die Hebamme von dem Herrn die Erlaubnis, seiner Frau einen Schlummertrunk aus mit Hopfen gewürzter Milch verabreichen zu dürfen.
Er gestattete es ihr, und gemeinsam überredeten sie die arme, gepeinigte Mutter, davon zu trinken, woraufhin sie in einen tiefen Schlaf fiel, der nur von gelegentlichen Angstschreien unterbrochen wurde. Auch das Kind schlummerte, und in die Kammer kehrte Ruhe ein.

Die alte Hebamme säuberte den Raum und hängte einen kleinen Kessel mit süß duftenden Kräutern übers Feuer. Dann lächelte sie Fionn und dem Stammesfürsten zu und legte sich zum Schlafen auf eine Matte vor dem Bett.
Die Nachtstunden vergingen nur langsam. Weder Fionn noch der Stammesfürst schlossen die Augen, auch sprachen sie nicht miteinander, doch je länger der Kräutersud vor sich hin köchelte, desto schwerer wurden ihnen die Glieder, bis Fionn schließlich kaum mehr den Arm heben konnte, um den Dolch an seiner Seite zu ertasten.
In diesem Augenblick sprang die alte Frau auf, behende wie ein junges Mädchen. Sie rannte zur Wiege, griff nach dem schlafenden Kind und hastete zum Kamin.
»Coille«, rief sie hinauf.
Ein schwarz gekleideter Zwerg ließ sich an einem Seil den Kamin hinunter und streckte den Arm aus. Er war über und über mit Ruß bedeckt und schien recht ärgerlich zu sein.
»Das war ganz schön heiß in dem Kamin, Weib! Warum hast du so lange gebraucht?«
Die Hebamme wies auf Fionn und den Stammesfürsten, die sich zu erheben versuchten, jedoch nicht auf die Beine kamen, so träge waren ihre Gliedmaßen.
»Es sind starke Männer. Nicht wie beim letzten Mal, als nur sie und ich hier waren. Ich mußte warten, bis der Trank seine Wirkung tat.«
Sie legte dem Zwerg das Kind in die Arme, der sogleich mit dem Knaben im Kamin verschwand. Dann musterte sie Fionn und den Herrn.
»Diesmal werden sie mir die Mär von einer großen Kralle nicht glauben. Aber ich werde trotzdem ungeschoren davonkommen.«
Und sie riß die Tür auf und schrie nach den Wachen.

»Hilfe! Hilfe! Das Kind wurde gestohlen, gerade als Fionn und der hohe Herr in ihrer Trunkenheit eingeschlafen waren!«
Als die Wachen herbeieilten, schlüpfte die alte Frau ungehindert zwischen ihnen hindurch und hinaus in die Nacht.
Fionn und der Stammesfürst lallten tatsächlich mit schwerer Zunge wie Betrunkene, die man gerade geweckt hatte. Doch schließlich konnten sie sich soweit verständlich machen, daß der Kessel mit den siedenden Kräutern entfernt wurde. Zwar dauerte es seine Zeit, bis die berauschende Wirkung nachließ, aber dann konnten sie wieder deutlich sprechen. Ach, wie herzzerreißend schrie die arme Mutter, als sie erwachte und ihr Kind nicht mehr in der Wiege fand.
Doch Fionn verschaffte sich über das Lärmen hinweg Gehör.
»Ich habe zwei meiner Krieger aus Eire mitgebracht, und während wir hier gewacht haben, scharten sie Männer um sich, die wir jetzt brauchen. Denn ich habe dieser Geschichte von einer Kralle stets mißtraut und geahnt, daß wir vielleicht jemanden verfolgen müssen.«
Da traten Mac Ronan und Mac Morna auch schon in die Kammer und brachten die von Fionn verlangten Männer mit. Es waren dies ein Holzfäller aus Alba, ein Bootsbauer, ein Kletterer, ein Horcher, ein Scharfschütze und ein Dieb. Zusammen mit dieser Schar machten sich Fionn und der Stammesfürst auf, das gestohlene Kind zu finden. Der Holzfäller führte sie viele Tage lang durch die steinigen Wälder von Alba, bis sie schließlich ans Ufer eines klaren, kalten Sees gelangten. Dort verlor sich die Spur, der sie bisher gefolgt waren, und sie kauerten sich lautlos nieder, bis der Horcher schließlich nickte.

»Ich höre das Weinen eines kleinen Kindes. Dort drüben, auf der Insel inmitten des Sees.«
Nun war der Bootsbauer an der Reihe und baute aus Weidenruten und den Häuten in seinem Bündel eine kleine Barke. Mit diesem Gefährt setzte er sie im Dunkeln auf die Insel über – Fionn, den Herrn, den Kletterer und den Dieb. Die übrigen warteten am Ufer, jedoch ohne Feuer zu machen oder zu essen.
In der Mitte der Insel stand ein großer steinerner Turm, dessen Mauern der Kletterer erklomm, um danach Fionn und dem Stammesfürsten Bericht zu erstatten.
»Das Neugeborene ist darin, doch gleichfalls ein anderes Kind, ein Knabe von etwa drei Jahren.«
Da packte der Herr von Alba Fionn am Oberarm, denn er wußte, daß dieses Kind sein verlorengeglaubter Sohn war.
Der Kletterer fuhr fort:
»Allerdings werden diese beiden nicht allein von dem Zwerg und dem Weib bewacht, mein Herr. Es stehen auch drei Soldaten bereit, ihre Umhänge tragen das Tartanmuster von Mac an Bheatha.«
Jetzt wußte der Stammesfürst, wer ihm die Söhne geraubt hatte, denn dies waren die Farben seines erbitterten Feindes, den er im Krieg besiegt hatte.
»Zudem schläft neben den Jungen ein riesiger Wolfshund mit einem ganz jungen Welpen«, schloß der Kletterer seinen Bericht.
Die kleine Gruppe schmiedete Pläne. Sie banden das leichte Boot am Wasserzugang des Turmes fest und warteten bis Mitternacht. Dann flüsterte Fionn dem Kletterer zu:
»Du mußt die Mauer erklimmen und von innen das kleine Tor öffnen, das zum Wasser hinausführt.«
Daraufhin wandte er sich an den Dieb.

»Du mußt so leise in die Festung schlüpfen, daß niemand dich hört und etwa erwacht. Wenn du die Jungen an dich nimmst, mußt du darauf achten, daß du sie nicht aufweckst. Dann bringst du sie sogleich hierher ans Wassertor.«

»Das wird mir gelingen.« Der Dieb war zuversichtlich. »Ich habe schon viele Pferde und Rinder vor den Türen ihrer Herren gestohlen, ohne daß mich auch nur ein Hufschlag verraten hätte.«

Fionn nickte dem Bootsbauer zu.

»Seemann«, sagte er, »du wirst zuerst deinen Herrn mit seinen Kindern ans Ufer bringen und dann uns, einen nach dem anderen.«

Da erhob der Stammesfürst Einspruch.

»Das sind zu viele Überfahrten. Dabei wacht bestimmt jemand auf.«

Fionn nickte.

»Das glaube ich auch. Aber ich habe mir eine Ablenkung ausgedacht.«

Und so schlich sich der Dieb in die Feste und kehrte mit den schlafenden Knaben zurück, die ohne Zwischenfall zum Ufer übergesetzt wurden. Das Boot kehrte wieder, um den Kletterer ans Ufer zu bringen, und während die Barke über den See glitt, flüsterte Fionn dem Dieb zu:

»Ich habe eine echte Herausforderung für dich im Sinn. Ob du wohl den Welpen stehlen kannst, ohne daß die Hündin es merkt?«

Der Dieb grinste, nickte und kam mit dem gefleckten Jungtier unterm Arm ans Tor, gerade als der Fährmann die Insel erreichte. Doch da schlug dieser im seichten Wasser versehentlich mit dem Paddel gegen einen Stein, und der riesige Wolfshund wachte auf.

»Paddle zurück!« rief Fionn.

»Was ist mit dir?« fragten der Fährmann und der Dieb, der den sich windenden Welpen in den Armen hielt.
»Ich schwimme«, antwortete Fionn. »Doch wenn ich es dir sage, mußt du sofort den Welpen ins Wasser werfen.«
Und so tauchte Fionn in den See, und die Barke hielt bereits auf das Ufer zu, als die Hündin ans Tor kam, ins Wasser sprang und das Boot verfolgte.
Inzwischen hatte der Lärm auch die Wachen geweckt, die auf die Kinder achten sollten. Verwirrt und schlaftrunken rannten sie herbei, konnten in der Dunkelheit jedoch nichts erkennen. Bis sie ihre Fackeln entzündet hatten, war das kleine Boot schon auf halbem Weg zum Ufer, doch die riesige Wolfshündin folgt ihm so dichtauf, daß es jeden Augenblick zu kentern drohte.
»Jetzt!« schrie Fionn, und der Dieb ließ den Welpen ins Wasser.
Aber er hatte ihn in Fionns Richtung ausgesetzt!
Natürlich verhielt sich die Hündin genau so, wie Fionn es gehofft hatte. Sie ließ von dem Boot ab, änderte die Richtung und hielt auf ihr Junges zu. Allerdings schwamm sie mit ihrem mächtigen, weit aufgerissenen Maul geradewegs in Fionns Richtung, neben dem der kleine Welpe winselnd im Wasser strampelte. Da hatte Fionn Mitleid mit dem armen, jämmerlich klagenden Welpen, er setzte sich das verängstigte Tier auf den Rücken und schwamm dann mit aller Kraft aufs Ufer zu, das er endlich erreichte. Der große Wolfshund war ihm dicht auf den Fersen, aber als Fionn das Jungtier vor der Mutter auf den Boden setzte, beruhigte sie sich, leckte das kleine Fellbündel trocken und säugte es.
Unterdessen hatten die Soldaten von Mac an Bheatha zu ihren Waffen gegriffen und pflügten nun mit ihren schnellen Booten durch die Wellen, wobei ihre Fackeln geisterhafte Lichter auf den See warfen.

Der von Fionn in Dienst genommene Scharfschütze feuerte nun mit seiner Schleuder einen wahren Steinhagel übers Wasser, indes Caoilte Mac Ronan neben ihm den Speer warf. Gemeinsam nahmen sie die Soldaten, einen nach dem anderen, unter Beschuß, bis alle drei ins Wasser gestürzt waren und nur noch der Zwerg und die böse Hebamme allein und ohne Boot, dem Zorn von Mac an Bheatha ausgeliefert, auf der Insel zurückblieben.
Man stelle sich die Freude der Mutter vor, als sie sich nicht nur mit einem, sondern gar mit ihren beiden Kindern wiedervereint sah. Und so konnte sich Fionn der Freundschaft des Stammesfürsten gewiß sein, als er, mit dem kleinen gefleckten Welpen als Dankesgabe, Alba verließ. Fionn nannte den Welpen Bran, und er wurde größer als ein Pony und wich sein ganzes Leben lang niemals von Fionns Seite.

Nachdem Ossian geendet hatte, trank er einen großen Schluck Ale.
»Was ist mit Sgeolan?« rief da Dichu. »Du hast uns nur von Bran erzählt.«
»Wollt ihr all meine Geschichten an einem einzigen Abend aus mir herauspressen?« fragte Ossian zurück.
Doch Dichu lachte nur über den Einwand.
»Als ob dem Dichter der Fenier jemals der Stoff für Geschichten ausgehen könnte!«
Da lachte auch Ossian und gab nach.

»Aber ich werde mich bei der Geschichte von Sgeolan kurz fassen. Nun, zu einem anderen Zeitpunkt willigte mein Vater ebenfalls ein, einem Fremdling aus einem anderen Land zu helfen, doch dieses Mal hatte man ihm tatsächlich eine Falle gestellt. Da er diesem Abenteuer aber Sgeolan und noch mehr verdankte, betrachtete er die Unternehmung dennoch nicht als mißglückt.«

Fionn nahm einen Sohn des Königs von Lochlan in seine Dienste, aus jenem räuberischen Stamm im hohen Norden, den man auch die Nordleute nennt.

Diesen Jungen liebte Fionn bald wie einen Bruder. Deshalb war er, als das Dienstjahr des Knaben zu Ende ging, gern bereit, dessen Wunsch zu erfüllen und mit ihm zu seinem Vater in den Norden zu reisen.

Doch diese Reise entpuppte sich als eine Falle.

Kaum hatte Fionn den Fuß an Land gesetzt, als ihm die Fürsorge, die er dem Knaben hatte angedeihen lassen, mit Undank gelohnt wurde. Denn der König von Lochlan fiel mit seinen Mannen über ihn her und schlug ihn nieder, weil er die Stärke von Fionns Heer fürchtete.

Da sie ihn tot glaubten, schleppten sie ihn in ein von hohen Bergen umgebenes, schwer zugängliches Tal. Dort lebte ein gefräßiger Wolfshund, der jedes unvorsichtige Schaf riß, das sich in sein Gebiet verirrte.

Hier ließen die Männer von Lochlan Fionns blutigen, zerschundenen Körper liegen. Sie waren überzeugt, daß der

Wolfshund ihn zerfleischen und mit Haut und Haar fressen würde.
Doch sie ahnten nichts von Fionns Kunst, mit Vierbeinern umzugehen.
Denn als der Hund zu Fionn kam und an seinen Wunden schnüffelte, sprach ihn Fionn in seiner Sprache an und bat ihn um Heilung. Und so leckte ihm der Hund die Wunden sauber und schlief in der Kälte des Nordens Nacht für Nacht an seiner Seite, um ihn warm zu halten.
Schließlich war Fionn soweit genesen, daß er, wenn auch noch unsicheren Schrittes, mit dem großen Hund an der Seite das Gebirge verlassen konnte.
Am Eingang des Tales stieß Fionn auf die Hütte eines alten Schäfers und seiner Frau. Man stelle sich deren Erschrecken vor, als sie sich plötzlich einem großen, verwahrlosten, ausgezehrten Fremden gegenübersahen, begleitet von der Bestie, die ihre Schafe riß.
Doch nachdem Fionn ihnen seine Geschichte erzählt hatte, luden sie ihn in ihr bescheidenes Haus ein, gaben ihm zu essen und badeten ihn.
Sie waren selbst keine Freunde des Königs von Lochlan, denn dieser war ein niederträchtiger und habgieriger Mann, der seine Untertanen schlecht behandelte. Und so ließen sie es sich nicht nehmen, ihren eigenen Sohn mit einer Nachricht zu Fionns Kriegern nach Eire zu senden. Ihre Tochter wiederum überbrachte Fionn des Nachts Botschaften von ganz anderer Art, und er war ihr in dem Jahr, das er in Lochlan verbrachte, von Herzen zugetan. Manche behaupten, daß noch heute Nachkommen von Fionn Mac Cumhail in jenem Land der Nordleute leben.
Wie dem auch sei, schließlich trafen Fionns Krieger ein und schlugen das Heer von Lochlan im Kampf.
Aber obwohl Fionn das alte Ehepaar und deren Tochter

inständig bat, doch mit ihm nach Eire zurückzukehren, wollten diese lieber in ihren geliebten Bergen bleiben. Und so fuhr Fionn schließlich nur mit dem riesigen Wolfshund zurück, den er Sgeolan genannt hatte.
Bran und Sgeolan wurden Fionns Jagdgefährten. Kein anderes Wesen auf Erden sollte ihn je besser verstehen als diese beiden, und sie ließen ihn niemals im Stich.

Als ich zu dem alten Mann hinübersah, liefen ihm Tränen übers Gesicht.
Ich kniete vor ihm nieder. »Was ist?« fragte ich ihn leise.
Doch von Gefühlen überwältigt brachte Ossian kein Wort heraus.
Da merkte ich, wie sehr ich den alten Mann inzwischen liebgewonnen hatte. Denn sein Kummer betrübte auch mich, und ich hätte ihm gern etwas von seiner Herzensbürde abgenommen.
Also stand ich auf und rief unserer kleinen Versammlung zu:
»Diese beiden Hunde, die Dichu mitgebracht hat, haben uns zwei wunderschöne Geschichten beschert. Deshalb werden wir sie Bran und Sgeolan nennen, zur Erinnerung an die Hunde von Fionn Mac Cumhail. Sie werden die Hunde unseres geliebten Geschichtenerzählers sein, denn sie sind die passenden Gefährten eines Feniers. Und sie werden uns auf unserer Reise zum großen Hügel von Tara begleiten!«

Ich warf einen Blick auf Ossian, der nickte und trotz seiner Tränen lächelte.
Als hätten die Hunde verstanden, daß sie nun dem Geschichtenerzähler gehörten, stupsten sie ihn mit der Schnauze an und leckten ihm die Tränen von den faltigen Wangen.

Kapitel Dreizehn

Gebückt trat ich unter dem Türsturz in ihre Hütte. In der Mitte des kreisförmigen Raums loderte ein helles Feuer, doch sie war nicht hier. Ich sah mich etwas genauer um.

Die Hütte war sauber, über die zwei erhöhten Schlafstellen an einer Wand waren Felle und gewebte Decken gebreitet. Kräuter- und Blumenbündel hingen von der Decke und verströmten ihren Wohlgeruch in der ganzen Behausung. An der Wand gegenüber den Schlafstellen hatte die Frau eine Art Tisch aufgebaut, auf dem sich Wurzeln, verschiedene Pulver in kleinen Schälchen und ein oder zwei Gefäße mit einer stechend riechenden Flüssigkeit befanden. Aus Mauervertiefungen über dem Tisch grinsten zwei Totenschädel zu mir herab.

Ich schnitt ihnen eine Fratze und trat zurück.

Erschrocken zuckte ich zusammen, als ich hinter mir Benins Stimme hörte:

»Suchst du die Druidin, Abba?«

Ich drehte mich zu ihm um.

»Ja. Wer teilt diese Hütte mit ihr?«

»Ich«, antwortete Benin schlicht.

Sprachlos und zugleich beschämt starrte ich ihn an. Er war ein elternloses Kind von zehn Jahren, und ich hatte nie daran gedacht, ihn zu fragen, wo er denn schlief.

»Du kannst bei den Brüdern im Kloster schlafen. Ich werde dir noch heute eine Zelle zurechtmachen lassen.«
Benin strahlte, schüttelte jedoch den Kopf.
»Ich bin dir sehr dankbar, Abba, aber ich werde bei der Druidin bleiben. Sie ist einsam und bringt mir vieles bei.«
»Was bringt sie dir denn bei?«
»Die Heilkunde und die Gesänge unserer Vorfahren.«
»Erzählt sie dir von ihren Göttern und Göttinnen?«
»Ja, aber sie spricht auch viel von dem Dreifaltigen, dem Einen, der da kommt.«
Ich beschloß, daß ich den Jungen aus ihrer Obhut nehmen mußte, doch zunächst hatte ich ein dringenderes Anliegen.
»Wo ist sie, Benin?«
»Sie ist im Fidnemid.«
Begriffsstutzig schüttelte ich den Kopf.
»Im heiligen Hain. Ich bringe dich hin.« Er wandte sich zur Tür.
»Benin«, rief ich ihn zurück. »Warum stellt sie diese grausigen Mahnmale hier auf?« Dabei deutete ich auf die Schädel.
Benin lächelte mich an.
»Das sind die Schädel ihrer Großmutter und ihrer Lehrerin. Ainfean bewahrt sie in der Hütte auf, damit ihre Geister immer bei ihr sind. Sie geben mir das Gefühl, daß ich hier sicher bin.«
»Ich habe bei ihrem Anblick ein anderes Gefühl.«
»Machen sie dir Angst, Abba?«
Vertrauensvoll blickte er zu mir auf. Ich dachte einen Moment lang über seine Frage nach, dann wandte ich mich zu den Schädeln um.
»Nein«, erwiderte ich. »Unter den Fittichen des Herrn sind wir sicher. Wir brauchen uns vor nichts zu fürchten.«

»Aber was ist mit den Geistern der Ahnen?«
»Nun, der unsterbliche Teil von ihnen, den wir Seele nennen, ist im Himmel – sofern sie getauft wurden.«
Entsetzen malte sich auf Benins Gesicht.
»Und meine Eltern? Sie können nicht bei mir sein? Und auch nicht im Himmel? Denn sie waren ja nicht getauft, Abba.«
Eine Zeitlang betrachtete ich das Gesicht des Kleinen. Dann kniete ich mich hin und nahm ihn in die Arme.
»Die Geister deiner Eltern sind stets bei dir«, tröstete ich ihn. Ich brachte es nicht über mich, mit ihm darüber zu sprechen, welches Schicksal die Ungetauften erwartete.
»Du hast mir viele Denkanstöße gegeben, Benin.«
»Ich?«
»Ja, denn jetzt begreife ich, daß ich die Welt anders sehe als das Volk von Eire. Ossian hatte recht. Ich kann nicht einfach etwas anderes an die Stelle von Dingen setzen, die ich nicht verstehe. Damit würde ich den Menschen das Herz aus dem Leib reißen.«
Ich richtete mich auf.
»Bring mich zur Druidin.«
Am Fidnemid angekommen, ließ er mich stehen und hüpfte davon wie ein Eichhörnchen.

Ich muß zugeben, daß der Ort eine gewisse Ausstrahlung besaß. Es wäre gelogen, würde ich behaupten, daß ich sie nicht spürte. Vielleicht rührte sie von den Jahrhunderten des Gebets und des Opfers her, vielleicht auch nur von dem ruhigen, satten Grün des Waldes. Was Benin als Fidnemid bezeichnet hatte, war ein Eichenhain. Der Baum in der Mitte war alt und knorrig, seine krummen Äste reckten sich nach oben, dem spärlich einfallenden Licht entgegen. Der ganze Hain war von Schlehdornbüschen gesäumt. Stille herrschte in diesem grünen, bemoosten Kreis. Am Rand stand ein kleiner steinerner Altar, und davor sie, die Hände auf dem Stein, die Augen geschlossen.

Zweifellos hatte sie uns kommen hören, doch sie fuhr in ihrem Gebet fort, indes ich sie beobachtete.

Und daß sie betete, war unverkennbar.

Nach einer Weile öffnete sie die Augen.

Wohl wissend, daß wir nach unseren Wortwechseln stets im Zorn auseinandergegangen waren, sprach eine Zeitlang keiner von uns beiden. Schließlich brach ich das Schweigen.

»Zu wem betest du?«

»Ich bete zur Dreieinigkeit ...«

»Wie schön!«

»Zur Dreieinigkeit der Göttin.«

»Von einer solchen Göttin weiß ich nichts.«

»Du weißt vieles nicht.«

Ich verkniff mir eine spitze Bemerkung und atmete tief durch.

»Nun, dann erzähl mir von ihr, damit ich dazulerne.«

Ainfean schien überrascht zu sein.

»Sie ist die dreieinige Göttin Brighid-Anu-Dana, die Beschützerin der Frauen und Kinder, der Dichter, der Lieder und der Lämmer.«

»Gibt es viele von diesen dreieinigen Gottheiten?«

»Genug für mich, um zu wissen, daß dein Gott, der Dreieinige, der da kommt, wirklich ist. Es gibt Morrigna-Badb-Macha, die Morrigu, die dunklen Göttinnen der Angst, des Schreckens und des Krieges. Sie finden Gefallen an Schlachtfeldern. Dann gibt es die Götter mit den Kapuzen, die namenlosen Drei. Manche Druiden behaupten, sie hätten deshalb keine Namen, weil sie der dreieinige Gott seien.«

»Wie ich sehe, hat mein Herr das Land Eire gut auf Seine Ankunft vorbereitet.«
Nun war Ainfean ganz in ihrem Element.
»Besser, als du denkst, Priester, denn es gibt den Dagda, den guten Gott, der für seine Mildtätigkeit gerühmt wird, und Lugh, den Sohn des Lichts, der alles gut und richtig macht.«
Ich bedeutete ihr, einzuhalten.
»Einerlei, wie viele es auch geben mag, Christus wird durch seine Gegenwart an ihre Stelle treten, und das Volk von Eire wird nur mehr den Einen, den wahren Gott verehren.«
»An ihre Stelle treten?«
»Ja, an die Stelle der falschen Götter, von denen ihr Druiden predigt.«
Verwundert lachte sie auf.
»Du hast vor, sie zu ersetzen?«
»Natürlich. Wußtest du das denn nicht? Ich dachte, du glaubst daran, daß mein Gott der Eine ist, der da kommt.«
»Ja, daran glaube ich. Er wird hier freundlich empfangen werden. Was ja auch bereits geschehen ist. Meinst du etwa, du bist der erste, der seine Botschaft in diesem Land verkündet? Vor dir kam Palladius. Und auch zum jetzigen Zeitpunkt gibt es überall hier im Lande noch andere, Männer aus Eire, die sich mit den Lehren von Christus aus der Ferne befaßt haben und ihn ihrer Heimat nahebringen. Ich weiß von Ciaran, Ailbe, Ibar, Declan ...«
In einer hilflosen Geste hob ich die Hände.
»Wie können sie von meinem Herrn predigen, wenn sie nicht lehren, daß die anderen Götter zerstört werden müssen?«
»Ich glaube nicht, daß sie von Zerstörung reden, Succatus. Sie sprechen von der Güte deines Christus. Sie erzählen

seine Geschichten, berichten von seinen Verheißungen auf Tir Nan Og und vom Neubeginn in seinem Wasser. Warum mußt du Zerstörung predigen?«

»Es gibt nur einen Gott!« schleuderte ich ihr entgegen.

»Auf diese Weise wirst du sicher viele Anhänger gewinnen, Succat. Vielleicht kannst du sie durch Einschüchterung zum Glauben bekehren. Du Narr! Du mußt den Menschen die Wahrheit verkünden und ihnen gestatten, sie zu hören. Erlaube ihnen, selbst zur Wahrheit zu finden, denn sie spricht zu ihnen. Drohst du ihnen hingegen mit Zerstörung, machst du ihnen Angst. Dann bist du auch eine Bedrohung für die Druiden. Und für mich!«

Nachdenklich hielt sie einen Augenblick inne.

»Gibt es auch Priesterinnen in deiner neuen Religion?«

»Nein. Frauen können nur als fromme Schwestern dienen.«

Tatsächlich hatte ich zwar Gerüchte über christliche Täuferinnen gehört, doch die Kirche weihte keine Frauen zu Priesterinnen. Und unter den Jüngern des Herrn war auch keine gewesen. Angesichts dieser Frau konnte ich die Weisheit dieses Entschlusses nur rühmen.

»Das ist ein großer Fehler, Priester. Die Frauen schenken und bewahren das Leben. Wir verstehen heilige Dinge sehr viel unmittelbarer als ihr.«

»Die Aufgabe der Frau ist es in der Tat, Leben zu schenken und zu bewahren. Dies war die Aufgabe, die die Mutter Christi erfüllt hat.«

»Also tun dies auch die frommen Schwestern?«

Bedrückt schüttelte ich den Kopf.

»Die Priester und Schwestern des Herrn leben im Zölibat.«

»Was heißt das?«

»Daß wir keine … geschlechtlichen Beziehungen haben.«

Sie errötete bis zum Hals und sah mich erstaunt an.
»Das ist nicht wahr. Auf dem Kontinent habe ich von Priestern gehört, die geheiratet und Kinder gezeugt haben.«
Ich nickte.
»Davon gibt es ein paar. Auch mein Großvater war Priester und der Vater vieler Kinder. Manche von uns entscheiden sich jedoch dafür, sich ausschließlich unserem Herrn zu weihen.«
»Hast auch du dich dafür entschieden?«
»So ist es.«
Da trat sie auf mich zu, bis sie nur noch eine Handbreit von mir entfernt war. Sie hob den Blick und sah mir geradewegs in die Augen. Der Wald schien von lebendigem Grün durchtränkt, von Stille und Ruhe. Als im Geäst über mir plötzlich ein Vogel aufflog, wich ich erschrocken einen Schritt zurück, doch Ainfean rührte sich nicht.
»Warum bist du heute hierhergekommen?« fragte sie in leisem, ärgerlichem Ton.
»Ich ... Ossian ... es geht ihm nicht gut.«
»Warum kommst du zu mir?«
»Er weint und weigert sich, etwas zu essen. Ich bringe ihn nicht dazu, mir zu sagen, was ihn bedrückt.«
»Warum kommst du zu mir?«
»Ich dachte, dir würde er sich vielleicht anvertrauen.«
»Warum?«
»Du bist eine Druidin. Er ist mit deiner Art zu leben und zu denken vertraut, so wie du mit seiner. Ich bin ... manchmal bin ich ...«
»Ein Narr«, brachte sie meinen Satz zu Ende.
»Das wollte ich nicht sagen.«
»Ich tue es gern für dich.«
Ich winkte ab.

»Genug davon. Kannst du nichts tun, um ihn zu heilen?«
»Kannst du es nicht?«
»Ich bin kein Arzt.«
»Er leidet nicht an einer Krankheit des Körpers. Es ist seine Seele, die krankt; der Kummer überwältigt ihn. Darüber mußt du mit ihm sprechen.«
»Seit jenem Abend, als er die Hunde bekam, habe ich ihn immer wieder gefragt. Doch er spricht nicht, sondern wendet sich nur voller Gram ab. Dieser verdammte Dichu mit seinen Wolfshunden!«
Wie immer bereute ich meinen Zornausbruch sogleich und bekreuzigte mich.
Ainfean faßte nach meinem Handgelenk.
Meine Haut brannte unter ihrer Berührung; stumm starrte ich darauf hinab. Als ich Ainfean ansah, brachte ich keinen Ton heraus. Schließlich ließ sie los.
»Du liebst ihn«, sagte sie schlicht.
»Nun, er ist hier unersetzbar. Die Leute hängen an seinen Lippen, wenn er Geschichten erzählt. Und ich lerne von ihm. Bei der Reise nach Tara wird er mir eine große Hilfe sein.«
Sie sah mich an, ohne etwas zu sagen.
Schließlich gab ich mich geschlagen.
»Ich liebe ihn«, bekannte ich.
Zu meiner Verwunderung lächelte sie.
»Bist du mit deiner Entscheidung glücklich, Succat?«
Ich schloß die Augen. Ich wußte, von welcher Entscheidung sie sprach. In der Baumkrone über mir begann ein Vogel zu zwitschern. Mit einem schweren Seufzer erwiderte ich:
»Mein Herr schenkt mir Glück. In Ihm habe ich große Freude gefunden.«
Ich machte die Augen auf.

Noch immer lächelte Ainfean, gütig und lieblich. Sie nickte mir zu.
»Du bist ein Mann mit beträchtlichem Mut.«
»Nur mit dem Maß an Mut, das mir verliehen wurde. Und ich fürchte, für Irland ist es nicht genug.«
Ich ließ mich dazu hinreißen, ihr Lächeln zu erwidern.
»Wie gut du aussiehst, wenn du lächelst, Padraig«, meinte sie.
»Du hast mich Padraig genannt.«
Da brachen wir beide in Gelächter aus, in ein schallendes, herzerfrischendes Gelächter, das im Eichenhain widerhallte.
»Nun komm«, sagte sie und streckte mir ihre Hand entgegen. »Wir wollen Ossian besuchen.«

»Was bereitet dir solchen Kummer, alter Mann?«
Ossian schüttelte nur den Kopf.
Ainfean legte ihm die Hand auf die Stirn, beugte sich vor und schnupperte an seinem Atem. Dann drückte sie ihm auf die Brust und auf den Bauch. Diese Untersuchung ließ Ossian zwar bereitwillig über sich ergehen, doch er hielt den Blick unverwandt aufs Fenster gerichtet und schwieg.
»Alter Mann«, sagte ich leise. »Wir haben bereits November.«
»Ich verstehe nicht.«
»Samhain steht kurz bevor. Bald müssen wir zum Königshügel von Tara aufbrechen.«
»Du mußt ohne mich gehen.«
»Das kann ich nicht!«
Anscheinend hatte er das blanke Entsetzen in meiner Stimme gehört, denn nun drehte er sich zu mir um.
»Du bist doch auch ohne mich hierhergekommen.«
»Ich habe viel von dir gelernt. Und nicht nur durch deine

Geschichten. Du hattest recht, als du mir dies am Tag unserer ersten Begegnung sagtest. Denn ich verstehe diese Iren nicht, ich weiß nichts von ihren Göttern, ihrer Lebens- und Denkweise. Durch dich kann ich zu ihnen sprechen. Ohne dich bin ich nur unverständliches Getöse.«
An jedem anderen Tag hätte er nach einer solchen Offenbarung lachend den Kopf zurückgeworfen und ein Siegesgeheul angestimmt. Doch jetzt betrachtete er mich mit ernster, tieftrauriger Miene.
»Ich werde nicht immer bei dir sein, Padraig. Schau mich an. Sieh, wie alt und gebrechlich ich geworden bin.«
Da betrachtete ich ihn und sah ihn so, wie er wirklich war. Tiefe Furchen durchzogen sein Gesicht, und das dichte graue Haar, das er an jenem ersten Tag zusammengebunden hatte, hing nun in dünnen Strähnen herab. Seine Hände waren welk geworden, seine Schulterknochen traten spitz hervor.
Ich nickte und sprach freimütig:
»Ja, ich sehe, wie sehr dein Körper gealtert ist. Aber mußt du ihn denn schon heute verlassen?«
Meine Worte entlockten ihm ein leises Schmunzeln.
»Mit deiner unverblümten Rede erinnerst du mich manchmal an meinen Vater.«
»Ich fühle mich geehrt.«
»Meinst du, daß ich sie wiedersehen werde, meinen Vater und meinen Sohn?«
Ich war um Worte verlegen. Schließlich sagte die Frau:
»Ihr werdet euch in Tir Nan Og wiedersehen. Dort erwarten sie dich an der Festtafel.«
»Mir scheint, Padraig glaubt nicht daran.«
»Padraig versteht unseren Glauben noch nicht.«
»Aber immerhin weiß ich von Tir Nan Og. Es ist wie das, was wir Himmel nennen.«

Ich lächelte den Greis an.
»Laß mich dich taufen und dir Seelenfrieden schenken. Dann wird deine Seele in den Himmel kommen, wenn sie deinen Körper verläßt.«
»Werde ich dort meinen Vater oder meinen Sohn antreffen?«
Dazu sagte ich nichts.
Ossian schüttelte den Kopf.
»Ich kann nicht zulassen, daß du mich taufst, Padraig. Denn sonst würde ich sie nie wiedersehen. Meinen Vater. Meinen Sohn Oscar. Caoilte Mac Ronan und all die anderen. All die Fenier von Eire.«
Sein Blick schweifte wieder zum Fenster.
»Ich sage dir, Padraig, wenn in deinem Himmel kein Platz für sie ist, dann will ich gar nicht dorthin. Denn es gab keinen besseren Menschen als meinen Vater. Nicht einen einzigen. Wären die Blätter an den Bäumen aus Gold und die Wellen des Meeres aus Silber, mein Vater würde sie allesamt verschenken, so großzügig war er. Er liebte alle Dinge dieser großartigen Schöpfung, das Tal, in dem das Gelächter widerhallt, das Lied der Amsel, die Schaumkronen der Wellen am Strand, den pfeifenden Morgenwind, die zauberhaften Lieder der Spielmänner, die prächtigen Feste mit seinen Feniern, das Bellen seiner Hunde auf der Jagd.«
Bei diesem Gedanken schien er wieder in Schwermut zu versinken, abermals liefen ihm Tränen über die Wangen.
»Ich glaube, daß dein Vater ein großes Herz hatte und von überragender Kühnheit war.«
Ich nahm seine Hand.
»Dein Kummer hat in irgendeiner Weise mit diesen Jagdhunden zu tun. Jetzt bedauere ich, daß Dichu sie hierhergebracht hat.« Dabei wies ich auf die beiden Tiere und

war im Begriff, sie hinauszuschicken, doch Ossian gebot mir Einhalt.
»Es liegt nicht an den Hunden, Padraig. Ich muß dich etwas fragen: Glaubst du, daß es einen Ort gibt, an dem diejenigen, die sich auf Erden geliebt haben, wieder vereint sind?«
»Daran glaube ich aus tiefstem Herzen.«
»Dann ist Fionn jetzt vielleicht bei ihr.«
»Bei wem?«
»Bei Sabh.«

Fionn war bereits seit einigen Jahren Heerführer der Fenier, als er sich nach einem Weib umsah. Viele Frauen erboten sich, das Lager mit ihm zu teilen, und manch eines dieser Angebote nahm er gerne an. Doch keine Frau besaß das, wonach er suchte: Stärke, Klugheit und eine leuchtende innere Schönheit. Deshalb blieb Fionn unbeweibt und kinderlos, und als er das dreißigste Lebensjahr überschritt, machten sich seine Fenier allmählich Sorgen um ihn.
Zu dieser Zeit hatte Fionn eine Festung bei Almhuin in Kildare erbauen lassen. Man nannte sie die Feste der Weißen Mauern, und dorthin zog sich Fionn zurück, wann immer ihm seine Pflichten gegenüber Eire Zeit dazu ließen.
Und nichts schätzte er mehr, als mit seinen geliebten Hunden Bran und Sgeolan in den umliegenden Wäldern zu jagen.

Eines Tages ging Fionn mit seinen engsten Fenierfreunden auf die Jagd. An seiner Seite ritt natürlich Caoilte Mac Ronan, ebenso ein junger Mann namens Dhiarmuid Ui Duibhne, der Schöne und der Liebling aller jungen Frauen. Außerdem begleiteten ihn Goll Mac Morna, der im Laufe der Jahre zu einem unerschütterlich treuen Gefolgsmann geworden war, und Conan Maor mit der bösen Zunge. Sie jagten Hirsche und preschten mit ihrer Hundemeute dahin, als eine wunderschöne weiße Hirschkuh aus dem Wald in das sonnenbeschienene Tal trat.
Fionn war sogleich entzückt von diesem Tier und rief seinen Feniern zu, sie sollten die Verfolgung aufnehmen.
»Hast du sie gesehen, Caoilte? Sie ist von strahlenderem Weiß als der Winterschnee.«
»Ja, aber sie ist außerordentlich schnellfüßig.«
»Um so besser für unsere Hatz!«
»Dann reite los, wir folgen dir.«
Fionn spornte sein Pferd an und galoppierte mit Bran und Sgeolan an seiner Seite in den Wald, der Hirschkuh nach.
Eine Zeitlang konnte seine Fian noch mit ihm Schritt halten, doch dann fiel sie zurück. Nur Caoilte hielt sich wacker.
»Fionn, ich finde, wir sollten diese Jagd abbrechen.«
»Abbrechen? Aber jetzt geht sie doch erst richtig los.«
»Wir sind dem Tier schon mehr als einen halben Tag nachgehetzt. Die Sonne steht bereits im Westen.«
»Mac Ronan, dich gelüstet nach deiner Fenierin.«
»Das stimmt, ich gebe es zu.«
»Reite heim zu ihr. Ich und die Hunde werden der weißen Hirschkuh noch ein Weilchen folgen, auch wenn ich es nicht über mich bringe, sie zu töten. Wir sehen uns dann in Almhuin.«
Kaum hatte Caoilte sein Pferd gewendet und war in Rich-

tung Almhuin verschwunden, kehrte die Hirschkuh in einem weiten Bogen auf ihre alte Fährte zurück und bewegte sich auf die Feste der Weißen Mauern zu. Fionn wunderte sich darüber, dennoch ließ er die Hunde weiterhin auf ihrer Spur und ritt ihnen nach.

Mittlerweile war die Sonne untergegangen. Im immer spärlicheren Licht der Dämmerung folgte Fionn dem Gebell seiner Hunde, bis diese plötzlich verstummten.

Auf einer Lichtung zügelte er sein Roß, und da bot sich ihm ein so seltsamer Anblick wie noch nie auf einer Jagd. Die wunderschöne Hirschkuh lag auf der Seite in der Lichtung, während Bran und Sgeolan, die ihre Beute sonst immer einkreisten und in Schach hielten, ihr mit leisem Jaulen übers Gesicht leckten.

Fionn wußte nicht, was das zu bedeuten hatte, doch war er klug genug, um unerklärliche Dinge nicht zu erklären zu suchen.

Er legte die Hirschkuh auf seinen Sattel und ritt zurück nach Almhuin.

»Was soll das?« rief Goll Mac Morna, als er Fionn mit der Hirschkuh in den Armen sah. »Willst du aus unserem Abendessen ein Schoßtierchen machen?«

Aber Fionn lächelte nur und trug die Hirschkuh in seine Kammer, wo er ihr ein Lager aus Stroh zurechtmachte, seinen eigenen Mantel darüber breitete und das Tier mit warmem Brei und fetter Milch fütterte.

Als er sich in jener Nacht schlafen legte, sah er in der Finsternis, wie ihn die Hirschkuh mit ihren großen dunklen Augen beobachtete.

»Hab keine Angst«, flüsterte er. »Es wird alles gut.«

Schlagartig wurde Fionn wach. Es war tiefe Nacht, und das Licht des Vollmonds fiel durch die Fensteröffnung.

Neben seiner Schlafstatt stand eine Frau von solcher Schönheit und Anmut, daß es ihm die Sprache verschlug. Sie war nackt und langgliedrig, ihre Haut schimmerte milchig weiß. Auch ihr Haar war beinahe weiß und funkelte im Widerschein des Mondlichts wie Schnee.
Fionn streckte ihr die Hand entgegen, und sie kam zu ihm und legte sich wortlos an seine Seite. Sanft strich er über ihr Haar und ihre makellos weißen Glieder.
»Wer bist du?« flüsterte er, obwohl er es im Herzen wußte.
»Ich bin die weiße Hirschkuh aus den Wäldern, doch das, was du nun vor dir siehst, ist meine wahre Gestalt. Ich heiße Sabh. In die Gestalt des Hirsches hat mich ein finsterer Druide verwandelt, der um mich freite und sich dann an mir rächte, als ich ihn zurückwies.
Seit Monaten beobachte ich nun, wie du mit deinen Kriegern in den Wäldern jagst. So lernte ich dich kennen, Fionn Mac Cumhail. Du fühlst dich eher im Wald und in der Wildnis zu Hause als in diesen Mauern. Ich wußte, daß ich bei dir Schutz finden würde. Deshalb habe ich dich heute von deinen Männern weggelockt. Zwar fürchtete ich deine Hunde, aber als ich sie in meiner Sprache anredete, erkannten sie, daß es dieselbe Sprache ist, in der du zu ihnen sprichst.«
»Hier kann dir der Druide nichts anhaben. In diesen Mauern bist du sicher.«
»Bei dir bin ich sicher«, hauchte sie.
In jener Nacht schlief Sabh in seinen Armen, und von da an jede Nacht. In ihrer zwölften gemeinsamen Nacht fragte Fionn sie, ob sie seine Frau werden wolle.
»Du fragst mich doch nicht etwa aus Mitleid oder Pflichtgefühl?«
»Ich frage dich, weil ich es aus ganzem Herzen will. Denn

die Freuden des Fleisches kannte ich schon zuvor, doch ahnte ich nicht, daß meine Seele eins werden kann mit einer anderen Seele, bis ich dir begegnet bin. Ohne dich wäre ich mein Leben lang nur ein halber Mensch.«

So kam es, daß die Fenierkrieger von Eire schon bald die Hochzeit ihres Heerführers Fionn Mac Cumhail feierten. Die Männer von Eire sagten, nie habe es eine schönere Frau als Sabh gegeben. Und die Frauen von Eire sagten, nie habe es eine gütigere und freundlichere Frau gegeben als sie. So beliebt war Sabh bei allen.

Fionn liebte sie nicht nur mit dem Körper und dem Herzen, sondern vor allem mit der Seele. Er gab das Jagen und Kämpfen auf und wich fortan nicht mehr von ihrer Seite. Die Fenier sahen sie Hand in Hand und eng aneinandergeschmiegt im Mondlicht spazierengehen oder bei Tag lachend und scherzend über die Felder von Almhuin laufen. In den Jahren ihrer Zweisamkeit kannte man in der Feste der Weißen Mauern kein Leid.

Drei Jahre waren ihnen vergönnt. Drei kurze Jahre.

An einem warmen Sommermorgen kam der Ruf von Cormac Mac Art. Fionn und Sabh lagen eng umschlungen auf ihrem Lager. Er fuhr mit der Hand durch ihr weißes Haar, das von den einfallenden Sonnenstrahlen umspielt wurde, und ließ es über seinen Arm gleiten.

»Du wirst von Jahr zu Jahr schöner.«

Sie lachte und strich ihm ebenfalls über sein weißblondes Haar.

»Nur weil du immer mehr in mich vernarrt bist, Fenier.«

»Das ist wahr. Ich bekenne es ohne Scham.«

Sabh legte ihre Hand auf die kleine Wölbung ihres Bauches. Dann nahm sie Fionns Hand und führte sie ebenfalls dorthin. Es war Zeit, es ihm zu sagen. Zärtlich küßte sie ihn.

Da klopfte es an der Tür.
»Fionn!« Caoilte platzte herein. Er trug seine Rüstung, und sein Umhang war noch feucht vom Ritt.
Fionn erhob sich nackt vom Lager und reichte Sabh seinen Umhang. Dabei lächelte er Caoilte an.
»Das muß aber etwas sehr Dringendes sein, Bruder.«
»Ich bin den ganzen Weg von Tara her scharf geritten. Der König von Lochlan greift an. Es sind nordische Schiffe gesichtet worden.«
Fionn streifte seine Beinkleider über und warf sich den Kittel um, dann setzte er sich auf die Bettstatt und schnürte seine Stiefel. Indessen starrte Sabh ihn mit bleichem Gesicht an.
»Mein Gemahl, verlaß mich nicht.«
Er hob ihre Hand an seine Lippen.
»Ich muß. Für einen Mann gibt es ein Leben nach dem Tod, aber kein Leben nach dem Verlust seiner Ehre.«
Goll Mac Morna erschien in der Tür.
»Ich werde solange über sie wachen.«
»Begib dich keinesfalls aus Almhuin hinaus. Hörst du, Sabh? Bleib innerhalb dieser Mauern, wo Goll dich beschützen wird.«
»Das werde ich, Gemahl. Doch kehr zu mir zurück. Komm gesund zu mir heim.«
»Ich werde zurückkommen. Und hier drinnen wirst du immer bei mir sein.« Dabei schlug er sich auf die Brust, dann schloß er seine Frau in die Arme. Sein Umhang fiel herab, und ohne auf die Männer zu achten, die zuschauten, drückte Sabh sich an ihn.
Als er davonritt, sah sie ihm lange nach und flüsterte der in der Ferne verschwindenden Gestalt nach:
»Mein Gemahl, ich trage dein Kind unter meinem Herzen.«
Von jenem Tag an hielt Sabh unablässig Ausschau nach

Fionn. Bei Tag und bei Nacht, im Sonnenlicht und im Mondschein schritt sie auf den Mauern von Almhuin auf und ab, aß wenig und trank nur Wasser.
Am siebten Tag vernahm man ihren frohen Ruf:
»Schaut, wer da kommt! Fionn kehrt heim!«
Sie hastete zu den Festungstoren, während Goll Mac Morna rasch den Turm erklomm und hinabspähte. Ja, es schien wirklich Fionn zu sein, er ritt seinen Schimmel, sein Haar schimmerte im Sonnenlicht, zwei Hunde sprangen neben ihm her. Aber wo war Caoilte Mac Ronan? Wo waren Dhiarmuid Ui Duibhne und all die anderen Fenier? Außerdem saß Fionn so seltsam auf seinem Pferd …
»Nein!« schrie Goll Mac Morna. »Halt ein, hohe Frau! Das ist nicht Fionn!«
Doch es war zu spät. Sabh hatte bereits das Tor aufgestoßen und lief dem Mann entgegen, den sie für ihren geliebten Gemahl hielt. Ehe Goll Mac Morna das Tor erreicht hatte, war von der Gestalt schon nichts mehr zu sehen, und auf dem Feld stand eine weiße Hirschkuh. Sehnsüchtig blickte sie zu den Toren von Almhuin zurück; dann verschwand sie im Wald.
Am achten Tag kam Fionn zurück.
Er erfuhr von dem Vorfall aus dem Munde Goll Mac Mornas, der während seiner Erzählung immer wieder in Tränen ausbrach.
»Wir haben die ganze Nacht nach ihr gesucht, aber wir konnten sie nicht finden.«
Mac Morna zückte seinen Dolch und reichte ihn Fionn.
»Ich biete dir mein Leben an, mein Junge. Denn ich habe dich enttäuscht. Du hast mir großmütig den Tod deines Vaters verziehen, und ich habe dich enttäuscht. Schneide mir das Herz aus dem Leib, denn ich habe es verloren, als ich Sabh verlor.«

Aber Fionn starrte nur auf den Dolch in seiner Hand und schüttelte den Kopf.
Klirrend fiel die Waffe zu Boden. Fionn schlug sich an die Brust.
»Nein, Mac Morna. Es war der Finstere. Das konntest du nicht wissen. Wie sie es ja auch nicht wußte. Ich werde ausziehen und nach ihr suchen.«
»Dann werde ich an deiner Seite sein.«
»Ich auch«, sagte Caoilte Mac Ronan.
»Und wir«, stimmten die anderen Fenier ein.
Aus Tagen wurden Wochen. Sie suchten in den Wäldern und Tälern rings um Almhuin, und als sie nirgendwo eine Spur von der weißen Hirschkuh entdeckten, suchte Fionn weiter in den Bergen von Wicklow und von Slieve Bloom, wo er aufgewachsen war.
Als aus den Wochen Monate wurden, schickte Fionn seine Fenier zurück, um ihren Pflichten gegenüber Eire nachzukommen. Er selbst ritt nach Süden zu seiner Mutter, die zu jener Zeit beinahe siebzig Jahre zählte. Als sie den Schmerz in den Augen ihres Sohnes sah, sandte sie die Krieger ihres Mannes aus, um nach Sabh zu suchen, doch im Herzen wußte sie, daß Fionn seine Frau nie wiedersehen würde.
Das erkannte schließlich auch Fionn, und daraufhin verschwand er in den Wäldern von Eire, begleitet nur von Bran und Sgeolan.
Bis heute weiß niemand, wohin er ging und wie er sein Leben fristete. Erst viele Monate später kehrte er zurück, doch er war nicht mehr der Mann von einst. Der Glanz seiner Augen war erloschen, er war mager und ausgezehrt, und die Hunde trotteten neben ihm wie Greise.
Als er durch die Tore von Almhuin schritt, scharten sich die Fenier um ihn. Ruhig sah er sie an und sprach dann wie jemand, der keine Leidenschaft mehr kennt:

»Wir müssen uns um die Angelegenheiten von Eire kümmern.«
Und das tat er.
Im Winter ritt Fionn von Dorf zu Dorf und suchte die dort einquartierten Fenier auf, hörte den Leuten zu und vergewisserte sich, daß alle seine Krieger den Regeln der Fenier treu geblieben waren.
Im Sommer zog er mit Goll, Caoilte und Dhiarmuid Ui Duibhne in die Wälder Irlands. Sie bauten sich Schutzhütten und jagten, so wie früher, doch Fionn fand kein Vergnügen mehr an der Jagd; oft sonderte er sich von den Feniern ab und streifte allein mit Bran und Sgeolan durch die Wildnis, in der Hoffnung, wenigstens einen flüchtigen Blick auf die weiße Hirschkuh zu erhaschen.
Als sieben Jahre vergangen waren, jagten Fionn und die Fenier eines Tages in der Nähe einer Wolfshöhle. Bran und Sgeolan hetzten hinter einem vermeintlichen Beutetier her, das sich auf einen Baum rettete. Die Hunde umkreisten den Baum und jaulten und bellten aufgeregter als sonst. Als Fionn und Caoilte näher kamen, erblickten sie auf dem Baum einen Knaben von etwa sieben Jahren.
Er war nackt, mager und schmutzig, sein Haar verfilzt und ungekämmt. Wie ein wildes Tier fauchte er die Männer an, und aus seinem Blick sprachen Angst und Unverständnis. Aber Fionn kletterte über den nebenstehenden Baum zu ihm hinauf. Er legte seine Stirn an die des Jungen, woraufhin sich der arme verwahrloste Kleine beruhigte. Mit gutem Zureden konnte Fionn ihn vom Baum herunterlocken. Er legte ihm seinen Umhang um, setzte ihn vor sich auf den Sattel und brachte ihn nach Almhuin.
Dort wollten sich die Frauen des Knaben annehmen, ihn baden und ihm das Haar schneiden, doch als sie ihn anzu-

fassen versuchten, klammerte sich der Junge an Fionns Hals und ließ nicht mehr los.
Also badete Fionn ihn selbst und wusch ihm die Haare. Und dabei entdeckte er das seltsamste Muttermal, das er je gesehen hatte: ein kleines weißes Dreieck, wie das weiche Fell einer weißen Hirschkuh.
Da steckte sich Fionn den Daumen in den Mund und biß hinein. Er schloß die Augen. Einen Augenblick später nickte er. Er beugte sich über den Knaben, küßte sachte das Muttermal und weinte.
Danach schnitt er dem Kind mit seinem Dolch das Haar, kämmte es und flocht es zu einem Zopf. Er kleidete den Jungen in einen Kittel aus feinster Seide und fütterte ihn eigenhändig, denn der Knabe wußte mit Schalen und Schneidebrettern nichts anzufangen und aß wie ein wildes Tier.
Anfangs bewegte sich der Junge auf allen vieren. Er vermochte nicht zu sprechen, und wenn Fionn etwas zu ihm sagte, konnte er nur mit Heulen, Jaulen und katzenartigen Lauten antworten. Doch allmählich lernte er die Worte zu verstehen, die Fionn ihm vorsprach, und eines Tages brachte er sein erstes eigenes Wort hervor.
»Fionn!« Es klang unbeholfen und fremdartig, wie »Fähn«. Aber der Junge brach in helle Freude darüber aus, lief im Kreis herum und kroch auf allen vieren, was er immer tat, wenn er sehr erregt war.
Fionn stellte ihn auf die Beine und drückte ihn an sich.
Der Kleine legte seinen Kopf an die gewaltige Schulter des Feniers.
»Fionn«, sagte er noch einmal.
Von diesem Tag an erlernte er schnell die Namen aller Dinge. Er pflegte auf einen Gegenstand zu deuten, Fionn sagte dessen Namen, woraufhin der Junge das Wort wie-

derholte und die beiden einander lautstark Beifall spendeten.

Fionn ließ eine Schlafstatt in seiner Kammer bauen, wo der Junge fortan nächtigte. Und der Kleine folgte Fionn überallhin, wie ein Schatten.

Als dann eines Tages Goll Mac Morna von der Jagd zurückkehrte und eine braune Hirschkuh auf seinen Schultern trug, sprudelte alles, was der Junge an Sprache erlernt hatte, in einem Wortschwall aus ihm heraus.

»Mutter. Mutter.«

Er rannte zu Fionn.

»Mutter. Hirsch. Weißer Hirsch.«

Ruhig, wenngleich verwundert, betrachtete Fionn den Knaben. Er legte ihm die Hände auf die schmalen Schultern und drückte ihn an sich. Da sprach der Junge:

»Sie sorgt für mich. Im Wald. Sie mehr Hirsch. Ich sehe mehr. Ihre Augen meine Augen. Allein, wir zwei. Immer. Aber dann Finsterer kommt. Angst. Meine Mutter. Angst. Bis er weg. Stark, ihre Liebe zu mir. Stark. Ihr Körper … zwischen … mir und Finsterer. Dann eines Tages Finsterer kommt. Schlägt sie. Mit Stock. Schlägt sie. Ich laufe weg. Zähne, reißen an Arm. Er zieht sie weg. Sie dreht sich um, weint. Meine Mutter. Tränen. Er sagt: ›Nicht anfassen. Nicht küssen.‹ Doch ich laufe. Sie küßt mich. Hier, auf Stirn. Dann fort. Weg. So leer, mein … Herz. Brüder nehmen mich auf. Wolfsbrüder. Ich lebe bei ihnen. Bis Fionn … bis Fionn kommt.«

»O Sabh!« rief Fionn aus. »O Sabh, meine Geliebte. Er hat das ausgesprochen, was ich im Herzen bereits gewußt habe. Etwas von uns lebt weiter. Er ist unser Sohn. Unser Sohn! Ich werde ihn ›Kleiner Hirsch‹ nennen.«

Und er strich dem Jungen die Haare aus der Stirn und küßte das seltsame Mal. Dann rief er laut:

»Sabh, wenn wir uns auch erst in Tir Nan Og wiedersehen sollten, ich werde ihn aus ganzem Herzen lieben und mit all meiner Macht beschützen.«
An jenem Tag, so sagten die Fenier, habe Fionn seine Lebensfreude wiedergefunden.

»Was für eine merkwürdige und traurige Geschichte.«
»Sogar noch merkwürdiger, als du ahnst, Padraig. Aber mir scheint, du glaubst meinen Worten nicht.«
»Es fällt mir schwer, zu glauben, daß jemand seine Gestalt verändern kann. Allerdings glaube ich durchaus an die Existenz des Bösen, das habe ich dir ja schon gesagt.«
»Sie war nicht böse«, knurrte Ossian drohend.
»Nein, nicht sie. Ich meine den Finsteren. War er ein Druide?«
»Ja.«
Ainfean stieß einen ärgerlichen Laut aus, doch ich hob beschwichtigend die Hand.
»Allmählich verstehe ich. Manche von euch Druiden wenden sich dem Licht zu, die anderen der Finsternis. Ist es so?«
»Ja.«
»Dann zählte er zu den dunklen Mächten. Und seine Finsternis umgab Sabh, so daß Fionn sie all die Jahre nicht entdecken konnte. Doch sogar die böse Macht des Druiden konnte ihrer Rechtschaffenheit nichts anhaben, selbst im Bann des Bösen blieb sie rein und strahlend wie das Licht.«

Zufrieden mit meiner Auslegung nickte ich.
»Ja«, stimmte Ossian leise zu, »so habe auch ich es stets empfunden. Ihre Rechtschaffenheit war ein Licht, das sogar seinen bösen Fluch überstrahlte.«
»Und Fionn hat sie nie wiedergesehen.«
»Nein, keiner von uns beiden.«
Ich warf ihm einen fragenden Blick zu.
»Sabh war meine Mutter«, sagte er mit sanfter Stimme.
Schlagartig wurde mir alles klar.
»Kleiner Hirsch«, stammelte ich, »Ossian, Kleiner Hirsch … Sie war deine Mutter? Der wilde Junge aus den Wäldern warst du?«
»Deshalb bin ich ein Geschichtenerzähler geworden, Padraig. Damit ich nie wieder ohne Sprache bin.«
Ich schüttelte den Kopf, als könnten meine Gedanken dadurch klarer werden.
»Dann ist das also nicht nur ein Märchen, eine Parabel von Licht und Finsternis?«
»Was ist das, eine Parabel?«
»Das sind die Märchen, die er da erzählt«, erklärte Ainfean und sah mich dabei durchdringend an. »Diese kleinen erfundenen Geschichten. Wie die eine mit den Brotlaiben und den Fischen.«
»Das war nicht erfunden, das hat sich wirklich so zugetragen.«
»Aha.«
Mehr sagte sie nicht dazu.
Ossian strich sich das graue Haar zurück, und da, auf der faltigen Stirn, sah ich den dreieckigen Fleck, weiß und weich wie ein Hirschfell.
»Ich erinnere mich daran«, sagte ich. »Ich habe dich einmal dort berührt.«
Er schwieg.

Von seiner Geschichte war ich so gerührt, so ergriffen von ihrer Fremdartigkeit, daß ich in diesem Augenblick etwas tat, was mich selbst überraschte.
Ich machte das Zeichen des Kreuzes auf seiner Stirn und segnete das kleine Muttermal, auf daß der Herr diesem ungetauften Heiden gnädig sein möge.
Da griff Ossian nach meiner ausgestreckten Hand, hob sie an seine Lippen und küßte sie.
»Ich danke dir, Padraig«, flüsterte er.
Und ich wußte, daß er mir nicht für den Segen dankte, sondern dafür, daß ich ihm glaubte.

Kapitel Vierzehn

Was für eine merkwürdige, bunt zusammengewürfelte Gesellschaft wir abgaben, als wir nach Tara zum Samhain Feis aufbrachen! Für Ossian hatten wir eine Trage angefertigt, doch er wollte nichts davon hören und selbst im Sattel sitzen. Dichu hatte ihm sein bestes Pferd zur Verfügung gestellt, denn Ossians Pferd war an dem Tag, als er zu uns kam, verschwunden, und niemand hatte es seither wiedergesehen. Trotz seiner vom Alter gebeugten Gestalt überragte Ossian die meisten Brüder um eine Kopflänge. Wie er so in seinem Feniermantel auf dem stattlichen Pferd saß, begleitet von den zwei Wolfshunden, die neben ihm hertollten, gab er eine beeindruckende Erscheinung ab.

Die Druidin hatte darauf bestanden, mitzukommen; sie trug ein weißes Seidenkleid und einen weißen Umhang und ritt auf einem weißen Pferd, worüber ich mich dermaßen ärgerte, daß ich sie mit Mißachtung strafte.

Da die meisten der Brüder in Dichus Dorf aufgewachsen und mit Pferden großgeworden waren, fiel ihnen das Reiten nicht schwer. Nur Breogan war in meinem Land und auf dem Kontinent erzogen worden, was zur Folge hatte, daß er auf dem Pferd saß wie ein nasser Sack; ständig rutschte er auf dem Ledersattel herum, und das Pferd unter ihm scheute und schnaubte. Ossian und einigen der Brüder gab er Anlaß zu großer Heiterkeit.

Was mich betraf, reiste ich stehend auf einem Streitwagen, den einer von Dichus Kriegern lenkte. Vor mir hielt ich den kleinen Benin mit seiner Glocke und stand breitbeinig auf dem Gefährt wie ein Seefahrer auf einem Schiffsdeck. Der Weg war holperig und die Reise beschwerlich; jede Gelegenheit zu einem Halt war mir eine Erleichterung, auch wenn Benin sich köstlich amüsierte und bei jeder Furche und jedem Schlagloch lachte vor Freude.
Am dritten Tag unserer Reise war von der anfänglichen Hochstimmung nichts mehr übrig. Man hörte nur noch Murren, Klagen und sehnsüchtiges Seufzen, daß die Reise bald zu Ende sein möge. Ich verfluchte die Iren jede Stunde und wünschte mir die Annehmlichkeit guter römischer Straßen, während Breogan gänzlich verstummt war; er hing nur noch in seinem Sattel und stöhnte jedesmal, wenn sein geschundenes Hinterteil allzusehr durchgeschüttelt wurde.
Als Breogan wieder einmal ächzte, mußte Ossian laut lachen. Und obwohl Breogan sonst der sanftmütigste der Brüder war, war ihm Ossians Lachen jetzt zuviel.
»Sei verdammt für deinen Spott, Fenier. Ich bin nicht zum Reiten geboren!«
»Ich habe dich nicht ausgelacht, Bruder«, erwiderte Ossian. Er machte eine abwehrende Geste, während er sich immer noch vor Lachen über dem Sattel krümmte.
Einige der Brüder hielten sich die Hand vor den Mund.
»Nein, ich habe über etwas gelacht, was einmal meinem Vater und seinen Feniern passiert ist.«
»Wenn diese Geschichte von so einem Gaul handelt«, entgegnete Breogan, »kann nichts Komisches daran sein.«
»Aber sie war komisch. Soll ich sie erzählen, damit die Zeit auf unserer Reise schneller vergeht?«

Breogans Pferd trat in eine Furche, und seinem Reiter entfuhr ein lautes Ächzen.
»Diese Reise kann *nichts* kurzweiliger machen«, wandte er ein.
Doch Ossian ließ sich nicht davon abhalten, die Geschichte trotzdem zu erzählen.

Es geschah häufig, daß Krieger aus fremden Ländern bei Fionn und den Feniern vorsprachen, um in ihre Dienste zu treten, und so einer war Gilly Dachar. Als er eines Tages an der Feste der Weißen Mauern erschien, ritt er auf einem Pferd von solcher Größe, daß die Kriegsrösser der Fenier dagegen zwergenhaft erschienen.
Auch Gilly Dachar selbst war ein Hüne, er überragte noch den großen Fionn um mehr als eine Haupteslänge, und die Fenier gaben ihm den Spitznamen »Riese und sein Pferd« oder einfach »Riesenpferd«.
Gilly Dachar war ein ungehobelter, derber Mensch. Ihm fehlten die guten Manieren der Fenier, er rülpste und schlürfte und fraß wie ein Hund, furzte im Beisein anderer und platzte stets mit seinem Gelächter heraus.
Doch sein Pferd war noch weitaus schlimmer als er, es wußte sich in Gesellschaft anderer Pferde nicht zu benehmen, biß und schlug sie, bis es schließlich einem Fenierroß das Bein brach, einem anderen das Auge ausschlug und einem dritten das Ohr abbiß.
Nun gab es unter den Feniern einen, der hieß Conan

Maor. Dieser Maor war bekannt für sein hitziges Gemüt und seine nicht weniger böse Zunge, und als ausgerechnet sein Pferd ein Auge verlor, sagte er dem groben Gilly die Meinung.

»Du bist ein gemeiner Rüpel und kein Krieger von Eire. Wir Fenier wollen dich hier nicht haben«, schrie er ihn an. »Aber das Schlimmste ist, daß du nicht einmal mit einem Pferd umgehen kannst, was ein Fenier schon von Kindesbeinen an lernt. Dein riesiger Gaul da ist eine Gefahr, man sollte ihn am besten erschießen oder ihm Manieren beibringen, und genau das werde ich tun!«

Nach diesen Worten holte er mit seinem Speer aus, aber Gilly pfiff nur, schon kam sein Pferd angeschossen und ging geradewegs auf Conan Maor los.

Nun, dem blieb nichts anderes übrig, als das Tier am Hals zu packen und sich auf seinen Rücken zu schwingen. Als Conan Maor aufgesessen hatte, machte das Tier so wilde Bocksprünge, daß Maor erst nach links, dann nach rechts rutschte, sich an der Mähne festklammerte und dabei fluchte, was das Zeug hielt.

Das war ein so komischer Anblick, daß Fionn sich vor Lachen schüttelte, während das Pferd auf dem Platz im Kreis herumrannte. Doch als er schließlich bemerkte, daß Conan Maor die Kräfte verließen und er sich nicht mehr länger halten konnte, rief er Goll Mac Morna und Dhiarmuid Ui Duibhne, damit sie das große Pferd flankierten und aufhielten. Aber da sprang das Tier schon über das Tor und preschte quer über das Feld, und Mac Morna und Ui Duibhne jagten ihm wie der Blitz hinterher.

Irgendwann holten sie auf, aber Gilly Dachars Pferd verlangsamte seinen Schritt nicht. Also sprangen Mac Morna und Ui Duibhne auf seinen Rücken; nun rutschten alle drei darauf herum und brachten sich gegenseitig aus dem

Gleichgewicht. Fionn und die Fenier mußten so sehr lachen, daß sie durch ihren Tränenschleier kaum noch etwas sahen.

Und so gelang es Gilly Dachar, auf Fionns bestes Schlachtroß aufzusitzen und damit hinaus und über das Feld zu reiten.

Sobald das riesige Pferd Gilly Dachar kommen sah, ging es durch in Richtung Osten, aber Gilly Dachar blieb ihm dicht auf den Fersen und rief ihm etwas zu, das verdächtig nach »Hü!« klang.

Das war der Zeitpunkt, an dem Fionn die verbleibenden Männer seiner Fian zusammenrief und ihnen befahl, die Pferde zu satteln, und dann setzten sie der davongaloppierenden Gruppe nach. Vor sich konnten sie Maor, Mac Morna und Ui Duibhne ausmachen, die auf dem Pferderücken hin und herwackelten wie Spielzeugpuppen.

Fionn entging nicht, daß Gilly Dachar das Pferd sogar noch antrieb; zwei Tage lang setzten sie die Jagd fort, bis die ganze Gruppe am Meer anlangte.

Zu seiner Überraschung stellte Fionn fest, daß dort zwei große britannische Schlachtschiffe vor Anker lagen.

Das Pferd von Gilly Dachar stürzte sich sofort in die Fluten und schwamm mit aller Kraft auf die Schiffe zu, während die drei Fenier sich erschöpft und durchnäßt auf seinem Rücken festklammerten.

Gilly Dachar wollte es seinem Pferd gleichtun, doch Fionns Schlachtroß scheute. So holte Fionn ihn ein, und er und seine Fian umzingelten Gilly Dachar mit gezückten Schwertern.

Gilly rief laut zu den Schiffen hinaus. Dort ließ man Boote zu Wasser, und als diese bei Gilly Dachar ankamen, verneigte sich die Besatzung vor ihm und brachte ihm ein

edles Gewand mit einer goldenen Fibel und einen Goldreif für sein Haar.
Daraufhin wandte sich Gilly Dachar an Fionn und sprach mit gewählten Worten zu ihm:
»Vor dir steht ein britannischer Stammesfürst, dem dein Ruf als Krieger zu Ohren gekommen ist. Unsere Küste wird von den Nordleuten heimgesucht, deshalb wollte ich dich um Hilfe ersuchen, mir zuvor jedoch ein Urteil über dich bilden.
Ich bitte um Verzeihung dafür, daß ich dich durch eine List hierher an die Küste gelockt habe, doch wenn du uns mit deinen Mannen in unser Land begleitest, werden wir euch reich belohnen für euren Beistand in der Schlacht.«
Inzwischen waren Dhiarmuid Ui Duibhne und Goll Mac Morna vom Rücken des Pferdes geglitten. In ihren triefnassen Umhängen und Hosen schwammen sie in Richtung Ufer und zogen einen hustenden, spuckenden Conan Maor hinter sich her, der zwar nicht schwimmen konnte, aber das Fluchen nicht verlernt hatte.
Wenn er den Kopf über Wasser hatte, stieß er jeden Fluch aus, der ihm einfiel, und schmückte ihn damit aus, was er mit Gilly Dachar anstellen würde, wenn er ihn zu fassen bekam.
Fionn am Ufer brach erneut in Lachen aus, und er streckte Gilly die Hand entgegen.
»Du hättest keine List anwenden müssen, um mich hierherzuholen«, sagte er. »Allein dieser erheiternde Anblick wäre Grund genug gewesen. Und ich werde dem, der mir diese Geschichte beschert hat, damit ich sie an den Lagerfeuern der Fenier erzählen kann, gerne in der Schlacht zur Seite stehen.«
Das tropfnasse Dreigespann kam aus dem Wasser, und Conan Maor kroch den Strand hinauf zu Gilly. Sein nas-

ser Umhang hing schwer an ihm, und seine unaufhörlichen Flüche erfüllten die Luft.
Zwar zog auch er mit in die Schlacht, um in Britannien gegen die Nordleute zu kämpfen. Doch wann immer in den darauffolgenden Jahren jemand die Geschichte zum besten gab, wurde er regelmäßig von Conan Maors Flüchen unterbrochen.

Sogar Breogan mußte über diese alberne Geschichte lachen. So trug uns eine Welle von Gelächter zum Fluß Boanne, und wir erblickten vor uns das große Feis von Tara.
Obwohl ich weitgereist war und sowohl auf dem Kontinent als auch in meinem Land viel gesehen hatte, verschlug es mir bei diesem großartigen Anblick die Sprache. Hunderte von Wohnstätten und Tausende von Menschen drängten sich dicht an dicht um den Hügel.
Es gab Schutzhütten, Zelte und auch viele feste Behausungen. An den Buden konnte man alles kaufen, was das Herz begehrte, Gold- und Silberschmuck, prächtige bestickte Umhänge und Gewänder, Haarbänder für die Frauen, Spiegel, Brotlaibe und Honigtöpfe, gedünsteten Fisch und süße Kuchen.
Dank Dichus Großzügigkeit konnte ich unsere gesamte Gesellschaft verköstigen, bis auf Ainfean, die verschwand, sobald wir den Fluß überquert hatten, und flußaufwärts weiterritt, weg von dem Feis.

Als ich Ossian einen argwöhnischen Blick zuwarf, meinte dieser nur:
»Sie geht zum Rath der Druiden.«
»Ein Glück, daß wir sie los sind«, sagte ich und machte mich weiter daran, Fisch und Brot zu kaufen und einen Platz zu suchen, wo wir unsere Pferde anbinden und uns zum Mahl niederlassen konnten. Wir setzten uns in einem kleinen Kreis und beobachteten das Gewühl der Menschen von Eire um uns herum.
»So muß sich auch der Herr gefühlt haben«, sagte ich zu den Brüdern, »als Er mit den zwölf Jüngern nach Jerusalem gezogen ist.«
Sie nickten mit großen Augen, denn die meisten von ihnen hatten kaum je etwas anderes gesehen als Dichus kleinen Rath im Norden, und das Fest war wirklich atemberaubend.
Ich ließ alles auf mich einwirken und fragte den Herrn, was Er von mir erwarte.
Die Männer und Frauen von Eire boten einen prächtigen Anblick, sie ritten zu Pferd in ihren vielfarbigen Mänteln hierhin und dorthin, durch die Menschenmenge hindurch zum Hügelkamm hinauf, der hoch über uns aufragte, und wieder hinunter. Soweit ich es sehen konnte, war die Festung von Tara gewaltig. Von den aneinander angrenzenden Gebäuden auf dem Hügel war das längste eine rechteckige Halle, die Hunderte von Fuß maß. Jubel erschallte vom Hügelkamm. Ossian ergriff das Wort.
»Sie halten Wagenrennen ab, Padraig. Und das Gebäude, das du gerade bewunderst, ist die Große Bankethalle. Zur Zeit meines Vaters fanden darin alle Krieger von Eire Platz, der große Cormac und sein Hofstaat, alle Dichter und Geschichtenerzähler und Barden von Irland.«

Er wandte den Blick ab und ließ ihn über die Ebene schweifen, dann schüttelte er den Kopf.
»Was ist?« fragte ich ihn.
»Irland ist geschrumpft, seit ich es verließ«, erwiderte er leise. »Sieh dich um. Siehst du hier irgend jemanden, der einen Fenierumhang trägt? Siehst du jemanden meiner Größe? Nein, keinen. Sogar das Feis scheint geschrumpft zu sein, es ist kleiner geworden. Ich gehöre nicht mehr hierher, Padraig.«
»Dann mußt du wahrlich in großen Zeiten gelebt haben, denn auf mich und meine Brüder wirkt das Feis überwältigend.«
Die Brüder nickten schweigend.
Eine Gruppe von Frauen ging an uns vorbei zum Fluß hinunter. In ihren blauen und grünen Kleidern wirkten sie wie Vögel mit einem schillernden Federkleid. Um die Arme und den Hals trugen sie goldene Reife und Ringe. Das Haar hatten sie zu Zöpfen geflochten, und jeder Zopf war mit einer kleinen Gold- oder Silberkugel verziert, so daß sie beim Gehen zusammenstießen und klingelten.
Unverhohlen musterten sie uns in unseren grobgewebten braunen Kutten und den großen alten Fenier in unserer Mitte.
»Kommt ihr aus einem fremden Land?« rief eine der jungen Frauen uns zu.
Die Brüder starrten sie nur an und brachten kein Wort über die Lippen, also antwortete ich.
»So ist es.«
»Seid ihr dann Händler oder Geschichtenerzähler?«
Da begriff ich, was der Herr von mir erwartete. Ich gab ihr Antwort.
»Wir sind Geschichtenerzähler. Und am Morgen werden

wir eine Geschichte erzählen, die man in Eire noch nie vernommen hat.«
Aufgeregt eilten sie zum Fluß hinunter und erzählten es ihren Freundinnen, wobei sie sich in unsere Richtung drehten und auf uns zeigten.
Ich wandte mich an die Brüder.
»Nach den Gepflogenheiten von Eire wird bald jeder wissen, daß wir am Morgen kommen.«
Sie gafften noch immer auf das muntere Treiben, da ergriff Breogan das Wort.
»Padraig, vielleicht wäre es klug, ein Stück weit weg von hier unser Lager aufzuschlagen.«
Die Klugheit seiner Worte erkannte ich sofort, denn wenn ich die Brüder nicht zum Gebet versammelte und ihnen sagte, was zu tun war, würden sie völlig in ihren Träumereien versinken und für meine Zwecke unbrauchbar werden. Doch als ich aufstand und die Ebene nach einem Lagerplatz absuchte, sah ich überall nur Zelte und Hütten, schreiende Kinder und Reiter, soweit mein Auge reichte.
Schließlich deutete Ossian auf die andere Seite des Flusses hinüber, wo sich eine Anhöhe erhob, gegenüber dem Hügel von Tara.
»Das ist ein guter Platz«, sagte er mit sanfter Stimme. »Mein Vater und ich haben dort oft unser Lager aufgeschlagen, wenn wir nach Tara kamen. Der Hügel ist oben flach, und es gibt eine Quelle dort. Von der Kuppe aus kann man Tara sehen und die ganze Ebene ringsum. Man nennt ihn den Hügel von Slaine.«

Als wir das Lager aufgeschlagen und die Pferde gefüttert und getränkt hatten, rief ich die Brüder zum Gebet zusammen. Ich sagte ihnen, daß wir am nächsten Morgen die Geschichten unseres Herrn verkünden würden. Wir saßen auf dem Hügel von Slaine am Lagerfeuer und sahen in der Ebene und auf dem gegenüberliegenden Hügel von Tara andere Feuer flackern.

Ossian, der den ganzen Tag über ungewöhnlich schweigsam gewesen war, begann zu sprechen.

»Wir werden diese Feuer noch zwei weitere Nächte sehen, doch in der vierten Nacht des Feis werden alle Feuer hier und auf dem großen Hügel gelöscht. Einen Augenblick lang wird die Welt in Dunkelheit gehüllt sein. Dann entzünden die Druiden die großen Feuer des Neuen Jahres, und Läufer bringen das Feuer von einem Lager zum anderen in der ganzen Ebene. Es ist immer wundervoll gewesen, mitanzusehen, wie die Feuer aufloderten, gleichsam wie Blumen, die ihre Blütenpracht entfalten.«

Ich erwiderte nichts. Ein Gedanke hatte sich in mir geformt, wie ein Sämling, und nun, da er einmal Wurzeln geschlagen hatte, wuchs er und entfaltete sich wie das Schauspiel der großen Neujahrsfeuer.

Kapitel Fünfzehn

Bereitet dem Herrn den Weg! Ebnet seine Pfade! Denn der Herr, unser Gott, sendet dem Volk von Irland seinen Segen. Er ist der Dreifaltige, der Eine, der da kommt. Er ist das Licht der Welt, und Sein Licht wird die Dunkelheit durchdringen. Er ist das Licht, daß man nicht auslöschen kann! Bereitet dem Herrn den Weg.«

Am zweiten Tag des Samhain Feis donnerte unser Wagen über die Ebene von Tara, flankiert von den Brüdern auf ihren Pferden, und Benin läutete die Glocke mit aller Kraft, die seine kleinen Arme aufbieten konnten.

Den Krummstab, den Dichus Schmied für mich angefertigt hatte, hoch erhoben, verkündete ich den Menschen mit lauter Stimme die Botschaft. Der Geist Christi erfüllte mich mit solcher Wonne, daß meine Stimme höher wurde und ich fast sang; ich hob die Arme vor Freude über meine Liebe zu Ihm.

Ich bin kein belesener Mann, das sagte ich bereits. Doch wenn Er durch mich spricht, durchströmt und erleuchtet Er mich. Die Stimme aus meinem Mund ist dann jene, die ich in meinem Kopf vernehme.

Und sie hungerten nach dieser Botschaft, oh, wie sie hungerten, denn sie drängten sich zu Hunderten um unseren kleinen Wagen. Auch einige Druiden versammelten sich am Rand der Menschenmenge, ich erkannte sie an ihren

weißen Gewändern. Doch keiner von ihnen wollte uns übel. Einmal glaubte ich, in der Ferne die Druidin Ainfean zu erblicken, aber es war wahrscheinlich nur die Sonne, die das rote Haar einer anderen schimmern ließ.
Ich erzählte davon, wie Er geboren wurde, von dem seltsamen Stern am Himmel und von den drei Weisen, die kamen, um Ihm Gaben aus dem Morgenland zu bringen. Als ich berichtete, daß in der Herberge kein Platz mehr war und sie mit einem Stall vorliebnehmen mußten, rief eine Frau vom Rande der Menge dazwischen:
»Hier in Eire hätten wir für das Kind und die Mutter Platz gefunden, für uns ist Gastfreundschaft ein Gesetz.«
»Und so soll es sein. Denn das Volk von Eire wird das Licht Christi noch heller strahlen lassen. Es wird Sein Licht an alle Ufer bringen, es über die Wasser in die Welt hinaus tragen. Das Licht der Menschen von Eire wird niemals verlöschen, denn es ist das Licht von dem Einen, der da kommt.«
Ich wußte gar nicht, was ich da sagte; das war häufig so, wenn ich von Ihm sprach. Doch sie schienen zu verstehen, denn sie murmelten zustimmend und lauschten den Geschichten. Und als wir zum Mittagsmahl aufbrachen, liefen sie neben dem Wagen her und wollten noch mehr Geschichten über meinen Herrn hören, bis ich versprach, daß ich zurückkehren würde.
Ossian hatte es abgelehnt, mit uns zu kommen, er wollte lieber bei den Hunden und Pferden auf dem Hügel bleiben. Der Grund war, so wußte ich, daß ihn die Sorge über die Veränderungen in seinem Land bedrückte. Ich hatte einst dasselbe gefühlt, als ich nach sechsjähriger Sklaverei in meine Heimat zurückgekehrt war, daher drängte ich ihn nicht mitzukommen.
Doch zu meiner Überraschung saß mit grimmiger Miene

Ainfean neben ihm, als ich frohen Mutes von unserer vormittäglichen Unternehmung zurückkehrte.
»Laoghaire hat von deinen Umtrieben gehört. Er berät sich mit seinem Druiden Matha Mac Umotri. Du und die Brüder, ihr schwebt in großer Gefahr.«
»Wer ist dieser Laoghaire?«
Natürlich wußte ich, daß er der König von Irland war. Ich wußte auch, daß er der Sohn Nialls mit den Neun Geiseln war, dessen Krieger mich vor so vielen Jahren gefangengenommen, versklavt und verkauft hatten. Ich hegte einen alten Groll gegen Laoghaire von Irland, aber das brauchte sie nicht zu wissen. Statt dessen wollte ich, daß sie nach Tara ging und dort von meiner Frage erzählte.
Ihr überraschter Gesichtsausdruck erfüllte mich mit Genugtuung.
»Du kennst den König von Irland nicht?«
»Was kümmern mich die Könige dieser Welt, wenn ich mit dem verkehren kann, der die ganze Welt erschaffen hat?«
Sie breitete die Arme aus.
»Aber die Könige dieser Welt sind mächtig. Das solltest du nicht unterschätzen. In diesem Moment erklärt Mac Umotri Laoghaire, daß deine Geschichten seine Herrschaft untergraben, daß dein König alle anderen Könige vertreiben wird, daß nichts wieder so sein wird wie zuvor.«
Ich lächelte freundlich.
»So ist es ja auch.«
Da stand sie auf und stemmte die Hände in die Seiten.
»Soll ich etwa Laoghaire berichten, daß all das zutrifft? In Sabhal Padraig hielt ich dich für närrisch. Aber jetzt bin ich sicher, daß du nicht bei klarem Verstand bist, Succatus. Sei auf der Hut, oder all deine Bemühungen hier werden vergebens sein.«

Ich erwiderte nichts.
Wütend blitzte sie mich an, dann stieg sie auf ihr Pferd und ritt davon.
Ossian musterte mich mit einem schiefen Lächeln.
»Das ist ein interessantes Vorgehen, Padraig.«
»Was meinst du?«
»Ich kenne dich nun seit sieben Monden, also lange genug, um zu wissen, daß du kein Narr bist. Und trotzdem läßt du sie mit der Nachricht nach Tara zurückkehren, daß du den Namen des Königs von Irland nicht kennst. So eine Kunde verbreitet sich rasch. Die Leute werden erstaunt sein, der König wütend. Und seine Druiden werden seinen Zorn schüren. Ainfean hat recht, wenn sie dich warnt.«
Ich beobachtete Benin, der sich über das Feuer beugte und Bruder Longan half, ein Kaninchen am Spieß zu rösten.
»Ich möchte nicht, daß den Brüdern etwas Böses geschieht.«
»Dann solltest du Ainfeans Rat befolgen; geh vorsichtig zu Werke. Verhalte dich klug in der Großen Halle von Tara. Begegne dem König mit Ehrerbietung. Zeig dich geschickt im Umgang mit den Druiden.«
»Mein Herr ging nicht geschickt zu Werke. Er war geradeheraus und aufrichtig.«
Ossians Mundwinkel zuckten.
»Also liegt es nicht in deiner Absicht, Vorsicht walten zu lassen.«
»War Fionn ein vorsichtiger Mann?«
»Mein Vater war weise. Doch wenn ihn sein Wort band, so wie dein Wort dich bindet, hätte keine Vorsicht ihn zurückgehalten. Mit seinem Wort hatte er sich verpflichtet.«
»Auch ich bin ein Diener des Wortes.«

Der Morgen des Samhain brach an, er war kalt und klar. Im ersten Licht des Tages ritt ich allein über die Ebene von Tara und ließ die kleine Glocke ertönen. Sobald sich genügend Menschen um mich versammelt hatten, verkündete ich die Botschaft, die ich mir in meinen Gebeten zurechtgelegt hatte.

»Das Volk von Eire kennt viele Götter. Manche sind Götter der Dunkelheit. Sie nähren sich von Tod und Krieg; wenn ihr ihren Zorn erregt, wenden sie sich gegen euch wie ein Sturm. Andere sind Götter des Lichtes und des Lachens; wenn sie mit euch zufrieden sind, ist euch das Glück gewiß.

Ich jedoch bringe euch den beständigen Gott. Mein Herr steht jenen bei, die Ihn lieben. Er wird euch nie verlassen; Er schützt euch mit Seinem starken rechten Arm. Ihr müßt Ihm nicht durch Taten oder Opfer zu gefallen suchen, eure Liebe zu Ihm ist Geschenk genug. Er wird euch mit Seinem Geist erfüllen; Seine Stimme wird in euch singen. Und diese Stimme kennt keine Angst.

Heute ist die Nacht des Samhain Feis. Heute fürchtet ihr die Dunkelheit, die in die Welt tritt. Doch ich sage euch, heute nacht wird in Eire ein Licht entzündet, das alle Dunkelheit verbannt. Von heute an erhellt das Feuer Gottes, unseres Herrn, die Nacht. Das Licht, das nie verlöscht, wird heute im Herzen von Eire entzündet.«

Mit diesen Worten verließ ich sie und kehrte zum Hügel von Slaine zurück. Während die Brüder das Mittagsmahl bereiteten und Ossian Geschichten aus längst vergangenen Tagen erzählte, zog ich mich auf die andere Seite des Hügels zurück, kniete nieder und betete zu Gott, bis mir der Schweiß aus allen Poren brach und meine Knie auf den Steinen blutig gescheuert waren. Doch ich stand erst auf, als die Dunkelheit hereinbrach.

Dann kehrte ich zurück und setzte mich in ihre Mitte. Schweigen senkte sich über sie.
»Wir müssen Holz sammeln«, sagte ich leise. »Wir werden eine ganze Menge davon brauchen.«
Schweigend klaubten wir trockenes Holz auf, keiner der Brüder sagte ein einziges Wort. Auch Ossian half mit, er schleppte ganze Armladungen davon herbei. Als wir beisammen hatten, was wir finden konnten, stapelten wir die Äste und Zweige zu einem kegelförmigen Haufen auf. Er überragte unsere Köpfe bei weitem, dort auf dem Hügel von Slaine.
Schweigend standen wir darum herum. Da ergriff Ossian das Wort.
»Ich weiß, was du vorhast, Padraig. Dein Plan ist gefährlich und tollkühn. Aber mutig.« In seiner Stimme schwang so viel Bewunderung mit, daß es mir die Kehle zuschnürte. Ich schluckte.
»Brüder«, begann ich mit leiser Stimme. »Wir Diener des Herrn müssen Tapferkeit zeigen. Wir dürfen nicht verzagen. Heute abend ersuche ich euch, mit mir das Licht im Herzen von Eire zu entzünden. Worum ich euch bitte, ist gefährlich: Wir werden die Könige erzürnen und Furcht im Volk säen. Wenn ihr Angst habt, müßt ihr nicht bei mir bleiben. Es ist keine Schande, zu gehen, denn ich liebe euch alle und möchte nicht, daß euch ein Leid geschieht. Ihr dürft nach Sabhal Padraig zurückzukehren und dem Herrn dort eine Wohnstatt bereiten.«
Niemand antwortete. Ich sah jedem von ihnen ins Gesicht, zehn jungen Männern und dem kleinen Benin. Das Herz ging mir über, und ich betete still zu meinem Herrn:
O Herr, beschütze deine Diener.
»Er wird uns beschützen.«

Es war Benin, der sprach. Dann hob er die Hand und legte sie in meine. Ich betrachtete ihn mit ehrfürchtiger Scheu, denn ich wußte, daß er das Gebet in meinem Herzen gehört und daß die Stimme des Herrn ihm geantwortet hatte. Unfähig zu sprechen, nickte ich bloß.
Unter uns in der Ebene von Tara gingen die Feuer eines nach dem anderen aus, je näher Mitternacht heranrückte. Ich entzündete Fackeln und gab jedem der Brüder eine in die Hand. Dann achteten wir nur noch auf das Feuer auf dem Königshügel von Tara.
Es erlosch.
Dunkelheit. Sterne und Wind.
Jetzt! sagte die Stimme in meinem Herzen.
»Jetzt!« rief ich den Brüdern zu.
Wir hielten unsere Fackeln an den Holzstoß. Die Flammen loderten hoch in den Nachthimmel hinauf; Funken sprühten zu den Sternen. Von der Ebene herauf hörte man Schreien und Kreischen, dann entflammte, reichlich spät, auch auf dem Hügel von Tara ein Feuer.

Wir schliefen nicht. Im Kreis saßen wir um das Feuer und hielten uns an den Händen. Wieder und wieder flüsterte ich den Brüdern die gleichen Worte zu.
»Ja, und ob ich schon wanderte im finstern Tal, fürchte ich kein Unglück, denn Du bist bei mir, Dein Stecken und Stab trösten mich. Du bereitest vor mir einen Tisch im Angesicht meiner Feinde. Du salbest mein Haupt mit Öl und schenkest mir voll ein. Gutes und Barmherzigkeit werden mir folgen mein Leben lang, und ich werde bleiben im Hause des Herrn immerdar.«
Erst kurz vor der Dämmerung kam sie in unser Lager gekrochen. Ihr weißes Gewand war schmutzig, ihre Zöpfe hatten sich gelöst, und das Haar war voller Zweige.

»Succat, du Narr! Was hast du getan?«
»Ich habe das Feuer meines Herrn in Eire entzündet.«
»Du hast dein Leben und das deiner Brüder verwirkt. Sämtliche Krieger von Laoghaire haben den Hügel umstellt. Laß mich wenigstens mit ein paar von euch entkommen. Benin.« Sie streckte die Hand nach ihm aus.
»Wie bist du hierhergekommen, wenn der Hügel bewacht ist?«
»Ich verfüge über gewisse Kräfte.« Sie zog einen kleinen Beutel unter ihrem Gewand hervor. »Manchen habe ich Zauberkräuter ins Essen gegeben, anderen in den Wein. Und wieder anderen habe ich durch meinen Blick das Gefühl für die Wirklichkeit geraubt. Wenn sie aufwachen, glauben sie, sie hätten nur geträumt, und erinnern sich an nichts. Ich habe eine gewundene Schneise mitten durch ihre Reihen geschlagen, doch sie ist dünn wie ein Faden und wird nicht lange vorhalten.«
Flehend sah sie mich an.
»Ich weiß, daß du nicht mitkommst. Aber laß mich wenigstens ein paar von ihnen retten. Ossian wird mir dabei helfen. Wenigstens Benin, Padraig.«
Ich nickte.
»Ja, nimm das Kind mit und Ossian. Brüder, ich sage es noch einmal, jeder, der möchte, kann gehen. Geht und tragt den Herrn hinaus nach Eire.«
Doch sie blieben schweigend am Feuer sitzen.
Benin legte seine Hand in meine und lächelte zu Ainfean hoch.
»Du mußt Padraig jetzt vertrauen. Denn er wird den Herrn bitten, uns zu beschützen, und so wird es geschehen.«
Ich sah auf sein süßes, lächelndes Gesicht hinab. Entsetzen packte mich. Was hatte ich nur getan? Oh, mein Gott, was hatte ich getan?

Ich kniete mich zwischen ihnen nieder und betete laut.
»Du, der Du von Anbeginn in mir gesprochen hast. Vater, Sohn, heiliger Geist. Licht im Herzen von allem. Schenke mir jetzt die richtigen Worte, damit diese Deine Kinder sicher sind. Halte in Deinem Namen jedes Übel von ihnen fern.«
Ich schwieg. Einer nach dem anderen sanken die Brüder um mich herum auf die Knie. Sie faßten sich im Kreis an den Händen und schlossen meine Hand in ihre. Kein Laut war zu hören; auch nicht die Stimme des Herrn. Die Morgendämmerung schimmerte schon am Horizont, als ich sie in meinem Kopf hörte, ganz schwach zuerst, aber sie war da, wie ein Lied, die entfernten Klänge von Gesang. Ich stand auf, nahm meinen Krummstab mit dem bronzenen Knauf, in den der Schmied von Sabhal Padraig kunstvolle Muster eingraviert hatte, und hielt ihn hoch über den Kopf.
»Folgt mir, Brüder«, sagte ich leise.
»Bringst du sie in Sicherheit?« fragte Ainfean.
»Nein«, erwiderte ich. »Ich führe sie zur Großen Halle von Tara.«
Und so ging ich den Hügel hinunter, indes die Brüder in einer Reihe folgten. Ainfean und Ossian beobachteten unseren Aufbruch. Die Worte, die aus meinem Mund kamen, waren nicht meine, sondern Seine, und ich sang sie unentwegt, während wir den Hügel hinabstiegen.

Heute steige ich auf,
Mächtig und stark;
Ich habe die Dreifaltigkeit angerufen;
Ich habe zu ihr gebetet,
Zur Dreifaltigkeit.
Ich verkünde, es gibt nur einen,
Den Schöpfer der Schöpfung.

Wir bewegten uns hügelabwärts. Nun sah ich die Krieger von Laoghaire. Sie sahen uns an, oder eher, merkwürdig starr, durch uns hindurch. Immer noch sang ich, und die Brüder summten mit. Benins liebliche Stimme erklang direkt hinter mir, als er mir den Hügel hinunter folgte.

Heute steige ich auf,
Stark durch Christi Geburt,
Stark durch Seine Taufe,
Stark durch Seine Kreuzigung,
Stark durch Sein Begräbnis,
Seine Auferstehung,
Sein Auffahren in den Himmel.

Wir kamen am Fuß des Hügels an. Laoghaires Männer starrten weiterhin nach oben, als erwarteten sie uns erst noch. Wir sangen weiter.

Heute steige ich auf,
Umgeben von den Cherubim.
Ich folge den Engeln,
Die Erzengel beschützen mich.
Ich hoffe auf die Auferstehung,
Bin stark durch die Gebete der Patriarchen,
die Weissagungen der Propheten,
Die Worte der zwölf Apostel,
Die Unschuld der Jungfrauen,
Die Taten rechtschaffener Männer.

Wir erreichten den Fluß und setzten mit dem Floß ungehindert über. Die Menschen in der Ebene von Tara schichteten gerade ihre morgendlichen Feuer auf, um darüber den Haferbrei zu kochen. Niemand nahm Notiz von uns, als wir an ihnen vorübergingen. Mein Herz war von Freude erfüllt.

Heute steige ich auf,
Stark im himmlischen Arm.
Das Licht der Sonne,
Das Leuchten des Monds,
Die Glut des Feuers,
Die Schnelligkeit des Blitzes,
Die Behendigkeit des Windes,
die Tiefe des Meeres,
die Beständigkeit des Bodens
wurden mir geschenkt.

Der Königshügel von Tara ragte vor uns auf, und wir erstiegen ihn auf dem Torweg. Nun hörte ich hinter uns Krieger, Pferde, Streitwagen. Obwohl sie bereits entdeckt hatten, daß wir nicht mehr auf dem Hügel von Slaine weilten, schritten wir hier nur eine Armlänge entfernt an Laoghaires Kämpfern und Druiden vorbei, ohne daß uns jemand beachtete. Mein Herz war erfüllt von Dankbarkeit.

Heute steige ich auf,
Und Gottes Stärke leitet mich.
Gottes Macht hilft mir,
Gottes Weisheit führt mich.
Das Auge Gottes ruht auf mir;
Das Ohr Gottes hat mich gehört;
Gottes Wort spricht aus meinem Mund.
Er hält Seine Hand schützend über mich.
Ich beschreite Gottes Pfad;
Sein Schild beschützt mich.

Seine Heerscharen werden mich retten
Vor den Fallstricken des Teufels,
Vor jeder Versuchung,
Vor allen, die mir Böses wollen,
Nah und fern,
Allein und in großer Zahl.

Als wir uns der Großen Banketthalle von Tara näherten, schien sich durch die Menschenmenge hindurch ein Pfad zu bilden. Ich folgte ihm, noch immer singend.

Heute rufe ich Deine Macht an,
Damit sie zwischen mir und dem Bösen steht,
Damit sie sich gegen die bösen Mächte stellt,
Die meinen Körper und meine Seele bedrängen.
Gegen die Verwünschungen der Druiden,
Gegen die heidnische Finsternis,
Gegen die Gesetze der Ketzer,
Gegen die Götzenverehrung,
Gegen Frauen, Schmiede und Zauberer,
Gegen alles verderbnisbringende Wissen,
Das Leib und Seele zerstört.

Wie ich gestehen muß, war der letzte Vers auf Ainfean gemünzt. Nun waren wir am Eingang der Großen Halle angekommen. Ich wurde still. Denn nun stand ich vor Laoghaire, dem Hochkönig von Irland. Er saß, umgeben von seiner königlichen Gemahlin, seinen Druiden, Dichtern und Geschichtenerzählern, im vorderen Teil der Halle auf seinem Thronpodest, doch niemand bemerkte uns, bis ich zu singen aufhörte.
Da erhob er sich, in seinem Gesicht malte sich blankes Entsetzen.

»Wie bist du hierher an diesen Ort gekommen?«
Ich antwortete mit fester Stimme.

Heute beschirmt mich Christus
Vor Gift und Feuer,
Vor Ertrinken und Verwundung.
Christus ist mit mir, vor mir, hinter mir.
Christus ist in mir, unter mir, über mir.
Christus ist zu meiner Rechten,
Christus ist zu meiner Linken,
Christus ist im Herzen eines jeden Menschen, der an mich denkt,
Im Mund eines jeden, der von mir spricht.
Christus ist in jedem Auge, das mich erblickt.
Christus ist in jedem Ohr, das mich hört.

Heute steige ich auf,
Mit der Macht und Stärke der Dreifaltigkeit
Im Glauben an den dreieinigen Gott,
An den Einen, der da kommt,
Den Schöpfer der Schöpfung.

Ich verstummte. Völlige Stille senkte sich über die Halle. Der Druide Matha Mac Umotri neben Laoghaire stand auf und kam auf uns zu.
In diesem Moment drängten Wachleute hinter uns in den Raum; sie schrien und zückten die Waffen.
Laoghaire hob die Hand.
»Wie sind sie in diese Halle gelangt? Ihr solltet sie beim ersten Licht des Tages ergreifen!«
Der Hauptmann von Laoghaires Wache trat vor.
»Sie haben den Hügel nicht verlassen. Wir haben sie die ganze Nacht beobachtet. Niemand ist von dort herunter-

gekommen bis auf ein Hirschrudel mit einem Kitz. Doch als wir am Morgen auf den Hügel stiegen, fanden wir nur noch die Überreste ihres Lagers vor, ihre Streitwagen und Pferde, doch von ihnen keine Spur.«

Mit einem Stoßgebet dankte ich Gott, daß Ossian und Ainfean ihnen entkommen waren, richtete meinen Stab auf Laoghaire und stieß ihn dreimal auf den Boden.

»Wir haben das Lied des Herrn gesungen. Wir haben mit lauter Stimme Seine Worte gesprochen. Er hat uns mit Seinem Lied beschützt. Und dieses Lied bringen wir den Menschen von Eire, denn unser Gott ist ein Gott, der niemals versagt.«

»Faßt sie!« schrie Mac Umotri.

Wir wurden von Kriegern umringt, und mein letzter Gedanke, bevor ich bewußtlos wurde, galt dem kleinen Benin, den ich schützend in die Arme nahm.

Als ich erwachte, herrschte Dunkelheit. Um mich herum nahm ich unregelmäßige Atemzüge und leises Murmeln wahr. Ich setzte mich auf und rieb mir den Hinterkopf, an dem eine Beule prangte; jemand mußte diese Stelle für eine gute Zielscheibe gehalten haben.

»Padraig?« erklang eine Stimme aus der Dunkelheit.

Es war Breogan.

»Ich bin hier. Wo ist Benin? Wo sind wir?«

»Benin ist nicht bei uns. Wir wissen nicht, wo sie ihn hingebracht haben. Der Rest von uns ist hier bei dir. Wir befinden uns in der Hütte für Gefangene, die abseits auf dem Hügel steht. Es ist schon dunkel. Du bist nicht gefesselt, Padraig, aber wir übrigen sind an Händen und Füßen gebunden.«

»Wie lange war ich bewußtlos?«

»Nun, es ist bereits Nacht. Man hat dir einen Schlag auf

den Kopf versetzt. Longan hat einen tiefen Riß entlang der Backe, und mein Arm ist gebrochen. Aber es ist nicht der Schreibarm.«
Bitter lachte ich laut auf.
»Bruder, dein Pflichtbewußtsein ehrt dich. Haben wir Feuer oder Nahrung?«
»Sie scheinen nicht zu wissen, was sie mit uns anfangen sollen. Sie haben uns einfach hier hereingesteckt und allein gelassen. Vielleicht hoffen sie, daß wir verschwinden, so wie heute morgen. Padraig, waren wir dieses Hirschrudel, das sie auf dem Hügel gesehen haben?«
»Ich weiß es nicht. Ich weiß nur, daß uns der Herr beschützt hat und uns auch jetzt nicht verlassen wird.«
Draußen vor der Hütte hörte man ein leises Scharren, dann drang plötzlich Sternenlicht herein. Wir spürten einen Windhauch.
»Wer da?«
»Ich bin es, Padraig. Benin.«
Erleichtert atmete ich auf.
»Komm zu mir, mein Kind, ich bin hier.«
Er ging dem Klang meiner Stimme nach, und als er mich gefunden hatte, legte er seine Hand in meine.
»Haben sie dir weh getan?«
»Padraig«, entgegnete er tadelnd. »Es liegt nicht in der Art der Iren, einem Kind weh zu tun.«
»Darüber bin ich froh. Manchen von uns ist es nicht so gut ergangen.«
»Laoghaire hat jene, die euch verletzt haben, gerügt. Es ist gegen das Gesetz, dem Körper eines heiligen Mannes oder einer heiligen Frau Schaden zuzufügen.«
Nun waren von draußen noch andere Geräusche zu hören, und durch die Türöffnung trat Ainfean ein, in Begleitung eines Fackelträgers, zweier Frauen mit Essen,

eines alten, völlig weiß gekleideten Mannes und eines grauhaarigen Mütterchens, das eine Tasche aus Hirschleder trug.
Geblendet vom Licht blinzelte ich und sah mich um.
Unsere kleine Gesellschaft war übel zugerichtet. Breogans Arm stand in einem seltsamen Winkel ab, und von Longans Gesicht tropfte dunkelrot das Blut.
Ainfean wies die alte Frau in Breogans Richtung; sie selbst und der alte Mann beugten sich über Longans Gesicht.
Die alte Frau entnahm ihrer Tasche glatte, abgeflachte Stäbe und einige Stoffstreifen. Sie hob Breogans Arm ein wenig nach oben und schüttelte den Kopf.
»Den Arm muß man noch einmal brechen und den Knochen einrichten. Das wird weh tun.«
Sie zeigte auf mich.
»Du. Komm her und halt den Jungen von hinten. Umklammere ihn und drück ihn fest an deine Brust. Den heilen Arm mußt du an seine Seite pressen, denn damit wird er nach mir schlagen wollen. Er kann dagegen gar nichts tun.«
Ich kroch auf sie zu, aber in meinem Kopf pochte es so heftig, daß ich einen Augenblick innehalten mußte, bis die Übelkeit, die mich ergriffen hatte, vorüber war. Ainfean sah auf.
»Wie schlimm ist es, Succatus?«
»Ziemlich schlimm.«
Sie nickte.
»Das ist nicht mehr, als du verdient hast.«
Ich setzte mich hinter Breogan, lehnte mich an die Wand, umfäßte ihn und hielt den gesunden Arm fest.
»Es tut mir leid, Padraig«, murmelte er.
»Unsinn«, beeilte ich mich zu erwidern. »Du bist doch mein Bruder.«
Die Frau nahm seinen Arm. Sie hob ihn etwas an und

brachte ihre Hände in die richtige Stellung. Ganz plötzlich zog sie daran, wobei ein knackendes Geräusch zu vernehmen war. Zweien der Brüder entfuhr bei diesem Laut ein tiefer Seufzer, aber Breogan blieb völlig ruhig. Sein Körper sackte auf mir zusammen, der Kopf hing schlaff herunter.
»Gut«, sagte die Frau. »Seine Seele ist auf der Reise. Das wird ihm eine Weile die Schmerzen ersparen.«
Sie schiente den Arm mit den glatten Eibenstäben und band sie mit den Stoffstreifen fest. Breogan kam zu sich und stöhnte ein wenig, worauf die Alte sich zu ihrer Tasche beugte und ein kleines Glasfläschchen herausnahm. Einer der zwei Frauen bedeutete sie, einen Becher mit unverdünntem Wein zu bringen, dann streute sie das Pulver aus dem Gefäß in den Wein und setzte Breogan den Becher an die Lippen. Er trank davon und lehnte sich schwer gegen mich.
»Ich kann mich nicht entscheiden, ob der schreckliche Ritt auf diesem Gaul besser oder schlimmer war als das hier, Padraig.«
Gelächter klang im Kreis der Brüder auf.
»Gesegnet seist du für deine Tapferkeit«, sagte ich zu Breogan. Seine Atemzüge waren nun tief und gleichmäßig. Die alte Frau nickte.
»Er wird gleich schlafen. Wenn er aufwacht, wird er Schmerzen haben, aber sie werden nachlassen.«
Sie half mir, ihn auf den Rücken zu legen. Ich berührte ihre betagte Hand.
Da lächelte sie, ging hinüber zu Longan und prüfte, wie Ainfean und der alte Mann ihn behandelt hatten.
»Gut«, sagte sie. »Aber die Wunde ist tief, sie muß genäht werden.«
Sie holte eine dünne Nadel aus Knochen aus ihrer Tasche

und fädelte eine Art Darm ein. Als sie damit Longans Gesichtshaut durchstach, sah ich Tränen in seinen Augen glitzern. Eine tiefe Liebe zu diesen irischen Brüdern erfüllte mich, und ich sank auf die Knie und dankte Gott für ihre Stärke und ihren Mut.

Die alte Frau war mit dem Nähen fertig. Sie rieb die Wunde mit einer Paste aus ihrer Tasche ein und beobachtete Longans Miene. Fast augenblicklich spiegelte sich Überraschung in seinen Augen.

»Ich spüre die Wunde nicht mehr.«

Die Frau nickte.

»Die Wirkung hält nur eine Zeitlang an. Du mußt die Wunde täglich mit frischem Wasser reinigen. Und reibe sie danach jedesmal mit dieser Paste ein.«

Sie gab ihm das Fläschchen in die Hand und stand auf, fertig zum Aufbruch.

»Heilerin«, sagte ich. »Ich danke dir, daß du dich um meine Brüder gekümmert hast.«

»Sprich einfach ein Gebet zu deinem Gott für mich«, sagte sie leise. Dann schlüpfte sie aus der Hütte.

Ainfean kam zu mir herüber und legte ihre Hand auf meinen Hinterkopf.

»Autsch!« Ich zuckte zurück.

Sie gab dem alten Mann ein Zeichen, und er kniete sich vor mich hin. Lange sah er mich mit seinen grauen Augen an. Er hob meine Hand. Sie wurde warm und schwer, und er legte sie mir in den Schoß.

»Was machst du da?« fragte ich ihn. Die Worte kamen langsam und undeutlich aus meinem Mund.

Er schüttelte nur den Kopf und legte seine Handfläche auf meinen Hinterkopf. Die Stelle wurde warm, und die Schmerzen verschwanden; ich spürte, wie sie von meinem Kopf in seine Hand wanderten. Dann legte er die Hand in

seinen Schoß; sie wirkte rot und geschwollen, doch während sie dort ruhte, verschwanden die Rötung und die Schwellung wieder.
Ich befühlte meinen Hinterkopf. Die Beule war noch da, aber sie schmerzte nicht mehr.
»Wer bist du?« fragte ich den Alten.
Ainfean antwortete an seiner Stelle.
»Er ist stumm, Succat, doch er braucht keine Stimme. Das ist Coplait. Er ist ein Ollamh, ein Meisterdruide. Einst war er mein Lehrer. Nun ist er einer der Lehrer von König Laoghaires Töchtern.«
Ich sah in die grauen Augen des alten Mannes; sie waren freundlich und weise.
»Warum bist du hier?« fragte ich ihn. »Ich bin kein Freund der Druiden.«
Das Gesicht des Mannes war ein einziges Lachen, ein höchst ungewöhnlicher Anblick. Seine Augen waren kaum noch zu sehen, so stark hatte sich sein Gesicht in Falten gelegt. Er drehte sich zu Ainfean, und sie nickte.
»Das ist wohl wahr«, bestätigte sie lachend.
»Er hat doch gar nichts gesagt«, stellte ich fest, aber sie schüttelte den Kopf.
»Er meint, du weißt nicht sehr gut Bescheid über die Druiden.«
»Antworte ihm, daß ich ihm dafür danke, daß er meine Kopfverletzung geheilt hat. Und daß ich es ihm vergelten werde, wenn ich kann, nur daß ich meinen Herrn dafür nicht verraten kann.«
»Sag es ihm doch selbst«, erwiderte Ainfean. »Ich habe nicht gesagt, er ist taub.«
Wieder musterte der alte Mann mich eingehend, und seine Augen lachten. Ich fühlte mich wegen meines Irrtums wie ein Einfaltspinsel.

»Es tut mir leid«, sagte ich leise. »Heute war ein schwerer Tag.

»Das war er in der Tat«, erwiderte er.

Ich hörte wirklich, wie er es sagte.

Verwundert sah ich auf seinen Mund.

Wieder lachten seine Augen.

»Wie macht er das?« fragte ich Ainfean.

Sie schüttelte den Kopf.

»Das verstehst du nicht, Succat. Doch Coplait bittet mich, dich zu fragen, ob du ihm den Faed Fiada beibringen würdest.«

»Was ist das denn? Ich kenne es nicht.« Nun war ich verärgert. »Ich bin müde, und dein Hokuspokus ist heute abend fehl am Platz.«

Sie lachte.

»Das ist der Hirschruf, Succat. Das Lied, daß du gesungen hast, als du vom Hügel von Slaine nach Tara gezogen bist.«

»Wer nennt es so?«

»Jeder. Man spricht von nichts anderem. Der Faed Fiada, der Hirschruf, das Lied, mit dem der Eine, der da kommt, Padraig und die Brüder auf dem Hügel von Tara beschützte.«

Vierzehn Tage lang blieben wir in Gefangenschaft. Während dieser Zeit begann Longans Wunde zu heilen, er rieb daran, weil sie so juckte. Auch Breogans Arm tat nicht mehr weh, und die Beule an meinem Kopf ging zurück.

Man hielt uns in der kleinen Hütte fest, doch am dritten Tag bekamen wir ein Feuer. Jeden Tag gab man uns zu essen und die Gelegenheit, unsere Notdurft zu verrichten. Benin besuchte uns täglich, und auch Coplait, der seinen Druidenbruder Mal mitbrachte. Sie beide lehrte ich den Faed Fiada.

Ainfean allerdings kam nicht wieder, und auch von Ossian hörten wir nichts, so daß ich mir wegen seines gebrechlichen Zustands und seines Alters allmählich Sorgen um ihn machte.
Am Morgen des vierzehnten Tages schickte Laoghaire uns Frauen, die unsere Kittel und Beinkleider mitnahmen. Nackt und zitternd ließen sie uns in der Novemberluft zurück. Ich war wütend, denn ich wußte, daß der König eigens deshalb Frauen geschickt hatte, um uns in Verlegenheit zu bringen. Ich war mir ziemlich sicher, daß er durch Ainfean von unserem Zölibat wußte.
Doch als die Frauen auf meinen Lendenschurz zeigten, biß ich die Zähne zusammen und zeigte mich stolz in dem Körper, den mir mein Herr gegeben hatte, obwohl wir zu diesem Zeitpunkt bereits alle ziemlich unangenehm rochen.
Nachdem wir mehr als drei Stunden lang ausgeharrt hatten, kam Ainfean zum ersten Mal seit jener ersten Nacht zu uns. Als sie uns in unserer Nacktheit sah, lächelte sie unbefangen und nickte.
»Ich hatte wohl mehr als recht damit, daß ihr ein Bad nötig habt«, sagte sie. Dann ging sie zur Tür. »Folgt mir ins Badehaus.«
Die Brüder blieben sitzen und sahen mich flehend an, daher rührte ich mich nicht von der Stelle und trotzte ihr. Unverblümt und schamlos musterte sie mich, und ich mußte mich sehr anstrengen, damit mein Körper nicht auf ihre prüfenden Blicke reagierte. Ihr Lächeln sagte mir, daß ihr meine Verlegenheit gefiel. Doch wie so oft rettete mich mein Zorn.
»Wenn du *mich* beschämen willst, gut. Aber meinen Brüder wirst du eine so peinliche Lage ersparen. Wenn du willst, daß sie ein Bad nehmen, dann hol das Wasser hierher, denn du wirst sie nicht dazu bringen, sich vor ganz

Tara zur Schau zu stellen. Du magst uns in Gefangenschaft gebracht haben, doch unsere Menschenwürde werden wir trotz deiner Machenschaften behalten.«

Ein überraschter Ausdruck trat in ihre Augen, und noch etwas anderes.

»Denkst das wirklich, Padraig? Daß ich euch hierhergebracht habe?«

Ich schwieg.

Röte überzog ihren Hals und ihr Gesicht, wanderte langsam von ihrem Brustkorb nach oben. Mit funkelnden Augen sah sie mir direkt ins Gesicht.

»Du bekommst dein Wasser«, sagte sie.

Nachdem wir gebadet hatten, wurden wir in weiße Gewänder gekleidet und dann vor Laoghaire in die Große Halle geführt.

Niemand stand auf oder sagte etwas, als wir vor dem Thronpodest aufmarschierten. Nur der kleine Benin trat vor, lächelte mich liebevoll an und gab mir einen eigenartigen, tropfenden Strauß aus den dreiblättrigen Pflanzen, die die Iren Shamrock nennen. Ich umklammerte das welke Grün, als wären dies die letzten Pflanzen, die ich in meinem Leben noch zu sehen bekommen würde.

Laoghaire und seine königliche Gemahlin blieben auf dem Thronpodest sitzen, ebenso wie ihre Töchter Ethni und Fedelm. Mal und Coplait standen links und rechts der Mädchen, und Coplait lächelte mich mit seinen grauen Augen an.

Da war mir klar, daß Laoghaire Order gegeben hatte, niemand dürfe unsere Anwesenheit in irgendeiner Weise zur Kenntnis nehmen. Lange Zeit standen wir vor dem Thron. Doch dann passierte etwas Merkwürdiges. Das Sträußchen in meiner Hand wurde warm, und der Klee schien seine Blätter ein wenig zu heben.

Ich sah zu Laoghaire auf und begann zu sprechen.

»Großer König von Irland!« rief ich. »Ich weiß, daß du meinen Gott und die Veränderungen, die Er bringt, fürchtest, doch ich sage dir, daß es sanfte Veränderungen sein werden, beinahe unmerklich, wie bei diesen Stengeln in meiner Hand. Denn sieh, wie mein Gott ganz Irland auf Seine Ankunft vorbereitet hat. Eure Wiesen stehen voll von diesem grünen Klee; und sieh, wie er den Namen meines Herrn symbolisiert! Denn in ihm wächst Vater, Sohn und der Heilige Geist aus einem Stiel, sind drei in einer grünen, gedeihenden Pflanze. Und hat mein Herr euch nicht bereits durch eure dreifaltigen Götter auf Seine Herrlichkeit vorbereitet? Und ist nicht die Drei die heilige Zahl von Eire?

Schau auf meine Hand, Laoghaire. Schau sie dir an!«

Widerwillig warf er einen Blick auf die zitternden Kleeblätter.

»Sieh, wie der wahre Gott, der Dreieinige, die Dreifaltigkeit aus Vater, Sohn und Heiligem Geist, ganz Eire in einen Teppich mit seinem Namen verwandelt hat!«

Laoghaire starrte mich mit hochrotem Kopf an; er platzte fast vor Wut.

Hinter dem Hochkönig stand ein Mann auf. Er war in den sechs Farben der Dichter gekleidet. Ein Murmeln ging durch die Menge; Laoghaire drehte sich um und faßte ihn scharf ins Auge.

Doch der Mann stieg vom Podest herunter und trat direkt vor mich.

»Ich bin Dubtach, ein Ollamh«, sagte er leise. »Der Meisterdichter des Ard-Ri von Eire.«

Ich nickte.

Der Meisterdichter des Hochkönigs war ein sehr mächtiger Mann, er bekleidete den Rang gleich nach dem König.

Das wußte ich, und ich wußte auch, daß sein Wort einen Mann töten oder retten, einen Krieg beginnen oder beenden konnte. Deshalb wartete ich schweigend.
Doch ich mußte nicht lange warten, denn Dubtach sprach zu der Menge.
»Ich werde mich taufen lassen im Namen des Einen, der da kommt.«
Laoghaire stöhnte auf.
»Warum hast du dich dazu entschieden?« fragte ich milde.
Dubtach lächelte.
»Ich glaube an das Wort«, erwiderte er.
Da stolperten sie hinter ihm her, die Druiden Mal und Coplait, und dann Ethni und Fedelm, Laoghaires Töchter. Als dieser sie aufhalten wollte, legte Ethni ihrem Vater die Hand auf den Arm.
»Du hast uns aufgetragen, uns von der Weisheit unserer Lehrer leiten zu lassen, Vater. Sieh, in wessen Namen sie sich taufen lassen. Wir sind Frauen von Eire. Wir entscheiden selbst. Wir wählen den Lichten Christus von Padraig.«
Nur Mac Umotri blieb wie versteinert zu Laoghaires Rechten sitzen. Und Ainfean zu seiner Linken. Schließlich konnte es Laoghaire nicht länger ertragen.
»Haltet ein!« Er stand auf und hob die Hand.
»Magonus Succatus Patricius, ich erteile dir die Erlaubnis, überall in Eire die Lehren des neuen Gottes zu verkünden, denn ich sehe jetzt, daß man nicht mehr dagegen einschreiten kann. Und wie das Handeln meines Dichters beweist, predigst du gut. Nur das eine verbiete ich dir, nämlich daß du jemals wieder auf den Hügel von Tara zurückkehrst, denn *ich* werde mich nicht taufen lassen. Ich bleibe bei meinen alten Göttern, sie waren immer gut für mich, und ich möchte nicht daran erinnert werden,

daß sie sich in Nichts auflösen werden wie der Wind, wenn du hier fertig bist.«

»König«, rief ich im Triumph. »Ich brauche nicht nach Tara zurückzukehren. Denn mein Herr ist jetzt unter euch, und Seine starke Stimme wird das Werk fortführen, das Sein Diener begonnen hat.«

Dann gab er uns unsere grobgewebten Kutten und unsere Wagen und Pferde zurück, meinen Krummstab und auch Benins Glocke.

Als wir den Hügel verließen, läutete Benin sie voller Freude. In der Ebene von Tara scharten sich die Menschen um uns, um sich taufen zu lassen – es waren so viele, daß wir den Fluß erst nach Einbruch der Dunkelheit überqueren konnten. Nicht wenige hielten Kleesträußchen in der Hand.

Kapitel Sechzehn

Wir entdeckten Ossian an der Kreuzung der großen nördlichen und der westlichen Straße. Obwohl es dort ein Gasthaus mit gutem Haferbrei gab und der Wirt für seine Freigebigkeit bei Speisen und Getränken bekannt war, hatte Ossian sich eine Schutzhütte im Wald gebaut und briet sich gerade ein Stück Hirsch am Spieß.

Voller Freude kamen wir auf ihn zu, sangen einzelne Verse des Faed Fiada und erzählten ihm schulterklopfend, was Laoghaire und Dubtach gesagt hatten.

Eine Weile sah er uns schweigend an.

»Du hattest also Erfolg.«

»Einen triumphalen Erfolg. Der Herr war mit uns!«

Er nickte.

»Das freut mich für dich.«

Ich betrachtete ihn.

»Das klingt aber nicht so, alter Freund. Du hörst dich an wie einer, der zur Beerdigung seines Bruders geht.«

Ossian lächelte traurig.

»Deine Siege sind prophezeit worden, Priester. Sie kommen zur gegebenen Zeit. Das ist unvermeidlich. Doch was mich betrifft, so wird mir die Welt, wie ich sie kannte, durch deine Veränderungen in immer weitere Ferne gerückt. Mein Eire ist für alle Zeiten dahin. Ich wünschte, ich wäre mit ihm verschwunden!«

»So darfst du nicht sprechen.« Ich setzte mich neben ihn ans Feuer. »Du bist mein Lehrer. Durch dich habe ich die Lebens- und Denkweise von Eire gelernt, die Kunst des Geschichtenerzählens. Mein Sieg hier in Tara rührt zum Teil auch daher, daß ich die Dinge allmählich so sehen kann wie dein Volk.«

»Dann führe ich mein Ende also selbst herbei.«

»Warum bist du zu mir gekommen, wenn du wußtest, daß es so ausgehen würde?«

»Ich weiß es nicht. Ich war in dem fernen Land bei meiner Frau, bei Niamh mit dem Goldenen Haar. Du kannst dir nicht vorstellen, wie schön sie war, Padraig. Oder es vielleicht immer noch ist. Obwohl ich nicht glaube, daß ich sie je wiedersehen werde.

Ich begann, von Eire zu träumen. Jede Nacht träumte ich von meinem Vater und von Oscar, meinem Sohn. Ich sehnte mich danach, mit ihnen in den Wäldern zu jagen und abends am Lagerfeuer Geschichten zu erzählen. Schließlich erschienen sie mir sogar in Tagträumen. Als ich meiner Frau davon erzählte, sagte sie, ich müsse nach Eire gehen. Sie warnte mich sogar, Padraig, daß alles verändert sein würde. Und daß ich meinen Vater und meinen Sohn hier nicht finden würde. Doch die Sehnsucht ließ mich nicht mehr los.

Also gab sie mir das kräftigste Roß von Tir Nan Og und küßte mich, mit Tränen in den Augen. Dann sagte sie dreimal zu mir:

›Mein Geliebter, steig' in Eire nicht von deinem Pferd. Denn sonst werden wir uns nie wiedersehen.‹

Dreimal sagte sie das, Padraig. Doch als ich dich und die Brüder sah, war ich vom Augenblick überwältigt. Und von der Stimme.«

»Von welcher Stimme?«

»Eine Stimme in meinem Kopf sagte zu mir: ›Ossian, erzähle diesem Mann deine Geschichten.‹ Und ich merkte, wie ich aus dem Sattel glitt.« Traurig schüttelte er den Kopf.

Sein Kummer drohte ihn zu überwältigen.

»Erzähl uns von deiner Frau«, bat ich ihn in der Hoffnung, daß Geschichten ihn aufmuntern könnten. »Erzähl von Tir Nan Og. Ist es eine Insel? Ist es weit von hier?«

Doch abermals schüttelte Ossian den Kopf.

»Ich habe keine Geschichten mehr. Es gibt nichts mehr zu erzählen. Ich wünsche mir nur mehr, in die Wälder von Eire zurückzukehren und zu sterben. Vielleicht ist es mir im Augenblick meines Todes vergönnt, an jene Tage zurückzudenken, als mein Vater und ich in den Wäldern rings um die Feste der Weißen Mauern jagten.«

»Ich werde dich hinbringen«, sprach ich einen Gedanken aus, der mich selbst überraschte.

Ossian blickte auf. Seine Gesichtszüge wurden etwas lebhafter.

»Nach Almhuin? Zur Feste der Weißen Mauern?«

»Warum nicht?« erwiderte ich. »Nach Sabhal Padraig können wir jetzt nicht zurückkehren. Man muß die Segel setzen, wenn der Wind günstig steht. Der Herr macht Irland bereit für Seinen Namen. Jetzt ist der rechte Augenblick gekommen, Seinen Namen ins Land zu tragen.«

Als ich diesen Gedanken ausgesprochen hatte, leuchtete er mir unmittelbar ein.

»Breogan«, sagte ich, »wer ist nach Laoghaire der mächtigste König in Irland?«

Breogan schüttelte den Kopf, doch Longan antwortete an seiner Statt:

»Angus von Cashel. Er herrscht über ganz Munster; die Stammesfürsten leisten ihm ihren Treueeid.«

»Dann müssen wir nach Munster ziehen. Und das werden wir auch. Und nach unserer Rückkehr bringen wir Ossian zur Festung seines Vaters.«

Ossian schlug sich begeistert aufs Knie. Als er sprach, klang in seiner Stimme wieder etwas von der früheren Lebensfreude an.

»Das ist gut, Padraig. Ein solcher Plan erfüllt das Herz jedes Feniers mit Stolz. Auf genau dieselbe Art brachte mein Vater alle Stammesführer von Eire hinter sich, als er der Heerführer der Fenier wurde.«

»So hast du es mir erzählt. Und wir werden genauso handeln.«

Ossian faßte mich am Arm.

»Padraig. Wenn wir nach Almhuin kommen, werde ich dort bleiben. Ich werde nicht mit dir nach Sabhal Padraig zurückkehren.«

Ruhig sah ich ihn an.

»Wenn das dein Wille ist, Ossian, dann soll er geschehen. Ich stehe tief in deiner Schuld.«

»Und jetzt laßt uns feiern!« rief er den Brüdern zu. »Padraig, unserem Helden, steht der Leckerbissen zu, die Hirschlende!«

Ich ließ Benin neben mir Platz nehmen, aber kaum hatten wir unser Festmahl begonnen, als die Frau auf uns zuritt.

Ich erhob mich zur Begrüßung.

Sie trieb ihr Pferd mitten in unsere Runde und war im Begriff abzusteigen, doch ich griff ihr in die Zügel.

»Du siehst uns vor dir als vollständig bekleidete Männer, die sich nicht zu schämen brauchen und die trotz deiner Machenschaften wieder frei sind.«

Sie schwieg.

»Warum bist du zu uns zurückgekehrt, Ainfean?«

»Du irrst dich ...«, fing sie an, doch ich fiel ihr ins Wort.
»Ich irre mich keineswegs. Du wolltest nicht, daß wir nach Tara ziehen, aber wir haben es dennoch getan. Ich habe mich gefragt, warum du uns unbedingt begleiten wolltest, nur um uns gleich nach der Ankunft wieder zu verlassen. Aber bald darauf hast du dein wahres Gesicht gezeigt. Du wolltest uns einschüchtern, damit wir das Feuer unseres Herrn nicht entzünden, und darauf hinwirken, daß wir auf dem Hügel von Slaine gefangengenommen werden. Die Gefangenschaft, so glaubtest du, würde unseren Willen brechen – das ist nicht geschehen. Du dachtest, wenn du uns mit unserer Nacktheit beschämst, würde das Volk uns als Narren betrachten. Du dachtest, wir würden demütig und ängstlich vor Laoghaire stehen, so daß niemand sich bekehren lassen würde, weil unser Herr schwach und machtlos erscheinen würde. Doch all deine Pläne sind vereitelt worden. Ich habe dich neben Matha Mac Umotri sitzen gesehen, und dein Zorn ist mir nicht entgangen. Wie groß muß dein Entsetzen gewesen sein, als deine eigenen Brüder sich auf unsere Seite stellten!«
Sie erblaßte bei meinen Worten. Als ich geendet hatte, waren ihre Lippen fest zusammengekniffen. Im Feuerschein sah ich ihre glänzenden, feuchten Augen.
»Ja, weine nur«, fuhr ich fort, da ich mich nicht mehr beherrschen konnte, nun da mein Zorn erst einmal losgebrochen war. »Denn du hast uns betrogen und verletzt, und deine Missetaten sollen schwer auf deinem Herzen lasten.«
Sie sah die Brüder an, die sie indes nur schweigend musterten.
Einzig Benin rührte sich, er zerrte an meiner Hand und rief:
»Nein, Padraig, nein.«

Auch wenn mir bewußt war, daß sich die Frau um ihn gekümmert hatte, so wußte ich doch, daß die Wahrheit ausgesprochen werden mußte.
Die ganze Zeit über kam kein Wort über Ainfeans Lippen. Mit einem Kopfschütteln sah sie zu Benin hinunter. Dann riß sie das Pferd herum und ritt in die Dunkelheit davon.
Als sie fort war, brach Benin in Tränen aus. Da kniete ich mich hin und nahm ihn in die Arme.
»Es wird alles gut«, sagte ich sanft. »Wir sorgen nun für dich. Du wirst zur Gemeinschaft der Brüder von Sabhal Padraig gehören.«
Doch sein kleiner Körper bebte unter Weinkrämpfen. Immer wieder von Schluchzern unterbrochen, erzählte er mir seine Geschichte:
»Du verstehst nicht, Padraig. Ich war bei ihr, als ihr in der Hütte wart. Als die Brüder verletzt wurden, bat sie inständig um Heiler. Ainfean sagte, wenn die Unversehrtheit eines Druiden in Eire heilig sei, dann müsse dies auch für die Druiden des Christus gelten.
Matha Mac Umotri wollte, daß die Krieger euch die Kleider wegnehmen und euch nackt und mit Sklavenhalsbändern dem Volk vorführen. Er meinte, dann würden die Leute sehen, daß ihr nur schwache, bläßliche Gestalten seid, und sich von euch abwenden. Aber Ainfean setzte sich für euch ein. Sie sprach von dem Gott, der da kommt, von den Prophezeiungen der Druiden, die dich lange vor deiner Zeit voraussagten. Sie hat auch dafür gesorgt, daß ihr baden durftet und saubere Gewänder bekamt. Erst als sich Coplait und Mal auf ihre Seite stellten, lenkte Laoghaire ein. Wie Ainfean meint, hat er es nur deshalb getan, weil er den Zorn seiner Frau und seiner Töchter fürchtete.«

Ein verhaltenes, unbehagliches Lachen ging durch die Reihen der Brüder. Ich wußte, was sie empfanden, denn ich fühlte dasselbe.
Scham. Brennende, glühende Scham.
Doch wie so oft ergriff ich rasch das Wort, ehe mein Herz für mich sprechen konnte.
»Du siehst diese Dinge mit den Augen eines Kindes«, sagte ich zu Benin. »Es gibt manches, was du noch nicht erkennen kannst.«
»Ich erkenne die Wahrheit, Abba«, entgegnete er schlicht.

In jener Nacht wurde ich von einem Alptraum heimgesucht. Miliuc, mein Gebieter aus den Zeiten meiner Sklaverei, stand über mir. Ich war wieder ein angstschlotternder Knabe, der nur Fetzen am Leib trug und unter Hunden lebte.
»Du wirst immer ein Sklave sein«, sagte Miliuc grinsend.
»Ich bin kein Sklave mehr«, gab ich zurück. »Der Junge, den du vor dir siehst, ist ein anderer als der Mann.«
»Der Junge, den ich vor mir sehe, wird verzehrt vom Haß auf alles Irische«, erwiderte er. »Dieser Knabe wird immer mein Sklave sein.«
Am Morgen entschied ich, daß wir nach Connaught im Westen ziehen würden, in das Land meiner Sklaverei.

Kapitel Siebzehn

Ich weiß, was du vorhast.« Ossian ritt neben mir her. Fast den ganzen Vormittag über hatte er geschwiegen, wie wir alle.

Nur Benin sang mit seiner lieblichen Stimme traurige irische Weisen. Ich beneidete ihn um sein kindliches Gemüt, das Kummer nicht schweigend ertragen mußte. Eine dünne Reifschicht knirschte unter unseren Füßen; mir war klar, daß wir nicht säumen durften, denn der kalte, nasse Winter stand bevor. Bis dahin mußten wir Sabhal Padraig erreicht haben oder anderswo überwintern.

Dennoch, mein Traum zog mich zu Miliuc.

»Ich halte es nicht für klug.«

Ossian riß mich aus meinen Gedanken.

»Was meinst du?«

»Du willst doch zu deinem ehemaligen Sklavenhalter gehen und ihn taufen. Du erhoffst dir, daß diese Frau, die du in deiner Jugend kanntest, bei ihm ist und du sie ebenfalls taufen kannst. Das, so glaubst du, wird deinem Herzen Frieden schenken, eine Wunde schließen, die du mit dir herumträgst. Aber das wird nicht geschehen.«

»Ich gehe dorthin, wohin mein Traum mich führt. Gerade ein Fenier sollte das verstehen können.«

»Unsinn. Du läufst davon, weil du dich wegen Ainfean schämst. Denn sie hat sich für dich eingesetzt und dabei ihr Leben riskiert, aber du hast sie abscheulich behandelt.«

»Was weißt du schon davon? Du hast im Wald vor deiner Schutzhütte am Feuer gesessen und hast keine Ahnung, was sie gesagt oder getan hat.«
»Das Kind sagt die Wahrheit, daran besteht für mich kein Zweifel. Außerdem kann ich es an deiner Angst ablesen.«
»Wovor sollte ich mich denn ängstigen?«
»Sie ist eine starke, schöne Frau. Und du fürchtest dich davor, sie in den kleinen Kreis deiner Brüder aufzunehmen.«
»Weil sie eine Druidin ist.«
»Bei Mal und Coplait hattest du derlei Bedenken nicht. Letzte Nacht hast du mir sogar gesagt, daß Coplait ein guter und weiser alter Mann ist. Um ihre Zauberkünste geht es dir also gar nicht. Unter den Feniern meines Vaters gab es viele Frauen, und auch Caoiltes Frau war, wie so manch andere, eine Kriegerin. Wir Fenier achteten und liebten einander. Glaubst du denn, daß nur Männer zu den Bekehrten zählen werden?«
»Es gibt auch in Sabhal Padraig Frauen. Die guten Schwestern ...«
»Die guten Schwestern! Hast du sie dir schon einmal genauer angesehen, Padraig? Sie sind wunderschön, die Töchter von Stammesfürsten. Und du behandelst sie wie Hausdienerinnen, läßt sie nähen und Küchenarbeit tun. Weil du die Macht der Frauen fürchtest.«
»Ich fürchte sie nicht, denn ich sehe keine Macht an ihnen.«
»Doch, du siehst sie sehr wohl, und das, was du siehst, macht dir Angst. Die Macht ihrer Schönheit. Die Unmittelbarkeit, mit der sie Dinge erkennen, die unsereins erst durch viele Versuche und Irrtümer herausfindet. Ihre Fähigkeit, Leben zu schenken. Ihre Verführungskünste. Du fürchtest, dir deiner Männlichkeit bewußt zu werden, wenn du sie nur einmal richtig ansiehst.«

»Ich bin mir stets bewußt, daß ich ein Mann bin.«
»Pah. Dein Christus war es, aber du nicht.«
Überrascht sah ich ihn an.
»Willst du Heide mir etwas über meinen Christus erzählen?«
»Glaubst du denn, ich hätte bei deinen Geschichten nicht zugehört? Die Mutter Maria und die Schwestern Martha und Maria und Magdalena. Ich habe gut aufgepaßt. Er hatte Umgang mit diesen Frauen; er sprach mit ihnen und stritt mit ihnen, er teilte das Mahl mit ihnen und nahm sie in seinen Freundeskreis auf. Und wenn sie im Recht waren, hat er auf sie gehört. Ainfean war nur ehrlich zu dir, und in deinem Herzen weißt du das auch. Du aber warst nicht ehrlich zu ihr. Du hast sie abgewiesen, weil du Angst hast, sie zu lieben. Wegen *deiner* Schwäche und Furcht tust du *ihr* weh. Das gehört sich nicht für einen Fenier.«
»Ständig willst du mich zu einem Fenier machen! Aber das bin ich nicht; ich bin nur ein ungehobelter, ungebildeter, ängstlicher Priester. Da! Jetzt habe ich es ausgesprochen! Bist du nun zufrieden, alter Fenier?«
Ich ritt von ihm weg und hielt mich den Rest des Tages an Breogans und Benins Seite. Obwohl ich wußte, wie kindisch mein Verhalten war, konnte ich doch nicht anders.

»Soll ich eine Geschichte erzählen?«
Das Feuer war heruntergebrannt, und Breogan und ich hatten die Reste des Abendessens abgeräumt. Obwohl die Nacht kalt war, hatten es die in ihre Decken eingewickelten Brüder in den Schutzhütten rings ums Feuer warm genug, um Ossians Erzählung zu lauschen.
Sogar ich war froh, daß er den Vorschlag gemacht hatte; nachdem er am vorhergehenden Abend so betrübt gewe-

sen war, hatte ich angenommen, mit den Geschichten wäre es endgültig vorbei. Daher nickte ich ihm aufmunternd zu, auch wenn ich es besser nicht getan hätte.
Denn mir hätte klar sein müssen, daß er keine Geschichte erzählte, ohne einen bestimmten Zweck zu verfolgen.

Fionn nahm stets alle Streuner und Gestrandeten, die seinen Weg kreuzten, bei sich auf. Ob Männer, Frauen, Kinder, Hunde oder Pferde – Fionn nahm sie in seine liebevolle Obhut. Denn er glaubte daran, daß sich jeder ändern konnte, wenn man ihm nur die Gelegenheit dazu bot.
Nun gab es zu jener Zeit einen König von Lochlan namens Colga. Er war, wie alle Könige der Nordleute, ein kriegerischer Mann, der danach dürstete, sein Reich über die Grenzen von Lochlan hinaus zu vergrößern.
So segelte er eines Tages mit einer ganzen Flotte an die Küste von Ulster, wo er mit Hunderten seiner Leute eine Festung errichtete. Dort bereitete er sich auf den Kampf um das Königreich Eire vor.
Schon nach kurzer Zeit erfuhren die Fenierinnen, die auf den Türmen die Küsten von Eire bewachten, von dem Einfall der Nordleute und sandten Boten zu Cormac Mac Art. Dieser ließ nach Fionn in Almhuin schicken, woraufhin Fionn seine Männer sammelte und eilends nach Tara ritt.
Als Fionn und König Cormac auf die Männer aus Lochlan stießen, war die Zahl der Fenier auf Tausende

gestiegen, und sie schlugen den Feind in die Flucht. Colga wurde getötet, und jene seiner Krieger, die nicht getötet wurden, entkamen verwundet auf ihre Schiffe und segelten fort. Sie ließen nichts zurück als ihre Toten.

So zumindest dachten die Fenier.

Denn unter den toten und sterbenden Nordleuten war ein Junge von etwa zwölf Jahren, der unter einem größeren Krieger liegend überlebt hatte.

Fionn, der viele Monate lang in Lochlan gelebt hatte, zog den Jungen heraus und sprach in dessen Sprache zu ihm. Als er den Knaben angehört hatte und sich an Cormac wandte, war er bleich.

»Dieser Junge ist Midac, der Sohn des Colga. Er hat heute mitangesehen, wie sein Vater getötet wurde, und dieser Gefallene, der ihn mit seinem Körper geschützt hat, ist sein Onkel.«

»Laßt uns ihn erst einmal von diesem Gemetzel fortschaffen, dann wollen wir uns ein Urteil über ihn bilden«, erwiderte Cormac.

So nahmen sie den Jungen mit, badeten ihn, gaben ihm saubere Kleider und ihr bestes Essen. Der Junge war in allem höflich und zuvorkommend, doch seine Stimme klang gefühllos und kalt.

Conan Maor mit der bösen Zunge riet, nachdem er ihn eine Weile beobachtet hatte: »Man sollte ihn besser töten. Er wird uns immer nur Ärger bereiten, denn sein Herz sinnt auf Rache für seinen Vater.«

»Es ist nicht die Art der Iren, einem Kind weh zu tun«, widersprach Cormac Mac Art. Er deutete auf seine Wölfe, die wie Hundewelpen um ihn herumtollten. »Sogar die wildesten Tiere aus dem Wald lassen sich zähmen, wenn man sie liebevoll behandelt.«

Fionn nickte.

»Unser König spricht wahre Worte. Und da es mein Enkelsohn Oscar war, der seinen Vater tötete, werden wir ihn in unser Haus aufnehmen und ihn aufziehen wie einen von uns.«
So zog Midac mit Fionn und den Feniern nach Almhuin. Die besten Kriegerinnen unterwiesen ihn in der Kriegskunst, und die weisesten Druiden unterrichteten ihn. Er wuchs zu einem hübschen, kräftigen Jüngling heran, und seine Art war unverändert höflich und zuvorkommend, aber bis zu seinem achtzehnten Lebensjahr kannte man ihn nur unter dem Namen »Der Kalte«, denn niemals lächelte er oder zeigte auch nur die geringste Zuneigung zu Fionn und seinen Fenierbrüdern.
Eines Tages brachten Fionns Krieger die Angelegenheit vor dem Rat zur Sprache.
»Schon vor sechs Jahren«, begann Conan Maor, »habe ich euch gewarnt. Ich riet euch, ihn zu töten, aber ihr wolltet nichts davon hören. Nun seht ihr selbst, welche Schwierigkeiten er uns bereitet.«
»Deine Worte nützen nun nichts mehr, Maor«, fuhr Fionn ihn an. »Er ist zu einem jungen, kräftigen Mann mit guten Manieren herangewachsen, und wir müssen mit ihm auskommen, so, wie er ist.«
Da ergriff Caoilte Mac Ronan das Wort.
»Er hat das Mannesalter erreicht. Gib ihm eigenes Land und Bedienstete, jedoch weit weg von Almhuin, damit er den Feniern keinen Schaden zufügen kann.«
»Das ist ein weiser Ratschlag, Bruder. Ruft ihn her.«
Also trat Midac vor den Rat der Fenier, und Fionn trank auf das Wohl des Jünglings.
»Midac, Sohn des Colga, du bist jetzt ein Mann und sollst dir ein Stück Land auswählen, das ich dir zum Geschenk machen will. Dazu gebe ich dir Pferde und Bedienstete,

Bauleute und Brauer und jede Frau, die dich zu begleiten wünscht.«
Der Jüngling nickte und antwortete mit ernster Stimme: »Der Heerführer der Fenier« – denn er sprach Fionn niemals mit seinem Namen an – »ist wahrhaft großzügig. Ich werde also die Insel Kenri nehmen, die im Shannon liegt, und die drei kleinen Inseln nördlich davon.«
Verblüfft nahmen die Fenier zur Kenntnis, wie schnell der Junge Antwort gab, denn man hatte ihm vorher nicht gesagt, daß er von Fionn Land erhalten sollte. Aber Fionn hatte sein Wort gegeben.
»Abgemacht!« rief er und trank noch einmal auf Midacs Wohl, dann gab er Anweisungen, dem Jungen alles Notwendige zur Verfügung zu stellen.
Als Midac den Rat der Fenier verlassen hatte, platzten alle gleichzeitig heraus.
»Das gefällt mir nicht.«
»Ich habe immer gesagt, daß wir ihm nicht vertrauen können.«
»Seine Antwort kam zu schnell. Er muß es schon lange geplant haben.«
»Dieses Gebiet wäre eine ausgezeichnete Festung ...«
Doch Fionn hob gebieterisch die Hand.
»Mir ist durchaus bewußt, wie gut sich diese Inseln für eine Kriegslist eignen. Von dort aus hat man einen Zugang zum Meer, und er könnte Schiffe aus Lochlan anfordern und dort verstecken. Doch ich habe dem Jungen mein Wort gegeben und will nicht so argwöhnisch gegen ihn sein. Wegen seiner kühlen Art mögen wir ihn nicht, aber schließlich stammt er aus dem kalten Norden, und die Nordleute haben nicht unser überschwengliches Wesen.«
Eine Zeitlang schien es, als sollte Fionn recht behalten,

denn Midac baute eine starke Festung und lebte dort viele Jahre lang in Frieden.
Obwohl keine Frau bereit gewesen war, ihn zu begleiten.

Eines Sommers trug es sich zu, daß Fionn und seine Fenier am Ufer des Shannon auf die Jagd gehen wollten. Als Fionn Midac davon in Kenntnis setzte, ließ Midac ihm die Nachricht überbringen, daß er zu Ehren der Fenier ein Fest abhalten wolle.
Fionn traf mit seinen Leuten vor der restlichen Fianna ein. An diesem Tag ritt Midac ihm entgegen, um ihn zu begrüßen.
Er war ein gutaussehender, stattlicher Mann geworden, mit goldenem Haar. Helm und Umhang trug er nach Art der Nordleute.
Seine Art war so höflich – und so kalt – wie eh und je.
»Heerführer der Fenier, ich heiße dich auf meinem Land willkommen. In meiner Behausung, der Herberge der Flammenden Bäume, wie ich sie wegen ihrer vielen Bäume mit den leuchtend roten Beeren nenne, habe ich ein großes Festmahl für euch vorbereitet. Erweist mir die Ehre eures Besuchs.«
Fionn nahm Midacs Einladung an und begleitete ihn zusammen mit Goll Mac Morna und Conan Maor den Hügel hinab. Caoilte Mac Ronan trug er auf, Ossian und Dhiarmuid Ui Duibhne zu benachrichtigen, die Fionns Pflegesöhnen Ficna und Insa und Insas leiblichem Vater, einem tapferen Fenier namens Fotla, in einiger Entfernung nachfolgten.
Nun war die Herberge der Flammenden Bäume wahrlich ein prächtiger Anblick. Die stattliche Halle inmitten von feuerrot leuchtenden Bäumen war auf einer Insel in der Flußmitte erbaut, und man konnte einzig über eine

Brücke, die über eine kleine Furt verlief, dorthin gelangen. Stolz führte Midac die Fenier in seinem Haus herum, dann wies er ihnen ihre Plätze in der Bankethalle zu und rief seine Diener.

»Bringt dem Heerführer der Fenier und seinen Männern Met und Früchte. Sie sollen sich erfrischen, während sie auf den Rest ihrer Gesellschaft warten.«

Sogleich kamen Diener, die große Humpen mit einem süßen Getränk und mit Früchten beladene Teller brachten. Fionn, Goll und Conan Maor nahmen einen tiefen Zug und taten sich an den reifen Pflaumen gütlich.

»Seht ihr«, sagte Fionn. »Wir in Eire pflegen prahlerische Festgelage mit viel Gesang abzuhalten. Doch auch Midac ist in seiner stillen Art überaus gastfreundlich.«

»Mag sein«, sagte Goll Mac Morna.

Aber Conan Maor schüttelte nur zweifelnd den Kopf.

Wenig später fühlten sie sich wie betäubt; Conan Maor stieß hervor: »Es war also eine Falle.«

»Sag jetzt bloß nicht, daß du es schon immer gewußt hast, Maor«, warnte ihn Fionn. »Ich kann den Arm nicht heben, um dich zu schlagen, aber wenn du das sagst, werde ich es mir merken und dich schlagen, sobald ich wieder dazu in der Lage bin.«

Er spürte, wie alle Kraft aus seinem Körper schwand, und ließ den Kopf auf die Arme sinken.

Midac trat ein.

»Nun ist der große Heerführer der Fenier schwach geworden.« Er lächelte. »Endlich. Hast du geglaubt, ich würde es vergessen, Fenier? Den Anblick meines Vaters, wie er zusammengekrümmt auf dem Boden lag? Das Gewicht meines Onkels auf mir? Den metallenen Geschmack des Blutes, als es meine Kleider durchdrang? Wir Nordleute vergessen nie. Blut verlangt Blut. Und während ihr hier sitzt und euch nicht rühren könnt, habe ich an den Buchten und Mündungen des Shannon Schiffe versteckt. Eine ganze Streitmacht habe ich auf der Insel Kenri versammelt. Es hat mich Jahre gekostet, meine Rachepläne zu schmieden, aber nun werde ich sie in die Tat umsetzen.

Und ich beginne damit, daß ich deinen Sohn und Mac Ronan und Ui Duibhne töte.

Daran sollst du denken, Heerführer der Fenier, während du hier sitzt und schwächer bist als ein Kind. Stell dir vor, wie ich deine Gefährten töte, während du nicht die Beine gebrauchen kannst. Male dir aus, wie ich über Eire hinwegfege, während du das Wasser nicht halten kannst und in deinem Erbrochenen liegst und nicht einmal die Stimme heben kannst, um ihnen beizustehen.«

Dann rauschte er davon. Nach ihm kamen Diener, die sämtliche Lichter und das Feuer löschten. Dunkelheit legte sich über den Raum.

Nur einen Satz noch brachte Fionn über die Lippen, bevor er das Bewußtsein verlor:

»Er hat mich kein einziges Mal Fionn genannt.«

In der Zwischenzeit waren Ficna und Insa, Fionns Pflegesöhne, auf Caoiltes Nachricht hin vorausgeritten, denn sie waren hungrig und wollten möglichst schnell zu dem Fest gelangen. Sie erreichten den Hügel, der vor dem Fluß aufragte, und sahen hinunter zur Herberge der Flammenden Bäume.

»Hier sind wir bestimmt nicht richtig«, flüsterte Ficna; alle seine Sinne waren geschärft. »Dieser Ort liegt in völliger Finsternis.«

Eine Weile verharrten sie schweigend und beobachteten die kleine Furt, die zur Insel führte. Im Dunkeln konnten

sie drei Männer ausmachen, die sich auf die Furt zubewegten. Ficna und Insa banden die Pferde fest und krochen leise den Hügel hinunter, bis sie der Unterhaltung der drei Männer lauschen konnten.
»Midac wird dich dafür töten, denn er möchte Fionns Kopf selbst haben. Aber erst, nachdem er ihm den Kopf seines Sohnes gezeigt hat.«
»Was kümmert mich Midac? Er ist doch nichts weiter als ein undankbarer Sproß seines Landes Eire. Wir dagegen sind aus Lochlan. Denk nur an die Belohnung, mit der unser König uns überschütten wird, wenn wir ihm Fionn Mac Cumhails Kopf bringen!«
Ficna machte seinem Bruder ein Zeichen.
»Reite zurück zu Caoilte und den anderen und berichte ihnen, was sich hier zugetragen hat. Fionn muß in der Herberge in Gefahr sein. Ich will unterdessen versuchen, die drei an der Furt aufzuhalten.«
»Bruder«, erwiderte Insa. »Möge dein Arm stark sein. Auf ein Wiedersehen, und wenn nicht hier, dann in Tir Nan Og.« Dann ging er zurück zu den Pferden.
Ficna kletterte hastig den Hügel hinab und überquerte die Furt noch vor den Männern aus Lochlan. Er verbarg sich hinter einem Baum und kam erst hervor, als diese die kleine Brücke betreten wollten.
»Wer da?« rief einer der Männer aus Lochlan.
»Ich bin Ficna, Fionn Mac Cumhails Pflegesohn. Ich kenne euren Plan, aber ich werde das Leben meines Pflegevaters bis zum letzten verteidigen.«
»Nur zu, Junge«, erwiderte der Mann lachend. »Denn es wird deine letzte Tat sein.«
Mit gezückter Klinge stürzte sich Ficna auf den Sprechenden. Er stieß hart zu und traf den Mann ins Herz, doch bevor er das Schwert wieder herausziehen konnte,

überwältigten ihn die beiden anderen und schlugen es ihm aus der Hand. Dann versetzten sie dem mutigen Jüngling einen tödlichen Hieb.

Der Anführer schnitt dem jungen Fenier den Kopf ab und band ihn sich an den Gürtel. Als die beiden Überlebenden jedoch die Herberge der Flammenden Bäume erreichten, fanden sie das Tor von innen verriegelt vor.

»Midac will sichergehen, daß die Beute ihm gehört.«

»Das macht nichts«, erwiderte der erste Mann aus Lochlan. »Denn wir haben den Kopf von diesem Fenier hier, und dafür wird Midac sicher eine Belohnung herausrücken.«

Die Männer gingen über die Brücke zurück und machten sich auf in Richtung zur Insel Kenri, da stießen sie auf Insa, der Caoilte und die anderen gewarnt hatte und dann schnell zurückgeritten war, um seinem Bruder zur Seite zu stehen.

In der Finsternis hielten die Männer aus Lochlan ihn für einen der Ihren.

»Wir haben eine ansehnliche Beute«, rief der erste und warf Insa den Kopf seines Bruders zu.

»Nein!« schrie Insa auf. »O Bruder, wäre ich nur hier gewesen, um an deiner Seite zu kämpfen!«

Heulend wie ein wildes Tier holte er aus und streckte den Mörder seines Bruders nieder, doch der andere entfloh allein in den Wald und rannte wie der Wind zur Insel Kenri.

Schon kamen die anderen herangeritten, Caoilte und Ossian, Fotla und Dhiarmuid Ui Duibhne. Sie erblickten Insa, der den Kopf seines Bruders an sich drückte, und hörten seinen Bericht an. Ui Duibhne übernahm das Kommando.

»Ossian«, rief er. »Reite zu den Feniern und schare so

viele Fians um dich wie möglich. Denn ich glaube, hier wird eine große Schlacht stattfinden. Wir übrigen werden die Furt gegen alle Eindringlinge verteidigen und Fionn und die anderen beschützen.«

Ossian machte kehrt und verschwand in der Dunkelheit, während Ui Duibhne, Mac Ronan, Fotla und der tiefbetrübte Insa zur Insel der Flammenden Bäume ritten. Sie fanden die einzige Tür verriegelt vor, und über der Herberge lastete Grabesstille. Also stellten sie sich zu beiden Seiten der kleinen Furt auf und warteten.

Die Nacht verstrich ohne Zwischenfälle. Gegen Morgen waren Geräusche aus dem Farndickicht am anderen Flußufer zu vernehmen, und in der Dämmerung tauchte Midac auf, begleitet von ein paar Kriegern aus Lochlan, einschließlich jenes Mannes, der in der Nacht entkommen war.

»Ich kann nichts Ungewöhnliches sehen«, sagte er laut, »nur den Leichnam des Jungen. Aber wir werden nachschauen, ob meine Gefangenen noch da sind.«

Nach diesen Worten bedeutete er zweien seiner Männer, die kleine Brücke zu überqueren. Kaum hatten sie die andere Seite erreicht, da stürzte sich Insa auf sie und tötete einen von ihnen augenblicklich mit einem Hieb ins Herz. Fotla sprang ihm zu Hilfe, und zusammen bezwangen sie den zweiten Mann.

Mit einem mächtigen Schrei winkte Midac seine ganze Gefolgschaft über die Brücke, doch da die Furt eng und der Fluß tief war, konnten sie nur einer nach dem anderen gehen. Mehr als zwei Stunden dauerte die Schlacht, und jeder, der drüben ankam, mußte es mit Mac Ronan oder Ui Duibhne, Fotla oder Insa aufnehmen.

Schließlich gelang einem der Männer aus Lochlan ein schwerer Schlag gegen Insa, der allmählich ermüdete. Der

Jüngling sank auf die Knie, und aus einer tiefen Wunde lief das Blut über seine Hand. Fotla schrie laut auf und stürzte sich auf den Krieger, aber da kam schon ein zweiter auf die Brücke, holte aus und hieb ihm den Kopf vom Rumpf.
Nun blieben Mac Ronan und Dhiarmuid Ui Duibhne allein zurück, um die Furt zu verteidigen. Midac stimmte ein lautes Lachen an. Er lenkte sein Pferd über die kleine Brücke und schrie ihnen zu: »Das ist euer letzter Tag, Fenier! Ihr werdet sterben, wie mein Vater und seine Krieger gestorben sind. Dann zeige ich Fionn Mac Cumhail eure Köpfe, bevor er mit dem seinen bezahlt. Und wir von Lochlan werden die Fenier von Eire bezwingen!«
Laute Zurufe kamen von den Männern aus Lochlan.
Sie fielen über den Dammweg ein, manche stürzten sich sogar in den Fluß und begannen, durch das kalte Wasser zu der kleinen Insel zu schwimmen.
»Ich sehe dich in Tir Nan Og wieder«, rief Caoilte Ui Duibhne zu. Sie standen Rücken an Rücken, bereit, den anderen bis zum letzten Blutstropfen zu verteidigen.
In diesem Augenblick kam Ossian über den Hügelkamm angeprescht, die Fians hinter sich. Sie stießen den Kriegsschrei der Fenier aus und trieben ihre Pferde den Hügel hinunter in den Kampf mit den Männern aus Lochlan.
Ui Duibhne nutzte die Gelegenheit und warf seinen Speer, der Midac mitten ins Herz traf. Als Midac sein Blut fließen sah, hob er überrascht den Kopf.
Wenige Augenblicke später war es vorbei mit ihm.

Als der Kampf zu Ende war, vernahmen die Fenier ein dumpfes Stöhnen aus der Herberge der Flammenden Bäume. Sie umstellten das Gebäude und riefen den Männern drinnen etwas zu.

Fionn antwortete mit schwacher Stimme.
»Es ist eine Falle, Fenier.«
Die Krieger draußen brachen in schallendes Gelächter aus.
»Diese Nachricht kommt reichlich spät«, rief Ossian seinem Vater zu.
»Du mußt die Tür öffnen«, fügte Ossian hinzu. »Sie ist von innen verriegelt.«
Doch Fionn war noch immer schwächer als ein Kind. Auf Händen und Knien kroch er zur Tür und zog sich an der Wand hoch. Bevor er den Riegel zurückschieben konnte, mußte er noch einmal innehalten, bis er wieder ein wenig bei Kräften war. Danach sank er zu Boden. Die Fenier stürzten in die Halle und trugen Fionn, Goll und Conan Maor hinaus in die Sonne.
Als Fionn erkannte, daß Insa, Fotla und Ficna in dieser Schlacht ihr Leben hatten lassen müssen, weinte er und war untröstlich. Sich allein gab er die Schuld an ihrem Tod, weil er den Charakter des Midac von Lochlan falsch eingeschätzt hatte. Er sang den Dord Fion, den Schlachtgesang der Fianna. Und die Fenier stimmten mit ein, sie sangen den ganzen Tag lang bis zum Abend, und der Wald hallte wider von ihrem Kummer.

Niemand sagte etwas. Das Feuer knisterte und ließ Funken sprühen. Benin setzte sich neben Ossian und sah ihn ruhig an.

»Hattest du Angst?« fragte er ihn.
»Ja. Und als es vorüber war, war mein Herz voll Kummer über den Verlust meiner Fenierbrüder. Soll ich den Teil des Dord Fion vortragen, den Fionn sang – jenen, der einem gefallenen Bruder gewidmet ist?«
Benin nickte.
Ossian hatte keine Trommel, aber er schlug mit einem Stock auf einen hohlen Baumstamm und stimmte einen Klagegesang an, den ich mein Leben lang nicht vergessen werde:

Ta se ag dul as,
Ta se ag dul as,
Er schwindet,
Er schwindet,
Fort ist unser Bruder,
Fort von seiner Fian.
Chuaigh se an cnoc,
Chuaigh se an cnoc,
Er ging über den Hügel,
Er ging über den Hügel,
Nicht mehr zu den grünen Feldern,
Nicht mehr zum Meer,
Nicht mehr zu den Bergen,
Nicht mehr zu den Flüssen,
Leis fanacht,
Leis fanacht,
Sag ihm, er soll warten,
Sag ihm, er soll warten,
Ta an la ag imeacht,
Ta an la ag imeacht,
Der Tag neigt sich,
Der Tag neigt sich.

»Deine Geschichte hat alle mitgenommen«, sagte ich, als die anderen schliefen.
»Das lag auch in meiner Absicht. Es wird nichts Gutes dabei herauskommen, wenn du zu deinem Sklavenhalter zurückkehrst.«
»Ich hoffe, daß sogar etwas sehr Gutes dabei herauskommt, Ossian.«
»Genau wie mein Vater«, war alles, was er antwortete.
Und in dieser Nacht fand ich keinen Schlaf, denn der Dord Fion wollte mir nicht aus dem Kopf gehen.

Kapitel Achtzehn

Wie seltsam war es doch, die Landschaft, die ich nur als Sklave kannte, nun mit den Augen eines freien Mannes zu betrachten. Die Gefangenschaft hatte mir den Blick getrübt, doch das war mir damals nicht bewußt gewesen, als ich in jedem Berg, in jedem Fluß nur ein Hindernis sah und jedes Wäldchen dem gefangenen Jungen den Weg nach Hause versperrte.

Nun erblickte ich den Westen Irlands wie zum ersten Mal. Und er war wunderschön, grün und gewaltig, mit seinen üppigen Wäldern und den hoch aufragenden, nebelverhangenen Bergen.

Als wir den Wald von Foclut und die kleine Ansammlung von Lehmhütten dort erreichten, stieg ich vom Streitwagen.

Neugierig kamen einige der Bewohner aus ihren Behausungen und starrten uns an. Eine alte Frau trat näher und musterte mich scharf, bevor sich ihr Gesicht zu einem zahnlosen Lächeln verzog und in unzählige Falten legte.

»Du warst der Sklavenjunge«, sagte sie mit einem Nicken. »Ich habe mir immer gedacht, daß du eines Tages zurückkehren würdest.«

»Mutter Mac Ferdiad. Es waren die Menschen von Foclut Wood, die mich riefen. Denn in all den Jahren meiner

Sklaverei habe ich allein von euch hier Güte und Freundlichkeit erfahren.«

»Es war mehr als das, mein Junge. Dieser Ort hatte dich schon damals in seinen Bann geschlagen.«

»Erzähl die Geschichte, Padraig«, forderte mich Longan von Pferd herunter auf. »Erzähl uns, wie dich die Menschen von Foclut Wood gerufen haben.«

Jungenhafte Begeisterung spiegelte sich auf seinem Gesicht, und ich lächelte ihn traurig an.

»Vor der Rückkehr, Bruder, lag noch etwas anderes. Ich wurde hierher verschleppt. Und ich habe geglaubt, daß ich das nicht überleben würde.«

»Dann erzähle uns davon«, schlug Ossian vor. »Und vielleicht vermagst du dabei die Bitternis deines Herzens und deiner Zunge auszuspeien.« Doch in seiner Stimme schwang eine böse Ahnung mit.

Bevor ich ihm antwortete, sah ich ihn lange an.

»Ja, ich werde davon sprechen, alter Mann«, willigte ich schließlich ein. »Ich werde es erzählen, damit ihr erfahrt, warum ich hierhergekommen bin.«

Die Brüder saßen ab und umringten mich, und auch viele Leute aus dem kleinen Rath gesellten sich zu uns, um meine Geschichte zu hören. Bevor ich begann, schloß ich kurz die Augen und rief mir die damaligen Ereignisse in Erinnerung, doch dessen hätte es kaum bedurft, denn jenen Tag, seine Gerüche, Geräusche und Bilder, hatte ich nie vergessen, und auch nicht meine Angst.

»Ich war damals sechzehn Jahre alt und wohnte im Haus meines Vaters im Landesinneren Britanniens, in einer großen Villa.«

Dabei ließ ich den Blick über die Lehmhütten schweifen und lächelte die Leute an.

»Der Fußboden darin war aus Marmor, seidene Vorhänge

hingen vor den Fenstern, und im Winter wurde das Haus mit heißem Wasser beheizt, das durch unterirdisch verlegte Rohre floß.«

Die Menschen schnappten nach Luft.

»Ist das wahr, Padraig?« fragte Longan mit kindlichem Staunen.

»Laß ihn einfach weitererzählen«, gebot Ossian.

»Ja, es ist wahr«, erwiderte ich freundlich an Longan gewandt. »Aber wir besaßen noch ein anderes, ein kleineres Haus an der Küste, an einer Flußmündung zur Irischen See, wo man die Gezeiten weit flußaufwärts beobachten konnte. Dort verbrachten wir die Sommer, meine Familie und die der Schwester meiner Mutter. Mein Vetter und ich, ungebärdige sechzehnjährige Knaben, waren in jenem Sommer des Überfalls dort.«

Wieder schloß ich die Augen und versuchte, mich an das Gesicht meines lieben Vetters zu erinnern. Als ich weitererzählte, gruben sich meine Fingernägel tief in die Handflächen.

»Wir kletterten auf den Klippen hoch über dem Dorf herum, als wir ihre Schiffe in die Bucht einlaufen sahen. Zuerst glaubten wir, es seien Nordleute, so riesig waren ihre Schiffe. Aber sie hatten keine Drachen am Vordersteven, und ihre Segel waren von anderer Farbe. Da wußten wir, daß es irische Sklavenjäger auf Raubzug waren: es war die Flotte von Niall mit den Neun Geiseln.

Wir hätte ihnen entwischen können, dazu waren wir weit genug vom Dorf entfernt. Aber da gab es ein Mädchen, für das mein Vetter schwärmte. Obgleich ich ihn drängte, mit mir in die bewaldeten Hügel zu fliehen, galten all seine Gedanken ihr. Sie hieß Julia, das weiß ich noch heute. Mein Vetter kletterte zum Dorf hinunter, und ich folgte ihm.

Doch, o Gott, was mußten wir auf unserem Heimweg sehen? Frauen rannten mit ihren Säuglingen im Arm auf die Hügel zu, indes ihnen die Plünderer nachsetzten und sie zu Boden schlugen. Die Männer des Dorfes dagegen versuchten, die Angreifer abzuwehren. Noch heute sehe ich vor mir, wie ein abgeschlagener Arm durch die Luft flog, der Arm eines unbewaffneten Familienvaters, der sein Weib mit bloßen Händen zu verteidigen versuchte. Als wir das Ufer der Flußmündung erreichten, schwamm alles in Blut, und wir rutschten beim Laufen immer wieder aus. In dem Durcheinander entdeckte ich Menschen, die ich kannte; Frauen mit Kindern auf dem Arm schrien und wehklagten, als sie von ihren Männern getrennt wurden. Die Plünderer hatten die Hütten am Ufer in Brand gesetzt, und das Feuer, vom Wind angefacht, sprang wie ein Lebewesen von Haus zu Haus.

Julia befand sich bereits in der Hand der Räuber. Hilflos mußten wir mitansehen, wie das Mädchen zu einem der kleineren Schiffe gezerrt wurde, die am Ufer lagen. Mein Vetter rannte hinterher und rief ihren Namen. Wie betäubt blieb ich Narr stehen; ich konnte mich nicht rühren. Und ich sah, wie mein Vetter die Arme nach Julia ausstreckte, wie er sich gegen den Iren warf, der sie an den Haaren festhielt. Dieser zog sein Schwert, die Klinge blitzte rot im Feuerschein. Mit überraschtem Gesichtsausdruck drehte sich mein Vetter noch einmal zu mir um; er hielt seine Eingeweide in Händen, das Gedärm quoll ihm über die Arme. Und er sah mich flehend an.

Dieser Blick löste meine Erstarrung. Ich rannte wild brüllend zu ihm und ging, mit seinem blutigen Körper als Rammbock, auf den Iren los, der daraufhin das Haar des Mädchens freigab. Mein Vetter fiel tot zu Boden, er riß mich mit sich, und Julia taumelte auf uns zu.

»Lauf, Julia«, schrie ich. »Schnell weg.«
Wie eine Schlafwandlerin, die gerade aufwacht, sah sie mich an, dann rannte sie auf die Klippen zu. Doch für mich war es bereits zu spät. Ich spürte, wie mich der Räuber an den Haaren und am Kittel packte und fortzog. Mein letzter Blick galt dem Mädchen Julia hoch oben auf den Klippen.«
Ich hielt inne, und versuchte, das Bild meines aufgeschlitzten Vetters abzuschütteln. Mit geschlossenen Augen, damit die Brüder meine Scham nicht sehen konnten, fuhr ich fort: »Während der Überfahrt nach Eire lag ich in meinem Erbrochenen und meinem Urin. Als wir schließlich die hiesige Küste erreichten, wurden wir zusammengepfercht wie das Vieh, auf das die Iren so stolz sind. Man riß uns die Kleider vom Leib, und ich erinnere mich noch, wie Käufer an den nackten Brüsten der Frauen herumfingerten. Eine einzige Gnade wurde uns gewährt, denn man ließ die Mütter mit ihren Kindern beisammen. Später erfuhr ich den wahren Grund dafür: Man hatte herausgefunden, daß die Frauen gefügigere Sklavinnen und bessere Arbeitskräfte waren, wenn man ihnen die Kinder ließ. Verdammte Iren. Verfluchte, verdammte Iren. Auch ich wurde meiner Kleider beraubt.«
Mir fiel ein, wie ich nackt vor der Druidin Ainfean gestanden hatte, und heiße Schamesröte färbte meine Wangen.
»Miliuc untersuchte mein Gebiß und meine Beine, wie er wohl sonst ein Pferd untersuchte. Er hieß mich ein großes Stück Holz aufheben und spalten, und nachdem er sich vergewissert hatte, daß ich gesund und kräftig war, erstand er mich im Tausch gegen zwei Stück Vieh, legte mir das Sklavenhalsband um und warf mir einen groben Kittel über. Hinten an seinen Wagen angebunden mußte ich ganz Irland durchqueren.

Dann lebte ich sechs lange Jahre zusammen mit Miliucs Wolfshunden in einer steinernen Hütte.«
Nun öffnete ich die Augen wieder, und ich sah Longan vor mir knien. Ihm rannen Tränen über die Wangen.
»Vergib mir, Padraig«, flehte er.
»Dir vergeben? Was sollte ich dir vergeben?«
»Ich bitte dich um Vergebung für deine Sklaverei.«
»Aber Bruder, damit hattest du doch gar nichts zu tun. Außerdem brachte mich mein Joch näher zu Gott, dem Herrn. Denn zuvor war ich ein rauher, gottloser Knabe, der nicht zu beten verstand. Das habe ich erst hier, in meiner Einsamkeit, gelernt.«
Doch Longan blieb vor mir knien, und Ossian ergriff das Wort.
»Du hast ihn von deinem Becher voll bitterer Scham trinken lassen, den du besser auf den Boden geleert hättest.«
Betreten schwieg ich.
Da ertönte aus der Menge Mutter Mac Ferdiads Stimme: »Jetzt erzähl uns endlich, warum du zurückgekommen bist.«
Ich nickte.
»Nachdem es mir gelungen war, heim zu meinen Leuten zu fliehen, war ich entschlossen, niemals hierher zurückzukehren. Nein, es war mehr als das. Ich wollte diesen Ort aus meinem Gedächtnis tilgen und nie wieder an diese Jahre denken.
Doch ich war noch nicht lange zu Hause, da hatte ich einen Traum. In diesem Traum kam ein Bote zu mir, der sich Victoricus nannte, was ein römischer Name ist. Aber er brachte mir einen Brief von den Menschen aus Foclut Wood. Und euch hatte ich in guter Erinnerung.«
Dabei tätschelte ich die Hand der alten Frau.
»Denn wenn ich am Verhungern war, weil Miliuc mir

nichts zu essen gab, brachten mir die Menschen von Foclut Wood Nahrung. Wenn ich so einsam war, daß ich es nicht mehr ertrug, schlich ich mich in der Dunkelheit hierher zu euch ans Feuer und erzählte euch das Wenige, was ich damals von meinem Gott, dem Herrn, zu berichten wußte.

Und so erschien es mir nicht verwunderlich, daß dieser Brief in meinem Traum von euch stammte. Er enthielt eine klare Botschaft:

›Junge, wir flehen dich an, kehre zurück zu uns.‹

Da wußte ich, daß dies der Wille des Herrn war, und ich weinte bitterlich. Denn ich hatte nie wieder einen Fuß in dieses Land setzen wollen.

Aber ich bin zurückgekehrt. Und wie ein Banner trage ich Gott, den Herrn, vor mir her, der auch der Gott der Vergebung ist. In Ihm werden wir ein Volk sein. In Seinem Namen werde ich jeden taufen, der danach verlangt.«

Fünf Menschen aus dem kleinen Rath empfingen die Taufe. Als wir uns am nächsten Morgen anschickten, zu Miliuc weiterzureisen, wandte ich mich triumphierend an Ossian.

»Siehst du, alter Mann«, sagte ich, »deine bösen Ahnungen haben sich nicht bestätigt. Ich bin auf dem Weg, meinen einstigen Besitzer zu taufen, ich bin zur Vergebung bereit.«

»Aber ich fürchte, deine Bitterkeit wird die Oberhand gewinnen, Padraig.«

»Da irrst du dich. Der Herr wird uns hier einen großen Sieg bereiten.«

»Mein Vater war ähnlich siegesgewiß, als er mit Conan Maor in der Herberge der Flammenden Bäume gefangen war.«

Doch bevor ich ihm eine bissige Antwort geben konnte, ritten wir schon aus dem Wäldchen heraus, und vor uns lag Miliucs Rath.
Dieses Anwesen war mir als riesiges, auf dem Hügel über den Schafweiden thronendes Gehöft im Gedächtnis geblieben, aber es war kleiner und ärmlicher als unser Rath in Sabhal Padraig.
Das befremdete mich sehr, ganz als ob dieser kleine, schäbige Ort zu nichtig für meine gewaltigen Erinnerungen wäre. Dennoch lenkte ich den Streitwagen hügelan und ließ Benin die Glocke läuten. Vor der Behausung des Stammesoberhauptes zügelte ich die Pferde und rief Miliucs Namen.
Er trat aus dem Gebäude, und mir verschlug es die Sprache.
Denn vor mir stand nicht der hochgewachsene Mann, als den ich ihn im Gedächtnis hatte, sondern ein kleiner, fast kahlköpfiger Fettwanst, der mit der Hand die dunklen Augen beschattete.
»Was willst du, Talkenn?« fragte er.
»Erkennst du mich denn nicht?«
»Ich kenne keine christlichen Missionare, sie sind hier nämlich nicht willkommen.«
Inzwischen hatten sich andere um uns geschart, daher sprach ich mit lauter Stimme zu dem alten Stammesführer: »Auch als ich das erste Mal hier weilte, hießest du mich nicht willkommen. Ich war der Hirt deiner Schafe und der Hüter deiner Hunde.«
»Ach, der Cumhal! Dieser hinterhältige Britannier. Du schuldest mir noch etwas, Junge. Denn du warst mein Sklave und hast mir mein Eigentum geraubt.«
Dieser verquere Gedankengang ließ mich laut auflachen, dennoch antwortete ich höflich:

»Ich habe nur mich selbst mitgenommen. Aber ich werde dir die Schuld zurückzahlen, Miliuc. Ich bringe dir ein größeres Gut, als du dir auch nur vorstellen kannst, denn ich bringe dir Kunde von Christus, meinem Herrn, dem Dreifaltigen, dem Einen, der da kommt.«
»Das nennst du Entgelt? Ich habe dich schon für ein wenig närrisch gehalten, als du noch ein schweigsamer Sklavenjunge warst. Diese Narrheit ist jetzt wohl zu voller Blüte gereift. O nein, mir reichen die Götter, die ich habe. Ihr Missionare seid unser Untergang. Einst waren wir stark, und alle fürchteten uns, ihr aber zähmt uns und verlangt Güte. Was hätten wir davon? Du hast als Sklave weit mehr vollbracht und warst von größerem Nutzen als in dieser lächerlichen Verkleidung.«
»Laß mich von meinem Herrn erzählen«, rief ich aus. »Er wird deinen Zorn beschwichtigen und dir nie gekannte Freude schenken.«
»Deine Freude will ich nicht. Ich will meinen Zorn, den lasse ich mir von dir nicht nehmen.«
Damit drehte er sich um und ging in sein Haus, doch gleich darauf trat er mit dem Schwert in der Hand wieder heraus.
»Komm her, Junge. Gib mir dein Leben, das du mir einst geraubt hast. Oder hol' dir deine Freiheit.«
Er ließ die Schwertklinge durch die Luft zischen.
Aber ich hatte seine großsprecherische Art noch gut in Erinnerung und wich nicht von der Stelle. Nur Benin schob ich auf dem Streitwagen hinter mich.
Miliuc kam näher. Drohend schwang er das Schwert.
Da trieb Longan sein Pferd nach vorne.
»Halt ein«, brüllte er Miliuc an.
Verächtlich blickte Miliuc zu ihm hinüber.
»Das ist eine Sache zwischen Sklave und Herr und hat

dich nicht zu kümmern, du Christ!« Dies stieß er voller Abscheu aus und schüttelte dabei den Kopf.
»Und das auch noch von einem guten Iren, wie ich sehe. Du solltest dich schämen, diesem fremdländischen Sklaven hinterherzulaufen.«
»Padraig ist mein Bruder und mein Lehrer«, gab Longan zurück. »Hör ihm zu. Er kommt, euch die Vergebung des Herrn zu verkünden.«
Da fuhr Miliuc vor Longans Pferd mit dem Schwert durch die Luft. Erschreckt von der blitzenden, sirrenden Klinge bäumte sich das Pferd auf. Longan landete mit einem dumpfen Aufprall auf dem Boden. Das wäre nicht weiter schlimm gewesen, doch das scheuende Pferd war so hoch gestiegen, daß es trotz heftigen Strampelns sein Gleichgewicht nicht wiederfand und hart hintenüber auf Longan fiel, der schmerzvoll aufschrie. Dann war alles still.
»Nein!« entfuhr es mir.
Ich sprang vom Wagen und eilte mit ausgestreckten Armen auf das Pferd zu, das sich verängstigt aufrappelte und davonstob. Longan lag mit schweren Quetschungen am Boden und atmete kaum mehr.
»Bruder!« rief ich und kniete mich neben ihn. Seine Augen waren angstvoll aufgerissen, aber er konnte nicht sprechen.
Ich wandte mich an Miliuc.
»Gibt es hier einen Heiler? Hol' einen Heiler, um Gottes willen.«
»Der Wille deines Gottes ist mir gleich«, gab er zurück und verschwand in seinem Haus.
Neben uns kniete eine Frau nieder, in der ich Miliucs leibliche Tochter erkannte. Sie beugte sich über Longan und lauschte seinem Atem. Dann setzte sie sich zurück und sah mir geradewegs in die Augen. Sie schüttelte den Kopf.

»Nein!« heulte ich den Novemberhimmel an. »Lieber Gott, nein!«
Ich stand auf und ging zu Ossian, der weiter hinten auf seinem Pferd saß. Auf seinem Gesicht malte sich Sorge.
»Ainfean«, sagte ich. »Sie wüßte Rettung.«
Doch er schüttelte nur den Kopf.
Da kniete ich mich wieder neben den Jungen mit dem sanften Gesicht und betrachtete die frische Wunde, die er sich um meinetwillen zugezogen hatte. Longan fand seine Stimme wieder, doch sie war nur noch ein Hauch.
»Erzähl mir ... vom Himmel ... Padraig.«
»Dort gibt es weder Schmerz noch Tod. Unser Heiland wird dort sein, dich zu begrüßen, Bruder. Er wird dich in Seine Arme schließen und dich in Licht und Wärme betten. ›Willkommen‹, wird Er sagen, ›du guter und getreuer Knecht.‹«
»Gib mir ... den Segen ... Padraig.«
Ich malte ihm das Kreuz auf die Stirn, dann nahm ich seine Hand in die meine, drückte ihm einen Kuß auf die kalte Haut und preßte seinen Handrücken an meine Wange. Tränen liefen mir in Strömen übers Gesicht und benetzten auch seine Hand.
»Weine ... nicht«, keuchte er. »Ich werde ... wohnen ...«
»Im Hause des Herrn«, beendete ich an seiner Stelle den Satz.
»Ja«, nickte er schwach. »In Tir Nan Og.«
Dann starb er.
Ich beugte mich über ihn und schloß ihn in die Arme.
»Padraig«, rief da Breogan.
Das Haus von Miliuc stand in Flammen. Menschen schrien und rannten entsetzt davon, um vor der sich schnell ausbreitenden Feuersbrunst in Sicherheit zu gelangen. Drinnen konnte ich Miliuc kreischen hören:

»Das ist für deinen Gott, Sklavenjunge.« Im Tosen des Feuers erstarb seine Stimme.
Obgleich die Hitze über mir zusammenschlug, konnte ich Longan nicht zurücklassen. Ich warf mich über seinen Leichnam und wiegte mich voller Gram hin und her, bis schließlich Ossian auf mich zugeritten kam, sich aus dem Sattel zu mir herunterbeugte und mich mit sich fortzog. Er zerrte mich an meinem Kittel durch den Staub und ließ mich ohne viel Aufhebens am Fuß des Hügels liegen, wo ich mich, von den Flammen abgekehrt, zusammenrollte.
Als von dem Feuer nur noch Glut übrig war, holte ich Longans aschebedeckten Leichnam. Auf meinen Armen brachte ich ihn zu dem Hügel und nahm weder Pferd noch Streitwagen zu Hilfe, als ich ihn weiter bis zum Waldrand und zu der Clochan, der kleinen Hütte trug, in der ich als Sklave gehaust hatte. Hier wandte ich mich an die Brüder.
»Dies ist ein heiliger Ort«, sprach ich. »Denn hier hat der Herr erstmals zu mir gesprochen. Deshalb werden wir unseren Bruder Longan hier zur ewigen Ruhe betten.«
Wir bahrten ihn in der kleinen Hütte auf und bedeckten seinen Leichnam mit Kiefernzweigen. Darüber schichteten wir Steine zu einem Hügel auf, der so hoch und breit war, daß er die Clochan beinahe ganz ausfüllte. Nun konnten sich weder Wölfe noch Aasvögel an seinem Fleisch gütlich tun.
Ich sprach die Totengebete, und wir sangen den dreiundzwanzigsten Psalm. Die ganze Nacht bis zur Morgendämmerung hielten wir Totenwache, dann hieß ich meine Brüder, das Fasten zu brechen. Ich jedoch ging in den Wald zu einem Flüßchen, das ich noch aus meinen Sklaventagen kannte. An dessen Ufer kniete ich nieder und begann, haltlos zu schluchzen.

Ich weinte um den tapferen jungen Longan, der sterben mußte, weil er für mich eingetreten war. Ich weinte um den Sklavenjungen von früher und um seinen Herrn, der in den Flammen umgekommen war. Am meisten aber weinte ich, weil ich mich dafür schämte, daß ich voller Hoffart und Stolz diese jungen Männer in Gefahr gebracht hatte; daß ich Ainfean trotz besserer Einsicht schlecht behandelt hatte; daß ich darauf bestanden hatte, ausgerechnet zu Miliuc zu gehen – und vor allem, weil ich die Iren so sehr haßte.

Denn nun wußte ich, daß Ossian recht gehabt hatte. Selbst die tiefe Liebe zu meinem Herrn, selbst Seine Stimme in mir hatte den Rachedurst in meinem Herzen nicht löschen können. Die Toten hatten meiner Selbstsucht wegen sterben müssen.

»Vergib mir, o Herr«, flüsterte ich. »Verzeih Deinem Diener sein hartes Herz.«

Doch ich fühlte keine Vergebung in mir, und so beugte ich mich über meine gefalteten Hände und wiegte mich voller Schmerz und Scham hin und her.

Ich hatte Ossian nicht durch den Wald kommen hören, aber als er mir den Arm um die Schultern legte, lehnte ich den Kopf an seine Brust und weinte wie ein Kind in den Armen seines Vaters.

Als ich am nächsten Morgen aufwachte, stand Miliucs Pflegetochter an meinem Bett. Sie sah noch immer aus wie damals, als ich ein armer Sklavenjunge gewesen war. Ich setzte mich auf und fuhr mir durchs Haar, dann preßte ich mir die Handrücken auf die geschwollenen Augenlider.

»Wo kommst du her?« fragte ich leise.

»Meine Pflegeschwester hat nach mir geschickt«, antwortete sie mit jenem lieblichen Lächeln, an das sich mein

Herz noch erinnerte. »Du darfst dir nicht die Schuld geben, Padraig. Miliuc war in allen Dingen ein kleinherziger, verbitterter Mann. Doch was weit schwerer wiegt, er nährte einen tiefen Haß gegen dich. Als er entdeckte, was zwischen uns vorgefallen war, war er in seiner Wut furchtbar anzuschauen. Denn er hatte mich seinem Sohn zugedacht. Nachdem ich aber das Lager mit einem Sklavenjungen geteilt hatte, war ich es nicht länger wert, und er schickte mich zu meinen Leuten zurück. Wärst du nicht entflohen, Padraig, er hätte dich ganz langsam und grausam umgebracht, er hätte dich gequält und verhungern lassen.
Aber du bist ihm entwischt, was seinen Stolz tief verletzte. Er schickte nach Brehonen, die ihm sein Recht bestätigen sollten, und heuerte Spurenleser an, um dich verfolgen zu lassen, obgleich diese die Suche nach einem zerlumpten Sklavenjungen für reine Zeitvergeudung hielten.
Am schlimmsten jedoch traf es Miliuc, daß sein Sohn mich trotz seines Einspruchs zur Frau nahm.«
Sie lächelte.
»Miliuc verstieß ihn und verfolgte mich mit Haß. Doch vor allem verfluchte er dich, Padraig. Er verbrachte wohl sein ganzes restliches Leben damit, jede ihm bekannte Gottheit anzurufen, ihm die Gelegenheit zur Rache an dir zu vergönnen.«
»Was das betrifft, war ihm Erfolg beschieden«, erwiderte ich leise. »Denn er hat mir den liebsten der Brüder geraubt. Doch ich kann die Schuld nicht allein Miliuc geben, denn auch ich war auf Rache aus. Auch ich trug jahrelang Haß in meinem Herzen. Obgleich ich mir einredete, ich wollte Miliuc zum Christentum bekehren, hat mich letztlich doch der Wunsch nach Vergeltung hierhergetrieben.«

»Du bist eben auch nur ein Mensch, Padraig. Er hat dich sehr grausam behandelt.«
Ich ergriff ihre ausgestreckte Hand und preßte sie dankbar an meine Stirn. Da holten mich die Erinnerungen ein: an ihre süßen jungen Brüste, wie ich sie küßte und mit heißem Atem streifte, und welch leidenschaftliche Freude mich erfüllt hatte, als unsere Körper sich vereinten. Ich hielt die Augen geschlossen, bis mein sehnsüchtig brennendes Verlangen nachgelassen hatte, doch als ich sie danach ansah, verriet mir ihr Blick, daß sie meine Gedanken gelesen hatte.
»Ich schulde dir so viel«, flüsterte ich. »Für das und ... für alles andere davor. Ich kann dir nichts geben als die Taufe, die aber will ich dir aus ganzem Herzen anbieten.«
»Ich nehme dein Angebot an.«
Ihre unerschütterliche Großmut beschämte mich und verschlug mir die Sprache. Ich senkte den Kopf, als sie meine Hand in die ihre nahm und mit sanfter Stimme sagte:
»Der Junge, dem ich mich hingab, trug ein Licht in sich, das du selbst offenbar immer noch nicht siehst. Ich möchte mich von dir taufen lassen, weil ich glaube, daß dieses Licht dann auch mich erfüllt.«

Am Nachmittag bewirteten uns Miliucs Leute mit Speis und Trank, dann standen sie verlegen an Longans Grab, wo ich betete. Schließlich brachten Miliucs Tochter und die anderen Frauen des Stammes goldene Schmuckstücke, um seine Grabkammer zu schmücken. Doch ich gab ihnen ihr Geschmeide zurück und sagte zu ihnen, Gott, der Herr, wünsche von uns nur das Geschenk unserer Seelen.
Da ergriff Miliucs Tochter das Wort.

»Talkenn, wir haben schon von diesem Christus gehört. Wir wissen, daß Er der Eine ist, der da kommt. Meine Pflegeschwester hat bereits die Taufe empfangen. Nun will sich auch ihr Mann, mein Bruder, Miliucs Sohn, taufen lassen. Und ich. Und viele andere in unserer Siedlung.«
»Warum?« fragte ich überrascht.
»Mein Vater hat sein ganzes Leben gezürnt. Du aber hast gestern gesagt, daß dein Gott ein Gott der Freude und der Vergebung ist. Solche Götter kannte mein Vater nicht, aber nur ein solcher hätte ihn heilen und von der Finsternis befreien können.«
Da wärmte mir die Hoffnung wie eine sanfte Frühlingsbrise das Herz. Ich sammelte alle um mich, die getauft werden wollten, und an Longans Grab salbte ich sie mit Wasser und Öl. Und ich bat meinen Herrn, Longan in Sein Reich aufzunehmen.

Wir blieben nicht länger in Miliucs Rath; ich hielt es dort nicht mehr aus. Statt dessen wandten wir uns gen Süden, in Richtung Munster und zu Angus von Cashel. Aber ich war nicht mehr mit dem Herzen bei dieser Reise, und so versammelte ich am dritten Tag die Männer um mich.
»Meine Brüder. Ich bin als starrsinniger, hochmütiger Mann zu euch gekommen. Ich meinte, allein die Wahrheit zu kennen, und war überzeugt, daß nur mein Weg der richtige sei. Mein Dünkel kam uns teuer zu stehen. Ossian hat mich gewarnt, daß es nicht klug sei, zu Miliuc zu reisen, ich aber ließ mich nicht beirren. Ich trage die Schuld an Longans Tod. Und so bin ich nicht länger würdig, euch den Weg des Herrn zu zeigen, denn ihr seid mehr wert als ich. Ihr müßt das Werk des Herrn allein fortführen.«
Sie bildeten einen Kreis um mich, sagten aber nichts.

Ich verstand ihr Schweigen. Longan war einer der Ihren gewesen, ich hingegen nur ein Außenseiter und zudem ein strenger Zuchtmeister.
Mit meinem kleinen Reisebündel kletterte ich vom Wagen.
Ganz nahe am Meer gab es einen Berg, an den ich mich aus meinen Sklaventagen erinnerte. Zwar hatte ich ihn nie bestiegen, doch ich hatte ihn einmal gesehen, als sein Gipfel in dichten Nebel gehüllt war. Darin wollte ich eintauchen, ich würde den Berg erklimmen und auf seiner dunstverhangenen Spitze meinen Tod erwarten.
Hätte ich den Berg als junger Mann oder vielleicht auch nur leichten Herzens bestiegen, es wäre bestimmt ein eindrucksvolles Erlebnis gewesen. So aber war der Aufstieg steinig und beschwerlich. Als ich die Bergkuppe endlich erreicht hatte, waren meine Schuhe zerschlissen, und mir bluteten die Füße.
Auf dem Gipfel herrschte Stille. Der dichte Nebel, den ich von unten gesehen hatte, erinnerte an den kühlen Nieselregen im Frühling; seine Farbe war die von Spinnweben. Und dieser Nebel hatte sogar seinen eigenen Klang, es war wie ein Wispern oder ein Atmen, das ich nie vergessen werde. Hin und wieder zeichnete sich die Silhouette eines verkrüppelten Baumes ab, erschreckte mich und verschwamm dann wieder. Kein Ton durchdrang das Raunen des Nebels, ich hörte weder das Vogelgezwitscher aus dem Tal noch das Tosen der fernen See.
Auf einem moosbewachsenen Flecken kniete ich nieder, doch obgleich ich viele Stunden dort verharrte, durchströmte mich kein Gebet, antwortete keine Stimme auf mein stummes Rufen.
Schließlich legte ich mich auf das Moosbett, der Nebel senkte sich wie ein weiche Decke über mich, und ich

schlief ein. Im Traum erschien mir Ainfean. Sie war nackt, ihre Brüste waren die eines Weibes in mittleren Jahren, nicht mehr fest, aber groß, schön und tröstlich. Ihre runden Hüften wirkten weich, und ich streckte die Hand aus, sie zu streicheln. Sie war so angenehm warm. Doch ich zog die Finger zurück, als hätte ich sie mir verbrannt. Zwar sagte sie nichts, aber um so beredter waren ihre Augen, in denen etwas anderes glomm als Wut. Ich begehrte sie, ich spürte, wie mich selbst im Traum das Verlangen packte, doch als ich mich von ihr abwandte, stand sie erneut vor mir.

»Sieh mich an, Padraig«, forderte sie mich mit weicher Stimme auf. Ich gehorchte.

»Du bist wunderschön«, stammelte ich.

»Ich bin eine irische Frau. Wenn du an deinen Gott glaubst, dann mußt du auch glauben, daß er mich erschaffen hat, mich und alles andere, was dich umgibt.«

»Ich bin zu schwach«, erwiderte ich der Frau meines Traumes.

»Wenn du Freude im Herzen trägst, bist du auch stark«, sagte sie leise.

»In Irland wird mein Herz niemals Freude finden«, entgegnete ich, aber da war sie bereits verschwunden, und ich war allein mit der Erinnerung an mein Verlangen nach ihr.

Als ich erwachte, war ich ein alter Mann. Meine Kutte war grau wie mein Haar, meine Haut aschfahl. Ich brauchte einen Augenblick, bis mir klar wurde, daß mich der Nebel hatte altern lassen, doch dann ließ ich den feuchten Film, der sich auf mich gelegt hatte, wo er war. Denn ich fühlte mich so alt, wie ich aussah.

Den Rücken an einen Felsen gelehnt, wartete ich, ohne zu wissen, worauf.

Ich hatte mich nicht wirklich entschlossen zu fasten, mir

fehlte lediglich die Kraft, etwas anderes zu tun. Wahrscheinlich gab es Quellen auf dem Berg, doch ich hatte kein Verlangen, eine zu suchen. Mein Mundvorrat befand sich bei den Brüdern, die in diesen Stunden in Richtung Munster reisten.

Und so aß und trank ich viele Tage nichts, indessen ich an dem Felsen lehnte. Die dunstverschleierten Tage gingen in neblige Nächte über. Hin und wieder legte ich mich auf die Seite und schlief, doch folgte ich dabei nicht dem Lauf der Tageszeiten. Das schien nicht länger wichtig.

Einmal lag ich wach in der Dunkelheit, als sich der Nebel verflüchtigte. Alle Sterne des Himmels funkelten am Firmament. Ich wäre am liebsten in Tränen ausgebrochen und war froh, als sich wenige Stunden später wieder Nebelschwaden davorschoben und mir die Sicht nahmen.

In meiner dritten oder vierten Nacht auf dem Berg, ich hatte inzwischen jedes Zeitgefühl verloren, wandte ich mich an Ihn.

»Ich bin nicht aus freien Stücken hierhergekommen«, fing ich mit leiser Stimme an. »Als ich nach Hause zurückkehrte, flehte mich meine Mutter an, ich möge sie nie wieder verlassen. Sie hatte mich bereits einmal verloren, als ich in Gefangenschaft geriet, ein zweites Mal würde sie nicht verkraften. Und dann mein armer Vater. Denn der Junge, den er aus der Sklaverei zurückbekam, war nicht mehr sein Sohn, er gehörte Dir. Er hatte sich Deinem Namen verschrieben und war nicht mehr der gleiche. Zwar hat mein Vater Dir stets treu gedient, doch er wollte einen Sohn, der sich um sein Haus kümmerte, der heiratete und ihm viele Enkelkinder schenkte. Und ich? Sollte ich denn nicht ein Weib haben, das mich tröstet? Kinder, die mir im Alter Freude schenken? Sollte ich meine Augen nicht an den lieblichen Hügeln und Flüssen meiner Heimat weiden?

Doch ich bin zurückgekehrt, hierher nach Eire. Du wirst einwenden, daß ich mir lange Zeit damit ließ, Deinen Willen zu erfüllen. Nun siehst Du, warum ich so lange gezaudert habe. Denn was konnte schon Gutes daraus entstehen, daß ich an einen Ort zurückkehrte, den ich aus tiefstem Herzen hasse? Du siehst, welch hohen Preis meine Rückkehr bereits gefordert hat – das Leben von Longan, die ungetaufte Seele des Heiden Miliuc.

Ich bin ein Mann, in dem Leidenschaften brennen: wenn nicht Haß, dann Sinnenlust; wenn nicht Empörung, dann verwundeter Stolz. Ich bin weder stark noch ein Heiliger, der Größe der Aufgabe, die Du mir zugedacht hast, bin ich nicht gewachsen. Was noch hinzukommt, ich verstehe diese Menschen nicht. Ihr Wesen ist mir fremd. Sie erwarten etwas von mir, was ich ihnen nicht geben kann.

Laß mich ziehen. Bitte, gib mich frei. Ich habe den Samen ausgesät, laß es damit genug sein.

Ich möchte in meiner Heimat sterben, im Kreise meiner Lieben.«

Doch ich erhielt keine Antwort. Ich hatte auch keine erwartet.

Die Tage verstrichen, ich wußte nicht, wie lange ich bereits auf dem Berg war.

Da flogen eines Morgens zwei Möwen über den Gipfel, ich hörte sie über mir kreischen. Später ließen sie sich auf dem Felsen nieder, an dem ich lehnte. Es klang, als ob sie mich beschimpften, und so sprach ich zu ihnen:

»Ihr sagt nichts, was ich mir nicht selbst schon vorgeworfen hätte.«

Da legte einer der Vögel den Kopf schief und sah mich aus seinem schwarzen, perlengleichen Auge spöttisch an.

Ich ließ mich ins Moos sinken und schlief ein. Als ich wieder erwachte, waren die Vögel verschwunden. An ihrer

Stelle saß mir der Bote gegenüber, der damals in der Kapelle die Kerzen entzündet hatte, nachdem Ossian zu uns gekommen war. Ich erkannte sein weißes, mit Goldborte besetztes Gewand wieder, und auch sein rotes Haar. Da ich zu schwach war, um mich aufzusetzen und ihn zu begrüßen, beließ ich es bei einem Nicken von meinem Schlafplatz aus.

»Du bist zu mir gekommen«, sagte ich. Meine Stimme klang rauh und spröde wie die eines alten Mannes.

»Ja, das bin ich«, erwiderte er.

»Ich bin froh darüber.« Und ich mußte schlucken, bevor ich weitersprechen konnte. »Denn ich will nicht länger in diesem Leib wohnen.«

»Dann verlaß ihn«, sagte er schlicht.

Und er streckte die Hände mit den Handflächen nach oben aus. Ich spürte, wie ich hinaufschwebte und meinen Körper weit unter mir ließ. Dann stand ich neben ihm in den Lüften und blickte auf den Priester in der grobgewebten braunen Kutte hinunter, der da auf dem Moos lag. Ich fühlte tiefes, trauriges Mitleid mit ihm. Jetzt drehte der Bote die Handflächen nach unten, und plötzlich waren wir die beiden Möwen, die sich auf meinem Felsen niedergelassen hatten. Wir schraubten uns in den Himmel und flogen übers Meer. Unter mir glitzerten die Wellen, und dann tauchten vor meinen Augen die Gestade meiner Heimat auf: Britannien. Ich wollte landen, doch eine Windböe erfaßte mich, und schon flog ich über Gallien.

»Von hier oben aus scheint alles nah beieinander zu liegen«, sagte ich zu dem Boten.

»Es liegt nah beieinander«, nickte er.

Unvermittelt brach die Nacht herein. Wir flogen wieder über Eire, und ich konnte trotz der Dunkelheit unter mir Sabhal Padraig und Tara erkennen. Kleine Feuer brannten

überall im Land. Indes ich sie betrachtete, sprangen die Flammen wie Schaumkronen von Welle zu Welle, bis nach Britannien und Gallien und sogar gen Westen übers weite Meer, wo keine Menschen wohnten.
»Was sind das für Flammen, die das Wasser nicht löscht?« fragte ich den Boten.
»Das ist das Feuer, das du entzündet hast, Padraig. Das Licht des Herrn.«
Da spürte ich, wie mich ein starker Fallwind nach unten zog, und ich lag wieder auf dem Moos und sah auf den Boten.
»Trink etwas, Padraig«, sagte er.
»Ich habe kein Wasser«, wandte ich ein.
»Dort drüben ist eine Quelle, gleich neben dem Felsen.«
Und so war es, obwohl ich es zuvor nicht wahrgenommen hatte. Mit der hohlen Hand schöpfte ich wieder und wieder das kühle, köstliche Naß und trank. Dann zwang ich mich in eine aufrechte Haltung und lehnte mich gegen den Stein.
»Ich bin nicht stark genug für das Werk, das ich vollbringen soll«, sagte ich zu dem Boten.
»Der Herr ist deine Stärke.«
»Ich bin ein starrsinniger, törichter, leicht erregbarer Mann, und ich kann mich nicht ändern.«
»Du wirst geliebt, wie du bist.«
»Meine Rachegelüste haben bereits das Leben des jungen Longan und das des ungetauften Heiden gefordert.«
»Du brauchst nur um Vergebung zu bitten, Padraig.«
»Und ich werde niemals Padraig sein.«
Darauf erwiderte der Bote nichts. Aber er öffnete die Hand, und darin lagen ein grün funkelnder Smaragd, ein blutroter Rubin und ein glatter grüner Stein, gesprenkelt wie ein Fisch.

»Diese Steine kenne ich«, sagte ich. »Es sind die heiligen Steine von Eire. Ossian hat von ihnen erzählt.«
Der Bote schloß die Hand. Ich fühlte die meine schwer werden und öffnete sie: Die drei Steine lagen darin.
»Wir sehen uns wieder, Padraig«, lächelte er.
Als ich später die Augen öffnete, lehnte ich mit dem Rücken am Fels, meine Hände waren leer, und es plätscherte auch kein Wasser neben mir. Doch ich war nicht mehr durstig, der Nebel hatte sich gelichtet, und aus dem Tal drang mir der Geruch von Essen in die Nase.

Kaum hatte ich die Talsohle erreicht, rannten sie auf mich zu. Ich wußte, welches Bild ich bot: Mein Bart war schütter geworden und von grauen Strähnen durchzogen, meine Haare waren schmutzig und verfilzt. Ich war ausgemergelt und roch ungewaschen. Dennoch zeigten ihre Gesichter nichts als freudige Erleichterung.
»Warum habt ihr auf mich gewartet?« fragte ich sie. »Warum seid ihr nicht weitergezogen, wie ich es euch gesagt habe?«
»Wir konnten dich doch nicht im Stich lassen«, antwortete Breogan.
»Brüder«, sagte ich, »ich bitte euch, mir den Tod von Longan zu verzeihen.«
»Da gibt es nichts zu verzeihen, Padraig. Zeige du Nachsicht mit dir.«
»Das kann ich nicht.«
»Du mußt es tun, Bruder. Denn indem wir dir im Namen des Herrn die Sünden vergeben, ist deine Seele davon erlöst. Du selbst hast uns das beigebracht.«
»Außerdem lieben wir dich, Padraig«, ergänzte Benin und schob seine Hand in die meine.
»Warum sagst du so etwas?«

Breogan lachte laut auf.
»Es ist wohl, weil du uns so ähnlich bist, Padraig.«

Kapitel Neunzehn

Der Fels von Cashel, die Festung des Angus von Munster, ragte mehr als einhundert Fuß aus der Ebene empor. Schräg geneigte Felsbrocken tauchten gleichsam wie Schiffsbuge aus einem Meer von Bäumen und Wiesen auf. Eindrucksvoll zeichneten sich die steinernen Gebäude der Festung gegen den Himmel ab.

Bereits am Tag vor unserer Ankunft waren wir Kundschaftern begegnet. Zwar wußten wir nicht, ob man uns willkommen heißen würde, doch erwiesen sich unsere Ängste als unbegründet. Denn der Torweg war mit Fackeln erleuchtet, und Trommler und Sackpfeifer geleiteten uns die Anhöhe hinauf und in die Festung.

Dort begrüßte uns Angus mit ausgebreiteten Armen.

»Willkommen, Padraig und ihr Brüder des neuen Christus. Wir in Cashel sehnen uns danach, getauft zu werden.«

»Du weißt von uns?«

»Ganz Eire hat bereits von euch gehört. Wir haben euch zu Ehren ein Festmahl vorbereitet! Doch nach der beschwerlichen Reise wollt ihr gewiß zuerst ein Bad nehmen und eure Kleider wechseln.« Dabei deutete er auf unsere abgetragenen, grobgewebten Kutten.

Angus' Gefolgsleute hatten heiße Kräuterbäder vorbereitet. Anläßlich unserer Ankunft lagen seidene Kittel und mit warmem Robbenpelz gefütterte Winterumhänge für uns bereit. Wir bekamen auch eine eigene Behausung

zugewiesen, in der jedem Bruder eine Schlafzelle zur Verfügung stand und in deren Mitte drei wärmende Feuer brannten.
Und die Köstlichkeiten, die Angus uns auftischte!
Es gab Wildschwein und gebratene Hirschkeulen, in Seegras eingewickelten und mit Lauch und kostbarem Salz gedünsteten Lachs, große Laibe Schwarzbrot mit Honig in ziselierten Silbergefäßen. Jeder Bruder erhielt einen eigenen Pokal, der ein ums andere Mal mit unverdünntem Wein oder Ale gefüllt wurde. Danach wurden Honig- und Beerenkuchen und dampfende Schalen mit heißem Punsch aufgetragen.
Für unsere Unterhaltung sorgten Geschichtenerzähler und Sänger. Einer von ihnen hatte uns zu Ehren sogar ein Gedicht geschrieben, das »Die wandernden Druiden Christi« hieß.
Angus war ein Hüne mit einer struppigen roten Haarmähne, und sein schallendes Lachen konnte man bestimmt sogar noch drunten in der Ebene hören.
Als ich mein Mahl beendet hatte und allmählich zu benommen war, um noch viel mehr Met zu trinken, nahm ich den König beiseite.
»Warum hast du uns so überaus gastfreundlich aufgenommen?« fragte ich ihn. »Nirgendwo hat man uns einen prächtigeren Empfang bereitet.«
Angus lachte laut heraus; ungezwungenes Gelächter schien sein Lebenselixier zu sein.
»Ich habe gehört, daß ihr dem alten Laoghaire von Tara ziemlich zugesetzt habt, daß er nicht wußte, was er mit euch anfangen soll und am Ende nur noch verzweifelt die Hände gerungen hat. Stimmt das?«
»Nun, im wesentlichen schon«, antwortete ich, »gar so leicht war es allerdings nicht.«

»Wahre Siege werden einem nie geschenkt«, pflichtete er mir bei und klopfte mir mit Wucht auf die Schulter. »Aber ich sehe es folgendermaßen: Laoghaires Druiden und seine Töchter haben sich auf eure Seite geschlagen, ebenso sein Dichter Dubtach. Du reist mit dieser schlichten Gefolgschaft, dennoch hat sich ein alter Fenier, den wir alle hoch schätzen, dir angeschlossen. Die Leute strömen in Scharen zu deinem Christus, obwohl du predigst, daß er ein einfacher, friedfertiger Mann war. Ich bin zwar ein Mann der Macht, Padraig, aber auch klug genug, um zu begreifen, daß hier etwas sehr viel Größeres vor sich geht, als es eurer Person und euren schmucklosen Kutten nach den Anschein hat. Deshalb habe ich beschlossen, mit meinen Leuten zu diesem neuen Glauben überzutreten.«

Er nickte selbstgefällig.

Beinahe wollte ich ihm sagen, daß seine Beweggründe, sich für meinen Herrn zu entscheiden, nicht von Machtgespür geprägt sein sollten. Doch ich war klug genug, ihm nur lächelnd zuzunicken. Einen Mann wie Angus hatte man besser zum Freund als zum Feind. Außerdem vertraute ich auf meinen Herrn und wußte, daß Er zur rechten Zeit und auf Seine Weise auf Angus einwirken würde. Und ich konnte nicht umhin, mir einzugestehen, daß ich den großen König mochte.

Nachts, als das Festmahl beendet war, forderte Angus uns auf, Geschichten zu erzählen.

Daraufhin trug Ossian Feniergeschichten vor, die wir alle so liebten, doch dann bat Angus mich, auch Geschichten von Christus zu erzählen. Ich gehorchte und berichtete ihm von meinem Herrn, wobei ich oft Geschichten von Petrus einstreute, dem Fels unserer Kirche, der mich so sehr an Angus von Cashel erinnerte. Anscheinend fiel Angus diese Ähnlichkeit ebenfalls auf, denn jedesmal,

wenn ich Petrus erwähnte, schlug er mir auf die Schulter und rief:
»Der ist mir von den Zwölfen der liebste; dieser Petrus war ein Ire!«
In jenen Tagen war gerade der Dezember angebrochen, die Wintersonnenwende stand bevor, die Zeit, in der immer mehr Christen auf dem Festland der Geburt Christi gedachten.
Ich entschloß mich, diese Sitte auch hier einzuführen. In der Sonnwendnacht, als das Festmahl beendet war und die Menschen sich am Feuer versammelten, nahm ich meinen feierlichsten Ton an, um die Geschichte von der Geburt Christi zu erzählen.
»Joseph und Maria waren arme Leute«, hob ich an, »denn Joseph war ein Zimmermann.«
»Ein rechtschaffener Mann, der mit den Händen arbeitet«, dröhnte Angus.
»Ganz recht«, erwiderte ich und fuhr fort: »Nun herrschte zu jener Zeit ein König, der beschloß, alle Menschen in seinem Reich zu zählen. Und so befahl er ihnen, sich ohne Ausnahme in die Stadt ihrer Geburt zu begeben. Joseph und Maria lebten in Nazareth, aber Joseph stammte aus Bethlehem, deshalb mußten sie, um sich zählen zu lassen, die lange Reise dorthin auf sich nehmen, obwohl Maria kurz vor der Niederkunft stand.«
»Ein schlechter König«, rief Angus. »Verschwendet keinen Gedanken ans Wohl seines Volkes!«
Angus' Gefolgsleute pflichteten ihm lautstark bei.
Allmählich wurde das Geschichtenerzählen etwas mühselig, aber ich ließ mich nicht beirren.
»Weil sie also arme Leute waren, mußte Joseph zu Fuß nach Bethlehem gehen, aber er besorgte für Maria einen Esel, auf dem sie reiten konnte.«

»Einen Esel!« donnerte Angus. »Einen Esel für das arme Mädel, das hochschwanger war!«
»Unglaublich«, schrie er. »Wir hätten ihr zumindest einen Wagen gegeben.«
»Ja, gewiß«, beschwichtigte ich ihn. »Aber es geht noch weiter. Denn als sie nach Bethlehem gelangten, waren dort sämtliche Gasthäuser belegt. Nirgendwo hatte man Platz für sie. Und so mußten Joseph und Maria in einem Stall nächtigen.«
Aus allen Kehlen drang ein Laut der Empörung. Noch ehe Angus etwas sagen konnte, hob ich schnell die Hände.
»Ich weiß, ich weiß. In Eire ist Gastfreundschaft Gesetz. Ihr hättet sie zumindest in einem Palast untergebracht.«
»In meinem eigenen Haus!« schrie Angus.
»Jawohl!« dröhnten seine Leute zur Bestätigung.
»Aber dies trug sich nicht in Eire zu, und so brachte Maria, die Mutter Christi, ihren Sohn in einem Stall zur Welt. Sie wickelte ihn in grobes Leinen, und da es keine Schlafstatt gab, legte sie ihn in die Krippe, aus der die Kühe ihr Heu fraßen. Der Atem der Tiere hielt ihn warm.«
»Viehzüchter!« rief Angus, der mehr Vieh besaß als jeder andere König in Eire. »Das hör' ich gern.«
Und die Zuhörer brachen in einen Jubelschrei aus zu Ehren jenes Christus, der inmitten von Vieh geboren worden war.
»Es waren auch Schäfer zugegen«, sagte ich.
»So wie du einer warst, Padraig«, rief Breogan, der sich nun ebenfalls nicht mehr scheute, dazwischenzurufen.
»So wie ich einer war«, bestätigte ich und fühlte mich dabei geehrt.
»Sie hüteten ihre Schafe, als über ihnen und rings um sie Engel erschienen.«
»Was sind Engel?« rief jemand.

»Solche aus der Anderswelt«, antwortete Ossian von der Tür her.
Durch die Zuhörerschaft ging ein ehrfürchtiges Raunen.
Ich beließ es bei Ossians Auskunft.
»Die Engel sangen ...«
»Wie es sich für die Sidhe gehört«, bemerkte Angus. Ich hatte keine Ahnung, was er damit meinte, nickte aber trotzdem.
»›Ehre sei Gott in der Höhe‹, jubilierten sie. ›Und Friede auf Erden den Menschen, die guten Willens sind. Denn euch‹«, hier hielt ich inne, »›euch ist in dieser Nacht ein Retter geboren. Und man wird ihn den wundertätigen Mann des Rates, den Fürsten des Friedens nennen.‹«
Nun herrschte Stille; alle lauschten gebannt.
»Und die Schäfer machten sich auf den Weg zum Stall, sahen das Kind und erkannten es. Dann gingen sie in die Städte und Dörfer und verkündeten, daß der Retter nun unter ihnen sei.«
»Woher wußten sie das?« rief jemand.
»Kommt mit«, sagte ich.
Ich führte die Leute aus dem großen Saal hinaus in die Dunkelheit. Es war eine kalte, klare Nacht. Die Sterne funkelten am Firmament. Über die tiefer liegende Ebene fegte ein Wind hinweg und stieg pfeifend die Anhöhe herauf. Ansonsten war kein Laut zu vernehmen.
»Daher wußten sie es«, sprach ich leise in die große, heilige Stille. Und die Menschen nickten.
»Morgen werde ich mich von Padraig taufen lassen«, verkündete Angus seinem Volk. »Und es steht jedem frei, es mir gleichzutun.«

Ich zog meinen neuen seidenen Kittel und meinen Robbenfellmantel an, trug den Krummstab, den mir unser

Schmied angefertigt hatte, und hatte auch die neuen, warmen Gamaschen angelegt, die Angus mir geschenkt hatte.
Angus von Cashel hingegen erschien in einem schlichten braunen Kittel und ging barfuß über den eiskalten Boden. Verwundert starrte ich ihn an.
»Dein Christus war der einfachste unter den Menschen«, sagte er ruhig. »Dies ist das mindeste, was ich ihm an Ehre erweisen muß.«
Bislang hatte ich Königen nicht sonderlich viel Achtung entgegengebracht, doch das änderte sich in diesem Augenblick.
»Und du bist der Weiseste von allen, Angus von Cashel«, sagte ich zu ihm.
Wir traten vor die Menge, und ich wandte mich ihm zu. Zu Beginn stieß ich meinen Krummstab dreimal fest auf den Boden, bis ich spürte, daß er sich in weiche Erde bohrte. Dann hob ich das Öl und das Wasser in die Höhe und salbte Angus' Haupt. Während des Rituals spiegelte sein Gesicht großen Schmerz und stoische Duldsamkeit wider, und ich dachte mir, daß es ihm wohl sehr schwerfallen mußte, sich von seinen alten Göttern loszusagen. Aber wir vollendeten die Taufe, und ich begrüßte ihn mit einer Umarmung in unseren Reihen.
Da beugte er sich vor und flüsterte:
»Ist es schon vorbei?«
»Ja«, antwortete ich und fragte mich, warum er so geheimnisvoll tat.
»Wann ist es mir gestattet, mich um meinen Fuß zu kümmern?«
Ich blickte hinab und wich erschrocken zurück. Als ich meinen Krummstab in die gefrorene Erde hatte stecken wollen, hatte ich mit aller Kraft zugestoßen. Aber statt

dessen hatte ich den bloßen Fuß des Angus von Cashel durchbohrt!
»Mein Gott, Mann!« platzte ich heraus. »Warum hast du nichts gesagt?« Ich zog den Stab aus seinem Fuß.
Er schaute auf seinen Fuß hinunter, aus dem nun hellrotes Blut quoll, dann blickte er wieder zu mir auf.
»Ich dachte, das gehört mit zur Zeremonie«, erwiderte er.
Ich wollte irgend etwas Tröstendes oder Entschuldigendes sagen, aber ich brachte kein Wort heraus. Ich versuchte, meinen Mund still zu halten, aber er zitterte ganz von selbst, verzog sich zu einem Lächeln, und dann brach ich in Lachen aus, in ein so unbändiges Gelächter, daß ich mich um Atem ringend auf meinen Stock stützen mußte, während mich eine Lachsalve nach der anderen schüttelte. Auch die umstehenden Brüder konnten nach anfänglichem Kichern nun nicht mehr an sich halten.
Angus' Blick schweifte in der Runde umher. Ich wollte ihn nicht kränken oder beleidigen, doch jetzt, so schien es mir, war es zu spät, also legte ich meine Hand auf seinen Arm. Aber vor lauter Lachkrämpfen konnte ich noch immer nicht sprechen.
Da dämmerte es ihm, und er schaute trübselig auf seinen Fuß.
»Nun«, meinte er, »ich bin erleichtert, daß das Christentum nicht so eine schmerzhafte Erfahrung ist wie das hier.«
Und dann lachte auch er, warf den Kopf in den Nacken und brüllte vor Lachen, indes er mir ein ums andere Mal auf die Schultern schlug.

Wir überwinterten bei Angus, und es war der glücklichste Winter meines Lebens.
In Angus' Gesellschaft blühte Ossian auf, er sprach von

ihm wie von den Königen und Feniern aus der alten Zeit. Wir unterhielten uns die Wintermonate über mit Banketten, Gesang und Geschichtenerzählen. An Angus' Festtafel wurde ich dick und rund, und an seinem Feuer lernte ich endlich auch, ein guter Geschichtenerzähler zu werden.

Vor allem aber lernte ich in jenem Winter, Freude zu empfinden. Dieses Gefühl hatte ich früher nur in Gegenwart meines Heilands gekannt, und ich dankte Ihm dafür, daß Er mich hierhergeführt hatte.

Als sich gegen Ende des Winters kalte Tage mit feuchten Tagen abwechselten, trafen vier durchnäßte und erschöpfte Reisende in Angus' Festung ein.

Nachdem er ihnen Einlaß gewährt, sie ans Feuer gesetzt und ihnen zu essen gegeben hatte, wie es seinen Gepflogenheiten entsprach, taten die Männer ihr Anliegen kund.

»Wir sind Druiden Christi«, erklärte ein hochgewachsener, schlanker Mann mit kupferfarbenem Haar. Da sie braune Kutten trugen und Tonsuren hatten wie meine Brüder und ich, war dies offensichtlich. »Wir sind auf der Suche nach dem Bischof, nach Abba Magonus Succatus Patricius.«

Angus schüttelte den Kopf.

»Den kenne ich nicht.«

»Wir haben aber gehört, daß er sich bei dir aufhält.«

Da trat ich vor.

»Das bin ich«, sagte ich ruhig.

»Mein Gott, Mann!« polterte Angus los. Für diesen Ausdruck hegte er seit seiner Taufe eine große Vorliebe. »Was für ein komischer, unaussprechlicher Bandwurm von einem Namen! Du hattest wirklich recht, daß du dich für Padraig entschieden hast und dabei geblieben bist.«

»Ich habe mich nicht gerade dafür entschieden, der Name ist mir eher zugefallen. Aber du hast recht, er ist mir geblieben.«

»Und er gefällt mir«, donnerte er und schlug mir auf die Schulter.

Ich zuckte zusammen und wandte mich lachend den frisch angekommenen Brüdern zu.

»Seid gewarnt, Brüder, unter Angus von Cashel müssen die Schultern der Druiden Christi viel aushalten.«

»Aber nicht so viel wie die Füße der Gläubigen unter den Priestern!« gab Angus dröhnend zurück, worauf wir uns alle bogen vor Lachen. Die neuen Brüder hingegen starrten uns nur wortlos an.

»Na, dann kommt«, sagte ich und streckte ihnen die Arme entgegen. »Angus mästet uns wie Vieh und macht sich gelegentlich über uns lustig, doch wenn ihr denkt, daß ihr Essen und Lachen im Übermaß ertragen könnt, dürft ihr gern bei den Brüdern von Sabhal Padraig wohnen.«

Aber die vier jungen Männer musterten uns verwirrt. Schließlich ergriff der erste wieder das Wort.

»Wir sind nicht gekommen, um bei euch zu wohnen. Nein, das hatten wir ganz und gar nicht vor. Wir sind Männer aus Eire, Priester und Brüder des Einen, der da kommt. Ich heiße Ciaran. Das sind meine Brüder Ibar, Ailbe und Declan. Du bist anders, als wir es erwartet hatten, Abba.«

»Was habt ihr denn erwartet?« fragte ich, nun mit ernsterer Miene.

»Wir haben Gerüchte über dich gehört«, sagte Ciaran. »Es heißt, du hättest die Festung von Tara gestürmt und Laoghaires Zorn auf dich gezogen. Manchen Geschichten zufolge kannst du dich und deine Brüder in Hirsche verwandeln, andere besagen, ein Stammesführer im Westen habe sich aus Furcht vor deiner Ankunft selbst verbrannt. Mitunter wird erzählt, daß du mit einer Druidin und einem alten Fenier durchs Land ziehst, dann wieder heißt es, du seist der grausamste Mensch, den man sich vorstellen könne. Man hat uns gesagt, du seist furchtsam und unfreundlich und würdest deinen Brüdern die römische und britannische Lebensweise aufzwingen. Wir sind hergekommen in der Absicht, dich zu bekämpfen, denn wir wollen nicht, daß Christus auf diese Weise in unser Land gebracht wird. Doch jetzt, da wir vor dir stehen, wissen wir, daß an diesen Geschichten nichts Wahres ist.«

»Doch«, entgegnete ich leise, »sie sind nur zu wahr, wenngleich sie ein wenig übertrieben sind. Doch vor euch seht ihr einen Mann, der durch seinen Gott verändert worden ist, denn der Mann, der nach Eire kam, ist heute ein anderer. Allerdings ist er auch noch nicht der Mann, der er gern wäre. Und wenn du es gestattest, Ciaran, Priester Christi, dann werde ich vor dir meine Sünden bekennen.«

Der Ausdruck auf dem Gesicht des jungen Mannes wechselte von Zorn über Zweifel zu Erstaunen. Schließlich entspannten sich seine Züge, und er grinste.

»Unser Herr ist voller Überraschungen, nicht wahr, Padraig?«

»Nichts ist wahrer als das.«

Doch Declan begegnete mir weiterhin mit Unversöhnlichkeit.

»Er ist keiner von uns!« rief er. »Er ist kein Mann aus Eire, so wie wir vier. Und es ist nur recht und billig, daß Männer Irlands das Wort Gottes in ihre Heimat tragen.«

»Ruhig, Bruder«, sagte Ciaran. »Ist er denn nicht unser Bruder in Christus?«

Doch Declan schüttelte eigensinnig den Kopf.

»Ich sehe etwas, was du nicht erkennst. Er schaut mit der Überheblichkeit des Britanniers auf uns Iren herab. Er glaubt, etwas Besseres zu sein als all die anderen um ihn herum. Er betrachtet sich als Römer, als den einzig wahren Verfechter unseres Glaubens.«
Teilweise hatte er recht, und in meiner Beschämung brachte ich keinen Ton heraus. Da ergriff Ossian das Wort für mich.
»Padraig ist irischer, als er denkt«, sagte er leise. »Vielleicht sogar irischer, als er sich je eingestehen wird. Aber er lernt mit jedem Tag dazu. Er ist würdig, die Kunde von eurem Gott in Irland zu verbreiten.«
»Siehst du, sogar der Fenier setzt sich für ihn ein«, wandte sich Ciaran an Declan. »Bist du jetzt zufrieden?«
Doch Declan schüttelte den Kopf und kniff die Lippen zusammen.
Und obwohl die irischen Brüder einen Monat bei uns blieben und wir gemeinsam die Verbreitung des Wortes Gottes in Eire planten, und obwohl Declan nett und freundlich zu Breogan und den anderen Brüdern war, sprach er kein einziges Mal mit mir, sondern stets nur über mich, und dann auch nur, um an jedem einzelnen meiner Vorschläge Kritik zu üben.
Als der April nahte, die Bäume zu knospen begannen und ein warmer Wind vom Meer her wehte, verlangte es mich mehr und mehr danach, die Heimreise nach Sabhal Padraig anzutreten, indes sich Ossian nach der Feste der Weißen Mauern sehnte.
So nahmen wir Abschied von Angus und unseren neuen Brüdern und zogen gen Osten. Wir wußten nicht, daß wir die Freude hinter uns ließen und das Leid vor uns lag.

Kapitel Zwanzig

Doch als Artyr von Britannien fortging, nachdem mein Vater so gut und freundlich zu ihm gewesen war, stahl er Fionns geliebte Hunde, Bran und Sgeolan.

Ossian erfreute uns wieder einmal mit einer seiner Geschichten über die Fenier. Jeden Tag unserer Reise hatte er mit Erzählungen angefüllt, die immer zahlreicher und immer wilder geworden waren, je näher wir der Feste der Weißen Mauern kamen.

»Erzähl schon weiter«, feuerte ich ihn an, denn ich freute mich über seinen offenkundigen Frohsinn. »Wie hat Fionn sie nun zurückgewonnen? Denn daß er sie sich wieder holte, weiß ich.«

»Wahrlich, er holte sie sich wieder, und noch einiges dazu«, erwiderte Ossian mit einem freudigen Nicken.

Fionn folgte den Dieben nach Britannien. Die Spuren von Artyrs Männern im Sand waren noch frisch, als die Fenier ihre Kriegsboote an Land zogen.
Doch Fionn beschloß, seine Hunde mit einer List zurückzugewinnen.
Als einfache Seeleute verkleidet, suchten er und die Fenier Artyrs Lager auf, wo Fionn sofort erkannte, wie er sich rächen konnte. Denn er fand dort nicht nur seine Hunde Bran und Sgeolan, die man am Rand des Lagers angebunden hatte, sondern auch Artyrs Kriegspferde. Dabei handelte es sich nicht etwa um die zotteligen Ponys aus Cymru oder die kleinen, schnellen Pferde aus Eire. Nein, dies hier waren Streitrösser, neunzehn Handbreit hoch, für die Schlacht gezüchtet und dressiert, ein wundervolles Paar: Rappe und Schimmel, Stute und Hengst.
In ihrer Seemannstracht erbaten die Fenier von Artyr und seinen Kriegern Gastfreundschaft, und als diese reichlich getrunken hatten und unter allerlei Ausschmückungen die Geschichte zum besten gaben, wie sie in Eire Fionn Mac Cumhails Hunde gestohlen hatten, stürzte sich Fionn auf Artyr und setzte ihm das Messer an die Kehle, während Caoilte Bran und Sgeolan losmachte.
»Wenn du über Fionn Mac Cumhail aus Eire schon so gut Bescheid weißt, dann wird dir auch nicht entgangen sein, daß ihm seine geliebten Hunde so teuer sind wie Brüder. Du hast dich gegen die Ehre meiner Familie vergangen, und dafür mußt du Wiedergutmachung leisten.«
»Aber wir können nichts bezahlen«, riefen Artyrs Krie-

ger. »Auf unseren Streifzügen sind wir nicht auf Gold aus.«
»Dann wählt etwas anderes, oder euer Fürst wird den Preis der Ehre mit seinem Leben bezahlen.«
»Pferde«, zischte Artyr.
»Was sagst du?« fragte Fionn, ohne seinen Griff zu lockern.
»Pferde«, wiederholte Artyr.
»Eine kluge Entscheidung«, gab Fionn zurück.
Und so brachte er die beiden stattlichen Rösser und Bran und Sgeolan zu seinem Schiff. Als sie nach Eire zurückkehrten, begründeten jene Stute und jener Hengst das Geschlecht der prächtigen irischen Kriegsrösser, das bis zum heutigen Tag fortbesteht.

»Das war wieder eine gute Geschichte«, lobte ich ihn, doch er gab keine Antwort.
Als ich mich zu ihm umdrehte, sah ich, daß er in die Ferne starrte.
»Da, Padraig«, sagte er. »Auf dem Hügel dort drüben. Almhuin. Die Feste der Weißen Mauern.«
Und tatsächlich schienen die Mauern im milden Licht des April gleichsam überirdisch zu leuchten. Als wir näher kamen, entdeckte ich, daß der Hang mit Tausenden kleiner weißer Steine besetzt war, daher wirkte er so strahlend weiß.
»So hat die Feste also ihren Namen bekommen.«

Ossian nickte.
»Mein Vater hatte die Idee. Auf diese Art schmückte man auch die alten Grabstätten entlang dem Boanne, Padraig. Meinem Vater gefiel die Vorstellung, daß er Almhuin schon aus meilenweiter Ferne würde sehen können, so wie wir heute.«
Wir waren nun am Fuß des Hügels angekommen, aber was ich dort erblickte, erschütterte mich zutiefst.
Einst hatte es hier einen breiten Dammweg gegeben. Seine Überreste erstreckten sich den ganzen Hügel hinauf, doch war er teilweise eingefallen, und über die gesamte Länge klafften breite Spalten; zudem war der Weg von Unkraut und Rankgewächsen überwuchert.
Die Kuppe des großen Hügels war früher mit einem hohen Palisadenzaun befestigt gewesen. Doch davon ragten nur noch Teile auf, schiefe, von Wind und Wetter gezeichnete Pfähle.
Ossian schien nicht zu bemerken, wie verfallen alles war. Mit leuchtenden Augen lenkte er sein Pferd den Dammweg hinauf. Das brave Tier fand seinen Weg über Abgründe und Unkraut hinweg mit der Unerschrockenheit einer Bergziege.
Ich sprang von meinem Streitwagen und nahm den Krummstab zu Hilfe, um den unebenen, zerklüfteten Weg zu besteigen. Oben am Hügel stieß ich zu Ossian, der sich bestürzt umsah.
Dieser Ort war einst wunderschön gewesen, das konnte ich sogar jetzt noch erkennen. Die Überreste einer großen Bankethalle gaben ein kümmerliches Zeugnis vergangener Größe. Wächtern gleich standen hier und da Zedernpfähle, und deutlich konnte man noch die darauf eingeschnitzten Spiral- und Zopfmuster erkennen, die Szenen von springenden Hirschen und rennenden Hunden vor

einer Waldkulisse, von Fionn und seinen Feniern auf der Jagd. Überall auf der Hügelkuppe fanden sich die kreisförmigen Grundrisse der Hütten, Schmieden, Back- und Lagerhäuser, doch von ihren Strohdächern und Mauern war nichts mehr übrig, was Schutz vor den Elementen bot.

In Ossian ging vor unseren Augen eine Veränderung vor. Während er sich wieder und wieder im Kreis herum drehte, wie ein Hund, der einen Liegeplatz sucht, nahm er die Szene, die sich ihm bot, ganz in sich auf. Schließlich sank er an Ort und Stelle zu Boden, nur mehr ein Häufchen Elend. Völlig verwirrt sprach er zu sich selbst:

»Dann ist es also wahr. Sie sind fort. Alle fort. Bis zu diesem Moment wollte ich es nicht glauben. Keine Nachkommen. Keine Fenier. Die Fenier von Irland sind tot. Nun glaube auch ich, daß der Himmel herunterfallen kann. Nun kann das Meer sich auftürmen und mich verschlingen.«

Ich kniete mich vor ihn hin.

»Es tut mir so leid, alter Mann«, sagte ich leise. »Ich wußte nicht, daß uns das erwarten würde.«

Doch er schüttelte nur den Kopf und schwieg.

Mir war klar, daß ich ihn von diesem Ort fortbringen mußte.

»Komm«, bat ich ihn. »Wir reiten ein Stück weit weg und schlagen im Wald unser Lager auf. Ein wenig warmes Essen wird dir guttun.«

Er schüttelte den Kopf.

»Hier«, sagte er. Er rührte sich nicht vom Fleck. Er gab auch kein Wort mehr von sich.

Also beförderten wir unsere ganze Ausrüstung und die Pferde den großen Hügel hinauf, nur der Wagen blieb unten zurück. Aus dem Holz, das wir fanden, bauten wir

uns notdürftige Unterkünfte, auch einen Teil der Palisaden verwendeten wir dafür. Die Brüder schnitten Kiefernäste im nahen Wald, brachten sie auf die Anhöhe und bauten damit Wände und Böden. Dann kochten wir uns etwas zu essen und versuchten, Ossian mit Geschichten aufzuheitern, aber es war zwecklos.
Dort auf dem Hügel von Almhuin hatte man das Gefühl, mitten unter Geistern zu sein. Sogar ich spürte ihre Anwesenheit – Fionn mit seinem weißen Haarschopf, Caoilte Mac Ronan mit der Fenierin an seiner Seite, der einäugige Goll Mac Morna und der scharfzüngige Conan Maor. Ich stellte mir vor, wie Sabh den Wall entlangging und auf Fionn wartete, und das Herz wurde mir schwer. Selbst die Hunde spürten, wie befremdlich dieser Ort war, denn sie konnten nicht schlafen, sondern streiften die ganze Nacht lang um den großen Hügel herum. Ich fragte mich, ob sie wohl ihre Namensvettern Bran und Sgeolan witterten.
Wir alle wußten, wie es um den alten Mann stand.
Er wollte sich nicht schlafen legen, sondern saß in seinen Umhang gehüllt da und starrte in die Dunkelheit, beinahe als ob er erwartete, daß alle diese Gestalten gleich dem Boden entsteigen würden.
Zusammen mit ihm hielten wir Wache; alle Brüder saßen in einer schweigenden Runde zusammen. Nicht einmal der kleine Benin schlief, sondern saß hellwach an Ossians Seite. Ich mußte an die Nacht vor dem Tod unseres Herrn denken, als die zwölf Apostel nicht mit Ihm Wache halten konnten, sondern einschliefen, und mir ging das Herz über vor Liebe zu diesen tapferen irischen Brüdern, die mit ihrem greisen Freund wachten.
Schließlich tat ich das einzige, was mir passend erschien, um ihm in seinem Kummer beizustehen. Ich sang den

Dord Fion, den Teil, der einem gefallenen Bruder gewidmet ist.

Ta se ag dul as
Ta se ag dul as
Er schwindet
Er schwindet
Fort ist unser Bruder
Fort von seiner Fian.
Chuaigh se an cnoc
Chuaigh se an cnoc
Er ging über den Hügel
Er ging über den Hügel
Nicht mehr zu den grünen Feldern,
Nicht mehr zum Meer,
Nicht mehr zu den Bergen,
Nicht mehr zu den Flüssen,
Leis fanacht
Leis fanacht
Sag ihm, er soll warten
Sag ihm, er soll warten
Ta an la ag imeacht
Ta an la ag imeacht
Der Tag neigt sich
Der Tag neigt sich.

Am Morgen hatte Ossian Fieber, seine Augen waren glasig.
Benin versuchte, ihn aufzurütteln, er sang ihm seine schönsten Weisen vor, schlang seine Hände in die seinen, versuchte, ihm Nahrung einzuflößen, aber vergebens. Wir fertigten eine Art Trage für ihn, indem wir Holzpfähle aus dem Palisadenzaun zusammenbanden, und befestigten sie

am Sattel des Pferdes, so daß das Tier sie ziehen konnte. Ossian wehrte sich nicht, als wir ihn auf diese Vorrichtung legten, auch nicht, als wir ihn darauf festbanden.
Obwohl es ein warmer Tag war, zitterte er, und die Brüder beeilten sich, ihn in unsere Umhänge aus Robbenfell zu wickeln und ihm Wasser an die Lippen zu halten, wie man es bei einem Sterbenden tut.
Natürlich sprach das niemand von uns aus, aber wir alle wußten es.
Dort oben auf dem Hügel von Almhuin hatte Ossian seinen Lebenswillen verloren. Er lag im Sterben, und keiner von uns hatte die Macht, ihn zurückzuholen.
Über steiniges Gelände zogen wir ihn hinter uns her, und wir kamen nur langsam voran auf unserem Weg nach Norden, nach Sabhal Padraig. Ossian verfiel zusehends, mit jedem Tag schien er in weitere Ferne entrückt. Er begann, Selbstgespräche zu führen, wie es die ganz alten Leute tun, und murmelte Namen vor sich hin: Fionn, Caoilte, Niamh. Einmal, als ich mich über ihn beugte und ihm Wasser reichte, schien sich sein Gesicht aufzuhellen, als ob er mich erkannte, und ich schöpfte neue Hoffnung.
»Oscar«, sagte er. »Oscar, mein Sohn. Du bist gekommen, um mich zu holen.«
»Ich bin Padraig«, flüsterte ich, doch er machte nicht einmal Anstalten, mich darauf hinzuweisen, daß ich den mir so verhaßten Namen verwendet hatte.
Als wir uns im Mai endlich Sabhal Padraig näherten, war Ossian bis auf die Knochen abgemagert. Gott möge mir verzeihen, aber ich wünschte mir beinahe seinen Tod, damit er nicht noch länger leiden mußte.
Und dann trafen wir auf der Straße diesen Fremden.
Wir waren nur noch einen Tagesritt von unserem Rath entfernt. Die Brüder hatten angesichts der vertrauten

Wege und Wälder neuen Mut gefaßt, denn wir waren sieben Monde fort gewesen. Benin sang gerade ein kleines Lied über die Heimat, als der Fremde auftauchte.

Er saß auf einem riesigen Rappen, der an die neunzehn Handbreit hoch war. Ohne abzusitzen, blieb er mitten auf dem Weg vor uns stehen. Er war mittleren Alters und mit seinem schwarzen Haar und dem gewinnenden Lächeln eine angenehme Erscheinung, wenn er auch etwas Merkwürdiges, etwas Fremdartiges an sich hatte. Der Mann trug einen grün und blau gemusterten Umhang.

Er sah mich an.

»Du bist Padraig«, sagte er.

Es war eine Feststellung.

Dann ritt er an mir vorbei zu Ossians Trage. In sein Gesicht trat ein so schmerzlicher Ausdruck, daß ich ihm tröstend die Hand entgegenstreckte. Sogleich wich er zurück, blieb jedoch auf dem Pferd sitzen.

Vom Sattel aus sprach er:

»Ossian.«

Ossian blinzelte und sah nach oben. Ich hielt ihm ein Gefäß mit Wasser an den Mund. Er nippte ein wenig davon und war im Begriff, wieder in seinen Dämmerschlaf zu versinken. Da richtete der Fremde erneut das Wort an ihn.

»Ossian.«

Nun drehte Ossian den Kopf zu dem Reiter, doch die Sonne blendete ihn. Der Fremde begriff. Er zog die Zügel an, doch wandte er sich zuerst an uns:

»Ihr dürft weder mich noch mein Pferd berühren«, sagte er in ruhigem, aber bestimmtem Ton.

Alle gleichzeitig wichen wir zurück.

Dann stellte er sich so hin, daß Ossian ihn betrachten konnte.

Der alte Mann schlug die Augen auf. Seit Wochen hatte er nicht gesprochen, doch nun krächzte er ein einziges Wort.
»Caoilte!«
Der Fremde schluckte ein- oder zweimal schwer. Dann nickte er.
»Ich komme wieder«, sagte er.
Ohne ein weiteres Wort wendete er das große Pferd und galoppierte fort gen Westen, wo wir vor so vielen Monaten Longans Tod betrauert hatten.

Drittes Buch

»Nach meinem Tod hinterlasse ich dies
meinen Brüdern und Söhnen als mein Vermächtnis.«

aus Patricks Confessio

Kapitel Einundzwanzig

Natürlich war es nicht Caoilte Mac Ronan«, zischte ich Breogan zu, als wir vor Ossians Tür standen. »Dieser Fenier ist schon lange tot. Aber das kann ich ihm nicht sagen, seine Gesundheit ist zu angegriffen. Und er spricht von nichts anderem mehr, nur daß Caoilte zurückkehren wird. Nicht einmal schlafen will er mehr, und er hat uns gezwungen, seine Lagerstatt ans Fenster zu rücken, damit er Tag und Nacht über die Felder blicken und den Waldrand beobachten kann. Auch will er nicht essen, er sagt, das sei nur Zeitverschwendung. Bruder, ich weiß mir keinen Rat.«

»Vielleicht könnte Ainfean ...«

»Pah, die Druidin. Du weißt doch, daß sie nicht mehr im Rath lebt. Benin ist gleich zu ihrer Hütte gerannt, kaum daß wir in Sabhal Padraig angekommen waren. Er sagt, daß all ihre Tierhäute, Pülverchen und Kräuter verschwunden sind. Nicht einmal ihren Tisch hat sie zurückgelassen. Und obgleich Benin jeden im Dorf befragt hat, konnte er nur in Erfahrung bringen, daß sie gleich nach ihrer Rückkehr aus Tara von hier fortgezogen ist und daß seither niemand von ihr gehört hat. Jetzt strafen mich die meisten mit Mißachtung. Dieses verfluchte Weib! Verfluchtes Almhuin! Wären wir doch bei Angus von Cashel geblieben!«

Wortlos lauschte Breogan meiner Schimpftirade.

Da ertönte aus Ossians Zelle ein erstickter Ruf.
»Padraig, sieh doch, ein Reiter kommt.«
Wir rannten zu ihm hinein. Und tatsächlich stand in der Ferne am Waldesrand ein Reiter mit seinem Pferd, sein grüner Umhang blähte sich im Wind.
Ich kniff die Augen zusammen.
»Ich kann ihn kaum erkennen, er ist zu weit weg.«
»Es ist Caoilte.«
Doch noch während wir angestrengt hinüberspähten, wendete der Reiter seinen Rappen und verschwand im Wald.
»Nun, wer immer es auch gewesen sein mag, alter Mann, er ist fort.«
»Warum hat er mich nicht mitgenommen? Warum hat er gesagt, er käme wieder? Ich kann nicht mehr lange in diesem Körper ausharren.«
Das war sicher wahr. Über Ossians Schlafstatt hinweg suchte ich Breogans Blick, und wir nickten einmütig. Denn der alte Mann war nur noch ein Schatten seiner selbst. Schmächtig und ausgezehrt, mit schütteren, feinen Strähnen auf dem Haupt, glich er in nichts mehr dem hünenhaften Alten, der zwar reich an Jahren gewesen war, aber an Körperkraft nichts eingebüßt hatte. Wie ein dünner Weizenhalm, über den ein Sturm hinweggefegt ist, lag er vom Alter gebeugt da. Sein Atem ging stoßweise, und es fiel ihm schon schwer, auch nur den Kopf zu heben, weshalb wir ihm zusammengerollte Tierfelle und Umhänge in den Rücken gestopft und unter den Kopf geschoben hatten, damit er unablässig aus dem Fenster starren konnte.
»Wenn dieser Mann Caoilte ist«, sagte ich schulterzuckend, wobei ich Breogan ansah und ihn mit Gesten beschwor, meinen nun folgenden Darlegungen nicht zu

widersprechen, »wenn es wirklich Caoilte ist, dann kann er dich vielleicht deshalb nicht mitnehmen, weil deine Aufgabe hier bei uns noch nicht erfüllt ist. Möglicherweise mußt du noch etwas zu Ende führen, ehe du uns verlassen kannst.«

Der alte Mann machte eine Bewegung, sagte aber nichts. Schließlich seufzte er.

»Daran habe ich auch schon gedacht. Obwohl sich alles in mir dagegen sträubt.«

»Falls du wirklich noch etwas erledigen mußt, kannst du es jedenfalls nicht in diesem Zustand tun, ausgemergelt und halb verhungert, wie du bist. Erlaube uns, dir etwas zu essen und zu trinken zu geben.«

Wieder ein langes Schweigen, dem ein tiefer Seufzer folgte.

»Nun gut. Bringt mir Haferbrei. Ich werde versuchen zu essen.«

Draußen faßte ich Breogan am Arm und gab ihm einen Stoß in die Rippen. Er grinste übers ganze Gesicht.

»Ob es nun Caoilte war oder nicht«, flüsterte ich, »Hauptsache, daß es ihn zum Essen bringt und wieder gesund werden läßt. Heute hat Ossian zum ersten Mal an etwas Interesse gezeigt, seit wir diesen verwünschten Hügel hinter uns gelassen haben.«

Da rief der Alte mit schwacher Stimme aus seiner Zelle:

»Es war Caoilte, Padraig. Und denk daran, auch ich bin ein Fenier, den du längst verstorben glaubtest.«

»Zum Kuckuck, alter Mann«, gab ich zurück, »du hast die feinen Ohren eines Hirschs.«

»Natürlich«, erwiderte Ossian.

Am Nachmittag war etwas Farbe auf seine Wangen zurückgekehrt, und er saß ein wenig aufrechter an die stüt-

zenden Felle gelehnt. Aber noch immer gestattete er uns nicht, seine Schlafstatt vom Fenster wegzuschieben.
Und so setzte ich mich in die Fensterlaibung, um mit ihm zu sprechen.
»Bist du jetzt glücklich, Padraig?«
»Ja, das bin ich. Denn ich will nicht, daß du stirbst. Haben wir dir hier das Leben so schwer gemacht, daß du möglichst bald von uns gehen willst?«
Da lächelte Ossian, aber es war ein trauriges, wehmütiges Lächeln.
»Ich habe dir noch kaum etwas von meinem Sohn, von Oscar, erzählt, Padraig.«
»Nein, das hast du nicht.«
»Er war ein großartiger Krieger, ein hervorragender Jäger. Seine Mutter, mein Weib, sie starb bei seiner Geburt. Und so wurde er von seinem Vater und seinem Großvater aufgezogen. Wir drei waren unzertrennlich. Eigentlich war er ebensosehr Fionns Sohn wie meiner, denn Fionn liebte ihn von ganzem Herzen. Als ich sie zurückließ, war mein Vater ein alter Mann von mehr als siebzig Jahren. Ich war etwa in deinem Alter. Und mein Sohn hatte gerade die Zwanzig überschritten.«
»Warum erzählst du mir jetzt davon?«
»Weil du mich an sie erinnerst, an Fionn und an Oscar.«
»Aber ich bin doch kein Fenier.«
»Du bist einer, Padraig, auch wenn du es nicht wahrhaben willst. Wir Fenier sind ehrenhafte Männer, die einander beschützen, auch wenn es uns das Leben kosten sollte. Und wenn einer von uns stirbt, beweinen wir diesen Verlust aus tiefstem Herzen.«
Ich wußte, daß er dabei an Longan dachte, und wieder versetzte mir der Gedanke an den Tod des jungen Bruders einen schmerzhaften Stich. Ich nickte.

»In uns brannte ein Licht, Padraig – das Licht von Eire, wir kämpften um die Ehre und Sicherheit dieses grünen Juwels im Meer. Und auch in dir brennt ein Licht. Du bist um deines Christus willen hierhergekommen, er erfüllt dein Inneres mit seinem Glanz, ungeachtet deiner Irrtümer und deines Starrsinns.«

Ossian kicherte.

»Aber auch Eire hat Besitz von dir ergriffen. Ich höre es an deinem Tonfall, der tagtäglich irischer wird. Ich sehe es an deiner Liebe zu den Brüdern, an deiner hingebungsvollen Fürsorge Benin gegenüber, und auch daran, daß du inzwischen sehr viel mehr lachst als bei unseren ersten Begegnungen. Sie nennen dich den Druiden Christi, Padraig, aber sie irren sich, denn du verbreitest nicht seine Lehren, du trägst sein Feuer ins Land. Du bist ein Krieger Christi, ein Fenier deines Herrn.

Ich aber verlasse dich bald, weil ich nicht in diese Zeit gehöre; auch wird mir dieser Körper immer fremder. Doch du sollst wissen, ich gehe nicht etwa, weil du etwas falsch gemacht hättest, mein Junge, denn ich liebe dich sehr.«

Sprachlos starrte ich ihn an, und ich saß wie angewurzelt in der Fensterlaibung.

Doch schließlich gelang es mir, neben sein Bett zu taumeln und auf dem Boden niederzuknien. Ich nahm die welke alte Hand in meine.

»Laß mich dich taufen, Vater. Erlaube, daß ich dich mit dem Wasser des Lichten Christus besprenge, damit wir auf immer in Seinem Reich vereint sind.«

»Nein, mein Junge, denn ich weiß ja nicht, ob mein Vater und mein Sohn auch dort weilen. Und was ist mit Caoilte und mit Niamh? Ich muß sie wiedersehen. Deshalb kann ich deine Taufe nicht annehmen. Noch nicht. Vielleicht sieht es eines Tages anders aus.«

Dabei tätschelte er mir liebevoll die Hand.
»Es gibt da eine Geschichte, die ich dir erzählen muß. Denn ich habe nachgedacht und glaube nun, daß sie vielleicht der Grund ist, weshalb Caoilte noch nicht zurückgekommen ist.«
»Wenn es dir das Herz erleichtert, erzähle sie. Soll ich Breogan mit seinem Schreibgerät holen? Er hatte seine liebe Not damit, all die Geschichten niederzuschreiben, die du uns auf unseren Reisen erzählt hast.«
Ossian seufzte, es war nur ein schwacher, trauriger Hauch.
»Bring ihn her«, nickte er. »Obwohl es mir nicht recht gefallen will, daß diese Geschichte schwarz auf weiß festgehalten wird und künftige Generationen sie hören.«
Schon in der Tür, hielt ich inne.
»Warum nicht?«
»Du entsinnst dich, daß ich dir erzählte, in meinem Vater brannte ein Licht?«
»Auch ich habe dieses Licht inzwischen leuchten sehen und spreche in meinen Gebeten den Segen über deinen Vater.«
Ossian lächelte.
»Ja, das habe ich gehört. Und es freut mich. Aber du erinnerst dich vielleicht auch, wie ich einmal sagte, daß er ein einziges Mal in seinem langen Leben dieses Licht verriet?«
Ich hob abwehrend die Hand.
»Erzähl mir keine Geschichte, die Fionn in meinem Ansehen sinken läßt. Denn so etwas wünsche ich nicht zu hören.«
Doch Ossian schüttelte nur traurig den Kopf.
»Ich muß es dir aber wohl erzählen, Padraig, denn auch du trägst dieses Licht in dir, und ich kann nicht zulassen, daß du ihm nicht treu bleibst.«

Nun war es an mir zu seufzen, und Ossian lachte.
»Schon ganz am Anfang habe ich dir gesagt, daß du seufzt wie ein Ire.«
»Es ist nicht die einzige schlechte Angewohnheit, die ich mir hier zugelegt habe.«
»Bring Breogan her«, verlangte Ossian.
»Müssen denn alle deine Geschichten einen Zweck verfolgen?«
Ossian wirkte nachdenklich.
»Das hatte ich nicht beabsichtigt, als ich hierhergekommen bin. Um die Wahrheit zu sagen, ich wußte gar nicht, warum ich eigentlich hierherkam. Und dann hat es sich scheinbar von selbst so ergeben, Padraig. Dein Gott führt das Schiffchen an dem Webstuhl, dessen Rahmen wir bilden, Padraig. Erst neulich habe ich viel darüber nachgedacht. Offenbar ist er hier mitten unter uns, der Eine, der da kommt.«
Schweigend verharrte ich am Eingang, indes Ossian nickte, als ob er im stillen ein Gespräch führte.
»Hol Breogan«, sagte er schließlich. »Die Geschichte muß erzählt werden.«

Nach Sabhs Tod nahm sich Fionn keine Frau mehr zum Weib, und er teilte auch mit keiner mehr das Lager. Sein Sohn und die Fenier waren ihm Gesellschaft genug, er erfüllte seine Verpflichtungen gegenüber Eire und genoß das Leben in den Wäldern. Fionn war es zufrieden, doch nachdem beinahe zwanzig Jahre vergangen waren und Ossian herangewachsen war, fingen die Fenier an, sich um Fionn zu sorgen.

»Seht nur, sein Junge ist zum Mann geworden. Er zählt jetzt achtzehn Jahre. Bald wird er in die Welt hinausziehen, und Fionn wird einsam sein wie ehedem, als Sabh gestorben ist«, sprach Goll Mac Morna mit düsterer Stimme und spießte sich ein Stück Hirschlende aufs Messer.

Hinter Caoilte Mac Ronan stand sein Weib, die Fenierin Ainder, und neckte ihn:

»Du hast bereits das fünfundsiebzigste Lebensjahr überschritten, Mac Morna. Was kümmern dich die Weiber?«

»Die machen einem doch nur Ärger«, meinte Conan Maor. »Allein ist er weit besser dran.«

»Einem wie dir kann man nur Ärger machen«, gab Ainder zurück, die gerade hingebungsvoll Caoiltes Nackenmuskeln walkte.

»Autsch!« stöhnte Caoilte. »Willst du mich umbringen, bloß weil Maor dich geärgert hat?« Dann fuhr er nachdenklich fort: »Doch seht nur, Fenier, wie es uns aufwühlt, daß Fionn unbeweibt ist. Es beschäftigt uns offensichtlich sehr. Darum laßt uns eine Frau für ihn suchen, die uns würdig erscheint, sein Weib zu werden, und ihm dann den Vorschlag unterbreiten, sich wieder zu vermählen. Wenn sie ihm nicht gefällt, wird er es schon sagen. Mehr können wir nicht tun.«

Ainder hörte auf, Caoiltes Schultern zu kneten.

»Mir ist da etwas Interessantes zu Ohren gekommen. Cormac Mac Arts Tochter soll wunderschön sein, ihr Name ist Grainne.«

»Ja, ich habe sie einmal gesehen«, nickte Caoilte. »Sie ist in der Tat ganz ansehnlich.« Und er zeichnete mit den Händen ihre Figur nach, woraufhin ihm sein Weib einen

Klaps aufs Ohr versetzte. Laut lachte Caoilte auf, griff nach hinten und zog Ainder auf seinen Schoß, wo er sie zu kitzeln begann.
»Hört schon auf mit euren kindischen Späßen«, brummte Conan Maor. »Ihr seid jetzt dreißig Jahre verheiratet, da solltet ihr über solche Albernheiten hinaus sein.«
»Laß sie in Ruhe«, polterte Goll Mac Morna los. »Das Glück ist vergänglich genug. Sollen sie sich doch aneinander freuen, solange sie sich noch haben. Übrigens ist Fionn drei Jahre jünger als Caoilte, ich sorge mich also zu Recht.«
»Er geht mit schnellen Schritten auf die Fünfzig zu«, wandte Conan Maor ein. »Was soll denn ein junges Ding wie Cormacs Tochter mit ihm?«
Ainder setzte sich aufrecht hin und strich sich den Kittel glatt, indes sie einen verschwörerischen Blick mit Caoilte wechselte.
»Das ist es ja gerade. Ich habe gehört, daß schon viele junge Männer um ihre Hand angehalten haben, aber sie hat sie alle abgewiesen. Fionn jedoch ist Heerführer der Fenier, er hat ihr etwas zu bieten.«
»Sie bekäme einen Mann, der die besten Jahre längst hinter sich hat«, widersprach Conan Maor.
»Keineswegs«, entgegnete Ainder. »Fionn ist stark und steckt voller Leben. Tagtäglich reitet er mit Ossian aus. Er durchschwimmt den See schneller als jeder andere Fenier, läuft weiter und durchstreift lautloser die Wälder. Mit seinen breiten Schultern und seinen kräftigen Beinen ist er … ein prachtvoller Mann.«
»Du hast dir Fionn ja sehr genau angesehen«, knurrte Caoilte gutmütig.
Ainder lachte.
»Alle Frauen interessieren sich für Fionn. Grainne wird

da keine Ausnahme sein. Und ein Mann seines Alters ist in der Liebeskunst bewandert.« Bei diesen Worten lehnte sie sich an Caoilte, der plötzlich zum Aufbruch drängte.
»Also abgemacht. Morgen beim Abendessen unterbreiten wir Fionn den Vorschlag. Dann gute Nacht, Brüder.« Er nahm Ainders Hand, und sie verließen die Runde.
»Widerlich«, schüttelte sich Conan Maor.
»Schade, daß nicht ich der Glückliche bin«, brummte Goll Mac Morna.

»Wozu brauche ich ein Weib?« Fionn nahm einen großen Schluck Ale und grinste in die Fenier-Runde. »Habt ihr Angst, daß meine Manneskraft versiegt, wenn ich sie nicht gebrauche?«
Caoilte lachte laut heraus.
»Das nicht, aber sieh dir Ossian doch einmal an.«
Fionn drehte sich seitwärts und betrachtete seinen Sohn, der neben ihm saß. Ossian war ein muskulöser junger Mann von achtzehn Jahren. Die Frauen nahmen bereits Notiz von ihm.
Fionn nickte.
»Er ist ein Prachtkerl, soll er Cormacs Tochter kriegen.«
Lachend wehrte Ossian ab.
»Ich möchte mir mein Weib gern selbst aussuchen. Oder mich von ihr erwählen lassen. Außerdem soll mit der Königstochter nicht gut Kirschen essen sein, das habe ich von vielen Feniern gehört.«
»Ach ja?« fragte Fionn. »Na gut, laßt uns nach Tara ziehen und einen Blick auf sie werfen.«

In der Großen Banketthalle von Tara wurde das Festmahl aufgetragen. Grainne ging mit dem Weinkrug herum, und Fionn beobachtete sie dabei. Sie war tatsächlich eine wunderschöne Frau, ihr langes, schwarzes Haar glänzte, ihre Haut war weiß wie Milch, und die Glieder unter ihren breiten Schultern waren fest und wohlgeformt. Aber sie war eben nicht Sabh, und Fionn spürte keine Regung in seinem Herzen.

Natürlich wußte Grainne, daß Fionn auf Brautschau hier war. Sie hatte ihr Haar sorgsam geflochten und mit goldenen und silbernen Kugeln geschmückt. Dazu trug sie ihr bestes Kleid aus blauer Seide, desgleichen einen gewebten Umhang mit erlesener Stickerei in Rot und Purpur, Grün und Gold.

Doch von Fionns Anblick war sie tief enttäuscht, denn dieser Mann stand längst nicht mehr in der Blüte seiner Jahre. Grainne hatte schon viele Bewerber abgewiesen, weil sie auf den einen Richtigen wartete. Inzwischen zählte sie dreiundzwanzig Jahre, was der Zahl der erfolglosen Freier entsprach. Und einen Greis wollte sie ganz bestimmt nicht zum Mann.

Als sie ihm Wein einschenkte, beugte sie sich absichtlich tief vor, so daß ihr Ausschnitt dabei verrutschte. Gespannt wartete sie auf Fionns Reaktion. Dieser musterte sie zwar und schien innerlich wohlwollend zu nicken, mehr aber auch nicht. So verhielt sich kein Mann, der trunken vor Liebe war.

Grainne war erbost, weil ihre Reize bei Fionn keine Wirkung zeitigten, denn sie hielt sich für die schönste aller Frauen. Und so zog sie sich in ihr Gemach zurück und setzte sich mit ihren Dienerinnen an eine Stickarbeit, aber ihre Fäden verhedderten sich, und sie riß sie mit den Zähnen entzwei. Die Frauen wußten aus Erfahrung, daß man auf der Hut sein mußte, wenn Grainne ihre Launen hatte, deshalb verzichteten sie auf Bemerkungen und stickten schweigend weiter. Schließlich stand Grainne auf und

wanderte zu den Hügeln hinaus, wo sie Dhiarmuid Ui Duibhne begegnete.
Dhiarmuid war etwa Mitte dreißig, mehr als zehn Jahre jünger als Fionn. Die Fenier nannten ihn scherzhaft »Liebesfleck«, denn ein kleines rotes Muttermal in Form einer Erdbeere zierte seine rechte Wange gleich unter dem Haaransatz. Die Fenier witzelten, daß nur dieses Mal die Frauen dazu brachte, in Liebe zu Dhiarmuid zu entbrennen.
Dabei war Dhiarmuid ein gutaussehender, stolzer und kräftiger Mann, hochgewachsen und mit breiter Brust, Frauen gegenüber jedoch von sanfter, zuvorkommender Art. Er hatte mehr von ihnen gehabt als die meisten Fenier zusammen, und keine dieser Frauen hatte ihm je Böses gewünscht, wenn ihre gemeinsame Zeit zu Ende war. Doch obgleich viele Frauen Dhiarmuid liebten, hatte er noch keiner sein Herz geschenkt.
In der Abenddämmerung trat Grainne auf ihn zu.
»Dein Umhang weist dich als Fenier aus. Warum nimmst du nicht am Festmahl teil?«
»Ich bin gerade erst aus dem Norden gekommen«, erwiderte er mit freundlichem Lächeln. »Und jetzt bin ich sehr froh darüber.«
»Warum das?«
»Allein, sich wenige Minuten im Licht deiner Schönheit sonnen zu dürfen, ist die beschwerlichste Reise wert.«
Ein alltäglicher Satz aus dem Mund von Dhiarmuid, doch Balsam für Grainnes Stolz, den Fionns Mißachtung tief gekränkt hatte. Sie lachte kehlig und trat noch näher zu ihm.
»Deine Worte sind wohlgesetzt, Fenier, und stehen deiner Erscheinung in nichts nach.«
Erfreut erwiderte Dhiarmuid ihr Lachen, denn nur selten konnte es eine Frau mit ihm aufnehmen.

»Meine Zunge würde gern mehr Zeit damit verbringen ... deine Schönheit zu preisen.«
»Und würde sie es beim Lobpreisen belassen?«
Schnell wie der Blitz hatte er sie umarmt und preßte seine Lippen auf ihren Mund, indes seine Zunge die ihre suchte. Sie erwiderte den Kuß voller Leidenschaft. Als er innehielt, schmiegte sie sich an ihn.
»Man ruft dich wohl Flinke Zunge?« neckte sie ihn.
»Nein, man nennt mich Liebesfleck.«
»Oh, und welcher Fleck ist bei dir für die Liebe gemacht, Flinke Zunge?«
Dhiarmuid zeigte auf seine Wange.
»Hier, dieser.«
Sie fuhr mit dem Finger den Umriß der Erdbeere nach.
»Das ist doch bestimmt nicht der einzige Fleck. Wenn du heute nacht in meine Kammer kommst, werden wir die anderen Stellen finden, die für die Liebe gedacht sind.«
Dhiarmuid lachte laut heraus.
»Du verschwendest keine Zeit«, meinte er. »Das gefällt mir. Aber ich verspreche dir, daß ich mir sehr viel Zeit lassen werde.«
»Ich freue mich darauf«, nickte Grainne und verschwand, ohne ihm ihren Namen genannt zu haben.

Beim Festmahl hatte sich Fionn inzwischen an Cormac Mac Art gewandt.
»Alter Freund, deine Tochter ist wirklich wunderschön, aber ich glaube nicht, daß sie mich zum Gatten will. Und um ehrlich zu sein, gehört mein Herz noch immer Sabh, die ich nicht vergessen kann.«
Cormac nickte.
»Ich bitte dich nur um eines, Fionn, sprich selbst mit ihr. Wir sind nun schon viele Jahre Freunde, deshalb will ich

dir ehrlich gestehen, daß meine Tochter ein widerspenstiges Frauenzimmer ist. Ihre Mutter ist schon zu lange tot, und Grainne fehlt der weibliche Einfluß. Güte und Nachsicht sind ihr fremd. Schon viele Bewerber hat sie abgewiesen, indem sie ihnen einfach gesagt hat, ich wünschte mir einen besseren Mann für sie. Kannst du dir vorstellen, wie viele Feinde mir das schon beschert hat? Männer von edler Geburt, tapfere Krieger glaubten, daß ich sie für unwürdig erachtet hätte, sich mit Grainne zu verbinden. Ich habe schon viele Männer besänftigen müssen, deren Stolz sie verletzte; zwischen uns möchte ich böses Blut vermeiden.«

Fionn schmunzelte.

»Du hast Angst vor deiner eigenen Tochter!«

Cormac beugte sich zu ihm und flüsterte:

»Um die Wahrheit zu sagen, Fionn, ich kann sie nicht leiden. Ich bin froh, daß du dich gegen sie entschieden hast, denn sie würde dir das Herz brechen.«

Nach dem Ende des Festmahls begab sich Fionn zum Grianan, dem Sonnenhaus der Frauen. Inzwischen war die Nacht hereingebrochen, und pechtriefende Fackeln wiesen ihm den Weg.

»Ich suche Grainne, die Königstochter«, wandte sich Fionn an eine der Frauen.

Diese wies auf eine Tür, doch sie schüttelte den Kopf dabei.

Fionn indes klopfte an und trat nach Grainnes Aufforderung ein.

Die Königstochter war bis zur Taille nackt und wusch sich mit parfümiertem Wasser die Brüste. Das vom Dampf feuchte Haar kräuselte sich um ihr im Feuerschein rot schimmerndes Gesicht.

Als sie Fionn sah, weiteten sich ihre Augen, denn sie hatte

mit Dhiarmuid Ui Duibhne gerechnet. Da sie aber sicher war, daß Fionn nicht um ihre Hand anhalten wollte, und die Wunde der Mißachtung sie noch immer schmerzte, bedeckte sie ihre Blöße nicht.

»Guten Abend, Fenier«, begrüßte sie ihn höflich und fuhr mit ihren Waschungen fort. Fionn mußte zugeben, daß sie wirklich eine schöne Frau war, mit großen Brüsten und breiten Schultern. Ohne sich von der Stelle zu rühren, sah er ihr schweigend zu. Er hatte schon ganz vergessen gehabt, wie eine schöne Frau aussah, die sich wusch, und der Anblick erregte ihn.

Sie ließ zu, daß er sie betrachtete.

»Willst du mir behilflich sein, Fenier? Mein Bad scheint dich zu fesseln.«

Fionn trat auf sie zu, nahm ihr das Tuch aus der Hand und tunkte es ins Wasser. Dann wrang er es über ihren Brüsten aus und beobachtete, wie die Tropfen in kleinen Rinnsalen über ihre weiße Haut liefen. Grainne bewegte sich nicht, doch ihre Brustwarzen richteten sich auf.

In Fionn erwachte etwas, das lange Zeit geschlummert hatte. Er beugte sich über eine der Brüste, berührte sie mit den Lippen und umspielte mit der Zunge die Brustwarze. Seine Gedanken schweiften zu Liath.

»Ich wollte eigentlich nicht, daß du mich mit deiner Zunge wäschst, Fenier«, unterbrach Grainne seinen Tagtraum. »Aber wenn es dich danach verlangt.«

Sie ließ den Kittel zu Boden gleiten und stand nun ganz nackt vor ihm. Fionn Geschlecht schwoll an, sie griff ihm mit der Hand zwischen die Beine und streichelte sanft darüber.

»Bist du gekommen, um mir einen Antrag zu machen, Fenier?«

Fionn nickte, ihm fehlten die Worte.

»Ach«, sagte sie und klang enttäuscht dabei, »dann müssen wir bis morgen damit warten. Als Frau aus Eire ist es meine Pflicht, dich beim großen Fest mit dem Ehepokal zu erwählen.«

Nackt geleitete sie Fionn an die Tür, schmiegte sich an ihn und küßte ihn auf den Mund.

»Bis morgen dann«, sagte sie zärtlich.

Fionn taumelte aus ihrer Kammer. Er sah weder, wie Dhiarmuid Ui Duibhne sich Grainnes Gemach näherte, noch wie dieser umkehrte, als er Fionn aus ihrer Kammer treten sah.

Eilends ging Fionn zu Cormac, um ihm mitzuteilen, daß er Grainne ehelichen wolle.

»Sie hat dich wohl verhext«, sagte Cormac.

»Ja, das hat sie«, lachte Fionn. »Und es ist ihr gut gelungen, denn ich hätte nicht gedacht, daß ich nach Sabh noch einmal eine Frau lieben könnte. Aber es wird mir eine Freude sein, deine Tochter lieben zu lernen.«

»Wohlan«, nickte Cormac. »Wenn sie das getan hat, muß sie dich unbedingt wollen. Ein gutes Zeichen, daß sie die Wahl getroffen hat. Morgen werde ich mit ihr sprechen, und abends wird das Fest ausgerichtet.«

Am Morgen ging Cormac zu Grainnes Gemach. Umgeben von ihren Dienerinnen, saß seine Tochter an ihrer Stickarbeit und sah nicht einmal auf, als ihr Vater eintrat. Sie war offenbar schlecht gelaunt und schlug einer Magd gerade hart aufs Handgelenk. Cormac betrachtete sie und fühlte den gewohnten Widerwillen in sich aufsteigen. Sie war sehr schön, das ja, aber kalt und viel zu selbstsüchtig für eine Verbindung. Beinahe mißfiel ihm der Gedanke, sie mit seinem Freund vermählt zu sehen. Aber Fionn hatte sich entschieden.

»Fionn hat mit mir gesprochen«, hob Cormac an und sah,

wie die Andeutung eines Lächelns die Lippen seiner Tochter kräuselte. »Er bittet um deine Hand. Nimmst du den Antrag an?«

Grainne sah auf und machte eine flüchtige Handbewegung, als verscheuche sie ein lästiges Insekt.

»Wenn er dir als Schwiegersohn annehmbar erscheint«, erwiderte sie wie beiläufig, »wird er es als mein Ehemann schon tun.«

»Er wird es schon tun? Wir sprechen von Fionn! Er ist Heerführer der Fenier von Irland und, mehr noch, seit gut dreißig Jahren mein Freund. Du wirst ihn nicht kränken, oder du bist nicht mehr meine Tochter. Hast du mich verstanden, Mädchen? Du kannst ihn wählen oder nicht, aber du wirst mir keine Schande machen!«

»Ich habe doch gesagt, daß ich ihn nehme«, erwiderte sie gelassen und beugte sich wieder über ihre Stickerei.

An diesem Abend betrat Grainne die Bankethalle mit dem Ehepokal in der erhobenen Hand. Sie ging geradewegs auf Fionn zu, blickte ihm in die Augen und lächelte. Dann reichte sie ihm den Kelch, und er nahm einen großen Schluck. Das Eheversprechen war besiegelt.

Nun wandte sich Grainne an die Anwesenden.

»Ich möchte jetzt auch mit Fionns Gefährten feiern«, rief sie laut und ging mit dem Kelch von einem Festgast zum nächsten. Sie hieß ihren Vater, einen tiefen Zug zu nehmen, und bot auch allen Feniern den Trunk an.

Nur an Dhiarmuid Ui Duibhne ging sie achtlos vorbei, der ob ihres Betragens errötete und von tiefer Scham erfüllt war, hätte er doch beinahe mit Fionns Braut das Lager geteilt. Trotzdem konnte er nicht umhin, ihre Schönheit und ihren sprühenden Geist zu bewundern. Sie war reizvoller als jede andere Frau, der er bisher begegnet

war. Als Grainne an ihm vorüberging, sah sie ihn vorwurfsvoll an.
Das Brautgelage fand ein früheres Ende als gedacht, denn die Festgäste wurden von einer unerklärlichen Müdigkeit gepackt. Selbst Fionn gähnte immer wieder hinter vorgehaltener Hand und fragte sich, wohin sich denn die Leidenschaft der letzten Nacht verflüchtigt hatte. Schließlich trat er zu seiner Braut und flüsterte ihr ins Ohr:
»Ich bin des Feierns überdrüssig und gehe in meine Kammer. Kommst du mit?«
»Gleich«, säuselte sie.
Nachdem Fionn den Saal verlassen hatte, stand auch Dhiarmuid Ui Duibhne auf, um zu gehen, aber Grainne trat zu ihm an den Tisch.
»Hatten wir nicht eine Verabredung, Fenier?«
»Ich habe gesehen, wie Fionn deine Kammer verließ. Du hast mir nicht gesagt, daß du seine Verlobte bist«, klagte Dhiarmuid sie an.
»Das war ich auch nicht. Und wärest du gekommen, hätte ich ihn heute nicht erwählt.«
»Was soll das heißen?« flüsterte er.
Die wenigen Gäste, die noch im Festsaal saßen, beäugten sie mißtrauisch.
»Ich werde nachher zu dir kommen«, sagt Grainne.
»Das ist nicht klug«, meinte Dhiarmuid, sie aber hielt bereits auf den Ausgang zu und wünschte den restlichen Festgästen an der Tür eine gute Nacht.
In der Dunkelheit schlich sie in Dhiarmuids Kammer, sie wehte lautlos herein wie der Moschusduft einer Blume, die nur des Nachts blüht. Über ihren Kittel hatte sie ihren Umhang geworfen, in der Hand trug sie ein Reisebündel.
Ui Duibhne setzte sich auf.

»Was soll das?«
»Ich werde mich nicht mit Fionn vermählen. Er ist ein alter Mann, der selbst heute nacht betrunken vor sich hinschnarcht. Ich aber bin jung, mein Blut ist in Wallung. Ich will, daß du mein Herz schneller schlagen läßt. Du sollst mich von hier fortbringen.«
Obgleich Ui Duibhne ein heißes Verlangen nach ihr verspürte, schüttelte er den Kopf.
»Fionn ist nicht nur mein Anführer, er ist auch mein Freund. Ich werde ihn nicht hintergehen.«
Da trat Grainne zu ihm und küßte ihn, doch er stieß sie zurück.
»Nein, das werde ich nicht tun.«
»Dann belege ich dich mit einem Geis.«
Entsetzt starrte Ui Duibhne sie an.
»Tu das nicht. Du raubst mir die Ehre. Und ich kenne meinen Befehlshaber. Wenn du ihn derart erniedrigst, wird es in ganz Eire kein Fleckchen mehr geben, an dem wir vor seinem Zorn sicher sind.«
»Du stehst unter einem Geis, Fenier. Besagt eure Regel nicht, daß ein Fenier einer Frau zu Willen sein muß, die ihn mit dem Ehrenbann belegt hat, ansonsten kann er nicht länger ein Fenier sein?«
Ui Duibhne floh aus seiner Kammer und rannte hinüber zu Ossian, der so tief schlief, daß er ihn kaum wachrütteln konnte. Endlich wachte er auf, doch als er die Geschichte hörte, schüttelte er nur den Kopf.
»Liebst du sie denn, Dhiarmuid?«
»Gestern sah ich in ihr die schönste und geistvollste aller Frauen. Heute jedoch finde ich sie abstoßend und würde lieber den Geis brechen und nach Alba fliehen, als deinen Vater zu entehren, der mein Freund und Anführer ist.«
»Ich sage dir, diese Frau ist nicht die richtige für ihn. Sie

schmiedet Ränke und spricht mit doppelter Zunge. Und dann die Sache mit dem Geis.«
Nun weinte Dhiarmuid, denn er wußte, daß ihm keine Wahl blieb.
»So soll ich nun nie wieder mit euch essen, nie wieder in Almhuin meine Wohnstatt haben, an keiner Jagd mit Fionn mehr teilnehmen und nicht mehr mit meinen Fenierbrüdern in den Bergen von Slieve Bloom umherstreifen. Der Kummer bricht mir das Herz.«
»In mir hast du auf immer einen Freund«, versprach Ossian. »Ich werde versuchen, mit meinem Vater zu reden und ihn zu überzeugen, daß er ohne sie weit besser dran ist.«
»Wird er denn auf dich hören?«
»Ich weiß es nicht. Aber jetzt geh und bring dieses Weib von hier fort, eine solche wünsche ich nicht an der Seite meines Vaters zu sehen.«
Sie umarmten sich, dann sattelte Ui Duibhne zwei Pferde und ritt aus Taras Toren hinaus in die Nacht. Nachdem der Königshügel weit hinter ihnen lag und sie den Boanne durchquert hatten, wandte er sich zornig an Grainne.
»Wären sie doch bloß aufgewacht und hätten mich umgebracht! Dann bliebe mir dies hier erspart.«
»Da bestand keine Gefahr«, erwiderte Grainne stolz. »Denn ich habe ein Schlafmittel in den Wein gemischt.«
Ui Duibhne zügelte sein Pferd und starrte sie ungläubig an. Am liebsten hätte er sie mit dem Zaumzeug geschlagen, aber der Geis band ihn. Und so ließ er die Zügel mutlos wieder fallen und sank auf den Pferdehals nieder, wo er haltlos zu schluchzen begann.
Nun fühlte Grainne erstmals eine Spur von Reue.
»Ich werde es dir tausendfach vergelten, Fenier«, versprach sie.

»Was ich verloren habe, kannst du mir niemals ersetzen«, gab er zurück. »Denn nichts, was du zu bieten hast, könnte die Wunde heilen, die mir die gewaltsame Trennung von meinen Fenierbrüdern schlug.«
Angesichts seiner tiefen Verbitterung schwieg Grainne und betrachtete ihn voller Hochachtung, denn noch nie hatte sie einen Mann getroffen, dem die Ehre so viel bedeutet hatte wie Dhiarmuid Ui Duibhne. Und ihr Herz begann zu verstehen, was sie ihn angetan hatte.

»Dein Vater hat nichts getan, dessen er sich hätte schämen müssen. Dieses Weib hat ihn und alle anderen entehrt.«
»Das ist noch nicht das Ende der Geschichte, Padraig. Leider noch lange nicht.«
»Aber du bist schon ganz erschöpft. Ruh' dich aus und erzähle morgen weiter. Wir werden heute abend einen gehaltvollen Fleischeintopf kochen, und ich bringe dir dunkles Brot und Honig.«
»Du willst nur nicht, daß ich weitererzähle. Denn auch wenn du behauptest, daß die Gestalt, die wir gesehen haben, nicht Caoilte war, hältst du es doch sehr wohl für möglich. Und du fürchtest, er könnte kommen und mich mitnehmen, sobald ich mit der Geschichte zu Ende bin.«
»Unsinn«, gab ich barsch zurück. »Ich glaube nicht, daß es Caoilte war. Aber ich sehe, wie müde du bist. Und ich gebe auch offen zu, daß ich dich nicht ziehen lassen will.«
Ossian gluckste.

»Du braust leicht auf wie immer. Nun, an diesem Morgen hättest du gezittert angesichts der Wut meines Vaters, Padraig. Wie wir alle. Ich erzählte ihm, was sie getan hatte, daß sie Schlafmittel in den Wein mengte und Ui Duibhne mit einem Geis belegte. Doch er wollte all das gar nicht hören. Ebensowenig wie Cormac, der außer sich war vor Zorn. Sie stellten eine Streitmacht zusammen und setzten den beiden nach. Die ganze Strecke ritt ich an ihrer Seite und bat sie, das Mädchen ziehen zu lassen. Doch wie zwei alte Schlachtrösser, die nichts kennen außer dem Kampf, ließen sie sich nicht von ihrem Vorhaben abbringen. Diese Narren!«

Ui Duibhne ritt nach Westen, so weit die Pferde sie trugen. Dann baute er tief im Wald eine Hütte mit einem Dolmen in der Mitte; in die geflochtene Wand darum setzte er vier Öffnungen. Darin versteckten sie sich, und Ui Duibhne gab Grainne zu essen.

Sie war erschöpft von dem langen, strengen Ritt, aber Ui Duibhne zeigte kein Mitleid.

»Dieses Leben hast du dir ausgesucht, Tochter des Cormac. Wir werden tagsüber reiten und uns nachts verstecken. Wenn wir an einem Platz Essen kochen, müssen wir es an einem anderen verzehren. Wir werden kein Bett haben, uns darin schlafen zu legen, und kein Dach gegen die Unbill des Wetters. Du wirst niemals heiraten, niemals Kinder haben und weder deinen Vater noch Tara jemals wiedersehen. Deine Schönheit und deine Anmut werden schwinden, und auch dann noch wird man uns jagen wie Wild. Dafür hast du dich entschieden. Nein, ich habe kein Mitleid mit dir.«

Zum ersten Mal bekam es Grainne mit der Angst zu tun, und sie begann zu weinen.

»Was hast du denn gedacht?« fuhr Ui Duibhne sie an. »Daß Fionn uns verzeihen würde? Daß er und dein Vater in Tara ein Fest ausrichten und einen Trinkspruch auf unsere Flucht ausbringen? Hast du geglaubt, du schläfst mit mir, und alles wird gut?«

Tränenüberströmt blickte Grainne zu ihm auf.

»Ich habe gar nicht nachgedacht, Fenier, das sehe ich jetzt ein. Ich wollte Fionn einfach nicht, weil er mir zu alt war. Du hingegen warst jung und schön, ich dachte, es wäre ein Ausweg.« Dann aber nahm sie sich zusammen und sprach voller Würde:

»Jetzt ist mir klar geworden, daß ich es nicht anders wollte. Es gibt kein Zurück mehr, und ich will mich nicht beklagen. Wohin du auch gehst, ich werde dir folgen. Ich werde lernen, wie man jagt und Hütten baut, und bei dir bleiben, bis daß der Tod uns scheidet, außer du schickst mich fort.«

Wortlos sah Ui Duibhne sie an.

»Vielleicht hast du ja doch mehr Schneid, als ich dachte«, räumte er schließlich ein. »Nun iß, denn morgen früh müssen wir weiter.«

Doch es sollte anders kommen, denn wir hatten das Paar schon kurz nach Einbruch der Dunkelheit ausfindig gemacht und umstellten die Hütte. Fionn teilte die Streitmacht in vier Gruppen auf und postierte vor jedem Eingang eine Fian.

»Beim ersten Tageslicht greifen wir sie uns«, sagte er. »Und Dhiarmuid wird durch meine Hand sterben.«

»Wenn du mir nur Grainne überläßt«, erwiderte Cormac grimmig. »Denn sie ist ein ehrloses Kind.«
Das war also abgemacht, und die Fians setzten sich nieder und ruhten sich aus.
Mitten in der Nacht hörte ich, wie sich etwas auf dem Dolmen in der Schutzhütte rührte. Ganz leise, um Fionn und die Fenier nicht zu wecken, kletterte ich auf einen Baum und betrachtete das Paar, das auf dem Dolmen schlief. Mir fiel gleich auf, daß sie nicht umschlungen, sondern mit gehörigem Abstand dalagen; Ui Duibhne hatte sein Herz gegen diese Frau verhärtet. Ich brach kleine Zweige von den Ästen um mich herum und warf sie auf die Schlafenden hinunter, bis Dhiarmuid erwachte und in den Baum hinaufschaute. Da zeichnete ich mit den Fingern einen Kreis nach, und er sah um sich, entdeckte die Feniergruppen und nickte.
Nun weckte er Grainne, legte ihr aber dabei die Hand auf den Mund. Als sie mich entdeckte, weiteten sich ihre Augen vor Schreck, doch Ui Duibhne gab ihr zu verstehen, daß ich ihnen helfen würde. Die Frau mußte ihren Umhang und ihr Kleid ausziehen, Ui Duibhne wickelte die Kleidungsstücke in seinen Umhang und warf das Bündel zu mir hoch. Dann stiegen sie auf den Baum, und gemeinsam kletterten wir von Ast zu Ast und von Baum zu Baum, bis wir außer Reichweite der Fenier waren. Als wir wieder festen Boden unter den Füßen hatten und Grainne nackt zwischen uns stand, sah ich, wie schön sie war und wie es ihr hatte gelingen können, so viele Männer zu bestricken. Aber ich sah noch mehr.
Denn sie war von Kummer und Reue gezeichnet, es gab also Hoffnung für sie, wenn sie zu solchen menschlichen Regungen fähig war. Aber ich sah auch, daß Ui Duibhne

nichts dergleichen wahrnahm, seine Augen hatten sich verdunkelt, so sehr haßte er diese Frau.
»Warum hast du das getan?« flüsterte sie.
»Weil ich meinen Vater liebe und weil Ui Duibhne mein Freund ist. Ich wollte nicht, daß heute einem von ihnen Leids geschieht.«
Wortlos nickte sie, und die beiden verschwanden im Wald. Kurz darauf brach die Morgendämmerung an, und ich stieß den Schrei einer Krähe aus. Schnell sammelten sich ganze Krähenschwärme über dem Wald und erwiderten meinen Ruf. Als die Fenier erwachten und feststellten, daß Ui Duibhne und Grainne verschwunden waren und daß Krähenrufe in großer Zahl im Tal widerhallten, nahmen sie an, daß Angus Og von den Anderen seinem Pflegesohn die Flucht ermöglicht hatte. Nur Caoilte Mac Ronan hegte einen Verdacht, und ich sagte ihm die Wahrheit, als er mich danach fragte.
»Gut gemacht«, lobte er. »Ich hätte nicht mitansehen wollen, wie einer meiner Brüder heute zu Tode kommt.«

»Es war sehr mutig, was du da getan hast.«
»Nein, es war eine Verzweiflungstat. Denn ich kannte meinen Vater gut. Er konnte lange grollen und viele Jahre zürnen, aber letztlich tat es ihm immer leid. Ich wollte nicht, daß er sich schämen mußte.«
Und Ossian gab Breogan ein Zeichen, woraufhin dieser nickte, sein Schreibzeug nahm und ging.

»Du willst also über Scham mit mir sprechen.«
»Du verdankst ihr dein Leben und hast sie so schlecht behandelt. Gib ruhig zu, daß du dich dessen schämst.«
»Wir sprechen von der Druidin Ainfean.«
»Du hast gewußt, daß die Rede auf sie kommen würde.«
Ich nickte.
»Ich habe nach ihr gesucht.«
»Ein flüchtiger Blick in ihre Hütte, um festzustellen, ob Benin wahr gesprochen hat, ist noch keine Suche, Padraig.«
»Das weiß ich«, gab ich barsch zurück. »Ich bin zu Dichus Rath gegangen, doch auch dort hat sie niemand gesehen. Dann war ich im Fidnemid, der still dalag, in sommerlichem Grün. Niemand ist dort gewesen.«
»Und so bist du zurückgekehrt und hast die Suche aufgegeben?«
»Es schien mir das beste zu sein. Ich glaube, sie wollte es nicht anders.«
»Pah! Das war nicht ihr Wille, es ist ihr Geschenk an dich.«
»Was meinst du damit?«
»Sie wäre die richtige Frau für dich, Padraig. Das weiß sie, und sie weiß, daß du es ebenfalls weißt. Da sie stark und ehrlich ist, weiß sie aber auch, daß du Angst vor dem hast, was du in ihr siehst. Ich verstehe dieses Ding nicht, das du Zölibat nennst, sie aber schon. Und deshalb bleibt sie dir fern, sie will dich nicht in Versuchung führen.«
Ich drehte mich um und starrte aus dem Fenster. Fern am Waldesrand saß ein Mann in einem grünen Umhang auf einem Rappen. Ich verstellte Ossian absichtlich die Sicht, und der Reiter verschwand wieder im Wald. Doch mein Schuldbewußtsein ließ mich ehrlich sprechen:
»Sie wäre eine große Versuchung.«

»Ja, das wäre sie wohl. Aber ich dachte, du glaubst daran, daß dein Herr dir Stärke verlieh. Statt dessen verletzt du diese Frau mit deinem Kleinmut. Mein Vater ließ seinen besten Freund in die Verbannung gehen, weil er von einer Frau entehrt worden war. Der Bruch zwischen ihnen blieb auf immer bestehen. Ainfean verdient es, hier in Sabhal Padraig leben zu dürfen. Sie ist eine kluge Frau und wäre eine kraftvolle Stimme für deinen Herrn. Du aber bist zu ängstlich, sie in deiner Nähe zu dulden.«
»Du bist ein strenger Zuchtmeister, alter Mann«, sagte ich kopfschüttelnd.
»Die Wahrheit ist eine strenge Zuchtmeisterin, Padraig.«
»Ich werde mich morgen früh auf die Suche machen«, versprach ich schließlich.
»Gut. Dann kannst du mir mein Abendessen bringen. Und bitte Benin, mit uns zusammen zu essen, Padraig. Solange ich noch hier bin, möchte ich so viel Zeit wie möglich mit ihm verbringen.«
Verzweifelt schüttelte ich den Kopf, aber ich tat, worum er mich gebeten hatte.

Kapitel Zweiundzwanzig

»Wer ist dieser Angus Og, den du in deiner Geschichte erwähnt hast? Sagtest du nicht, er sei Ui Duibhnes Ziehvater gewesen? Und über welche Kräfte verfügte er?«

Wir hatten uns rings um Ossian gesetzt, vor uns unsere Schalen mit Eintopf und Brot. Der alte Mann war zu schwach, um ins Refektorium zu kommen, aber ich dachte, es würde ihn vielleicht aufmuntern, wenn ein paar von den Brüdern und der ein oder andere Bewohner von Sabhal Padraig das Mahl mit ihm zusammen einnahmen. Und anscheinend hatte ich recht, denn er aß ordentlich und trank sein Ale in großen Schlucken. Benin hatte den Ehrenplatz; er saß mit untergeschlagenen Beinen am Fußende von Ossians Bettstatt. Vom Fenster her wehte eine laue nächtliche Brise herein. Es herrschte eine angenehme Stimmung, und ich lächelte zufrieden.

»Angus Og ist einer von den Anderen.«

»Wer sind diese Anderen?« fragte ich.

»Du kennst sie nicht?« platzte da unser Schmied heraus, doch Ossian brachte ihn mit einer Geste zum Schweigen und schüttelte den Kopf.

»Die Anderen sind die Tuatha de Danaan. Wir nennen sie die Anderen, weil sie das andere Volk sind, das in Eire lebt. Manchmal bezeichnen wir sie auch als die Sidhe.«

»Und sie leben hier? Warum habe ich dann noch nie

jemanden von ihnen kennengelernt? Ich würde ihnen die Taufe anbieten.«
Breogan räusperte sich vernehmlich und rutschte auf seinem Stuhl herum.
»Auch du kennst sie, Bruder?« wandte ich mich an ihn. »Und hast mir nie von ihnen erzählt?«
»Ich habe von ihnen gehört«, antwortete Breogan. »Aber ich bin noch nie einem begegnet.«
»Die Anderen sind ... scheu«, meinte Ossian, woraufhin unser Schmied in brüllendes Gelächter ausbrach.
»Doch, sie sind scheu«, beharrte Ossian. »Sie halten sich nicht gern in der Nähe menschlicher Behausungen auf, sondern leben vorzugsweise in den Hügeln und Höhlen von Eire.«
»Du hast noch nie ein Wort über sie verloren.«
»Doch, in meinen Geschichten kamen sie gelegentlich vor.«
»In welchen?«
»Zum Beispiel in der Geschichte, wie Fionn der Anführer der Fianna wurde.«
»Du meinst diesen Kobold? Das war einer von den Sidhe? Solche Wesen sind das? Ein Teufelsvolk?«
»Nein, sie sind Geschöpfe wie du und ich, wie wir alle. Doch manche von ihnen sind bösartig, und eben auch dieser Kobold. Aber die meisten sind gute, wunderbare Wesen. Sie verfügen über große Macht.«
»Was für eine Macht? Denn die einzig wahre Macht besitzt allein Gott, unser Herr.«
»Nicht diese Art von Macht«, erwiderte Ossian gereizt. »Ihnen sind Musik und Lachen, Lieder und Friedfertigkeit, Heilkunst und hohes Alter gegeben.«
»Ich habe eine Frau von den Anderen kennengelernt«, ließ sich Benins fröhliches Piepsstimmchen vernehmen.

»So, so«, meinte ich. »Vielleicht ist es jetzt an der Zeit, daß du mir von den Anderen erzählst, Ossian.«
»Vielleicht aber auch nicht«, gab Ossian zurück.
Ich stellte meine Schale auf den Boden und verschränkte die Arme. Ossian sah mich an.
»Na schön. Allerdings frage ich mich, ob du wirklich bereit bist, diese Geschichte zu hören.«
»Erzähl sie trotzdem«, forderte ich ihn auf.

Vor langer Zeit, lange bevor unsere Vorfahren hier lebten, gab es in Irland ein Volk, das die Tuatha de Danaan hieß. Oh, sie waren herrlich anzuschauen, die Frauen strahlend wie das Sommerlicht, die Männer noch größer und stattlicher als die Fenier.
Nun waren die de Danaan ein magisches Volk – magisch nicht in dem Sinn, daß sie zaubern konnten, sondern vielmehr zauberhaft in ihrer inneren und äußeren Schönheit. Denn es wurden keine Kriege unter ihnen ausgetragen oder Fehden ausgefochten. Die de Danaan kannten keine Krankheiten und erreichten ein viel höheres Lebensalter, als es uns gegeben ist. Ihre Lieder waren betörend, ihre Feste eine Wonne, ihre Behausungen die Zierde der Erde. Und so lebten sie viele Jahre in Eire, ohne Kummer und Leid.
Eines Tages jedoch segelten zahlreiche Schiffe in die Häfen von Eire. Es waren die Söhne des Mil, die übers Meer von Iberien gekommen waren, denn sie hatten von

der sagenhaften Schönheit Eires gehört. Unter ihnen befand sich auch ein Dichter namens Amergin, ein Mann, der für seine Wortgewalt gerühmt wurde.
Die Söhne des Mil landeten also an den Küsten von Eire, und dort begegneten sie den de Danaan. Sie teilten ihnen mit, daß sie gekommen waren, um diese liebliche Insel zu erobern und die de Danaan für immer aus Eire zu vertreiben.
Da nun die Tuatha de Danaan in der Kriegskunst kaum noch bewandert waren, erbaten sie sich Zeit, damit sie sich auf die Schlacht vorbereiten konnten, und die Söhne des Mil gewährten sie ihnen auch. Sie kehrten auf ihre Schiffe zurück und fuhren bis zur neunten Welle hinaus, wo sie drei Tage warten wollten.
Indessen wurden die de Danaan von Furcht und auch von Zorn ergriffen; hatte Eire ihnen denn nicht seit undenklichen Zeiten gehört? Nein, von hier konnten sie nicht fortgehen.
Also beschworen sie über dem Meer einen Nebel herauf, und in diesem Nebel verirrten sich die Söhne des Mil. Manche segelten fort und wurden nie wieder gesehen, andere erlitten an den Klippen Schiffbruch und ertranken. Als sich der Nebel lichtete, waren viele der neun Söhne des Mil tot; diejenigen jedoch, die überlebt hatten, schworen Rache. Sie kamen zurück, gingen an Land und jagten die Tuatha de Danaan bis zu den Ebenen von Moytirra, wo eine große und entsetzliche Schlacht ausgefochten wurde.
Die de Danaan wurden vernichtend geschlagen.
Als die Söhne des Mil ihnen erklärten, sie würden nun aus Eire verbannt, trat eine Frau der de Danaan vor.
»Verbannt uns nicht!« flehte sie. »Denn wenn wir dieses grüne, zauberhafte Eiland verlassen, werden wir zweifel-

los zugrunde gehen. Wir werden aus dem Gedächtnis der Menschen getilgt werden, aus ihren Liedern und ihren Geschichten. Niemand wird sich mehr an uns erinnern, wir werden wie der Schaum auf dem Meer sein.«

Den Dichter Amergin rührte ihre Bitte.

»Krieger und Brüder«, wandte er sich an die Seinen. »Laßt uns im Sieg barmherzig sein. Können wir die grünen Hügel von Eire nicht mit diesem Volk teilen?«

Doch die Söhne des Mil dachten an ihre Toten und ließen sich nicht erweichen.

»Wir wollen nicht an jene erinnert werden, die den Tod unserer Brüder verschuldet haben«, erwiderten sie.

Da unternahm Amergin einen weiteren Versuch:

»Dann überlaßt diesen Leuten jene Orte, die das Volk des Mil nicht besiedeln wird. Schenkt ihnen die Höhlen und Erdlöcher in den Hügeln, die gewundenen Flußläufe und die Stämme der uralten Bäume. Überlaßt ihnen die Orte unter Wasser und die verborgenen Felsspalten in den Bergen.«

Diese Worte überzeugten die Söhne des Mil, und die Tuatha de Danaan verschwanden dorthin, wo sie fortan wohnen durften. Deshalb nennen wir sie die Anderen, weil sie an anderen Orten hausen als wir Menschen. Und aus diesem Grund werden bei uns die Dichter auch ganz besonders verehrt, denn die Weisheit und Barmherzigkeit Amergins retteten das Volk der Tuatha de Danaan, damit ihre Schönheit und ihr Zauber für alle Zeiten hier in Eire Bestand haben sollten.

»Das ist ein schönes Märchen«, sagte ich und nickte beifällig.
»Es ist kein Märchen«, gab Ossian zurück.
»Das glaube ich nicht. In meinem Land gibt es ganz ähnliche Geschichten von Feen und Elfen.«
»Die Sidhe sind weder Feen noch Elfen. Es gibt sie wirklich; sie wohnen neben uns und rings um uns, aber ihre Zeit vergeht anders als unsere. Und wenngleich wir sie nicht sehen können, beobachten sie uns.«
»Das kannst du doch nicht wirklich glauben.«
»Doch, das glaube ich sehr wohl. Ich weiß, daß es so ist.«
Dabei geriet der Alte in große Erregung; er versuchte, sich aufzusetzen, und sein Atem ging keuchend. Ich fürchtete, sein nicht allzu guter Gesundheitszustand könnte sich weiter verschlechtern, deshalb hob ich abwehrend die Hand.
»Schon gut, alter Freund.« Dann wandte ich mich an Benin. »Kind, du sagst, du hast eine Frau von den Sidhe getroffen. Erzähl uns doch diese Geschichte.«
Er antwortete in aller Ernsthaftigkeit.
»Da gibt es nicht viel zu erzählen. Ich weiß nur, daß sie meine Freundin ist, ich kenne sie schon immer, und manchmal spricht sie zu mir. Sie ist klein und schön, und ihr Haar ist so weiß, daß es leuchtet. Manchmal, wenn ich sie nachts sehe, scheint es mir, als würde ein Licht von ihr ausgehen – ein blaues Licht.«
Ich dachte daran, daß diese kleine Frau von den Sidhe sehr viel Ähnlichkeit mit dem hatte, was ich über Engel gelesen hatte. Und warum sollte ein Waisenjunge nicht seinen Schutzengel haben? Ich lächelte Benin an und zauste ihm das Haar.
»Wie du sagtest, Ossian, gibt es vieles, was ich nicht weiß.«

»Pah!« entgegnete Ossian. »Du nimmst mich so wenig ernst wie einen Greis, der an Altersschwachsinn leidet! Laß mich allein. Ich möchte nun ruhen.«
»Ossian, es ist doch trotzdem eine schöne Geschichte. Ist es denn so wichtig, daß ich sie glaube?«
»Ich habe mir gleich gedacht, daß du keinen Sinn dafür hast«, knurrte er.
Doch Benin, schien es, war noch nicht fertig, denn er piepste dazwischen:
»Vor drei Nächten kam die kleine Frau von den Anderen zu mir, Padraig, und sie sagte, es würde bald ein Ruf an dich ergehen.«
»Ein Ruf?«
»Sie sagte, es würde einer kommen und dir auftragen, dich in die Ebene Mag Sleacht zum Crom Cruach zu begeben.«
»Bei den Göttern!« entfuhr es Ossian.
Zwei der Brüder bekreuzigten sich.
»Was ist dieser Crom Cruach?« fragte ich verwundert ob ihrer Erregung. Die Brüder verharrten in Schweigen. Schließlich sprach Ossian.
»Er ist der gefräßige Gott, der Hungrige. Vor langer Zeit im alten Eire verlangte er von den Menschen, daß sie ihm ein Drittel von allem, was sie besaßen, als Opfer darbrachten – ihre erstgeborenen Tiere, ihr Getreide und ihre Milch, manchmal sogar ihre Kinder. Sein großer Stein steht in der Ebene von Mag Sleacht, auf halber Strecke zwischen hier und Laoghaires Festung.«
»Seht ihr?« rief ich. »Begreift ihr nun, warum der wahre Gott zu euch kommt? Er, der kein Opfer von euch verlangt, der einzig eure Liebe will. Pah, Crom Cruach! So ein dummes Zeug! Ich werde mit Sicherheit nicht dorthin gehen, Ruf hin oder her.«

Mit erhobenem Zeigefinger wandte ich mich an Benin.
»Und an deine kleine Frau von den Anderen glaube ich schon gar nicht.«
Doch ich wurde in meiner Schimpftirade unterbrochen, als der Schmied, der sich nach dem Mahl empfohlen hatte, wieder in die Zelle platzte. Er war gerade von der heißen Esse gekommen, trug noch seine Lederschürze und verströmte den Geruch von Rauch. Hinter ihm erschien ein junger Mann, dessen braune Kutte und tonsuriertes Haar ihn als Bruder auswiesen.
»Abba Padraig«, sagte der Schmied und neigte ehrerbietig den Kopf, »dieser junge Bruder möchte zu dir.«
»Willkommen in Sabhal Padraig«, begrüßte ich den Jüngling. Ich deutete auf Breogan und die Brüder. »Du bist willkommen im Kreis der Brüder Christi.«
Aber der junge Mann verharrte in seiner kühlen, abweisenden Haltung und sprach nur einen Satz:
»Der Priester Declan von Eire wünscht, dich in vierzehn Tagen in der Mag Sleacht zu sehen.«
Und danach sagte er kein Wort mehr.

Kapitel Dreiundzwanzig

Ein regnerischer, grauer Morgen brach an. Ich wollte Ainfean nicht suchen, und daher mied ich auch Ossians Zelle. Doch ebensowenig traf ich Vorkehrungen für die Reise zur Ebene von Mag Sleacht, denn der mürrische junge Mann, der die Botschaft überbracht hatte, hatte unsere Einladung, hier zu essen und zu nächtigen, abgelehnt und war so plötzlich, wie er gekommen war, wieder in der Dämmerung der Sommernacht verschwunden. Auch wenn ich den ganzen Morgen über Declans Ruf nachsann und mich fragte, was er zu bedeuten hatte. Aber irgendwann zwang ich mich, nicht mehr daran zu denken. Ich hatte mich schließlich um das Kloster zu kümmern. Und um den alten Mann. Das genügte vollauf.

Als ich gerade in der Küche zugange war, kam Benin angerannt und richtete mir aus, daß Ossian mich zu sehen wünsche.

»Sag ihm, ich komme später.«

»Er hat schon vermutet, daß du so antworten würdest. Aber du sollst jetzt gleich kommen.«

»Wer ist eigentlich hier der Abba?« brummelte ich.

»Du, Padraig«, erwiderte Benin mit einem bezaubernden Lächeln, worauf ich zustimmend nickte. »Aber ist Ossian nicht dein Freund?«

Ich faßte ihn scharf ins Auge.

»Vielleicht bist du auch einer von diesen Anderen, von denen er erzählt hat. Für einen Jungen von zehn Jahren bist du nämlich viel zu klug.«
Benin lachte erfreut.
»Wenn du mich für klug hältst, dann muß es wohl so sein, denn du bist der klügste Mann, den ich kenne.«
»Ach, Kind«, gab ich leise zurück und fuhr ihm durchs Haar. »Bring mich schon zu Ossian.«
Er befand sich auf seiner Lagerstatt, hatte sich jedoch aufgesetzt und sah aus dem Fenster. Als ich seine Zelle betrat, erwartete ich, von ihm getadelt zu werden, und ich war verärgert darüber, daß ein schwacher Greis einen Mann von über vierzig Jahren dazu bringen konnte, sich wie ein grüner Junge zu fühlen. Aber er ging mit keinem Wort darauf ein, daß ich versprochen hatte, Ainfean zu suchen. Statt dessen überraschte er mich wieder einmal vollkommen.
»Die Anderen waren die Ursache dafür, daß mein Vater graues Haar hatte.«
»Graues Haar?« Die Vorstellung, daß auch er den Verstand verlieren könnte, wie das bei sehr alten Leuten oft der Fall ist, konnte ich nur schwer ertragen.
»Ja, mein Vater ergraute schon in jungen Jahren.«
»Ach, wirklich?«
»Hör schon auf, mit mir zu reden wie mit einem schwachsinnigen Greis! Mein Vater hatte einen Begegnung mit den Anderen. Und davon würde ich dir gerne erzählen.«
»Ich bin nicht besonders erpicht darauf. Diese Fabeln sind ja ganz unterhaltsam, aber ich habe hier in Sabhal Padraig Geschäfte zu erledigen. Außerdem ziehe ich die Feniergeschichten vor.«
»Möchtest du lieber, daß wir uns über Ainfean unterhalten?«

»Erzähl schon deine Geschichte, du schrecklicher, lästiger Alter.«

Eine Frau von den Sidhe fand Gefallen an Fionn und wollte sich mit ihm vermählen.

»Von den Sidhe?«
»Ja, von den Anderen. Das sagte ich bereits, und nun laß mich fortfahren.«

Sie wollte sich also mit ihm vermählen. In der Art jener Wesen war sie eine schöne Frau, hellhäutig, mit Augen, die die Farbe wechselten, und kupferrotem Haar. Doch Fionn trauerte noch um Sabh und wies sie zurück. Das erzürnte die Frau von den Anderen. Mit ihren Schwestern zusammen heckte sie einen Plan aus, wie sie sich an Fionn rächen konnten.
Fionn, der von alledem nichts ahnte, ging zum Reiten und zur Jagd wie eh und je.
Als er eines Tages durch den Wald ritt, stieß er auf einen wundervollen See, an dessen Ufer eine Frau saß und weinte. Fionn sprach sie an:
»Warum weinst du an so einem schönen Tag und in dieser herrlichen Umgebung?«
Die Frau sah Fionn mit ihren hellgrauen Augen an.
»Ich weine, weil ich etwas verloren habe, was mir sehr viel bedeutete.«

»Was hast du denn verloren?«
»Mein Verlobter hat mir einen Ring geschenkt, mit einem Rubin, so rot wie das Feuer seiner Liebe zu mir. Aber der Ring ist mir ins Wasser gefallen, und ich kann leider nicht schwimmen.«
Als sie auf den See hinausblickte, bemerkte Fionn, daß ihre Augen so blau wie das Wasser waren.
Das arme Geschöpf tat ihm leid.
»Ich bin ein guter Schwimmer«, sagte er. »Zeig mir, wo du diesen Ring verloren hast, dann versuche ich, ihn wiederzuholen.«
So sprang Fionn ins Wasser und suchte nach dem Ring, aber er konnte ihn nicht finden. Als ihm die Luft ausging, tauchte er wieder auf; die Frau aber weinte noch immer bitterlich.
»Konntest du ihn nicht finden, Fenier?«
»Nein. Aber wenn dein Verlobter dich so liebt, wie du sagst, wird er dir sicher vergeben.«
Doch die Frau schüttelte den Kopf.
»Er ist tot, Fenier.«
Nun verstand Fionn ihren tiefen Kummer und tauchte noch einmal nach dem Ring, konnte ihn aber wieder nicht finden.
Als er dieses Mal auftauchte, blickte die Frau durchdringend auf das Wasser, und ihre Augen waren grün, so grün wie das Gras, das sie umgab.
Sie lächelte.
»Schade, Fenier, du hast es wohl versucht«, sagte sie. »Es war alles, was ich von ihm hatte, und nun, da es dahingegangen ist, möchte auch ich nicht länger leben. Doch ich danke dir für deine Freundlichkeit.«
Fionn wollte nicht, daß die Frau starb, deshalb sprang er erneut in den See. Dieses Mal blieb er sehr lange unter

Wasser, bis er schließlich im Schlamm am Grund des Sees etwas Goldenes schimmern sah.
Triumphierend tauchte er mit dem Ring in der Hand auf, doch noch ehe er aus dem Wasser steigen konnte, entriß ihm die Frau den Ring, sprang über seinen Kopf hinweg in den See und löste sich unter der Wasseroberfläche gleichsam in Nichts auf. Da fürchtete sich Fionn, denn er wußte, daß nur eine Frau von den Sidhe so etwas vermochte, und es fiel ihm wieder jenes Mädchen ein, das er verschmäht hatte. Er schleppte sich an Land und legte sich am Ufer nieder, aber er fühlte sich so schwach, daß er nicht aufstehen konnte. Sogleich fiel er in einen tiefen Schlaf.
Als er nach einer Weile nicht in die Festhalle zurückkehrte, begann Caoilte Mac Ronan, sich Sorgen zu machen. Er holte Fionns Hunde und einige Fenier, und sie machten sich zusammen auf die Suche.
Schließlich fanden sie jenen wundervollen See und sahen Fionn dort am Ufer liegen. Caoilte ging zu ihm hin, aber Fionn konnte nicht aufstehen. Wie ein gestrandeter Fisch lag er an Land, und sein Haar war so weiß wie Fischbein. Zudem war er auch stumm wie ein Fisch, doch er zeigte immer wieder auf den See, und schließlich begriff Caoilte. Er scharte die Fenier um sich, und sie bauten ein Boot und legten Fionn darauf. Mit diesem Boot segelten sie zu einer kleinen Insel in der Seemitte, denn auf dieser Insel befand sich ein großer Hügel. Die Fenier wußten, daß es eine Wohnstätte der Sidhe war.
Am Fuß des Hügels begannen sie zu graben. Sie gruben den ganzen Tag lang und die Nacht hindurch. Schließlich stießen sie tief unter der Erde auf eine Tür. Als sie die Tür öffneten, stand da die schöne Frau mit dem kupferroten Haar und Augen so grau wie die Morgendämmerung. In der Hand hielt sie einen Becher.

Sie ging zu Fionn und kniete sich vor ihm nieder. Fionn erkannte in ihr die Frau von den Anderen, die ihn hatte heiraten wollen. Mit leiser Stimme sprach sie zu ihm:
»Meine Schwester hat dich mit diesem Fluch belegt, denn sie war zornig, weil du mich abgewiesen hast. Doch ich trage dir nichts nach. Wenn du von meinem Becher hier trinkst, wirst du deine Stimme wiederbekommen.«
Obwohl Fionn ihr mißtraute, hatte er doch keine andere Wahl. Also nippte er von ihrem Becher, und sogleich konnte er wieder sprechen.
»Deine Schwester hat mir einen üblen Streich gespielt«, sagte er. »Denn ich habe all meine Kraft darauf verwendet, ihren Ring zu finden.«
»Wohl wahr, das hast du«, pflichtete ihm die Frau bei. »Aber wenn du nur ein wenig mehr von meinem Becher trinkst, werde ich dir deine Kraft wiedergeben. Denn ich trage dir nichts nach.«
Wieder trank Fionn, und allmählich kehrte die Kraft in seine Arme und Beine zurück. Nun stand er auf und sah der Frau ins Gesicht. Als sie ihm freundlich zulächelte, waren ihre Augen wieder so blau wie der See um sie herum.
»Trink noch ein drittes Mal, Fionn Mac Cumhail, dann werde ich dein weißes Haar wieder golden machen.«
Doch Fionn blickte auf die Frau, dann auf den dargebotenen Becher und schüttelte schließlich den Kopf.
»Deine Schwester hat mich verflucht, indem sie mich dreimal auf den Grund des Sees tauchen ließ. Wenn ich nun dreimal von deinem Becher trinke, werde ich noch einmal verflucht sein, denn ich denke, das ist der Ehepokal der Sidhe. Lieber behalte ich mein Haar so, wie es ist, bevor ich mich mit einer Frau vermähle, die mich mit List an sich zu binden versucht.«

Da schleuderte die Frau Fionn den Becher entgegen und rannte auf den Hügel zu. Noch ehe sie einer der Fenier festhalten konnte, schlüpfte sie durch die Tür und verriegelte sie hinter sich.
Und Fionns Haar blieb von jenem Tag an grau bis zu seinem Lebensende.

Ossian hielt inne. Schweigend saßen wir da.
»Nun?« fragte er nach einer Weile.
»Diese Erklärung dafür, warum das Haar ergraut, ist nicht schlechter als jede andere. Was mich betrifft, so siehst du wohl, daß ich eine Tonsur trage, auf diese Weise bleibt das, was grau ist, unter dem Kragen meiner Kutte verborgen.«
Ich lachte unsicher über meinen eigenen Witz.
»Du glaubst mir nicht«, sagte er.
»Es ist wirklich eine reizende Geschichte. Breogan soll sie aufschreiben, dann lesen wir sie den Bewohnern von Sabhal Padraig beim Nachtmahl vor.«
»Das genügt nicht, Padraig«, wandte er ein.
Er sank in seine Wolfsfelle zurück und schloß die Augen.
»Du bist müde«, sagte ich leise. »Ruh dich aus, ich schicke später Breogan mit seinem Schreibgerät zu dir.«
Ossian seufzte. »Ich konnte von früh bis spät auf die Jagd gehen, Padraig. Den ganzen Tag lang, zu Pferd oder zu Fuß. Und dann tafeln und bis spät in die Nacht Geschichten erzählen. Mein Körper kann sich nicht daran gewöhnen, daß er alt ist. Ich bin froh, wenn ich ihn verlassen kann.«

Es gefiel mir nicht, wenn er so redete. Daher bemühte ich mich, einen vernünftigen und besänftigenden Ton anzuschlagen, so wie man eben mit einem alten Griesgram am besten spricht.
»Wir alle werden einmal so, wenn wir alt sind, Ossian. Wir haben von dem grauen Haar deines Vaters gesprochen. Aber sieh mich an. Ich bin erst Mitte Vierzig, und schau dir bloß meine Hände an. Sie sehen jetzt schon aus wie Vogelkrallen. Stell sie dir einmal vor, wenn ich so alt bin wie du.« Ich streckte ihm meine Hände mit den verkrümmten, schmerzenden Finger entgegen.
Plötzlich riß er seine blauen Augen auf und starrte mich durchdringend und zornfunkelnd an.
»Du glaubst mir nicht, Padraig!«
»Was glauben?« Die Wucht seines Zorns ließ mich zurückschrecken.
»All die Geschichten über meinen Vater und über mich, nichts davon glaubst du.«
»Was du mir über sein Leben erzählt hast, glaube ich sehr wohl, Ossian. Das habe ich dir auch gesagt. Aber das mit seinem Haar, das ist doch nur so eine Geschichte, die man abends am Lagerfeuer erzählt, nur zur Unterhaltung. Warum ist es für dich so wichtig, daß ich gerade das glaube?«
»Ich bin kein alter Mann!« herrschte er mich an.
Ohne zu antworten betrachtete ich seine knotigen Hände und das dünne graue Haar. Ich wollte ihn nicht beleidigen. Er schrie weiter.
»Ich habe dir gesagt, daß ich jung war. Bis ich hierherkam, um mit dir zu sprechen, war ich jung. Und du glaubst mir nicht!«
»Was möchtest du, daß ich glaube? Daß du seit beinahe zweihundert Jahren lebst und immer noch jung bist? Das

weiß ich doch, Ossian. Mein Bote hat es mir gesagt. Wie du hierherkamst, weiß ich allerdings nicht. Und es steht mir nicht zu, es zu wissen. Der Herr hat dich geschickt, das genügt mir. Und diese Geschichte über die Anderen, nehmen wir sie als das, was sie ist – reine Unterhaltung, eine Ablenkung für die Brüder beim Nachtmahl. Warum verlangst du ständig, daß ich dir alles glaube?«

»Du bist unwürdig!« schrie Ossian in den Raum hinein und blickte wild umher, als erwartete er, es würde jemand antworten. »Du bist Eires nicht würdig!«

Dann warf er die Wolfsfelle von sich und stand auf, als wollte er fortgehen. Vor Anstrengung rötete sich sein Gesicht, sein Atem ging schnell und flach, und seine Beine zitterten. Auf einmal hatte ich Angst um ihn.

»Nein«, schrie ich auf und rannte zu ihm hin. »Bleib ruhig sitzen, alter Mann. Es tut mir leid, daß ich dich so erzürnt habe. Du weißt doch, wie sehr ich deine Geschichten liebe. Nein, mehr als das. Du weißt, wie sehr ich dich liebe. Sei nicht böse mit mir. Was hat dich so in Wut versetzt?«

Ossian lachte, ein wehmütiges, müdes Lachen. Er ließ sich wieder in seine Wolfsfelle zurücksinken und schloß die Augen. Dann machte er in meine Richtung eine Handbewegung, als wollte er ein lästiges Insekt verscheuchen.

»Wenn ich dir den Grund dafür sage, wirst du ihn mir nicht glauben, Padraig. Ich bin wütend, weil ich dir eine Geschichte erzählt habe, die du nicht glaubst. Ich bin böse mit dir, weil du nicht nach Ainfean suchst. Und weil du in die Ebene von Crom Cruach gerufen worden bist und nicht gehen willst. Ein Mann aus Eire scheut vor keiner Herausforderung zurück. Ich bin deine dumme Halsstarrigkeit leid. Außerhalb dieser Klostermauern gibt es mehr, als dein kleiner Geist sich vorstellen kann. Du möchtest gerne, daß es auf der Welt Regeln gibt, Verpflichtungen und eng abgesteckte Grenzen. Noch bist du nicht klug genug, um den Weg zu sehen, der offen vor dir liegt.«

Ich wandte mich zum Gehen um. Ich fühlte mich wie ein kleiner Junge.

»Es tut mir leid, daß ich dich verärgert habe, alter Mann. Aber vergiß nicht, daß ich kein Mann aus Eire bin. Eure Gepflogenheiten sind nicht die meinen.«

»Warte, Padraig.« Ich drehte mich noch einmal um. Er öffnete die Augen und warf mir mit einem Mal ein fröhliches und selbstzufriedenes Lächeln zu.

»Ich habe dich oft von Engeln und Teufeln erzählen hören.«

Natürlich bemerkte ich sofort die Falle. Ich habe nicht umsonst mit den hellsten Köpfen auf dem Kontinent Theologie studiert. Ich habe die Schriften über Dämonen und Engel gelesen. Zorn ergriff mich, weil er mich so offensichtlich in die Falle locken wollte.

»Ich habe dir schon einmal gesagt, daß du redest wie ein Sophist.«

Ossian grinste.

»Das ist kein Kompliment, alter Mann«, fuhr ich fort. »Aber dieses Volk der Anderen, die haben mit Engeln nichts zu tun.«

»Wie kannst du dir dessen so sicher sein?«

»Ich bin mir einfach sicher. Engel in Irland! Pah!«

»Wo sollten sie sonst leben?«

Ich schäumte vor Wut. Aber er lachte nur schallend, er bog sich förmlich vor Lachen, während ich mit den Zähnen knirschte.

»An Dämonen kann ich glauben«, sagte ich dann. »Dämonen scheinen mir in Irland allgegenwärtig zu sein.«

»Fürchtest du sie? Gehst du deswegen nicht zum Crom Cruach?«
»Fürchten? Einen alten Steingötzen? Warum sollte ich mich fürchten, wenn mich mein Herr beschützt? Der Herr ist stark! Der Herr ist mein Arm und mein Schild!« Plötzlich hielt ich inne.
»Du willst mich ködern. Warum?«
»Weil ich dich kenne. Du brennst darauf, zu erfahren, was es mit Declans Botschaft auf sich hat, aber du weigerst dich, dorthin zu gehen, und zwar weil du Angst hast, ich könnte in deiner Abwesenheit sterben. Das Kloster kommt auch ohne dich zurecht. Ich komme ohne dich zurecht. Wenn du zurückkommst, werden wir alle noch da sein.«
»Das kannst du nicht wissen.«
»Ich weiß es aber. Wenn meine Zeit gekommen wäre, würden die Sidhe vor meiner Tür das Totenlied singen.«
»Schon wieder die Sidhe! Diese Wesen gibt es nicht! Und was Declan betrifft, warum sollte ich dem Ruf eines kleinen Priesters aus Eire folgen?«
»Weil er dich für einen kleinen Priester aus Britannien hält. Weil er dich herausfordert. Vielleicht wirst du weniger von Declan, als vielmehr zum Crom Cruach gerufen. Aber wenn du denkst, daß dein Gott das von dir will, daß du dich klammheimlich davonstiehlst und in dein Land zurückkehrst ...«
»Das ist es nicht, was mein Gott will!« Es war aus mir herausgeplatzt, ohne daß ich es wollte.
»Aha«, meinte Ossian. »Und ist dir schon einmal in den Sinn gekommen, Padraig, daß die Frau, die zu Benin spricht, einer deiner geliebten Engel sein könnte? Dann hättest du bereits zweimal den Ruf erhalten.«
Ich kehrte ihm den Rücken zu, damit er nicht sah, daß ich

das in der Tat gedacht hatte, aber er wußte die Antwort auch so. Hinter mir vernahm ich sein schallendes Gelächter.
»Ich kenne dich, Padraig. Du wirst darüber nachdenken. Den ganzen Tag lang wirst du darüber nachgrübeln. Und morgen wieder. Und am dritten Tag wirst du dein Bündel schnüren.«
Begleitet von seinem Lachen stürmte ich aus dem Raum. Und den ganzen Tag lang verfluchte ich diesen spöttischen Ossian, wann immer ich an die heiligen Engel und seine abscheulichen Anderen dachte, an den unersättlichen Crom Cruach und Declans Ruf.
Aber am späten Abend rief ich Breogan zu mir und traf Vorkehrungen für eine Reise nach Süden.

Kapitel Vierundzwanzig

Ich wußte nicht recht, was ich von Declan und seinem Ruf halten sollte. Offen gestanden dachte ich auch nicht viel darüber nach, denn während ich zur Mag Sleacht ritt, erforderte mein Pferd meine ungeteilte Aufmerksamkeit. Es war bestimmt das störrischste und gefährlichste Biest, das Gott je erschaffen hatte. Und wahrscheinlich auch das dümmste.

Breogan und ich hatten uns allein auf den Weg in die Mag Sleacht gemacht, und aus Zeitgründen hatten wir uns fürs Reiten entschieden. Ich hatte vor, dorthin zu reisen, dem aufsässigen Declan sanft ins Gewissen zu reden und dann schnellstmöglich wieder nach Sabhal Padraig zurückzukehren.

Denn für mich stand außer Zweifel, worum es Declan ging – er wollte diesen Fremdling vertreiben, der noch dazu ein Britannier war und der sich anmaßte, die Botschaft Christi in Eire zu verbreiten.

Doch als wir die Mag Sleacht erreichten, wußte ich plötzlich, daß mir meine schwerste Schlacht in Eire bevorstand. Die flache Ebene selbst war nichts Besonderes, nur ein Feld, das von Bäumen und anderen Feldern umgeben war. Aber Declan hatte dort Dutzende von Männern um sich geschart; als wir auf ihn zuritten, sah ich, daß sie die weißen Gewänder der Druiden und bunte Kutten einer anderen Gemeinschaft trugen.

»Was sind das für Leute?« fragte ich Breogan.
»Es sind Brehonen.«
Verständnislos schüttelte ich den Kopf, der Ausdruck war mir nicht geläufig.
»Richter, Padraig. In ihr Gedächtnis ist jedes Gesetz von Eire eingebrannt und jeder Fall, der jemals vor ihrem Gericht entschieden wurde. Sie bestimmen über Land und Vieh, über Rechtsbrüche und Entschädigungen, über Sklaven und freie Männer.«
»Warum sind sie hier?«
Breogan schwieg einen Augenblick.
»Vielleicht hat Declan sie gebeten, über deine Anwesenheit hier in Eire zu entscheiden.«
»Über meine Anwesenheit! Gott selbst hat mich hierhergesandt, der Schöpfer aller Dinge.«
»In den Gesetzen von Eire ist von unserem Gott nicht die Rede.«
Ich drehte mich zu ihm, doch er lächelte nicht.
»Auch wenn sie sich gegen meine Anwesenheit aussprechen, kümmert es mich nicht. Ich wurde in dieses Land geschickt, und hier werde ich bleiben.«
»Dann werden sie dich zum Tode verurteilen.«
»Zum Tode!«
»Wahrscheinlich hat Declan deshalb diesen Platz für euer Zusammentreffen gewählt. Denn Mag Sleacht ist die Ebene der Unterwerfung, der Ort, an dem Opfer dargebracht werden, um das Gleichgewicht in Eire wiederherzustellen.«
»Das ist ein heidnischer Glaube. Declan jedoch ist ein christlicher Priester.«
»Gewiß hast du inzwischen festgestellt, daß die Grenze dazwischen fließend ist.«
»Und warum sind Druiden hier? Sie haben mit der Rechtsprechung doch nichts zu tun.«

»Nicht unmittelbar«, erwiderte Breogan. »Aber sie sind es, die alle Opferzeremonien durchführen.«
Kaum hatte er dies gesagt, kam der Stein des Crom Cruach in Sicht. Ich hatte bereits die aufrecht stehenden Steine von Eire gesehen, jene Dolmen, von denen Ossian in seinen Geschichten sprach, und auch die Steinkreise, die immer wieder in den Ebenen auftauchten. Doch nichts davon war mit dem Anblick des Götzen Crom Cruach vergleichbar. Er war so hoch wie fünf irische Männer, die einander auf den Schultern stehen, und dreimal so breit wie irgendein menschliches Wesen. Sein unterer Teil war tief in die Erde eingesunken, und wie ich später feststellte, hatte der Boden um ihn herum einen anderen Klang, er hallte wider wie eine Trommel.
Neben dem großen Stein ragten zwei kleinere Wächterfelsen auf, die angesichts des riesigen Brockens winzig wirkten. Dabei standen sie in ihrer Größe den gigantischen Steinkreisen im Süden Britanniens nicht nach.
Alle drei Steine waren kunstvoll behauen und über und über mit Mustern verziert, keine Handbreit war unbearbeitet geblieben. Spiralen und Kreise, Ornamente und Zopfmuster wanden und schlangen sich in- und umeinander wie Nattern, obgleich es derlei Getier in Eire nicht gab. Die Stabschrift, die Ossian Ogham nannte, zierte die rechte Kante der Steine; nun bedauerte ich, daß der Alte nicht mit uns gekommen war, er hätte uns übersetzen können.
Ich kämpfte dagegen an, mich von diesen drei Steinen einschüchtern zu lassen, denn schließlich reiste ich im Schutze meines dreifaltigen Gottes. Und ich wandte mich an Breogan.
»Diejenigen, die dies geschaffen haben, können sich mit den Römern messen. Es waren glänzende Baumeister.

Und Künstler. Schade, daß heidnische Anbeter diese Kunstwerke für ihren faulen Zauber mißbrauchen.«
Breogan jedoch bekreuzigte sich, sein schweißnasses Gesicht war bleich.
Ich rief ihn zur Ordnung.
»Bruder, du glaubst doch nicht etwa den Unfug der Götzendiener?«
»Nein, Padraig, aber ich zweifle auch nicht an der Schlechtigkeit der Menschen. Schau, da kommt Declan.«
Von sechs buntgewandeten Brehonen begleitet, näherte sich Declan. Ich beschloß, mich höflich zu verhalten, und nickte ihm freundlich zu.
»Bruder in Christus«, begrüßte ich ihn. »Es freut mich sehr, dich wiederzusehen. Was ist dein Begehr, daß du uns von unserer Arbeit in Sabhal Padraig fortrufst?«
»Abba Magonus Succatus Patricius«, er neigte den Kopf in meine Richtung, seine Stimme klang herzlich. »Wir haben eine Unterkunft vorbereitet, und es steht auch Essen für euch bereit, auf daß ihr euch von eurer Reise erholt und erquickt. Hier in Eire ist Gastfreundschaft immer das erste Gebot, wenn Männer in Angelegenheiten zusammenkommen, die einer Entscheidung bedürfen. Aber das kannst du natürlich nicht wissen. Willst du mit uns das Brot brechen?«
»Wir setzen uns mit Freuden an den Tisch unseres Bruders Declan«, erwiderte ich, und wir begaben uns alle in die Große Halle.
Erst nachdem wir Brot mit Honig, Hase mit Lauch, Beerenkuchen und Milch zu uns genommen hatten und mit Geschichten und Liedern unterhalten worden waren, kam Declan auf sein Anliegen zu sprechen. Inzwischen prickelte meine Haut vor Erregung, doch ich wußte, daß er mit meiner Ungeduld rechnete. Daher übte ich mich in

Zurückhaltung, nickte stumm den Anwesenden zu und lauschte scheinbar wohlwollend dem bei den Iren so beliebten Geplauder über Personen und Orte in Eire. Nur Breogan spürte meine Anspannung, und ich sah hin und wieder, wie er den Kopf zu einem inbrünstigen Stoßgebet senkte.

Schließlich erhob sich Declan.

»Brüder und Brehonen, ein christlicher Bischof weilt heute unter uns, ein Prediger des Einen Gottes, Abba Magonus Succatus Patricius aus Britannien. Wir fühlen uns durch seinen Besuch geehrt.«

Er hielt inne, und ein paar aus der Menge riefen uns einen Gruß zu. Die Stimmung war freundlich und gelöst, als wäre ich ein Würdenträger auf Freundschaftsbesuch. Doch ich verhielt mich still und wartete ab.

»Magonus Succatus Patricius hat unermüdlich im Dienste des Dreieinigen gewirkt und seine Botschaft in ganz Eire verbreitet. Viele hat er getauft und in die Schar der Jünger Christi aufgenommen. Ja, er war letzten Winter sogar in der Feste des Angus von Cashel, wo er den König und viele Mitglieder seiner Sippe getauft hat.«

Wieder gab es höfliche Zurufe aus der Menge. Verblüfft über die Art und Weise, wie Declan von mir sprach, schwieg ich weiterhin. Doch Breogan zischte mir zu:

»Er singt das Lob auf einen Helden. Es ist Sitte, daß diese Rede gehalten wird, bevor der Held zu neuen Taten andernorts aufbricht oder stirbt – oder geopfert wird.«

Declan fuhr fort:

»Wir Christen in Eire werden Magonus Succatus Patricius auf ewig dankbar sein. Auch unter euch, liebe Brehonen, gibt es viele Christen. Ich bitte darum, dem Bischof aus Britannien für seine Taten zu danken.«

Darauf erhoben sich alle Anwesenden und priesen mich,

indem sie jeweils eine Geschichte vortrugen, die sie über mich gehört hatten, und dann einen tiefen Zug aus ihren Bechern nahmen. Ich prostete ihnen zu und trank ebenfalls.

Nun kam Declan zum Kern der Sache.

»Aber es gibt Menschen in Eire, und ich bin einer von ihnen – denn ich will vor dem Bischof kein falsches Zeugnis ablegen –, es gibt Menschen, die glauben, daß es die Christenheit in Eire spaltet, wenn ein Fremdling die Frohe Botschaft verkündet. Wir glauben, das Heilige Wort sollte den Iren von denen gepredigt werden, die sie am besten kennen – von ihren Landsleuten, die ihnen die neue Religion auf eine Weise nahebringen können, die in Eire verstanden und gutgeheißen wird.«

Das hatte ich mir selbst auch schon oft gedacht, und unwillkürlich nickte ich bei seinen weisen Worten.

»Daher bitte ich euch, ihr Brehonen von Eire, über den Bischof aus Britannien zu richten. Soll er bei uns in Eire bleiben, oder soll er wieder in seine Heimat zurückkehren? Ich bitte euch auch, den Eric festzusetzen – den Preis der Ehre, der Magonus Succatus Patricius gezahlt werden soll, solltet ihr ihn in seine Heimat zurückschicken. Denn einem Helden gleich soll er aus Eire heimkehren.«

»Jawohl!« riefen einige aus der Menge. Und: »Wohl gesprochen, Declan von Eire.«

Plötzlich entstand im hinteren Teil der Halle Unruhe, und Ciaran und Ibar stürmten herein. Aber ich hatte keine Zeit, meine Brüder zu begrüßen, die ich damals in Cashel kennengelernt hatte, denn diese fielen wütend über Declan her.

»Was hast du getan, Bruder?«

»Willst du mit deinem kleinlichen Gezänk die Brüder Christi spalten?«

»Hast du den Fall etwa vor Gericht gebracht?«
Ciaran wandte sich an mich.
»Bruder Padraig, ich bitte dich um Verzeihung für diesen Frevel.«
Da stand einer der Brehonen auf, offenbar der Oberste Richter, denn er trug einen sichelförmigen Kragen aus gehämmertem Gold. Und er sprach:
»Declan von Eire hat uns einen Fall vorgelegt, der unstrittig der Entscheidung bedarf. Bischof Magonus Succatus Patricius aus Britannien hat das Wort des neuen Gottes zu uns gebracht. Viele sind von seiner Hand getauft worden. Aber es sind auch viele durch seine römische Hoffart gekränkt und in Angst und Schrecken vor der Heilslehre versetzt worden, die er mitunter in rüder Art und Weise verkündet. Ferner wurden Stimmen laut, wonach Magonus Patricius sich den Menschen von Eire überlegen fühlt, wonach er uns für ungeschlachte, ungebildete Menschen hält. Soll es einem solchen Mann erlaubt sein, die Verantwortung zu übernehmen für diese großartige, neue Unternehmung? Andererseits haben wir von vielen hervorragenden Predigten gehört, in denen dieser Bischof mit Hilfe der Bilder und Symbole Eires von dem neuen Gott erzählt hat. Nicht wenige wissen dies zu schätzen. Auch sind viele der Meinung, die Anwesenheit des alten Feniers in seinem Geleit lege Zeugnis dafür ab, daß dieser Priester für Eire taugt. Wir Brehonen werden diesen Fall erörtern und dazu vergleichbare Fälle aus der großen Geschichte Eires heranziehen. Der Fall des Magonus Succatus Patricius wird von heute an in drei Tagen entschieden sein.«
Ich erhob mich. Zuerst wußte ich nicht, was ich sagen sollte, also stand ich einen Augenblick nur mit gesenktem Kopf da, bevor ich die Arme, mit den Handflächen nach oben, ausbreitete.

»Brehonen und Brüder in Christus. Ein Mann des Einen Gottes sollte niemals die Wahrheit fürchten, und so will ich euch gestehen, daß vieles von dem hier Gesagten der Wahrheit entspricht. Ich bin als überheblicher und zorniger Mann hierhergekommen. Mir fiel die Rückkehr nach Eire nicht leicht, denn einst war ich als Sklave in diesem Land. In meinem Herzen war eine große Bitterkeit, denn ich trauerte jenen gestohlenen Jahren meiner Jugend nach. Doch ich sage euch, Gott der Herr hat meine Rückkehr verlangt, und obgleich ich Seinem Willen nur zögerlich Folge leistete, würde es mir jetzt sehr schwerfallen, dieses grüne Eiland wieder zu verlassen.

Ihr mögt über meinen Fall entscheiden, Brehonen von Eire, doch ich kann mich eurem Richtspruch nur beugen, wenn Gott der Herr es erlaubt. Sollte es Sein Wille sein, daß ich bleibe, werde ich Ihm gehorchen, komme, was da wolle.«

Ich verließ den Saal, und Breogan, Ibar und Ciaran schlossen sich mir an. Die Hütte, die Declan für uns hatte bauen lassen, stand ein Stück abseits von den anderen Gebäuden, unweit des Großen Steins. Als wir uns dorthin begaben, sah ich überall Druiden, jedoch weder Mal noch Coplait noch irgendeinen anderen, der sich hatte bekehren lassen. Doch als wir uns dann dem Großen Stein näherten, bot sich mir ein Anblick, der mein Herz stocken und mir das Blut in den Adern gefrieren ließ.

Druiden standen im Kreis um den Götzen, der in Kopfhöhe blutbeschmiert war. Als sie sich zu mir umdrehten, sah ich, daß auch ihre Gesichter voller Blut waren und bei einigen sogar der Nasenknochen aus dem blutigen Fleisch hervorstand.

Angesichts dieser Verstümmelungen entfuhr mir ein Schrei. »Breogan, was ist ihnen zugestoßen?«

An seiner Statt antwortete Ciaran:
»Sie huldigen Crom Cruach, Padraig. Sie verehren ihn mit ihrem Fleisch und Blut. Sie bitten ihn um die Gnade, in seinem Namen Opfer darbringen zu dürfen.«

Ich lag die ganze Nacht wach. Schlaflos lauschte ich in der kleinen Holzhütte auf die spätabendlichen Geräusche, die allmählich verstummten, als die Brehonen und Druiden sich zur Ruhe begaben. Nachdem im Lager Stille eingekehrt war, stand ich auf, warf mir den Umhang um die Schultern und ging hinaus zum Stein des Crom Cruach. Lange Zeit verharrte ich davor und betrachtete das Blut darauf, und obgleich ich vor Götzenbildern keine Furcht empfand, war mir das Herz sorgenschwer.
Ich war zu diesem Volk gekommen und hatte es verändert. Damit hatte ich Gutes bewirken, die Menschen mit dem strahlenden Licht des Dreieinigen erleuchten wollen. Doch was, wenn ich sie tatsächlich gespalten hatte? Wenn ich sie verängstigt und entzweit hatte? Zu meiner Schande mußte ich mir eingestehen, daß ich dies bei meiner Rückkehr teilweise sogar beabsichtigt hatte. Insgeheim hatte ich in meinem Rachedurst manchmal gehofft, mit dem Volk abrechnen zu können, das mir nicht nur einmal, sondern gleich zweimal mein Leben gestohlen hatte.
Einen flüchtigen Augenblick lang wünschte ich mir im tiefsten Innern, die Brehonen würden gegen meine Anwesenheit in Eire entscheiden und mich heimschicken. Denn auch wenn ich geschlagen zurückkehren würde, würde ich doch nach Hause zurückkehren. In meine Heimat.
Ich schloß die Augen und sah unvermittelt Benins kleines Gesicht vor mir. Was hatte er noch zu mir gesagt? Daß ich der klügste Mann sei, den er kenne? Wehmütig lachte ich auf. Wie gern hätte ich ihm jetzt das Haar gezaust.

Dann dachte ich an den wundgerittenen Breogan, der nie von meiner Seite wich. Mir trat der junge Longan vor Augen, der mich in Tir Nan Og wiedersehen wollte. Als ich an Ainfean dachte, brannten mir die Wangen vor Scham, weil ich sie so schlecht behandelt hatte. Nun ließ ich die Brüder und jeden Bewohner von Sabhal Padraig einen nach dem anderen vor meinem inneren Auge vorüberziehen. Zuletzt schweiften meine Gedanken zu Ossian, dem Fenierherzen von Irland, der alles aufgegeben hatte, um zu mir zu kommen.
War ich denn nicht für sie alle verantwortlich, wie ein Vater für seine Kinder verantwortlich ist, die er aufgezogen und unterrichtet hat?
Doch da war noch mehr, mehr als nur ein Verantwortungsgefühl gegenüber dem Volk von Eire. Zum ersten Mal sann ich furchtlos darüber nach, aber bevor ich der Sache auf den Grund gehen konnte, trat jemand hinter dem Großen Stein hervor.
»Magonus Succatus …«
Es war Declan.
»Bruder«, erwiderte ich, doch er legte die Finger auf die Lippen und bedeutete mir, ihm hinter den Felsen zu folgen. Obgleich ich wußte, daß mein Tod vielleicht schon beschlossene Sache war, empfand ich keine Angst.
Wir setzten uns mit dem Rücken an den Großen Stein. Ich lachte.
»Dieser alte Crom Cruach ist gar nicht so furchteinflößend, Bruder.«
»Furchteinflößend genug, Abba, denn es haben sich Kräfte in der Mag Sleacht gesammelt, die ich nicht gerufen habe.«
»Wovon sprichst du?«
»Ich meine die Druiden. Denn ich habe nur die Brehonen

eingeladen. Verstehst du mich, Magonus? Begreifst du, was ich will? Eire darf über das Christentum nicht gespalten werden. Der Heiland muß sich Eire zartfühlend nähern wie ein Bräutigam seiner Braut. Ich wünsche dir nichts Böses. Ich will nicht, daß dir ein Leids geschieht. Aber diese Druiden, die hierhergekommen sind, haben sich den dunklen Mächten verschrieben. Wenn die Brehonen gegen dich entscheiden, mußt du Eire unverzüglich verlassen. Unbedingt. Denn wenn du das nicht tust, fürchte ich um deinen Kopf.«
Traurig lächelte ich ihn an.
»Du weißt, Bruder, daß ich den Weisungen des Herrn Folge leisten muß. Er bindet mich, oder Er entläßt mich, ein anderes Gesetz gilt für mich nicht.«
Aufgebracht schüttelte Declan den Kopf.
»Nein, Bruder. Diese Priester sind die Diener der Finsternis. Unterschätze sie nicht, sie haben große Macht.«
»Ich unterschätze die Macht der Finsternis nicht, Declan, denn wer das Leben unseres Herrn kennt, weiß auch, wie schwer selbst Er mit den finsteren Mächten gerungen hat. Aber was geschehen soll, wird geschehen. Keiner von uns kann es jetzt noch aufhalten.«
»Ich möchte kein Judas sein, Magonus. Ich wünsche dir nichts Böses.«
»Ich weiß, Declan«, beruhigte ich ihn. »Aber die Entscheidung liegt nicht mehr in unseren Händen.«
Eine Weile schwiegen wir.
»Du bist nicht wütend auf mich«, stellte er verwundert fest.
»Nein«, erwiderte ich. »Denn vieles von dem, was du gesagt hast, ist wahr. Das meiste. Ich habe heute nacht lange darüber nachgedacht und deine Worte gründlich erwogen.«

Wir saßen nebeneinander, bis die Morgendämmerung über der Ebene heraufzog. Da ging ich um den Großen Stein herum und kniete nieder, das Gesicht gen Osten, der aufgehenden Sonne entgegen. Crom Cruach hielt ich bewußt den Rücken zugekehrt. Declan wollte gehen, aber ich flüsterte ihm leise zu:
»Willst du mit mir beten, Bruder?«
Zuerst zögerte er, doch dann kniete er sich neben mich. Wir schwiegen lange, bis ich schließlich das einzige Gebet flüsterte, das mir einfallen wollte.
»O Herr«, flüsterte ich, »nicht mein Wille, sondern Dein Wille geschehe.«
»Amen«, schloß Declan.
Als die Druiden bei Tagesanbruch zum Crom Cruach kamen, fanden sie uns Seite an Seite kniend vor.

An jenem dritten Morgen hatte ich solche Angst, daß sich mein Magen verkrampfte und ich so wackelig auf den Beinen war wie ein einjähriges Kind.
Doch ich badete mich und kniete mit Breogan, Ciaran und Ibar zum Gebet nieder, bevor ich in die Große Halle ging, um das Urteil der Brehonen zu hören. Die Versammlung war schon zusammengetreten; die Brehonen saßen auf einem behelfsmäßigen Podest am Kopfende des Saales, die Druiden mit ihren zerschundenen Gesichtern hatten sich an der Wand nebeneinander aufgestellt. Ihr Anblick erinnerte mich an die grausigen Köpfe aus den alten Sagen Ossians.
Äußerlich ruhig trat ich vor das Gericht, doch mein Herzschlag dröhnte mir in den Ohren wie die Bodhrans beim großen Feis in Tara.
Der oberste Brehone erhob sich und wandte sich an mich.
»Abba Magonus Succatus Patricius aus Bannaevum am

Tiburnae in Britannien. Wir, die Brehonen, haben ein Urteil gefällt in der Angelegenheit, die uns von Declan, Priester aus Eire, zur Entscheidung vorgelegt worden ist. Doch bevor wir unseren Spruch verkünden, hast du das Recht, eine Erklärung abzugeben, wie es in Eire Sitte ist. Willst du sprechen?«

»Ja, das will ich.«

Mit geschlossenen Augen flüsterte ich still ein Gebet, dann sah ich mit festem Blick von einem zum anderen.

»Aber versteht, daß ich nicht zu euch spreche, sondern zu meinem Gott.«

Mit einer flehenden Geste hob ich das Gesicht gen Himmel.

»Vater!« rief ich. »Du, der Dreifaltige Gott, der das Licht ist und das Wort. Du hast mir das Herz erleuchtet, höre nun die Stimme Deines Dieners. Entscheide Du, o Herr, über mein Schicksal, und ich werde Deinen Willen erfüllen. Es liegt in Deiner Hand, ob ich hier in Eire bleibe oder in mein Heimatland zurückkehre. Wie Du es bestimmst, so werde ich handeln, furchtlos und freudigen Herzens.«

Dann senkte ich den Kopf, denn mir waren unerwartet Tränen in die Augen getreten, die mir jetzt über die Wangen liefen.

Das Dröhnen begann unter mir, tief unter meinen Füßen. Es klang wie das Knurren einer riesigen Bestie. Ein Raunen ging durch den Saal. Dann ertönte draußen ein Zischen wie ein Blitz, gefolgt von einem tiefen Grollen, das weniger wie Donner klang, sondern als würden Berge versetzt! Der Boden unter meinen Füßen bewegte sich. Er hob und senkte sich wie die Wellen des Meeres. Ich ließ mich auf die Knie fallen und legte die Handflächen auf die kühle Erde. Einige um mich herum schrien, andere stürzten zu Boden.

Die Wände der Halle schwankten wie Bäume im Sturm, dann gab das Strohdach nach und krachte auf uns herunter, so daß wir über und über mit Strohbüscheln bedeckt wurden.
Jetzt ertönten Schreckensrufe überall im Saal, Beschwörungsformeln und Schreie mischten sich.
Schließlich stürzte eine der Wände ein.
Die Erde hörte auf zu beben, es wurde ganz still.
Ich rappelte mich hoch und blickte hinaus in die Ebene.
Crom Cruach, der uralte Stein, stand nicht mehr. Er lag mit dem Gesicht nach unten auf dem Boden, die zwei umgekippten Wächtersteine auf seinem Rücken ähnelten den Körpern zweier toter Kinder auf ihrem Vater.
Nun brach ein wahrer Tumult los.
Viele der Druiden flüchteten sich aus der Ebene in die Wälder. Andere warfen sich vor uns nieder und wollten getauft werden, ebenso wie viele Brehonen.
Ich vermochte keinen klaren Gedanken zu fassen und sagte nur geistesabwesend immer wieder die Taufformel auf. Doch im Innern erfaßte mich eine große Freude. Der Herr hatte für mich entschieden. Und Seine Wahl hieß Eire.

Kapitel Fünfundzwanzig

Ich möchte dir gerne die Geschichte von Dhiarmuid und Grainne erzählen.« »Die hast du mir schon vor meiner Abreise erzählt«, erwiderte ich in freundlichem Ton, während ich ihm das Abendessen auftrug. Allerdings schien mir, daß seit meiner Rückkehr von Crom Cruach seine Geisteskräfte nachgelassen hatten, und das stimmte mich traurig.

Ich drehte mich um und sah aus dem Fenster. Beinahe erwartete ich, drüben am Waldrand den Reiter in dem grünen Mantel zu erblicken. Aber sogleich ärgerte ich mich über meine eigene Dummheit.

»Er war heute nicht da«, hörte ich hinter mir Ossian. »Und auch sonst nicht mehr, seit du fortgegangen bist. Ich habe nach ihm Ausschau gehalten. Aber ich denke, er wird bald wiederkommen.«

Ich setzte mich in die Fensterlaibung.

Ossian kicherte.

»Meinst du, du kannst ihn mit deiner mächtigen braunen Erscheinung abschrecken, Priester?«

Ich seufzte.

»Ossian, ich bin gerade erst zurückgekehrt und noch erschöpft von der Reise. Warum mußt du mich heute schon wieder piesacken?«

»Weil ich weiß, was du denkst. Du glaubst, daß ich seit deiner Abreise allmählich närrisch werde, daß sich mein

Verstand aus dem Hafen der Vernunft losgerissen hat und aufs offene Meer hinaustreibt. Doch du irrst dich. Ich weiß sehr wohl, was ich sage und tue. Du hast nämlich nur einen Teil der Geschichte von Dhiarmuid und Grainne gehört. Den Rest wollte ich dir noch erzählen. Wie es mit meinem Vater zu Ende gegangen ist, wüßte ich allerdings selbst gern, bevor meine eigene Zeit gekommen ist.«
»Du weißt nicht, wie dein Vater gestorben ist?«
»Nein. Möchtest du wissen, wie sich das zugetragen hat?«
»Warte, ich rufe Breogan.«
»Nein, das Ende dieser Geschichte möchte ich lieber dir allein erzählen.«
Überrascht sah ich ihn an. Er schüttelte den Kopf.
»Es ist eine sehr traurige Geschichte.«
»Aber du hast ihnen doch geholfen zu entkommen.«
»Dieses Mal schon, ja.«
»Und später, was war da?«
»Nun, es verging einige Zeit. Ich heiratete, und meine Frau starb bei der Geburt unseres Sohnes. Oscar. Und Oscar wurde größer. Es mochten wohl an die fünf Jahre verstrichen sein. Mein Vater widmete sich wieder der Jagd und seinen Verpflichtungen gegenüber Eire, doch er verfluchte Ui Duibhne jedesmal, wenn auch nur sein Name erwähnt wurde.
So tat sich zwischen meinem Vater und einigen Feniern, zu denen auch ich zählte, eine Kluft auf, denn wir vertraten die Ansicht, daß Dhiarmuid nur getan hatte, was die Ehre gebot.«
»Aber ich teile die Meinung deines Vaters. Dhiarmuid hätte ja einfach nein sagen können.«
»Du verstehst die Bedeutung eines Geis nicht.«
»Mag sein, aber ich weiß, was es heißt, von einem Freund betrogen zu werden.«

Dabei dachte ich an Declan, der mir in der Mag Sleacht gebeichtet hatte. Ich hatte ihm aus ganzem Herzen verziehen.

Ossian nickte.

»Du hast wohl recht, Padraig. Doch er hatte meinem Vater eine Wunde zugefügt. Obwohl wir alle Ui Duibhne immer noch gern hatten, sogar mein Vater, war die Erinnerung an ihn wie Salz in dieser Wunde. Wie gesagt, es vergingen ein paar Jahre, und ich dachte, inzwischen wäre Gras über die Sache gewachsen.«

»Aber dann kam es doch anders?«

Ossian seufzte.

»Ich will es dir erzählen«, sagte er, »so wie es sich für einen Geschichtenerzähler gehört.«

Goll Mac Morna starb. Die Fenier trauerten sehr um ihn, doch nach Ablauf der Trauerzeit entschieden sich Mornas Neffen, ihre alte Fehde gegen den Clan na Bascna wieder aufzunehmen.

Also zogen sie gegen Fionn und seine Fenier in den Kampf, doch sie wurden geschlagen. Mornas Neffen und die Krieger, die auf ihrer Seite gefochten hatten, wurden zur Strafe für ihre Untreue nach Alba verbannt. Aber die Krieger verzehrten sich vor Sehnsucht nach Eire, und schließlich baten sie Art Mac Morna um seine Hilfe.

»Du mußt zu Fionn gehen«, bedrängten sie ihn. »Du mußt ihm kundtun, daß wir unser Verhalten bereuen und

um Vergebung heischen. Bitte ihn, nein, flehe ihn auf Knien an, uns nach Eire zurückkehren zu lassen.«
Doch Art Mac Morna schüttelte den Kopf.
»Fionn wird sich niemals erweichen lassen. Denn ihr wißt, daß er keinen Treuebruch verzeiht, seit Ui Duibhne ihm Cormacs Tochter weggenommen hat. Sein Herz kennt keine Vergebung mehr, es hat sich verhärtet.«
»Dann müssen wir ihm etwas anbieten, mit dem wir seine Gunst zurückgewinnen können«, schlugen die Krieger vor.
Nun war Art Mac Morna ein schlauer und gerissener Mann. Nachdem er eine Weile über das Anliegen seiner Krieger nachgedacht hatte, ersann er einen Plan.
Er ließ Fionn durch einen Boten wissen, er, Art Mac Morna, habe gehört, daß Dhiarmuid und Grainne sich in Alba versteckt gehalten hätten, nun aber nach Eire zurückgekehrt seien. Zwar entsprach dies nicht der Wahrheit, aber Mac Morna glaubte, Fionn damit hinters Licht führen zu können. Und er hatte recht, denn als Fionn die Nachricht erhielt, erklärte er sich zu einer Unterredung mit Art Mac Morna bereit.
Art Mac Morna begab sich allein nach Almhuin. Er beugte vor Fionn das Knie und sprach in demütigem Ton:
»Großer Fenier, wir haben gefehlt, als wir gegen dich und deinen Clan ins Feld zogen. Denn mir ist inzwischen klar geworden, daß dies nicht dem Wunsch meines Onkels Goll Mac Morna entsprochen hätte.«
Fionn schnaubte verächtlich.
»Ihr seid euch nur eurer Niederlage schmerzlich bewußt und hofft nun, ihr könnt mit mir einen Handel abschließen, um nach Eire heimkehren zu dürfen. Also laß dieses Possenspiel und unterbreite mir dein Angebot.«
Art Mac Morna erhob sich.

»Wohlan. Ich weiß nicht, wohin Ui Duibhne und die Frau gegangen sind, nur daß sie nach Eire zurückgekommen sind. Ich schlage vor, daß wir die Dienste des Clan Nevin in Anspruch nehmen.«

Schweigend musterte Fionn Mac Morna.

»Der Clan Nevin hat die besten Spurenleser der Fianna. Aber ich hätte sie auch allein in Dienst nehmen können.«

»Doch wie ich glaube, liebst du Ui Duibhne insgeheim noch immer. Daher vermagst du meinen Plan nicht allein auszuführen.«

»Laß dein Angebot hören.«

»Mein Vorschlag lautet: Wenn ich Dhiarmuid und Grainne finde, werde ich sie erschlagen und dir ihre Köpfe bringen für das Unrecht, das sie dir angetan haben.«

»Wenn dir dies gelingt«, erwiderte Fionn, »werde ich das Verbannungsurteil aufheben und euch die Rückkehr nach Eire gestatten.«

Doch das Herz war ihm schwer, und noch am selben Nachmittag scharte er seine Fian um sich.

»Wir werden den Clan Nevin auf dieser Suche begleiten«, erklärte er.

Und so ritten sie, von dunklen Vorahnungen erfüllt, aus Almhuin hinaus.

Dhiarmuid und Grainne hatten indessen hoch oben im Norden von Eire Zuflucht gesucht. Eine Zeitlang hatten sie wie wilde Tiere gelebt und sich in Höhlen und unter Baumwurzeln versteckt.

Was Dhiarmuid über Grainne vorausgesagt hatte, erwies sich als wahr. Ihre Schönheit verging, sie wurde mager und blaß. Ihr Haar verlor seinen Glanz, und da sie keine Kämme besaß, um es zu pflegen und zu Zöpfen zu flechten, hing es in schwarzen, zotteligen Strähnen in ihr bleiches Gesicht.

Doch sie folgte Dhiarmuid, wohin er auch ging, und lernte, wie ein Fenier zu jagen, zu angeln und Schutzhütten zu bauen. Widerwillig brachte ihr Dhiarmuid Achtung, wenngleich keine Liebe entgegen.
Im Lauf ihrer gemeinsamen Wanderungen wurde Grainne immer schweigsamer, ebenso wie der einstmals so fröhliche Dhiarmuid, bis sie schließlich ganz ohne Worte oder Gesang durch die Lande zogen. Da gesellte sich an einem Herbstabend ein Gast zu ihnen ans Feuer. Es war ein Barde, ein kleiner, verhutzelter alter Mann, der weitgereist war und viel gesehen hatte. Schweigend ließen sie ihn an ihrem Nachtmahl teilhaben, aber danach packte der Barde die Clarsach, seine Reiseharfe, aus und stimmte Lieder über den Hügel von Tara und Cormac Mac Art an. Er sang von Fionn und den Feniern, bis Grainne es schließlich nicht mehr ertrug und in Tränen ausbrach.
Der Harfenspieler hielt inne und sah sie verwundert an.
»Das will ich mit meinen Liedern eigentlich nicht bewirken«, meinte er. »Sie sollten Frohsinn und Lachen bringen.«
Aber Grainne schüttelte den Kopf.
»Frohsinn und Lachen sind für mich auf immer dahin«, klagte sie. »Ebenso wie meine Schönheit. Denn das harte Leben in Eire hat mir alles genommen, was ich einst besaß. Und die Schuld daran trage einzig und allein ich selbst.«
Der Barde empfand Mitleid mit dem Paar, und er dachte lange und angestrengt nach.
»Es gibt da eine Geschichte«, sagte er schließlich, »und obwohl ich nicht weiß, ob sie wahr ist, so habe ich sie doch oftmals gehört. Es heißt, tief in den Wäldern im Norden von Eire steht eine riesige Eberesche. Hoch oben in ihrem Geäst hat sich ein böser Riese seine Wohnstatt

gebaut. Er wacht dort über den Baum, denn man sagt, auf dem Baum wachsen Zauberbeeren, und jeder, der davon ißt, erhält seine Kraft und seine Schönheit zurück.«
Dhiarmuid schüttelte den Kopf.
»Das ist Unsinn, Barde. Solch einen Baum gibt es nicht in Eire.«
Aber der Barde lächelte nur und antwortete mit rätselhaften Worten:
»Derjenige, der nach Nirgendwo geht, geht schnell dorthin. Doch derjenige, der ein Ziel hat, ist bereits dort, selbst wenn er noch unterwegs sein mag.«
Und da begriff Dhiarmuid.
Was Grainne betraf, so ließ sie der Gedanke an die wundersamen Beeren nicht mehr los.
»Könnten wir diesen Baum doch finden!« wandte sie sich an Dhiarmuid. »Dann wäre ich wieder jung und schön. Vielleicht ist es wirklich ein Wunderbaum. Vielleicht bietet er uns eine Zufluchtsstätte, wo niemand uns findet, und wir könnten endlich seßhaft werden.«
Sie fiel vor Dhiarmuid auf die Knie.
»Fenier«, sagte sie. »Du hast meinetwegen viel erdulden müssen, doch bitte ich dich noch um diesen einen Gefallen. Laß uns nur diesen Baum suchen, dann will ich dich nie wieder behelligen. Du kannst mich dort zurücklassen, und ich werde es zufrieden sein, wenn nur das endlose Umherziehen ein Ende hat.«
»Der Barde sagt, daß der Baum von einem bösen Riesen bewacht wird«, gab Dhiarmuid zu bedenken. Aber er griff bereits nach seinem Mantel, denn auch er war des Flüchtlingslebens überdrüssig.
So reisten sie gen Norden, und wann immer sie nach dem Weg fragten, erzählte man ihnen schreckliche Geschichten von dem Wald namens Duirhos, aus dem selt-

sames Geheul und der Lärm eines tobenden Riesen drangen.
Schließlich gelangten sie in jenen Wald und fanden mitten darin die große Eberesche, älter und mächtiger als jede ihrer Art und schwer beladen mit roten Beeren. Grainne rannte sogleich zu dem Baum und pflückte Beeren, die sie sich mit beiden Händen in den Mund stopfte. Sie verschlang sie so gierig, daß ihr der rote Saft über das Kinn lief und ihren ohnehin schon schmutzigen und zerrissenen Kittel verfärbte. Nach einer Weile drehte sie sich zu Dhiarmuid um.
»Habe ich mich verändert?«
Voller Abscheu schaute er sie an.
»Ich sehe keine Veränderung, Tochter des Cormac.«
In der Nähe floß ein Bach, zu dem sie hinlief, um ihr zerlumptes Ebenbild zu betrachten. Da mußte sie weinen.
»Der alte Barde hat uns angelogen, diese Beeren haben keine Zauberkraft. Und der Baum wird auch nicht von einem bösen Riesen bewacht.«
Doch kaum hatte sie zu Ende gesprochen, ertönte aus dem Wald ein entsetzliches Geheul, und aus dem Unterholz tauchte eine Meute wilder Hunde auf, die sich gegenüber der weinenden Grainne am anderen Ufer des Baches versammelten. Schreckensstarr verharrte sie auf den Knien.
»Komm rückwärts zu mir«, rief ihr Ui Duibhne zu. »Denn in einer Hinsicht hat der Barde nicht gelogen. Dort oben im Baum ist tatsächlich eine Behausung.«
Langsam erhob sich Grainne und ging Schritt für Schritt rückwärts zu Dhiarmuid. Mit einem Arm hob er sie zu den Ästen hoch, dann konnte sie selbst weiterklettern. Doch für ihn war es zu spät. Die großen Hunde überquerten bereits den Bach.

»Verwilderte Wolfshunde!« rief Dhiarmuid. »Und wie riesig sie sind!«
Mit seinem blitzenden Schwert hielt er sie auf Abstand, doch die Tiere, groß wie Ponys und mit gewaltigen, gefletschten Zähnen, umzingelten ihn knurrend.
»Das ist also der Riese, der den Baum bewacht«, rief Dhiarmuid. »Kommt nur her, laßt uns im Kampf sterben.«
Aber da hörte er über sich einen Aufschrei und ein Krachen, und Grainne landete mitten unter den Hunden. Doch sie war auf den Füßen aufgekommen und schrie immer weiter, während sie mit wehendem Haar und geblähtem Umhang im Kreis herumwirbelte. Verunsichert von diesem eigenartigen Gebaren, wichen die Hunde knurrend zurück.
In diesem Augenblick entdeckte Dhiarmuid den Anführer der Meute. Er zog den Dolch aus seinem Hüftgürtel und schleuderte ihn. Mit einem Schmerzenslaut sank das Tier zu Boden. Die anderen Hunde rannten wie verrückt im Kreis herum und jagten schließlich in den Wald zurück.
Dhiarmuid kniete sich neben den Hund.
»Hol Wasser!« rief er.
»Für dieses Ungeheuer?« fragte Grainne ungläubig.
»Hol Wasser!« befahl er erneut.
Da lief sie zum Bach und schöpfte mit beiden Händen Wasser. Als sie es dem Hund an die Lippen hielt, trank er mit Mühe.
»Wir tragen ihn zum Bach«, entschied Dhiarmuid.
Mit vereinten Kräften hoben sie das riesige Tier hoch und schleppten es zum Ufer. Dhiarmuid zog behutsam den Dolch aus der Flanke des Hundes und badete die Wunde in dem kalten Wasser.
Jetzt begriff Grainne, was er vorhatte. Sie riß Stoffstreifen

von ihrem Umhang und ihrem Kittel, dann verbanden sie die Wunde und trugen das Tier zu einem weichen, moosbewachsenen Flecken. Dhiarmuid erlegte einen Hasen, und damit fütterten sie den Hund häppchenweise. Der Hund winselte und leckte das Blut von ihren Händen. Und von diesem Tag an blieb er ihr Freund und Gefährte, und die wilde Meute aus dem Wald von Duirhos belästigte sie nicht mehr.

Da richtete Dhiarmuid das Wort an Grainne.

»Vor langer Zeit wurde ich mit einem Geis belegt, der mir untersagte, einen großen Eber zu jagen, denn er würde mir den Tod bringen. Aber heute glaubte ich, ich würde durch die Zähne dieser Bestien ums Leben kommen.«

»Es war ein Glück, daß ich vom Baum gefallen bin«, meinte Grainne.

»Du bist nicht gefallen.«

»Ich habe den Halt verloren.«

»Du bist gesprungen.«

Sie verstummte einen Moment lang.

»Ich wollte, daß du dein Leben für mich gibst, Fenier. Es war zuviel verlangt, doch damals wußte ich das nicht. Aber ich will nicht, daß du stirbst.«

Er beugte sich vor und legte seine blutbefleckte Hand an ihre Wange.

»Das war mutig von dir. Sehr mutig.«

Sie senkte den Blick.

»Fenier, ich bin nicht mehr die gleiche wie früher. Meine Schönheit und mein Stolz sind dahin. Doch es mangelt mir nicht an Ehrgefühl. Ich will mich dir ganz schenken, denn du hast mir mehr gegeben, als ich dir je zurückzahlen kann.«

»Oh, aber du bist durchaus schön«, erwiderte Dhiarmuid leise. »Jetzt sehe ich all deine Anmut.«

Er küßte sie sachte, und dieser Kuß mündete in eine innige Umarmung. In jener Nacht wurden sie Mann und Frau. Und da sie durch heftige Stürme und Widrigkeiten hindurch ihre Liebe zueinander entdeckt hatten, war ihre Zuneigung von heftiger Leidenschaft und großer Beständigkeit.
Ihren Hund nannten sie Ior, was »Beständigkeit« heißt, denn durch ihn hatten sie ihre Liebe gefunden.

»Das ist wirklich eine schöne Geschichte.«
»Ich wünschte, ich könnte sagen, daß sie damit endete, Padraig, aber das ist nicht der Fall. Soll ich weitererzählen?«
Ich nickte, ganz im Bann der Erzählung.

Dhiarmuid Ui Duibhne und Grainne wohnten noch nicht lange in dem Baumhaus in der Eberesche, als sie von den Fährtenlesern des Clan Nevin aufgespürt wurden. Unter ihnen war auch Art Mac Morna, der Dhiarmuids Kopf für sich beanspruchte.
Also kletterte Art Mac Morna, dieser Narr, auf den Baum, wo Dhiarmuid Ui Duibhne ihn erschlug und den Leichnam des Verräters auf den Boden warf. Dann stieg Dhiarmuid herab und wandte sich an die Männer des Clan Nevin.
»Ihr seid zu zwölft gekommen, doch ehe ich sterbe, werde ich einige von euch mit in den Tod nehmen.«
Die Männer des Clan Nevin zogen die Schwerter, um ihn anzugreifen, als Grainne mit dem riesigen Ior herbeikam.
»Was ist hier los?« rief sie entsetzt und trat an die Seite ihres Gemahls, während sich der gewaltige Ior zwischen ihnen aufbaute.
»Wenn ihr ihn töten wollt«, verkündete Grainne, »müßt

ihr auch mich töten, denn ich will an der Seite meines Mannes sterben.«

Unter Dhiarmuids Zärtlichkeit hatte Grainne ihre frühere Schönheit wiedererlangt, und die Nevin-Männer erkannten, was für eine große Liebe sich zwischen den beiden entsponnen hatte. Diese zu zerstören brachten sie nicht über sich. Deshalb beschloß der Anführer der Fian, Art Mac Mornas Leichnam zu Fionn zurückzubringen und ihm zu sagen, daß Mac Morna den wilden Hunden im Wald von Duirhos zum Opfer gefallen sei. Zu diesem Zweck schleppten sie die Leiche tief in den Wald, damit die Wolfshunde darüber herfielen. Den blutigen, zerfetzten Körper brachten sie danach zu Fionn.

Nun sah Fionn zwar, daß Mac Morna von Tieren zerfleischt worden war, doch entging ihm nicht die tiefe Wunde, die von einem Schwert herrührte. Daher kniete er sich neben den Toten und schnupperte an ihm.

»Dhiarmuid Ui Duibhne!« schrie er lauthals. »Der ganze Leichnam riecht nach ihm. Und nach Ebereschen. Jetzt entkommt er uns nicht mehr!« schrie er in wilder Rachgier. Sogleich bestieg er sein Pferd, und seine Fenier folgten ihm schweren Herzens.

Als sie schließlich zu der mächtigen Eberesche gelangten, rechneten die Fenier mit einem harten Kampf. Doch statt dessen baute Fionn dort, unter dem Baum, sein Tischchen samt Klappstühlen auf und stellte sein Fidchell-Brett auf. »Ossian«, rief er. »Komm, ich fordere dich zu einer Partie heraus. Schau, ob du mich schlagen kannst.«

Also setzte ich mich ihm gegenüber, und wir spielten Fidchell, womit er die beiden dort oben zu ködern versuchte. Natürlich geriet ich mehr und mehr ins Hintertreffen, denn ich war viel zu abgelenkt. Nach einer Weile sprach mein Vater:

»Wäre Dhiarmuid Ui Duibhne doch hier, er könnte dir Rat geben. Niemand spielt so gut Fidchell wie er.«
Da fiel eine Beere auf das Spielbrett, und ich zog mit meiner Figur auf das Feld, wo sie aufgetroffen war. Mein Vater machte seinen Gegenzug.
»Da droben im Baum muß Dhiarmuid Ui Duibhne sein«, meinte er. »Das war nämlich ein recht geschickter Zug.«
»Unsinn, du glaubst doch nicht etwa, daß er da oben hockt und mit uns Fidchell spielt?« erwiderte ich mit meiner lautesten Stimme.
Wieder fiel eine Beere vom Baum.
Ich machte den entsprechenden Zug.
Schließlich gewann ich das Spiel. Am Ende der Partie sprang Ui Duibhne vom Baum herab und trat vor meinen Vater.

Der alte Mann hielt inne.
»Was ist?« fragte ich ihn.
»Weißt du, Padraig, ich könnte beschwören, sogar jetzt noch, nach so vielen Jahren, daß sie sich beide über dieses Wiedersehen freuten. Sie standen da unter dem Baum, schauten einander an und lächelten.«
»Was geschah dann?« drängte ich ihn.

Grainne stieg ebenfalls vom Baum herunter und stellte sich zwischen Dhiarmuid Ui Duibhne und Fionn Mac Cumhail. Fionn zog sein Schwert.
»Grainne, Tochter des Cormac, du hast mich betrogen. Ui Duibhne von den Feniern, du hast ihr bei diesem Betrug geholfen. Für diese Missetat müßt ihr beide mit dem Leben bezahlen.«
Dhiarmuid Ui Duibhne zog Grainne an sich. Unter den Augen der Fenier und Fionn Mac Cumhails küßte er sie zweimal kurz, dann noch einmal lange und innig.

»Ich liebe dich, Fenier«, sagte Grainne laut. »Und ich bin stolz, an deiner Seite zu sterben.«

Abermals hielt er inne. Tränen standen in seinen Augen.
»Mußten sie sterben? Hat er sie getötet?«
»Nein.«
»Darüber bin ich aber wirklich froh. Was ließ ihn einhalten?«
»Ich, Padraig. Ich stellte mich zwischen meinen Vater und die beiden und sagte: ›Vater, wenn du das tun willst, mußt du zuerst mich töten.‹ Da ließ er das Schwert sinken und blickte zu Boden.
›Das kann ich nicht‹, entgegnete er leise. Dann wandte er sich ab und ging weg.
Ich glaube, er war erleichtert, Padraig. Er war froh, daß ich ihn daran gehindert habe. Aber sein Stolz verbot ihm, das zuzugeben. Er sprach wochenlang kein Wort mit mir.«
»Der Stolz kann uns zu Narren machen«, meinte ich leise.
Er lächelte mich an.
»Das ist wahr. Und wir erkennen ihn vielleicht schwerer bei jenen, die wir lieben, weil wir nicht schlecht von ihnen denken wollen.«
»Was ist aus den beiden geworden?«
Ossian nickte.
»Ich werde die Geschichte zu Ende erzählen, weil es sein muß. Aber unterbrich mich nicht, sonst höre ich vorher auf.«

In jener Nacht kam Angus Og, Dhiarmuid Ui Duibhnes Ziehvater, ins Lager der Fenier. Er war einer von den de Danaan und erstrahlte in der wunderbaren Schönheit der Anderen, bei deren Anblick man stets meint, daß ein

Licht von ihnen ausgeht. Angus Og sprach in schlichten Worten.
»Fionn Mac Cumhail von den Feniern, wir von den Anderen sind dir sehr zugetan. Von Anbeginn an waren wir deine Freunde in Eire. Doch Dhiarmuid Ui Duibhne ist mein Pflegesohn, und ich liebe ihn aus ganzem Herzen. Wir von den de Danaan sind der Ansicht, daß diese Blutfehde nun schon allzu lange währt. Beide Seiten haben einander mehr als genug Wunden zugefügt. Deshalb meinen wir, daß es an der Zeit ist, die Waffen schweigen zu lassen. Wir haben Boten zu Cormac Mac Art in Tara geschickt. Er wäre bereit, seinen Rachefeldzug gegen seine Tochter zu beenden, sofern auch du, großer Fionn, zustimmst. Was sagst du dazu?«
Fionn erhob sich und richtete den Blick auf Angus Og.
»Du hast gut gesprochen, Mann von den Anderen. Mein Herz ist des Zornes überdrüssig. Ich will nach Tara zurückkehren und den Rest meiner Tage mit meinem Sohn und meinem Enkel verbringen.«
Angus Og nickte.
»Dann komm her, Dhiarmuid Ui Duibhne.«
Dhiarmuid löste sich aus dem Schatten der Bäume und trat vor Fionn. Er nahm eine stolze Haltung ein, aber seine Miene war von Gram gezeichnet.
»Was ich getan habe, mußte ich tun, weil ich mit einem Geis belegt war. Doch bekenne ich freimütig, daß ich Grainne nunmehr aus tiefstem Herzen liebe und nicht mehr ohne sie sein will. In dieser Hinsicht habe ich dich betrogen.
In allen anderen Dingen aber bin ich stets dein Freund gewesen, dein Kampfgefährte und dein ergebenster Krieger.
Deshalb bitte ich um Gnade für mich und für sie, die

meine Frau ist. Gestatte uns, daß wir uns in den Ländereien meines Vaters im Süden von Eire niederlassen. Dort will ich als Bo-aire, als Viehzüchter, seßhaft werden, und wir werden in Ruhe und Frieden leben. Sollten wir mit Kindern gesegnet werden, so werden sie aus meinem Mund nur Gutes über dich hören.
Ich bitte dich nicht darum, mich wieder in die Reihen der Fenier aufzunehmen, o Fionn, denn ich weiß, daß das, was zwischen uns zerbrochen ist, nicht wieder heil gemacht werden kann.«
Hier hielt Ui Duibhne inne und richtete den Blick auf den dunklen Wald.
»Du sollst nur wissen, daß ich dich noch immer sehr schätze und dir nichts nachtrage.«
Fionn sah Ui Duibhne an.
»Du hast um die Ländereien deines Vaters gebeten, und sie seien dir gewährt. Sie sind rechtmäßig dein. Doch ist es gut, daß du nicht darum gebeten hast, in unsere Mitte zurückkehren zu dürfen ...«
Plötzlich trat Grainne ins Licht.
»Anführer der Fenier«, sprach sie ihn mit lauter, eisiger Stimme an. »Ich war diejenige, die Ui Duibhne durch den Geis zwang, mich in den Wald zu bringen, und ich würde es wieder tun, denn ich liebe dich nicht. Dhiarmuid Ui Duibhne hingegen liebe ich sehr. Wenn ich die Rückkehr meines Mannes in die Fianna mit meinem Leben erkaufen kann, dann biete ich es dir hiermit an.«
Sie riß den Dolch aus Ui Duibhnes Gürtel und bot ihn Fionn mit ausgestreckter Hand dar.
Schweigen breitete sich über die Lichtung, beklemmendes, bedrückendes Schweigen. Fionns Gesichtsmuskeln zuckten.
»Weib, du besitzt mehr Würde, als ich gedacht hätte«,

sagte er schließlich. »Ich wünsche dir ein langes Leben und viele Kinder.«

So zogen Dhiarmuid und Grainne in den Süden des Landes, und es vergingen viele Jahre.
Grainne brachte vier Söhne und eine Tochter zur Welt. Oscar, der Sohn Ossians, wuchs zum Mann heran und kam ins neunzehnte Lebensjahr. Indessen ging Fionn wieder seinen üblichen Beschäftigungen nach, er jagte und angelte in den Wäldern von Eire, und wenn er auch selten von Ui Duibhne sprach, klang dabei stets Bedauern, aber niemals mehr Haß an.
Nachdem auf diese Art viele Jahre ins Land gegangen waren, erschien eines Tages ein Wandersmann aus dem Süden Irlands.
Er war ein hochbetagter Barde mit einer kleinen Reiseharfe. Als er einige Lieder gesungen hatte, erhob er sich inmitten der Fenier und brachte seine Nachricht vor.
»Fenier, ich überbringe euch Grüße von Grainne, der Tochter des Cormac. Auf ihre Bitte hin bin ich zu euch gekommen, um mich bei euch für ihren Mann zu verwenden. Denn obgleich sie in Wohlstand und Zufriedenheit leben und hübsche, gesunde Kinder haben, kann Dhiarmuid Ui Duibhne die Zeit, als er und die Fenier von Eire zusammen jagten, nicht vergessen. Grainne lädt euch deshalb zu einem großen Fest und zu gemeinsamen Jagden nach Kesh-Carraigh ein. Und sie hofft, alles Ungemach aus alten Zeiten möge vergessen und vergeben sein.«

»Das hättest du nicht tun sollen!« Ui Duibhne warf seinen Dolch auf den Tisch und schleuderte seinen Mantel in die Ecke.

»Ich wollte dir damit nur eine Freude machen, mein Gemahl.«
»Das weiß ich, aber damit reißen wir nur alte Wunden wieder auf. Wenn Fionn unsere große Feste, unser zahlreiches Vieh und unsere wohlgeratenen Kinder sieht und wenn er erkennt, wie sehr wir uns noch lieben, dann wird ihn die Eifersucht packen.«
»Denkst du denn so gering von ihm?«
»Im Gegenteil, ich halte sehr viel von ihm. Aber er ist auch nur ein Mensch. Und diesem Fest sehe ich mit bösen Vorahnungen entgegen.«

Doch als die Fenier eintrafen, herrschte eitel Freude und Heiterkeit. Viele Tage lang feierten sie und jagten auf den grünen Hügeln und in den Wäldern des südlichen Eire. Fionn erzählte Ui Duibhnes Kindern Geschichten von ihrem Vater, über die alle schallend lachten.
Ui Duibhne war Oscar, dem Enkel Fionns, ganz besonders zugetan und meinte, er ähnle seinem Vater sehr. Für die Dauer des Festes wurde Oscar sein Jagdgefährte. So vergingen glückliche zwei Wochen, Ui Duibhne wurde von Tag zu Tag fröhlicher und genoß die Gesellschaft seiner Fenierbrüder.
Doch in der letzten Nacht des Festes, als alle schon lange schlafen gegangen waren, hörte er draußen in der Finsternis Hunde bellen. Er erhob sich, und neben ihm setzte sich Grainne auf.
»Was ist mit dir, Gemahl?«
»Ich habe Hundegebell gehört.«
»Da ist nichts. Du hast in den letzten Wochen nur zuviel gejagt. Geh wieder schlafen.«
Also legte Dhiarmuid sich wieder hin, doch kurz vor dem Einschlafen hörte er es erneut – das Gebell von Hunden

auf der Jagd. Diesmal sagte er Grainne nichts, sondern blieb still liegen und lauschte. Kurz vor Morgengrauen vernahm er abermals das Jaulen und Bellen. Da stand er auf, zog sich an und sattelte sein Pferd. Begleitet nur von Ior, seinem alten, riesigen Wolfshund, ritt er los.
Er streifte durchs Gebirge, und dort entdeckte er Fionn mit Bran und Sgeolan.
»Du hast wohl die ganze Nacht gejagt, denn ich habe deine Hunde gehört.«
Fionns Gesicht war vor Begeisterung gerötet, und er lachte.
»Ich bin hinter einem gewaltigen Eber her, Bruder. Einen so großen habe ich noch nie gesehen!«
»Du hast mich Bruder genannt.«
Fionn sah ihn erstaunt an.
»Ja, das habe ich.«
»Dann laß uns zusammen jagen.«
Aber Fionn schüttelte den Kopf.
»Ich erinnere mich wohl an deinen Geis, Dhiarmuid. Wenn du den großen Eber jagst, wird es dein Tod sein.«
»Von meinen Fenierbrüdern getrennt zu sein war schlimmer als der Tod. Diese Wochen waren mir eine wahre Wohltat. Und jetzt und heute will ich mit dir jagen!«
Also ließen sie Bran, Sgeolan und Ior los, und die Hunde flitzten durchs Unterholz, dem Eber auf der Spur.
Fionn folgte dem Gebell von Bran und Sgeolan, während Dhiarmuid sich an Iors Fersen heftete. Schließlich gelangte Dhiarmuid auf eine Lichtung, wo sein Hund einen riesigen Keiler in Schach hielt. Das Tier war von der Größe eines Kalbs und hatte einen langen, gefährlichen Stoßzahn. Kaum hatte es Dhiarmuid erblickt, stürmte es auf ihn zu.
Dhiarmuid warf seinen Speer, doch der prallte vom Kopf

des Ebers ab. Mit zornigem Gebrüll ging das riesige Tier auf Dhiarmuid los und spießte ihn mit seinem mächtigen Horn auf. Ui Duibhne stürzte, konnte sich aber nicht von dem Stoßzahn befreien.

Nun griff von hinten Ior an und verbiß sich in den Hals des Ebers. Als dieser sich dem Hund zuwenden wollte, zog Ui Duibhne seinen Dolch und stieß ihn dem Wildschwein ins Herz. Leblos fiel das Tier neben ihm zu Boden.

Dhiarmuid löste sich von dem gewaltigen Stoßzahn, doch im selben Moment ergoß sich ein hellroter Strom seines Blutes in seine Hände. Und so fanden ihn Fionn, Oscar und Ossian: auf der Lichtung kniend, während ihm das Blut über die Hände rann.

Oscar lief zu ihm, legte ihn auf den Boden und nahm Ui Duibhnes Kopf in seinen Schoß.

»Großvater«, schrie er, »was sollen wir nur tun?«

»Wir können nichts tun«, erwiderte Fionn. »Denn seit langer Zeit lastete der Fluch auf ihm, daß er durch einen Eber sterben würde. Und nun hat sich diese Prophezeiung erfüllt.«

Zornig funkelte Oscar ihn an.

»Du hast ihn dazu verleitet.«

»Nein«, entgegnete Ui Duibhne, »das hat er nicht. Ich wußte wohl, daß wir einen Eber verfolgten, aber ich wollte noch einmal mit meinem Anführer auf die Jagd gehen. Ich bitte nur darum, daß Fionn mir Wasser bringt, denn wenn ich einmal aus seinen Händen trinke, bleibe ich vielleicht am Leben.«

Sofort begab sich Fionn zu einer nahe gelegenen Quelle, schöpfte dort mit den Händen Wasser und brachte es zur Lichtung. Doch als er sah, wie vorwurfsvoll ihn alle anschauten, rann ihm das Wasser durch die Finger.

»Ich sage euch doch, ich hatte nichts damit zu tun, daß er aufgespießt wurde!« schrie er.
»Das ist wahr«, bestätigte Ui Duibhne.
»Großvater«, sagte Oscar in leisem, drohendem Ton, »du mußt ihm jetzt Wasser bringen.«
Also eilte Fionn abermals zur Quelle und kam mit vollen Händen zurück. Er kniete sich neben Ui Duibhne.
»Warum hast du mich betrogen?« flüsterte er ihm zu.
Das Wasser sickerte durch seine Finger.
Ui Duibhne sah ihn an.
»Ich habe dich immer geliebt, Fionn«, antwortete er mit klarer Stimme.
Da stieß Fionn einen unterdrückten Schrei aus. Er sprang auf, rannte zur Quelle und schöpfte erneut Wasser, hastete dann zur Lichtung zurück und kniete sich neben Ui Duibhne. Doch als er Dhiarmuid davon zu trinken geben wollte, war es schon zu spät. Ui Duibhnes Augen brachen, er starb.
Als die Fenier von Eire den Dord Fion anstimmten, sank Fionn über Ui Duibhnes Leichnam nieder und weinte wie ein Kind.
Am späten Nachmittag fertigten die Fenier eine Trage aus Espenästen und Eschenzweigen. Darauf trugen sie Ui Duibhne nach Hause, gefolgt von Fionn, der den armen verletzten Ior an der Leine führte.
Grainne sah sie von der Hügelfeste aus kommen und lief sofort hinunter zu Dhiarmuids Leichnam. Behutsam legten ihn die Fenier ihr zu Füßen, woraufhin sie sich weinend über ihn warf, sich die Haare raufte und die Arme blutig kratzte. Schweigend standen die Fenier um sie herum. Schließlich erhob sie sich.
»Fionn Mac Cumhail«, rief sie. »Du bist schuld am Tod von Dhiarmuid Ui Duibhne. Ich weiß nicht, wie es ge-

schah, aber ich lege dir und deiner Familie seinen Tod zur Last.«
Sie deutete auf Ossian und Oscar.
»Was mich und die Meinen betrifft«, fuhr sie fort, während sie ihre weinenden Kinder um sich versammelte, »so werden wir euch auf alle Zeit verfluchen. Wann immer wir eure Namen aussprechen, wird ein Fluch damit einhergehen.«
Aber da ritt Angus Og herbei und stieg von seinem Pferd. Er wurde von mehreren Männern der Anderen begleitet, und sie bildeten einen Kreis um Dhiarmuid Ui Duibhne, so daß er ins Licht der Anderswelt getaucht schien.
»Alle tragt ihr einen Teil Schuld daran«, sprach Angus in bedächtigem, gemessenem Ton.
Er wies auf Grainne.
»Denn als du aufrichtig hättest sein sollen, hast du gelogen.«
Er deutete auf Fionn.
»Und als du Vergebung hättest gewähren sollen, hast du dein Herz verhärtet.«
Dann kniete er sich neben seinen Pflegesohn.
»Und als du klug hättest sein sollen und ein Wort von dir genügt hätte, folgtest du statt dessen einem alten, törichten Pfad der Ehre.«
Weinend beugte er sich über Dhiarmuids leblosen Körper.
»So seid ihr alle gestraft«, sagte er langsam. »Alle.«
Er stand auf.
»Ihr hattet ihn im Leben«, wandte er sich an die Schar der Umstehenden. »Nun nehmen wir ihn im Tod zu uns.«
Dabei hoben die Männer die Bahre hoch und ritten mit Dhiarmuid Ui Duibhnes Leichnam fort.
Fionn und die Fenier standen da und schauten die weinende Grainne an.
»Gib mir seinen Hund«, fuhr sie Fionn an.

Doch er schüttelte den Kopf.
»Was willst du denn mit einem Hund anfangen?« fragte er. »Dieser Hund hat für Ui Duibhnes Leben gekämpft, und nun behalte ich ihn.«
Grainne ging auf Fionn los und schlug mit den Fäusten auf seine Brust ein.
»Das ist Ior!« kreischte sie. »Die Beständigkeit. Hörst du, Fionn? Die Beständigkeit, das ist Ior.«
Ossian zog sie behutsam von Fionn weg.
Oscar wandte sich in verhaltenem Ton an Fionn.
»Großvater, willst du sie selbst noch im Tod voneinander trennen? Will der große Heerführer der Fenier wegen Ui Duibhnes Hund Schande über sich bringen?«
Das schien Fionn tief zu treffen. Er stieg auf sein Pferd, ritt davon und wurde viele Tage lang nicht mehr gesehen. Als er zurückkehrte, war er alt und müde, der Glanz in seinen Augen erloschen.

Nach dieser Geschichte saßen wir eine Zeitlang nur schweigend da.
Ossian weinte, und ich ließ ihn gewähren, denn auch mir war das Herz schwer.
»An diese Geschichte werde ich mich nicht gern erinnern«, sagte ich schließlich.
»Nein«, meinte er. »Ich verließ Fionn und Oscar kurz darauf, Padraig. Schon sehr bald. Und ich habe keinen von beiden je wiedergesehen.«

Flehentlich sah er zu mir auf.
»Ich muß es wissen«, sagte er gequält. »Ich muß wissen, was aus ihnen geworden ist. Aus meinem Vater. Aus meinem Sohn. Wie sind sie gestorben?«
»Wer könnte das wissen?« fragte ich ihn.
Ossian schüttelte den Kopf.
»Caoilte. Caoilte wüßte es.«
Mir war klar, daß er den Reiter am Waldrand meinte. Und dieses eine Mal ersparte ich dem armen Alten eine kränkende Bemerkung.
»Sag mir, wo ich ihn finde, Ossian. Sag es mir, und ich werde hingehen, wo immer es auch sein mag. Wenn dir dann leichter ums Herz ist, will ich ihn für dich suchen.«
Abermals schüttelte er den Kopf.
»Ich weiß es nicht. Außerdem denke ich, daß du dorthin, wo er ist, ohnehin nicht gehen kannst.«
»Gibt es denn irgend jemanden in Eire, der es wissen könnte?«
»Früher wußten es die Geschichtenerzähler. Die Dichter. Und die Seanchaies, diejenigen, die die Geschichten weitergaben. Aber ich fürchte, diese Zeiten sind vorbei. Niemand erinnert sich mehr an uns. Niemand.«
Plötzlich stand mir ganz deutlich ein Gesicht vor Augen.
»Der alte Mann!« rief ich aus.
Ossian lächelte bekümmert.
»Heute abend kann ich nicht einmal mit dir streiten, Padraig. Denn ich fühle mich älter als jeder andere Mensch auf dieser Welt.«
»Nein, nein, nicht du. Ich meine diesen alten Mann. Coplait. Den Druiden aus Tara.«
»Was ist mit ihm? Du hast mir von ihm erzählt, aber ich war nicht dabei.«
»Er weiß es. Coplait weiß es bestimmt.«

»Was mit meinem Vater geschehen ist? Wie kommst du darauf?«

»Ich weiß nicht«, antwortete ich. »Aber schlaf nur, Ossian. Ich werde dich Breogans Obhut übergeben. Inzwischen werde ich Coplait für dich ausfindig machen, und wenn ich kreuz und quer durch Eire reisen muß.«

Ich fand die Brüder mit ernster Miene im Refektorium versammelt.

»Er liegt im Sterben, nicht wahr, Padraig?« fragte Breogan.

»Er ist schwach und traurig. Er erzählt tragische Geschichten von seinem Vater und seinem Sohn. Und er möchte wissen, wie sie gestorben sind. Das muß ich für ihn herausfinden.«

»Wie denn?«

»Erinnerst du dich an den alten Coplait?«

Breogan nickte.

»Er wird es wissen. Ich muß ihn finden. Als erstes werde ich ihn in Tara suchen, dort könnte er vielleicht sein.«

»Er ist nicht in Tara«, erwiderte Benin ruhig, der am Tisch saß und ein Strohkreuz flocht.

»Woher weißt du das?«

»Weil er bei Ainfean ist.«

»Jetzt sag nur, du hast die ganze Zeit gewußt, wo sie steckt?«

Benin nickte.

»Sie wohnt in der Clochan, der Steinhütte am östlichen Meer.«

»Warum hast du mir das nicht schon früher gesagt?«

Benin sah verwundert auf.

»Du hast mich nie danach gefragt«, antwortete er.

Kapitel Sechsundzwanzig

Obgleich ich kein geübter Reiter war, sprengte ich nun durch die Dunkelheit, duckte mich unter Ästen hinweg und durchquerte Flüsse, daß das Wasser stob, um möglichst schnell zu ihrer Behausung zu gelangen. Sie bewohnte eine kleine Steinhütte am Meer; die Kragsteine gaben dem Unterschlupf das Aussehen einer Kapelle.

Trotz der späten Stunde stand Ainfean vor der Tür und erwartete mich.

Ich schwang mich aus dem Sattel, rannte auf sie zu und sagte, während ich sie an den Armen packte:

»Ossian liegt im Sterben.«

»Ja.«

»Er möchte wissen, wie sein Vater gestorben ist. Nur dann wird sein Herz Frieden finden. Aber niemand in Sabhal Padraig weiß es. Da dachte ich an diesen alten Mann. Weck ihn auf, Ainfean. Weck ihn auf.«

»Er ist nicht hier.«

»Nein! O nein. Aber Benin hat doch gesagt ...«

»Er war hier«, erwiderte sie ruhig. »Doch er ist fortgegangen.«

»Dann müssen wir ihn finden. Pack deine Sachen.«

Ich ließ sie los und wollte in die kleine Clochan gehen.

»Succatus«, sagte sie sanft. »Meine Sachen habe ich schon hier.«

»Dann wußtest du, daß ich kommen würde?«
»Nicht ich, aber Coplait wußte es.«
»Wo ist er?«
»Er ist schon auf dem Weg nach Sabhal Padraig.«
»Wie hat er davon erfahren?«
»Anders als bei dir ist es in seinem Herzen ganz still. In solcher Ruhe kann man den Ruf von Stimmen vernehmen.«
Ich sah sie schweigend an und dachte an all die Dinge, die ich ihr eigentlich sagen sollte.
»Dafür ist in Sabhal Padraig noch genug Zeit«, sprach sie, als hätte sie meine Gedanken gelesen.
Ich setzte sie vor mich aufs Pferd. Ihr Haar duftete nach der See, und ihrem Umhang entströmte ein Geruch nach Torffeuer. Das, und sie so nah bei mir zu spüren, machte mich schwindlig; ich ritt, so schnell ich konnte, nach Sabhal Padraig zurück.
Den ganzen Weg sprach sie kein Wort.
Als wir das Kloster erreichten, sah ich in Ossians Fenster Kerzenschein.
»Sie wachen bei ihm. Er ist also schon gestorben«, stellte ich fest.
Mit ein paar Sätzen war ich im Kloster. Sie ließ ihr Bündel fallen und rannte mir hinterher.
Alle Brüder hatten sich um ihn versammelt; Benin kauerte am Fußende seiner Lagerstatt. Ossian hatte sich aufgesetzt und lächelte in die Runde. Neben ihm saß Coplait und hielt Ossians uralte Hand fest umschlossen.
»Ihr verfluchten Iren!« schrie ich. »Nie gibt mir hier jemand Bescheid. Es geschehen Dinge, die eigentlich nicht passieren dürften. Ich werde dieses Land nie verstehen. Niemals!«
Ossian lachte.

»Ich freue mich, auch dich in unserer Mitte willkommen zu heißen, Padraig.« Mit einem Blick auf Coplait fuhr er fort: »Coplait begrüßt dich, seinen Bruder in Christus. Er meint, nun, da du hier bist, könnten wir beginnen.«
Coplait machte Ainfean ein Zeichen, und sie setzte sich ihm gegenüber.
Dann nahm er ihren Kopf in seine Hände und sah ihr ruhig in die Augen. Nach wenigen Augenblicken beugte sie sich vor und lehnte ihre Stirn gegen die Stirn des alten Mannes. Während sie eine Weile so dasaßen, rutschte ich unruhig auf meinem Sitzplatz in der Fensterlaibung hin und her. Schließlich seufzte Ainfean einmal tief und öffnete die Augen.
»Nun hört ihr die Geschichte«, sagte sie, »wie Coplait sie mir erzählt hat.«

Nach dem Tod von Dhiarmuid Ui Duibhne lebte Grainne, die Tochter des Cormac, lange Zeit im Süden des Landes. Sie unterhielt keine Verbindung zu Fionn und seinen Leuten, auch sprach sie nicht mehr mit ihrem Vater, dem Hochkönig Cormac. Ihre Kinder zog sie im Geist des Hasses gegen Fionn Mac Cumhail auf, und sie wurde dabei verhärmt und einsam.
Fionns Herz war schwer von Kummer und Schmerz. Sein Sohn Ossian hatte ihn verlassen, und sein Enkelsohn Oscar begegnete ihm mit Bitterkeit. So zog Fionn ganz allein durch die großen Wälder Irlands und blieb dort

viele Monate lang. Er dachte über sein langes Leben nach und erinnerte sich daran, was Finegas ihn gelehrt hatte. Und dort, im grünen Herzen Eires, rief sich Fionn die Bilder seiner Kindheit wieder vor Augen. Er steckte seinen Daumen zwischen die Zähne und biß darauf. Aus tiefster Seele bat er um Erleuchtung. Und sie wurde ihm gewährt. Mit einemmal sah er die Welt in ihrer Ganzheit, durchdrungen von Licht. Ihm erschienen die Gesichter seiner Lieben. Sabh. Sein Sohn Ossian und sein Enkelsohn Oscar. Caoilte Mac Ronan. Seine Mutter, Bodhmall und Liath. Der große Cormac. Goll Mac Morna.

Vor Gram und Reue brach Fionn das Herz, aber durch seine Vision wurde es wieder heil. Nun wußte er, was er zu tun hatte.

Ganz allein begab er sich zu Grainnes Rath in Kesh-Carraigh. Er stellte sich vor ihre Tür und rief ihren Namen. Als sie herauskam, fiel er vor ihr auf die Knie.

»Wir haben einander großen Schmerz bereitet, Weib des Ui Duibhne. Aber du und ich, wir beide, haben unserem geliebten Dhiarmuid noch größeres Leid zugefügt. Ich bin hier, um für seinen Tod zu bezahlen.

Wenn du es wünschst, werde ich dein Cumhal und folge dir wie ein Hund. Was immer du begehrst, werde ich für dich tun, so lange, bis zwischen uns Frieden herrscht.«

»Mach dich fort von hier«, erwiderte Grainne heftig. »Denn solange du in Eire und unter den Lebenden weilst, wird kein Frieden zwischen uns sein.«

Doch Fionn ging nicht fort. Statt dessen baute er vor ihrem Rath eine Schutzhütte und richtete sich dort ein. Er trug Holz für die Lagerfeuer ihrer Leute und Wasser für ihre Hunde. Er half mit, im großen Rath Hütten zu bauen und unterwies die jungen Männer im Reiten.

Die Menschen von Kesh-Carraigh wurden allmählich

versöhnlich gestimmt und sagten, der alte, großherzige Fionn sei nach Eire zurückgekommen.
Doch Grainne wollte nicht einlenken.
Eines Nachts wurde das jüngste ihrer Kinder, ein Knabe von etwa fünf Jahren, krank. Man rief eine Heilerin, aber sie konnte gegen das Fieber des Jungen nichts ausrichten.
»Geh zu Fionn Mac Cumhail«, riet die Frau. »Er weiß, wohin du dein Kind bringen mußt.«
Grainne wollte davon nichts hören, aber ihre Tochter, die schon bald eine Frau sein würde, redete ihr zu.
»Du bist ein stolzes Weib, Mutter, aber dieses Mal bist du im Unrecht. Wir, deine Kinder, haben Fionn hier in Kesh-Carraigh nicht aus den Augen gelassen. Er gebraucht uns gegenüber niemals harte Worte. Frohen Herzens verrichtet er die niedrigsten Arbeiten. Wenn du unseren Bruder deinem Stolz und deinem Zorn opferst, tust du sowohl unserem Vater als auch diesem Fenier unrecht.«
Grainne bedachte das Mädchen mit einem langen Blick.
»Schon einmal hat mich mein Stolz in die Irre geführt«, gab sie zu und warf sich ihren Umhang über.
Vor Fionns Schutzhütte trat sie in den Feuerschein. Er stand ihr gegenüber.
»Mein Kind stirbt«, sagte sie schlicht.
Fionn rannte mit ihr zu ihrer Behausung. Er drückte das fiebernde Kind an seine Brust und betete.
»O ihr Götter! Nehmt mein Leben für das Leben dieses Kindes. Wäre es mir doch vergönnt gewesen, das gleiche für Ui Duibhne zu tun.«
Dann wandte er sich an Grainne.
»Wir müssen das Kind nach Tara bringen. Bei Cormac befinden sich die größten Heiler von Eire.«
Da traf Grainne ihre Entscheidung.

»Reite du allein mit ihm, Fionn. Ich würde euch nur aufhalten.«

Als Fionn Wochen später mit ihrem gesunden Kind zurückkehrte, rannte Grainne ihnen entgegen. Sie drückte den Knaben an sich, und Tränen der Freude und des Kummers flossen ihr übers Gesicht.
»Ich habe dir unrecht getan, Fenier«, bekannte sie. »Jetzt und auch früher.«
»Und wir beide haben Ui Duibhne unrecht getan«, erwiderte Fionn.

Es verging nicht einmal ein Jahr, da waren sie vermählt. Fionn kehrte mit Grainne und ihren Kindern nach Almhuin zurück.
Zunächst duldeten die Fenier sie nur widerwillig.
»Ui Duibhne war tausendmal mehr wert als sie«, schimpfte Conan Maor.
Doch Caoilte Mac Ronan gebot ihm zu schweigen.
»Wir werden ihr die Achtung entgegenbringen, die der Frau des Fionn Mac Cumhail und der Frau unseres Bruders Dhiarmuid Ui Duibhne gebührt«, sprach er.
Und nach einiger Zeit sah jeder, daß Grainne diese Achtung verdiente, denn obgleich Fionn bereits das siebzigste Lebensjahr überschritten hatte und sie erst Mitte vierzig war, also in der Blüte ihrer Jahre stand, blieb sie Fionn stets eine treue und liebende Frau, und Fionn war ihr ein Ehemann, der sie und ihre Kinder abgöttisch liebte.
Und gemeinsam ehrten sie das Andenken von Ui Duibhne.

Als Ainfean ihre Erzählung beendet hatte, leuchtete Ossians Gesicht.
»Du hast mir meinen Vater wiedergeschenkt«, verkündete er. »Als Ehrenmann, wie ich mich an ihn erinnerte.«
Coplait tätschelte ihm die Hand und lächelte.
Ossian ließ sich in seine Wolfsfelle zurücksinken.
»Du mußt jetzt ausruhen«, sagte ich leise.
Er nickte.
»Morgen, Padraig«, begann er. »Morgen erzähle ich dir von Niamh mit dem Goldenen Haar. Denn uns bleibt nicht mehr viel Zeit.«

Kapitel Siebenundzwanzig

Ich habe dich sehr ungerecht behandelt«, bekannte ich freimütig und ohne Umschweife. »Allerdings, Succatus«, erwiderte sie.

Ich seufzte. Es würde nicht einfach werden.

Wir saßen auf der Bank im Klostergarten. Die Sonne war schon untergegangen, die Stille der Nacht hatte sich herabgesenkt. Mondlicht schimmerte silbern auf den Pflanzen und dem kleinen, steinernen Pfad.

Wieder seufzte ich.

Sie schwieg.

»Als ich hierhergekommen bin, habe ich die Druiden nicht verstanden ...«

»Du verstehst sie bis heute nicht«, gab sie zurück.

»Mag sein«, räumte ich ein. »Es gibt vieles, was ich nicht verstehe.«

Da drehte sie den Kopf zu mir, doch ich blickte weiter in den Garten.

»Ich dachte, daß die Druiden finsteren Mächten dienen. Jetzt weiß ich, daß ich mich irrte, daß es Lehrer und Heiler unter ihnen gibt, Menschen von großer Weisheit. Viele haben sich im Namen Christi taufen lassen, so wie Coplait und Mal.«

Sie sagte noch immer nichts.

»Und ich verstehe die Frauen nicht.«

Da gab sie einen verächtlichen Laut von sich.

»Das sagst du?« Ihre Stimme triefte vor Sarkasmus.
»Ainfean. Ich gebe mir Mühe. Ich versuche es.«
»Sag einfach die Wahrheit, Priester. Doch davor hast du Angst, deshalb weichst du aus, du schleichst wie die Katze um den heißen Brei.«
»Nun gut. Ich glaubte, du hättest dafür gesorgt, daß man uns in Tara gefangengenommen hat. Ich glaubte, du hättest versucht, die Verbreitung des Wortes meines Herrn hier in Eire zu vereiteln. Ich glaubte, du hättest uns der Kleider berauben, uns demütigen und in Ketten legen lassen. Ich glaubte, du hättest mit Matha Mac Umotri gemeinsame Sache gemacht. Und ich glaubte, du hättest all dies getan, weil du mich aus tiefstem Herzen haßt. Ich habe mich geirrt. Und ich bitte dich um Verzeihung.«
»Nun, das war klar genug gesprochen. Ich verzeihe dir.«
Ich sah sie staunend an.
»Das kommt dir so leicht über die Lippen?«
»Über die Lippen ja. Dem Herzen fällt es schwerer.«
Sie sah mich geradewegs an; im Mondlicht schimmerten ihre Augen grau.
»Deine Augen können die Farbe wechseln«, sagte ich.
»Das ist mir schon häufiger aufgefallen.«
Da zuckte es um ihre Mundwinkel.
»Ossian hat dir Geschichten von den Anderen erzählt.«
»Ja, das hat er, aber ich glaube sie nicht.«
»Ich bin aus Fleisch und Blut wie du auch, Succatus.«
»Das weiß ich.«
»Und davor hast du Angst.«
»Warum sollte ich davor Angst haben?«
Ainfean erwiderte nichts.
»Ja, gut. Ich habe Angst davor.«
Noch immer schwieg sie.
Ich sprach stockend weiter.

»Du sagst, du bist aus Fleisch und Blut. Nun, das habe ich bemerkt. Glaubst du denn, ich hätte den hellen Glanz in deinem Haar nicht gesehen, seinen Blütenduft nicht gerochen? Glaubst du denn, ich könnte deine makellose Haut übersehen? Oder das Zucken deiner Mundwinkel, wenn du lächelst? Das alles ist mir lieb und teuer. Ich habe bereits einen hohen Preis dafür bezahlt. Denn ich habe dich aus Sabhal Padraig und auch von mir weggetrieben, weil ich ein Mann bin. Trotz all meines Strebens und Trachtens bin ich letztlich nur ein Mann. Das kann ich einfach nicht leugnen! Aber ich werde mein Gelübde vor meinem Herrn nicht brechen, bloß weil mein Fleisch schwach ist.«

»Du unterschätzt mich, Padraig«, sagte sie zärtlich.

»Nein, das tue ich nicht. Denn selbst wenn ich nur hier neben dir sitze, überwältigt mich das Verlangen, und ich muß die Hände zu Fäusten ballen, damit sie nicht nach den deinen fassen.«

»Du unterschätzt meine Liebe zu dir.«

Mit verwundertem Blick sah ich sie an.

»Ich weiß, was du für mich empfindest, dieses Gefühl war vom allerersten Tag an da. Und ich empfinde ebenso für dich. Padraig, dein Gott will nicht, daß du dein Mannsein verleugnest. Du bist ein Mann, damit du Mensch sein kannst. Aber du hast ein Gelübde abgelegt. Ich weiß, was so etwas bedeutet, Padraig, denn ich bin eine Druidin. Auch wir leisten Schwüre und bemühen uns, sie zu halten. Hältst du so wenig von mir, daß du glaubst, ich würde Schuld und Kummer über dich bringen wollen?«

»Ich halte mehr von dir als von mir selbst«, erwiderte ich leise.

Mehrere Minuten lang saßen wir schweigend nebeneinander. Als sie wieder das Wort ergriff, lag kein Vorwurf in ihrer Stimme.

»Dein Leben ist zu sehr von Furcht geprägt, Succatus. Du fürchtest Irland; du fürchtest, daß es einen Platz in deinem Herzen findet und du für immer an dieses Land gefesselt bleibst.«

»Das fürchte ich inzwischen sehr viel weniger als früher.«

»Aber du solltest überhaupt keine Furcht davor haben, du solltest freudig hier leben. Ist es denn nicht das, was dein Gott von dir will?«

»Bevor ich hierhergekommen bin ...«, fing ich an, doch dann hielt ich inne.

»Ich bin nun einmal kein Mann der Freude, Ainfean.«

»Du bist ungestüm. Und mit dem Ungestümen ist die Freude eng verwandt.«

Mir wurde plötzlich ganz warm ums Herz, und ich sprach, ohne meine Worte abzuwägen:

»Ich liebe dich, Ainfean. Und ich liebe den alten Mann und die Brüder und Benin und die Menschen von Sabhal Padraig. Ich liebe auch den alten Fionn Mac Cumhail und bete allabendlich für seine Seele. Das wußte ich bisher nicht. Es ist mir eben erst klar geworden.«

Sie lächelte.

»Na, Padraig«, seufzte sie. »Jetzt weißt du es. Siehst du, was dein Gott dir schenkt?«

Ich nickte. Es dauerte einen Augenblick, ehe ich weitersprechen konnte.

»Ich würde dich gern taufen, Ainfean, Ich würde dir auch gern die Gelübde abnehmen. Ich möchte, daß du eine von uns bist, eine Druidin Christi, die Sein Wort in Eire verbreitet.«

»In deiner Religion gibt es keine weiblichen Priester.«

»Nein, und ich weiß nicht, ob sich das jemals ändern wird. Wie es auch keinen anderen Ort gibt, der mit Eire vergleichbar wäre. Hier werden die Menschen auf dich

hören, weil du weise bist. Du mußt nicht zum Priester geweiht sein, um das Wort Gottes zu verkünden.«
»Was ist mit den Schwestern?« fragte sie.
»Jede muß tun, was sie für richtig hält«, erwiderte ich. »Und die Frauen von Eire werden ohnehin tun, was sie für richtig halten, ungeachtet meiner Person.«
Da lachte sie.
»Du lernst schnell.«
»Wirst du wieder zu uns nach Sabhal Padraig kommen? Ich werde meine Liebe zu dir im Herzen bewahren und nie wieder ungerecht zu dir sein.«
Ainfean lachte wieder.
»Das ist ein Versprechen, das keiner von uns halten wird, Priester.«
Ich zuckte die Achseln.
»Wir könnten es versuchen.«
»Ich muß darüber nachdenken«, meinte sie sanft. »Ich muß fort von dir und beten.«
»Wenn du nur nicht zu lange wegbleibst«, sagte ich und warf einen Blick zu Ossians Fenster hinüber.
Sie nickte.
»Es wird nicht lange dauern«, versprach sie. Dann ging sie aus dem Garten hinaus, während ich auf der Bank sitzen blieb und beobachtete, wie das Mondlicht auf den Steinen spielte. Eine Weile war es ganz ruhig, dann hörte ich leise Schritte. Benin stand barfuß im Nachthemd neben mir.
»Er hat gesagt, daß du hier draußen bist, Padraig«, sagte er und gähnte hinter vorgehaltener Hand.
»Breogan ist noch wach?«
»O nein. Alle schlafen. Sogar Ossian.«
»Aber wer …?«
»Die Stimme, Padraig. Manchmal spricht sie zu mir, manchmal singt sie auch.«

»Diese Stimme spricht auch in mir. Zumindest tat sie es, als ich noch jung war. Und bevor ich hierhergekommen bin. Jetzt höre ich sie nur noch selten.«
»Ich weiß. Aber sie wird wiederkommen, wenn du ganz still bist und in dich hineinhorchst.« Dabei nickte er. Dann setzte er sich zu mir auf die Bank und schob seine schmale Hand in meine.
»Hast du Ainfean gebeten, wieder zu uns zu kommen?« fragte er.
»Ja, das habe ich. Hat dir die Stimme das erzählt?«
»Nein«, erwiderte er schläfrig und lehnte den Kopf an meine Schulter. »Aber ich weiß, daß sie hierhergehört.«
»Das sieht sie vielleicht anders, Kind. Es ist möglich, daß sie nicht zu uns zurückwill. Ich war ... ich war nicht nett zu ihr.«
Benin seufzte.
»Sie kommt zurück, Padraig.«
Ich zauste ihm das Haar.
»So viel Weisheit in einer so kleinen Verpackung.«
»Ich bin nicht weise, Padraig.« Wieder gähnte er. »Aber die Stimme ist weise, das genügt.«
Ein merkwürdiges Geheul ertönte aus dem Wald. Es verstummte, dann setzte es wieder ein.
»Wölfe«, sagte ich. »Oder Wolfshunde.«
»O nein«, widersprach Benin. »Das sind die Anderen. Sie singen für Ossian.«
»Sie singen für ihn?«
»Ja. Er wird uns bald verlassen.«
Dann fing auch er zu singen an, und er traf jeden Ton des unheimlichen Liedes. Mich überlief ein Schauer in der kühlen Morgenluft.
»Ich glaube nicht an die Anderen. Und du solltest es auch nicht tun.«

Abermals stieß Benin einen Seufzer aus. Ich legte den Arm um ihn, und er kuschelte sich an mich.
»Vielleicht ist es gar nicht so wichtig, was wir glauben, Padraig«, meinte er. »Vielleicht kommt es nur darauf an, was Gott glaubt.«
Still sah ich ihn an.
»Ja, vielleicht«, räumte ich schließlich ein.
Ich saß mit dem kleinen Jungen im Arm auf der Bank, während die Morgendämmerung die Wiese mit Tau benetzte und den Himmel im Osten mit Dunst verschleierte. Dann ging die Sonne auf, und als mich ihr erster Strahl traf, hörte ich klar und deutlich die Stimme in mir.
»Meine Liebe ist dir gewiß, Padraig«, sprach sie.
Und als ich es hörte, jubelte mein Herz.

Kapitel Achtundzwanzig

Nach Dhiarmuids Tod war nichts mehr so wie früher. Wir jagten in den Bergen von Slieve Bloom und in den Wäldern von Almhuin, doch wir hatten keine Freude mehr daran.

Was wir verloren hatten, war unwiederbringlich dahin.

Und auf einer dieser Jagden begegnete ich ihr. Es war ein strahlend schöner Tag. Nachdem wir am Loch Lene gejagt hatten, rasteten wir in der warmen Sonne, um unser Mahl einzunehmen. Da sahen wir sie am Ufer entlang auf uns zureiten.

Ich erinnere mich, daß ich bei ihrem Anblick aufstand.

Sie war mehr als nur schön. Ihr Haar schimmerte rotgolden, in der Farbe von poliertem Kupfer oder von herbstlichen Blättern, kurz bevor sie herabfallen. Ganz in Weiß gewandet, saß sie auf dem Schimmel. Es schien, als wären sie und das Tier eins, denn die Zügel hingen lose über dem Hals des Hengstes, und er brachte sie aus eigenem Antrieb zu uns.

Ich beobachtete sie, und mir war, als erwiderte sie meinen Blick.

Als sie näher kam, sah ich, daß ihre Augen erst grau, dann grün waren, als würden sie die Farbe ihrer Umgebung annehmen. Das Sonnenlicht leuchtete auf ihrem Haar, ihrem Umhang, ihren Armen.

Schließlich blieb sie lächelnd vor mir stehen.

»Ossian«, sagte sie nur.

Ich nickte.

»Du bist von den de Danaan.« Es klang nach einem ganz alltäglichen Wortwechsel, wie eine Bemerkung über das Wetter.

»Das bin ich. Ich heiße Niamh. Ich habe dich lange beobachtet. Du bist ein Mann von Ehre und Mut. Deshalb habe ich dich als meinen Ehemann erkoren. Obwohl es uns Anderen selten gestattet ist, jemanden von euch zu heiraten, hat mir mein Vater die Erlaubnis gegeben, denn er hat dich ebenfalls gesehen und erkannt, daß du unter den Männern Eires der Tugendhafteste bist.

Wenn auch du mich erwählst, Fenier, will ich dich in meine Heimat mitnehmen, und wir werden zusammen im Land der Ewigen Jugend leben.«

Stolz und selbstsicher saß sie auf ihrem Pferd, aber in ihren Augen las ich, daß sie Angst hatte. Sie fürchtete, ich könnte sie abweisen.

Doch das hätte ich niemals über mich gebracht, denn in dem Moment, da ich sie erblickte, rauschte mir das Blut in den Ohren, meine Zunge war wie gelähmt, mein Herz pochte mit Donnerschlägen. Ich war jung gewesen, als ich Oscars Mutter geheiratet hatte, ein hübsches, bezauberndes Mädchen. Doch was ich für sie empfunden hatte, war nur ein Blätterrascheln gewesen im Vergleich zu dem Sturm der Gefühle, die mich zu Niamh hinzogen.

Ich schritt zu ihrem Pferd und nahm ihre Hand in die meine.

Es bedurfte keiner Worte, denn ich spürte, daß sie die Entscheidung meines Herzens bereits kannte.

Sie schenkte mir ein Lächeln, und ich erwiderte es.

Dann wandte ich mich zu meinem Vater und Oscar um.

Meinem Vater traten Tränen in die Augen.

»Komm, laß mich dich noch einmal in den Arm nehmen«, sagte er. »Denn wir werden uns wohl nicht mehr wiedersehen.«

»Doch«, entgegnete ich. »Ich gehe ja nicht fort, um zu sterben, sondern um mich zu vermählen. Weine nicht, denn ich werde zurückkommen und mit euch jagen, wie wir es immer getan haben.«

Doch noch während ich sprach, wußte ich, daß es nicht stimmte. Denn die Tage der Fenier waren vorbei.

Mein Vater drückte mich fest an sich. Obwohl er auf sein siebzigstes Lebensjahr zuging, war er noch immer kräftig. Ich spürte den Kummer in seiner Umarmung.

Danach richtete er das Wort an die Frau.

»Frau von den Sidhe, sei ihm ein liebevolles Weib. Denn mein Sohn besitzt mehr Ehre und Mut als ich.«

»Wir werden ein langes und freudvolles Leben führen, o Fionn«, erwiderte sie.

Oscar und ich faßten einander bei den Unterarmen, wie es unter Feniern üblich war.

»Ich wünsche dir Glück, Vater«, sagte er ernst. Dann beugte er sich vor und flüsterte mir ins Ohr: »Ich wünschte, sie hätte mich erwählt.«

Ich lachte laut heraus und umarmte ihn innig.

Als ich mich zu Niamh auf das Pferd geschwungen hatte, ritten wir gen Westen. Hinter mir vernahm ich, wie mein Vater den Dord Fion anstimmte, langsam und gemessen wie einen Klagegesang.

Während unseres Ritts sang mir Niamh von ihrem Land. Manchmal glich ihre Stimme dem Wind über dem Wasser, manchmal einer Flötenmelodie oder einem Taubengurren. Ich wurde nicht müde, ihr zuzuhören, denn alle Geheimnisse der Erde und des Himmels offenbarten sich in ihrem Gesang.

Und ach, welche Wunder sahen wir auf unserer Reise ins Land der Ewigen Jugend!
Wir ritten zum westlichen Meer. Als ich dachte, wir würden in die Wellen stürzen, flogen wir darüber hinweg wie Pelikane oder Möwen, so schnell und schwerelos war Niamhs weißes Pferd. Nachdem wir das Meer überquert hatten, gelangten wir in ein Land, in dem ich nie zuvor gewesen war. Ein Rehkitz kreuzte leichtfüßig unseren Weg, verfolgt von einem schneeweißen Hund mit einem roten Ohr. Bald darauf ritt uns ein Mädchen auf einem braunen Pferd entgegen. In der Rechten hielt sie einen goldenen Apfel, den wir im Vorbeireiten aufblitzen sahen. Ihr folgte ein Krieger auf einem Schimmel. Er trug einen Mantel aus goldener Seide und hielt ein goldenes Schwert in der Hand.
»Was hat all das zu bedeuten?« fragte ich Niamh, doch sie schüttelte den Kopf.
»Es sind Gesichte aus anderen Zeiten, von dem, was war, und dem, was kommen wird. Sie zu verstehen ist nur jenen gegeben, die größer sind als wir.«
All diese Dinge erblickte ich wieder, als ich nach Eire zurückkehrte, doch was sie bedeuten, weiß ich heute ebensowenig wie damals. Es gibt mehr Wunder auf dieser Welt, als wir Menschen zu begreifen vermögen.
So begnügte ich mich mit schweigendem Staunen, während Niamhs Pferd uns dahintrug.
Schließlich erreichten wir das Land der Ewigen Jugend. Ach Brüder, wie kann ich euch mit Worten diese Pracht und Schönheit beschreiben? Stellt euch nur einen herrlichen Sommertag vor, mit einem blauen Himmel, an dem weiße Wolken stehen, denkt euch den klarsten aller Seen mit silbrig glänzenden Wasserfällen, Büsche voll reifer Früchte, Wälder voll mit blühendem Leben.

Und in jenem Land werden keine Kriege geführt, man kennt dort weder Krankheit noch Tod oder Leid, sondern ergeht sich in Festlichkeiten, Gesang und Frohsinn.
In jenem Land heiratete ich Niamh, vor der großen Versammlung der de Danaan.
Es verging kein Tag, an dem ich nicht glücklich war in ihrer Gegenwart.
Oft dachte ich an meinen Vater und meine Mutter Sabh, denn zwischen ihnen mußte es ebenso gewesen sein. Durch mein eigenes Glück konnte ich den Verlust meines Vaters ermessen. Wie sehr ich Niamh liebte!
Unter der Berührung ihrer Hand schwand alle Müdigkeit, aller Kummer dahin. Ihr Lachen hielt mich jung.
Wir lebten drei Jahre zusammen.
Doch weiß ich jetzt, daß es nicht nur drei Jahre waren.
Plötzlich begannen diese Träume. Als ich eines Nachts an Niamhs Seite schlief, hörte ich das Bellen von Bran und Sgeolan. Ich setzte mich auf. Sogleich war auch Niamh wach.
»Was ist, Ossian?« flüsterte sie.
»Die Hunde meines Vaters«, antwortete ich, »ich habe sie bellen gehört.«
»Du hast nur geträumt«, beruhigte sie mich. Sie beugte sich über mich, und ihr feuerrotes Haar liebkoste mein Gesicht. Ihr Kuß ließ mich all meine Träume vergessen.
Doch in der nächsten Nacht träumte ich wieder. Ich ritt neben Oscar und Fionn in den Bergen von Slieve Bloom. Da sprach Fionn.
»Endlich sind wir wieder vereint«, sagte er. Mein Herz lachte vor Freude darüber, daß ich mit meinem Vater und meinem Sohn in Eire jagen konnte. Ich fuhr aus dem Traum hoch.
Niamh erwachte ebenfalls, doch diesmal tröstete sie mich

nicht. Statt dessen sah sie mich lange an, und ihre Augen wurden traurig.

In der dritten Nacht hatte ich den seltsamsten von allen Träumen.

Ein Mann kam auf mich zu. Er trug das weiße, goldbestickte Gewand eines Druiden. Sein Haar war rot.

»Ich kenne dich nicht«, sagte ich.

»Eire braucht dich«, war alles, was er erwiderte.

Als ich am Morgen erwachte, hatte Niamh bereits mein Pferd gesattelt. Sie hatte mir ein wahres Festmahl zusammengepackt, das sie am Sattel festschnürte.

»Steig in Eire niemals vom Pferd«, ermahnte sie mich. »Sonst, fürchte ich, sehen wir uns nie wieder.«

»Ich werde in drei Tagen zurücksein«, entgegnete ich. »Drei Tage, um meinen Vater und meinen Sohn zu sehen. Du kannst auf meine Liebe vertrauen.«

Doch sie schüttelte den Kopf.

»Ich fürchte nicht um deine Liebe. Aber du wirst dein Land sehr verändert vorfinden, und diese Veränderung wird Kummer über dich bringen. Dennoch weiß ich, daß du gehen mußt. Aber steig niemals aus dem Sattel. Setz keinen Fuß auf den Boden von Eire.«

»Warum nicht? Was kann mir in meinem Heimatland schon geschehen?«

»Es wird nicht mehr das Land sein, wie du es gekannt hast, Ossian. Hier bei uns vergeht die Zeit anders.«

Sie küßte mich und schlang die Arme um mich. Einige Augenblicke lang klammerte sie sich an mich wie ein ängstliches Kind. Ich hatte sie nie weinen sehen, doch nun standen Tränen in ihren Augen.

»Mein Geliebter«, hauchte sie, »mein Geliebter, mein Einziger.«

Als ich gen Osten losritt, rief sie mir nach:

»Setz keinen Fuß auf den Boden von Eire.«
Mittlerweile weiß ich, warum sie das gesagt hat. Vor euch seht ihr einen altersschwachen Greis, doch als ich Niamh verließ, war ich jung und kräftig.
Ich weiß auch, daß es nicht drei Jahre waren, die ich mit Niamh verbracht habe.
Als ich nämlich nach Irland zurückkehrte, waren mein Vater und mein Sohn tot. Ich bin in diesen Körper geraten und in dieses Kloster, zu Padraig, dem Mann Gottes. Und seitdem wünsche ich mir nur, ich könnte einen einzigen Augenblick bei Niamh, einen einzigen Augenblick bei Fionn oder Oscar sein.

Er schwieg.
Stille herrschte, nur das Kratzen von Breogans Federkiel war zu vernehmen. Ich musterte das Gesicht des alten Mannes.
»Padraig«, sagte er leise, »glaubst du, daß ich sie je wiedersehen werde? Meinen Vater Fionn, meinen Sohn Oscar, meine geliebte Niamh? Sind sie für alle Zeit für mich verloren?«
Darauf wußte ich keine Antwort.
»Du glaubst nicht an die Anderen. Du glaubst es nicht, nicht einmal nach all den Geschichten, die ich dir erzählt habe.«
Er hatte recht, aber nicht das war es, was ich ihm sagte. Ich war selbst erstaunt über meine Worte:

»Ich glaube an einen Gott, der alles wieder zusammenfügt, Ossian. Alles, was wir verloren haben, finden wir in Ihm wieder. Das ist das Geschenk Christi. Wenn wir unser Leben, einen geliebten Menschen oder etwas, was uns teuer ist, verlieren, wird es uns durch Ihn zurückgegeben.«

Ossians Augen leuchteten auf, Freude malte sich auf seinem Gesicht.

»Padraig«, sagte er, »o Padraig. Letztlich hat sich dein Weg doch als der richtige erwiesen. Ich möchte von dir getauft werden, Druide Christi.«

Ungläubig starrte ich ihn an. Ich hatte längst aufgegeben, ihn deshalb zu bedrängen, und mich damit begnügt, täglich für seine heidnische Seele zu beten.

»Warum hast du dich dafür entschieden?«

»Das habe ich nicht. Du hast die Entscheidung für mich getroffen. Denn wenn dies das Wesen deines Gottes ist, dann soll Er auch der meine sein.«

Ich holte eilig Öl und Wasser und legte die Utensilien dort in seinem Zimmer bereit.

»Alter Mann«, sagte ich, als ich ihn gesalbt hatte, »wir werden in der Ewigkeit zusammensein.«

Ossian nickte.

»Im Land der Ewigen Jugend.«

»In Tir Nan Og«, piepste Benin von seinem Platz am Fußende der Schlafstatt.

Und meine Freude war viel zu groß, als daß ich ihnen besserwisserisch ins Wort gefallen wäre.

Kapitel Neunundzwanzig

Fünf Tage verstrichen, und noch immer keine Nachricht von Ainfean. Ossian wurde jetzt stündlich schwächer, und jeden Tag sprach er davon, daß er erfahren müsse, wie sein Vater und sein Sohn umgekommen waren.

Am Morgen des sechsten Tages tauchte am Waldrand ein Reiter auf. Er verweilte dort lange Zeit, sein Umhang wehte im Wind. Schließlich hielt ich es nicht länger aus und lief über das Feld zu ihm hin. Doch ich hatte es noch nicht halb durchmessen, da wendete er seinen großen Rappen und verschwand zwischen den Bäumen.

Daß er so lange verweilt hatte, beunruhigte mich.

Wir führten Coplait in Ossians Zelle.

»Kennst du die Geschichte?« fragte ich ihn.

Coplait nickte.

»Kannst du sie ihm nicht vielleicht selbst erzählen?«

Da antwortete Ossian von seiner Lagerstatt aus.

»Das kann er nicht, Padraig. Man muß lange üben, bis man sich ohne Worte verständigen kann. Mir fehlt diese Übung.«

»Und mit meiner Hilfe geht es auch nicht?«

Coplait schüttelte den Kopf, doch er lächelte und tätschelte meine Hand. Ich nehme an, um seine Anerkennung dafür zu bekunden, daß ich es hatte versuchen wollen.

Also brachte ich ihm Breogans Schreibgerät, Tinte und Pergament.
»Wenn du es für mich aufschreibst, werde ich es Ossian vorlesen«, schlug ich vor, doch der alte Mann gab mir zu verstehen, daß er nicht schreiben konnte.
»Den Druiden ist es verboten, zu schreiben«, sagte Ossian.
Breogan nickte.
»Es darf nichts aufgeschrieben werden. Alles muß mündlich überliefert werden.«
Verzweifelt hob ich die Arme.
»Dieses verdammte Weibsstück. Wie lange braucht sie denn noch, bis sie sich endlich entschieden hat?« Dann fiel mir unser Versprechen wieder ein, uns gegenseitig nicht mehr zu verletzen, und ich schämte mich. Daher ging ich in die Kapelle, um zu beten.
Feiner Staub flimmerte in der Sonne, als ich niederkniete und versuchte, meine Gedanken zu ordnen, aber in meinem Kopf summte es wie in den Bienenstöcken, die wir seit einiger Zeit aufgestellt hatten.
Ich sprach mit lauter Stimme.
»Er wird uns bald verlassen. Dessen bin ich mir sicher. Sein Lebenslicht glimmt nur noch. Ich weiß nicht, wie Du ihn hierher zu uns geschickt hast, und vielleicht hat Benin auch recht. Vielleicht brauche ich es nicht zu wissen. Ich möchte Dir nur sagen, daß ich Dir von Herzen dankbar bin für das Geschenk seiner Anwesenheit.«
Demütig beugte ich das Haupt, denn nun hatte ich eine Bitte vorzutragen.
»Vater, erhöre mein Gebet für all jene, die er liebt. Für seinen Vater und seinen Sohn. Für seine Frau Niamh. Für die Fenier seiner Geschichten. Vertrauend auf Deine Antwort wage ich nicht mehr zu erbitten.«

»Padraig.« Leise hörte ich sie hinter mir. Mein Herz machte vor Freude einen Sprung. Noch auf Knien wandte ich mich zu ihr um. Schon beim ersten Blick auf ihr Gesicht sah ich, wie sie sich entschieden hatte, denn es strahlte vor Glück.

»Er ist zu mir gekommen, Padraig. Dein Bote.«

Sie kniete sich neben mich.

»Mein Bote?«

»Er trug ein Druidengewand mit einer goldenen Borte. Und sein Haar war rot. Er sagte, er sei dein Freund. Eigentlich sah er aus wie einer der Anderen.«

Überrascht blickte ich auf.

»Sehen sie denn so aus?«

»Ja.«

Sie lächelte.

»Ich war in der Clochan an der Küste. Viele Tage lang habe ich weder gegessen noch getrunken, und ich erforschte mein Herz, was ich tun sollte. Als ich im Morgengrauen aufstand, saß er draußen vor meiner Tür. Er hatte Brot bei sich und einen Krug voll klarem, kühlem Quellwasser. Ich fragte ihn nach seinem Namen.

›Ich bin ein Bote‹, gab er zurück.

›Welche Nachricht bringst du?‹ wollte ich wissen.

›Du brauchst keine Nachricht‹, entgegnete er. ›Denn dein Herz hat sich bereits entschieden.‹

›Wenn das stimmt‹, sagte ich zu ihm, ›warum bist du dann hier?‹

Da tat er etwas Merkwürdiges.

Laut lachend blickte er zum Himmel empor.

›Warum suchst du dir immer die Schwierigen aus?‹ fragte er. Es machte den Anschein, als würde er auf eine Antwort warten; schließlich nickte er.

›Du bist eine willensstarke Frau, Ainfean‹, sagte er dann

an mich gewandt. ›Deine Stimme wird sich laut erheben für den Herrn.‹
Dann brach er das Brot und reichte mir ein Stück, und ich aß davon.«
Ihre Wangen röteten sich.
»Padraig«, sagte sie. »O Padraig, ich habe vom Salm der Weisheit gekostet.«

Wir tauften sie in Ossians Zelle. Nie hatte sich eine merkwürdigere Runde im Namen des Herrn versammelt.
Alle Bewohner von Sabhal Padraig eilten herbei, denn sie war ihre Heilerin. Der Schmied trug sogar noch seine geschwärzte Schürze. Auch sämtliche Brüder nahmen an der Zeremonie teil. Der alte Coplait stand neben Ainfean, und beide trugen ihr weißes Druidengewand. Ossian saß aufrecht auf seinem Lager und hatte den Fenierumhang bis zum Kinn hochgezogen. Neben ihm geiferten Dichus Hunde und jaulten aufgeregt. Nachdem Benin seine kleine Glocke geläutet hatte, sangen wir gemeinsam den Faed Fiada, auch wenn ich bewußt den Teil über Frauen, Schmiede und Zauberer ausließ, denn jeder der Genannten befand sich im Raum.
Als wir Ainfean gesalbt hatten, gelobte sie, dem Herrn ihren Besitz, ihren Körper und ihren Geist zu weihen.
Wir nahmen sie in unsere Mitte und hoben sie gemeinsam hoch, und ich jubelte innerlich.
»Ein Fest«, rief Dichu. »Ein Fest! Und Ossian muß eine Geschichte erzählen.«
Ich wußte, daß der alte Mann bereits zu schwach und zu geistesabwesend war, um noch Geschichten zu erzählen, daher hob ich abwehrend die Hand. Aber noch ehe ich etwas sagen konnte, ergriff Ossian das Wort.
»Bringt mir eine Bodhran«, verlangte er. »Denn ich habe

zwar keine Geschichte mehr für euch, aber ich kenne doch ein Gedicht meines Vaters, das ich den Menschen von Sabhal Padraig gern schenken möchte.«
Benin beeilte sich, die mit Ziegenhaut bespannte Trommel aus dem Dorf zu holen, und Ossian schlug sie in einem langsamen, schwerfälligen Rhythmus. Der dumpfe Klang der Bodhran erfüllte den Raum, während Ossian sein Lied anstimmte.

Erinnert euch an uns, erinnert euch an uns,
An uns, eure Väter aus Eire.
Beim Fest und an den Feuern, erinnert euch an uns,
Denn dann sind wir unter euch.

Wenn der Hirsch aus der Senke aufspringt,
Folgen wir wieder Fionn,
Im wütenden Getümmel der Schlacht,
Singt für uns den Dord Fion.

Wenn Pferdehufe über Almhuin donnern,
Wenn Krähen von den Bäumen rufen,
Wenn Wölfe in den Bergen von Slieve Bloom heulen,
Erinnert euch an Oscar, Fionn und Ossian.

Wenn die Wellen das Schiff wild umwogen,
Wenn Möwen schreien in Kesh-Carraigh,
Wenn die Kühe in Glan da Moil muhen,
Denkt an die Fenier von Eire zurück.

Wenn Hunde im Wald von Duirhos kläffen,
Wenn Bran jault in Cnoc-an-air,
Wenn der Fluß über die Steine plätschert,
Hört gut zu! Denn dann sind wir da.

So möchte ich ihn immer im Gedächtnis behalten, wie er die uralte Trommel schlug und mit lauter Stimme dazu sang, den grünen Feniermantel fest um sich geschlungen. Dieses Bild bewahre ich in meinem Herzen.

Am Morgen versammelten wir uns in seiner Zelle. Ainfean hatte die Geschichte im Kopf, wie Coplait sie ihr erzählt hatte.
Wir wußten, daß dies sein letzter Tag bei uns sein würde, und unsere traurige Stimmung war nicht allein der Erzählung geschuldet.

Als Cormac Mac Art starb, wurde sein Sohn Cairbry der Hochkönig von Eire.
Cairbry war nicht aus dem Holz seines Vaters geschnitzt, er hatte keine Achtung vor den Feniern, denn er fand, sie hätten in Eire zuviel Macht. Heimlich suchte er nach einem Weg, sie zu vernichten.
Mit seiner Tochter Sgeimh Sholais bot sich ihm dazu eine Gelegenheit. Sgeimh Sholais war sein Schatz. Ihr Name bedeutete Leuchtende Schönheit, und dieser Name paßte vortrefflich zu ihr. Doch Cairbry versprach sie einem König von jenseits des Meeres, ohne sie zuvor zu fragen. Dabei liebte Cairbrys Tochter Fergus, einen jungen Krieger der Fianna.
Nun war es zu jener Zeit Sitte, daß der König den Feniern Gold gab, wenn ein Mitglied der königlichen

Familie sich vermählte. Die Fenier wußten, daß Fergus die Tochter des Cairbry liebte, und schickten deshalb den Jüngling, um einzufordern, was den Feniern zustand, und bei dieser Gelegenheit die Tochter vielleicht mit sich zu nehmen.

Aber Cairbry war sich dessen wohl bewußt und hatte auf einen solchen Anlaß nur gewartet.

Als Fergus in die Halle trat, um den Tribut zu fordern, ließ Cairbry ihn von seiner Wache umzingeln. Noch ehe der überraschte Jüngling auch nur einen Blick auf seine Geliebte werfen konnte, durchbohrte man ihn mit einem Speer und warf ihn über die Mauer des Königshügels von Tara. Sein lebloser Körper fiel auf die Steine am Fuß der Mauer.

Nun schwor Oscar Rache für seinen toten Kameraden.

»Lange waren mein Vater und Cormac Mac Art zum Schutz von Eire vereint«, rief er. »Aber jetzt besteht dieser Bund nicht mehr. Von diesem Tage an betrachten sich die Fenier von Eire als Diener ihres Landes, aber nicht mehr des Königs.«

Doch einige aus dem Clan von Mac Morna hegten schon seit Art Mac Mornas Tod einen tiefen Groll gegen Fionn. Und diese Krieger schlugen sich nun auf Cairbry Mac Cormacs Seite. Cairbry vergrößerte ihre Zahl mit seinen eigenen Kämpfern, mit Männern aus Lochlan und mit Söldnern, bis er schließlich eine Streitmacht von zehntausend Mann beisammen hatte, gegen dreitausend Feniekrieger von Eire.

Die beiden Heere stießen in der Schlacht von Gabhra aufeinander.

Eine Zeitlang waren die Fenier im Vorteil, denn wenn sie auch von ihrer Zahl her unterlegen waren, so waren sie doch die besten Krieger, die es in Eire jemals gegeben

hatte. Kein Mann aus Lochlan und kein Söldner konnte gegen sie bestehen.
Doch schließlich mußten sie sich der Übermacht beugen. Einer nach dem anderen fielen die Fenier durch das Schwert.
Zuletzt kam es zum Kampf zwischen Oscar und Cairbry Mac Cormac.
»Du wirst nun sterben«, rief Oscar, »denn du bist ein König ohne Ehre.«
Er holte mit seinem Schwert aus und hieb Cairbry entzwei, doch dieser traf ihn, noch während er nach hinten fiel, mit seinem Speer mitten ins Herz.
Die Fenier brachten Oscar zurück zu Fionn, der die Schlacht von einer Anhöhe aus leitete. Als er Oscar erblickte, fiel er auf die Knie, legte den Kopf in den Nacken und stimmte ein Wehgeheul an. Indes Oscar sein Leben aushauchte, sprach er zu ihm:
»Trauere nicht um mich, Großvater, ich sterbe, wie es einem Fenier wohl ansteht.«
Da regte sich der Kampfgeist noch einmal in Fionn; er nahm den Guten Streiter mit seinen Greisenarmen auf und stürzte sich in das Getümmel. Nach allen Seiten teilte er schwere Hiebe aus und tötete viele von Cairbrys Männern, aber zuletzt sah er sich von einer ganzen Fian seiner Feinde umringt.
Da reckte er den Guten Streiter hoch über den Kopf und rief:
»Für Eire!«
So starb der Heerführer der Fenier. Und damit war das Ende der Fianna von Irland besiegelt. Denn nachdem Fionn tot war, herrschte in der Fianna keine Einigkeit mehr.

Ich hatte Angst, wie der alte Mann die Geschichte aufnehmen würde, doch als ich ihn ansah, lächelte er.
»Gut«, sagte er. »Sie starben, wie Helden sterben sollen.«
Der Reiter am Waldrand wendete seinen Rappen und ritt davon. Es schien, als habe er die ganze Zeit zugehört.

Kapitel Dreißig

Er stützte sich schwer auf mich, als wir durch die kühlen Hallen des Klosters gingen. Aber er hörte nicht auf mein flehentliches Bitten.

»Tu das nicht, Ossian. Du verausgabst dich für nichts und wieder nichts. Seit drei Tagen schleppst du dich nun schon zur Gartenmauer, und es war nie jemand da. Niemand ist gekommen. Du aber wirst jeden Tag schwächer.«

»Sie holen mich, Padraig. In der Nacht höre ich am Fenster ihr Lied.«

»Du hörst den Wind. Oder die Wölfe. In den letzten Nächten habe ich sie auch gehört.«

Da blieb er stehen und schaute mich an.

»Zweifelst du immer noch, Padraig? Hat denn nichts von all dem, was ich dir erzählt habe, den Weg in dein Herz gefunden?«

Ich spürte, wie mir vor Scham das Blut in die Wangen schoß und meine Ohren brannten. Betrübt darüber, daß ich dem alten Mann am Ende seines Lebens noch Kummer bereitete, blickte ich zu Boden.

»Dann komm«, sagte ich. »Gehen wir zur Gartenmauer.«

Ich bemerkte sie zuerst, den Mann und die Frau. Sie warteten am Rand des Feldes, wo ich auch Ossian zum ersten Mal gesehen hatte. Einer von ihnen war der Reiter auf dem Rappen. Ich schnappte nach Luft. Ossian sah auf.

»Endlich«, flüsterte er. »Endlich sind sie gekommen.« Er straffte die Schultern, was ich mehr fühlte als sah.
»Ich gehe zu ihnen, Padraig«, sagte er. »Aber du darfst nicht mitgehen.«
Doch kaum hatte er sich einige Schritte von mir entfernt, stürzte er. Ich rannte zu ihm und hob ihn hoch, hielt ihn an mich gedrückt wie ein schwaches Kind.
»Ich werde dich zu ihnen tragen.« Ossian schüttelte den Kopf, aber ich bedeutete ihm zu schweigen.
»Sag nicht nein, alter Mann. Ich bringe dich hin.«
Da lächelte er und ließ mich gewähren.
Er war sehnig und schwer, schwerer als ich angesichts seines gebrechlichen alten Körpers vermutet hatte. Beim ersten Schritt strauchelte ich beinahe über den Saum meiner braunen Kutte. Und so machten wir uns schwankend auf den Weg, langsam durchquerten wir das Feld, bis wir am Waldrand angekommen waren, wo die beiden auf ihren Pferden saßen. Der Mann wirkte gleichgültig, den blaugrün karierten Umhang um sich geschlungen saß er schweigend und mit unbewegten Zügen im Sattel. In der Hand hielt er die Zügel des reiterlosen Schimmels, der zwischen den beiden anderen Pferden stand. Zorn wallte in mir auf. Wenn dies Caoilte Mac Ronan war, warum saß er dann nicht ab und half seinem alten Gefährten aufs Pferd?
Oh, aber die Frau. Sie beugte sich aus dem Sattel und streckte Ossian die Arme entgegen; dabei stöhnte sie laut, als sie ihn so gebrechlich sah. Und sie war wunderschön, noch viel schöner, als Ossian sie beschrieben hatte. Das flammendrote Haar fiel ihr wie ein Wasserfall über Schultern, Arme und Rücken. Ihr blasses, durchscheinendes Gesicht schien von innen her zu leuchten, als brenne ein Licht in ihr. Ich fühlte, wie mein Herz bei ihrem Anblick

schneller schlug. Nun verstand ich Ossians Verlangen, zu ihr zurückzukehren.
»Du mein Liebster«, hörte ich sie murmeln. »Du mein teurer Geliebter.«
Ossian stützte sich an mir ab und versuchte, den Kopf gerade zu halten. »Niamh«, sagte er mit der brüchigen Stimme eines alten Mannes. »Niamh, ich komme zurück.«
Ich hörte, wie hinter uns die Menschen von Sabhal Padraig, meine Brüder und Schwestern, zusammenliefen. Mit meiner Last im Arm drehte ich mich zu ihnen um.
»Bleibt stehen«, rief ich, obgleich ich nicht wußte, warum.
Als wir endlich vor den Reitern standen, streckte ich ihnen Ossian entgegen wie eine Opfergabe. Ich wandte mich an den Mann.
»Wenn du wirklich jener Caoilte Mac Ronan bist, von dem Ossian gesprochen hat, hat er dich in sehr günstigem Licht geschildert. Steig ab und hilf deinem Gefährten.«
Schmerzlich verzogen sich seine Züge, und er schüttelte den Kopf.
»Wir können nicht absitzen, Padraig. Wir dürfen es nicht. Das solltest du doch wissen.«
Da erkannte ich, daß seine unbewegte Miene das Leid verbergen sollte, daß er angesichts seines vom Alter gebeugten Gefährten empfand. Und mich überwältigte Dankbarkeit für das Opfer, das Ossian gebracht hatte, indem er zu mir gekommen war. Die Schwere seiner matten Glieder verriet, wie nahe er dem Tod war, und ein Schrei stieg in meiner Brust auf.
»Nein! Nein!« heulte ich das blaue Himmelsgewölbe an. »Vater unser, laß ihn nicht sterben! Gib ihm sein Leben zurück. Gib es ihm wieder.«
Caoilte drängte sein Pferd zur Seite.

»Schnell, Padraig, zaudere nicht. Du mußt Ossian hier zwischen sein Pferd und meines stellen.«
»Er ist zu schwach, ich fürchte, er kann nicht allein stehen. Und er kann nicht aufsitzen, Caoilte, das siehst du doch.«
»Streite nicht mit mir, Priester! Wir haben nur wenig Zeit!«
Ossian stützte sich an meinem Brustkorb ab.
»Tu, was er sagt, Padraig. Laß mich hier zwischen den Pferden zu Boden, und dann renn zurück. Dreh dich nicht um und renn über das Feld, so schnell du kannst.«
Ich ließ ihn sanft heruntergleiten. Schwer lehnte er sich gegen die Flanke des Schimmels, und ich blickte ihm kurz in die tiefblauen Augen. Dann drehte ich mich um, hob den Saum meiner Kutte an und sprang in unbeholfenen Sätzen über das Feld. Schon von weitem sah ich, daß sich die Brüder und Schwestern an dem niedrigen Mäuerchen versammelt hatten, das den Klostergarten von dem großen Feld abtrennte. Ihre Blicke waren auf das Geschehen hinter mir gerichtet, und da hörte ich, wie sie gleichzeitig nach Luft schnappten. Ainfean streckte die Hände aus. Da drehte ich mich um. Ich drehte mich um und sah.
Mir spielte weder das Licht einen Streich, noch waren es die langen Schatten des Nachmittags, ich sah es so deutlich, wie ich im Leben nichts deutlicher gesehen habe: Ossian saß im Sattel, sein goldenes Haar wehte in der sanften Brise, sein langer Umhang blähte sich um einen muskulösen, jungen Körper. Er war ein Mann in der Blüte seiner Jahre, etwa so alt wie ich. Indes ich ihn beobachtete, nahm er Niamhs Hand in die seine und küßte sie zärtlich, dann hob er den Arm mit der geballten Faust hoch über den Kopf.

Und da wußte ich es. Ich war durchdrungen von der Gewißheit, daß der Gott, an den ich glaube, uns alles zurückgibt, was wir je verloren haben, und in größerer Schönheit als zuvor.
Ich riß meinen Arm ebenfalls nach oben und ballte über dem Kopf die Hand zur Faust. Die Kraft meiner Muskeln, die Spannung in meinen Schultern, die Jugend und Schönheit meines Körpers ließ mich jubeln, und als heiße Tränen über meine Wangen strömten, schämte ich mich ihrer nicht.
Breogan kam zu mir und stellte sich neben mich; auch er hatte den Arm erhoben. Als ich mich zu ihm drehte und ihn anlächelte, klopfte er mir auf die Schulter.
Dann stand auch Benin neben mir, und Ainfean, die Brüder und Schwestern, und alle Menschen von Sabhal Padraig.
Ossian rief mir über das Feld hinweg zu:
»Ich gehe zu ihnen, zu Oscar und Fionn. Und ich werde ihnen erzählen, daß ich bei dir war, Magonus Succatus Patricius. Ich werde ihnen alles erzählen.«
Da fing ich an zu lachen, mein Lachen schallte weithin übers Feld bis zu ihm.
»Erzähl ihnen nichts von Patricius«, rief ich.
Ossian stand aufrecht im Sattel, den Arm hoch über die Köpfe seiner Gefährten gereckt, während sich die Brüder enger um mich scharten.
»Was soll ich ihnen denn erzählen, wenn sie mich fragen, wo ich war?« rief er mir zu. Und er lachte ebenfalls.
Da erkannte ich, daß der Himmel und die grüne Erde und die verträumten Iren zu mir gehörten und ich zu ihnen und daß dies so bleiben würde, für alle Zeit. Die Stimme flüsterte meinen Namen, und ich rief laut zu Ossian hinüber, was ich in meinem Herzen hörte.

»Sag ihnen, du warst bei Padraig!« schrie ich ihm zu. »Sag ihnen, du warst bei Padraig von Irland.«

Anhang

Geschichtlicher Hintergrund

Ich habe mit den Figuren von Patrick und Ossian gespielt. Vielleicht auch sie mit mir. Denn die Wahrheit, das, was man als historische Fakten bezeichnen könnte, ist bei keinem der beiden Männer mit letzter Gewißheit festzustellen.

Der Sage nach war Ossian der Sohn von Fionn Mac Cumhail und Sabh, einer Frau, die infolge eines Druidenfluchs zeitweilig die Gestalt eines Hirschs annahm. Ossian wurde von seiner Mutter im Wald aufgezogen, bis der Druide sie gewaltsam voneinander trennte. Später wurde der Knabe von Fionn gefunden, als dieser sich gerade auf einer Jagd befand. So kam Ossian in die Zivilisation, lernte sprechen und wurde der Dichter und Geschichtenerzähler der Fenier.

Es gibt unterschiedliche Schreibweisen seines Namens: Oisian, Oisin, Osian und Ossian. Ausgesprochen wird er »Oschin«.

Hat Ossian wirklich existiert?

Ich weiß es nicht.

Wenn es Fionn wirklich gab, dann sicherlich auch Ossian. Ossians Vater Fionn Mac Cumhail (ausgesprochen Finn Mäk Kuhl) war der Heerführer der Fianna, der Fenierkrieger Irlands, die im dritten Jahrhundert nach Christus in diesem Land eine Blütezeit erlebten. Die Fenier waren das stehende Heer des Königs Cormac Mac Art. Über die

Stärke dieses Heeres gibt es unterschiedliche Angaben; sie wird auf neuntausend bis zwanzigtausend Mann beziffert. Im Winter wurden diese Krieger in den Dörfern einquartiert, im Sommer wohnten sie in den Wäldern, lebten vom Jagen und Fischen und schliefen in Schutzhütten, die nach drei Seiten geschlossen waren.
Eine Grundeinheit der Feniertruppen war die Fian, die aus sechs bzw. zwölf Mitgliedern bestand. Den meisten Quellen zufolge waren die Fenier in »Bataillone« zu dreitausend Mann eingeteilt, die jeweils einen eigenen Anführer hatten, wenn auch Fionn schließlich das Oberhaupt der gesamten Fianna wurde.
Was Fionn betrifft, sind sich die Wissenschaftler uneins. Manche behaupten, er sei eine mythische Figur, der »Sohn des Lichts«, so wie der mythische Keltengott Lugh, der »Sohn der Sonne«. Wie Fionn war Lugh ein strahlender junger Mann, ein Tausendsassa, der alles konnte und regelmäßig zwischen dieser Welt und der Geisterwelt hin und her pendelte.
Andere Wissenschaftler glauben, daß Fionn eine reale Gestalt und der Anführer des Fenierheeres war, ein etwas überlebensgroß dargestellter Mensch, dessen Heldentaten nach seinem Tod ins Sagenhafte und Mythische überhöht wurden.
Ich ziehe die letztere Erklärung vor.

Was Patrick angeht, so hat er natürlich sehr wohl existiert. Das Problem dabei ist nur, daß er keineswegs so heldenhaft und edel war, wie seine frühen Biographen der Nachwelt weismachen wollten.
Es beginnt schon damit, daß die Wissenschaft sich nicht auf die Datierung seiner Ankunft in Irland und seines Todes einigen kann. Manche sagen, er sei 432 n. Chr. nach

Irland gekommen und 461 n. Chr. gestorben, während andere behaupten, er sei 461 angekommen und 491 gestorben.

Tatsächlich war Patrick im Alter von sechzehn bis zweiundzwanzig Jahren Sklave in Irland. Aber ob er diese Jahre im Nordosten in der Nähe von Armagh oder im Westen, in Mayo, verbracht hat, darüber streiten sich die Wissenschaftler wieder. Die Mehrheit plädiert für Mayo, und offen gestanden habe ich mich dafür entschieden, weil meine eigenen Vorfahren von dort stammen.

Die nüchternen Fakten über Patricks Leben lesen sich folgendermaßen: Sein Vater war Calpornius, wahrscheinlich ein Britannier römischer Abstammung, der in der römischen Verwaltung das Amt eines Dekurio bekleidete. Patricks Großvater Potitus war Priester der christlichen Kirche, die damals noch kein Zölibat verlangte, sein Vater Diakon. Patricks Familie besaß eine Villa, und man würde sie heutzutage wohl der »Oberen Mittelschicht« zuordnen.

Wie Patrick selbst sagte, war er vor seiner Versklavung nicht gläubig. In der Einsamkeit seiner Sklaverei, als Schafhirte, dessen einzige Gefährten Wolfshunde waren, begann er, oft und inbrünstig zu beten, was schließlich dazu führte, daß er jene Stimme vernahm, die ihn den Rest seines Lebens begleiten sollte.

Es trifft wohl zu, daß Patrick auf eine dieser Eingebungen hin seine Flucht einleitete, daß er als junger Mann in die Heimat zurückkehrte und sich allen Visionen zum Trotz achtzehn Jahre lang weigerte, nach Irland zurückzukehren, bis ihm offenbar die Priesterschaft der britannischen Kirche den Befehl dazu erteilte.

In seiner Confessio erwähnt Patrick seine Brüder in Gallien, doch ist es nicht eindeutig erwiesen, daß er auf dem

Kontinent studiert hat oder auch nur dort gewesen ist. Tatsächlich war sein Latein nämlich unbeholfen und voller grammatikalischer Fehler; im großen und ganzen war Patrick ungebildet und nicht sehr belesen.

Bei den in diesem Buch dargestellten Ereignissen habe ich mir erlaubt, sowohl auf historische Fakten als auch auf Sagen und Legenden zurückzugreifen. Wahrscheinlich entspricht es nicht historischen Tatsachen, daß Patrick das Feuer auf dem Hügel von Slaine entfachte. Der Legende nach hat Patrick ein Osterfeuer entzündet, was nach dem keltischen Kalender ungefähr Beltaine entspricht (1. Mai). Doch nach dem alten keltischen Kalender war das größte Fest des Jahres Samhain, das heute im englischsprachigen Raum Halloween heißt. In jener Nacht wurde das Feuer des alten Jahres gelöscht und das neue entzündet. Samhain galt als sehr gefährliche Zeit, in der die Mächte der Finsternis ihr Unwesen treiben, und für Patricks Zwecke hätte es sich daher besser geeignet.

Vermutlich ist es auch nicht historisch belegbar, daß Patrick seinen früheren Sklavenhalter zu bekehren versuchte oder daß sich sein Einfluß über so weite Teile Irlands erstreckte. Viele der Legenden, die sich um Patrick ranken, sind tatsächlich rein fiktiv. Wahrscheinlich vertrieb er weder die Schlangen aus Irland, noch zerstörte er Götzen wie Crom Cruach oder vollbrachte Zeichen und Wunder. In jüngster Zeit hat sich die Auffassung durchgesetzt, daß Patrick größtenteils in Armagh missionierte, wo er im Dienst der dort herrschenden Ulaidenkönige stand. Mit deren Niedergang wendete sich auch für Patrick das Blatt. Er verbrachte die letzten Jahre seiner Mission höchstwahrscheinlich in der küstennahen Region, die heute Downpatrick heißt.

Doch er muß etwas an sich gehabt haben, eine Eigenschaft, die die Menschen sahen und spürten und von der sie sich angezogen fühlten. Vielleicht war das Licht, das von ihm ausstrahlte, von größerer Schönheit als er selbst. Denn in seiner Confessio und in seinem Brief an Coroticus, den einzigen von ihm verfaßten Dokumenten, die uns überliefert sind, offenbart er sich als weitgehend ungebildeter Mensch, der in materiellen Dingen bescheiden, aber maßlos stolz auf seine Beziehung zu Gott war; es mangelte ihm an Selbstachtung, er zweifelte oft an sich und reagierte äußerst empfindlich auf Kritik an seinem Umgang mit den Iren, an seiner Verwendung von Kirchengeldern oder am Erfolg seiner Mission.

Eben wegen dieser allzu menschlichen Schwächen, die er in seiner Confessio und in seinem Brief eingesteht, hege ich so große Sympathien für Patrick.

Patrick hatte in der Tat ein problematisches Verhältnis zu Frauen. Seiner Confessio zufolge boten sie ihm anscheinend des öfteren Schmuck an, der unter den Kelten sehr geschätzt war, sowie gewisse andere Geschenke, die er angeblich ablehnte. Seine Confessio und sein Brief sind sehr kurz, trotzdem befaßt er sich in jedem der beiden Manuskripte mehrmals mit Frauen. In der Confessio hält er fest, daß unter seinen Bekehrten viele Töchter großer Stammesführer waren, die gegen den Willen ihrer Väter zu ihm kamen. In seinem in späteren Jahren verfaßten Sendschreiben an Coroticus beklagt er voller Gram und in beinahe unverständlichen Worten, daß einige konvertierte Frauen und Kinder aus seiner Gemeinde entführt und in die Sklaverei verkauft worden sind. Doch das ist eine andere Geschichte, wie Ossian gesagt hätte.

Patrick gesteht, in seiner Jugend eine schreckliche Sünde begangen zu haben, und dem Tonfall seiner Confessio nach handelte es sich um eine Verfehlung sexueller Natur.

Seinen Angaben zufolge ereignete sich der Zwischenfall früher, als ich es hier dargestellt habe, nämlich bereits im Alter von fünfzehn Jahren. Um der dramatischen Wirkung willen, und vielleicht auch um der Schicklichkeit willen, habe ich daraus ein Verhältnis zwischen ihm und der Pflegetochter seines Sklavenhalters gemacht. Es stimmt, daß Patrick seine Sünde einem Freund anvertraute, der ihn später bei den Kirchenoberen verriet, was Patrick zutiefst verletzte und verbitterte.

In seiner Confessio lobt Patrick die Frauen, die sich im Dienst der Barmherzigkeit für die Keuschheit entschieden haben. Insbesondere schildert er eine seiner Bekehrten als »eine gesegnete Irin von hoher Abstammung, anmutig und in voller Blüte.« Er schreibt, sie sei nach sechstägiger Kontemplation »aus einem bestimmten Grund« zu ihm gekommen. Um welchen Grund es sich handelte, führt er nicht näher aus, berichtet aber, daß sie sich entschlossen habe, seiner Gemeinschaft beizutreten und sich im Dienste Christi der Keuschheit zu verschreiben. Diese Entscheidung, so schreibt er, habe ihn mit tiefster Freude erfüllt.

Dieser kurze Absatz in der Confessio hat mich zur Gestalt der Druidin Ainfean inspiriert. Ich wollte nicht nur eine Frau einführen, die Patrick immer wieder Steine in den Weg legt (was durchaus zu seiner Lebensgeschichte paßt), sondern auch eine Stimme, die für die untergehende keltische Religion spricht. Ob in Irland, bei den Ureinwohnern Amerikas oder in anderen Ländern – wann immer christliche Bekehrer das Volk für die neue Religion zu gewinnen suchten, wurden dabei stets sowohl schreckliche als auch schöne Traditionen verunglimpft und ausgelöscht. Ich kann mir nie und nimmer vorstellen, daß Jesus Christus in seiner Milde und seiner allumfas-

senden Liebe zu den Menschen es gutgeheißen hätte, daß andere Kulturen auf diese Weise ausradiert werden. Deshalb hielt ich es für angebracht, eine Stimme aus älterer Zeit zu Wort kommen zu lassen.
Mein Vorname ist nicht der eines Heiligen, doch Patrick ist mein Namenspatron durch die Taufe. Ich hoffe, daß ich seiner Person gerecht geworden bin und daß er Verständnis hat, wo es mir nicht gelungen ist.
Auf die Frage, ob Ossian wirklich zu Patrick kam und ihm die Feniergeschichten erzählte, kann ich keine klare Antwort geben. Je älter ich werde, desto mehr scheint mir die Grenze zwischen dieser Welt und der Anderswelt zu verschwimmen. Wie Patrick sagen würde, ist alles möglich durch das Wort. Alles.
Und ich glaube ihm.

Bail O Dhia ar an obair.
Segne, o Herr, das Werk.

Orte und Begriffserklärungen

Almhuin – Die Festung von Fionn Mac Cumhail und seinen Fenierkriegern lag allen Quellen zufolge im Gebiet des heutigen Kildare. Da ihre Außenanlagen mit leuchtend weißen Steinen besetzt waren, konnte man sie schon von weitem sehen.

Crom Cruach – In vielen alten Sagen und Geschichten ist von einem riesigen, von kleineren Steinen umgebenen Felsblock die Rede, der den Gott Crom Cruach mit seinem Gefolge repräsentierte. Crom Cruach war ein gefräßiger Gott, dem erstgeborene Tiere, Getreide, Milch und mitunter auch Erwachsene oder Kinder geopfert werden mußten. Nach der Überlieferung rieben sich die Anbeter an dem Stein die Nasen blutig, bis der blanke Knochen hervortrat. Crom Cruachs Stein stand auf der Ebene namens Mag Sleacht, der »Ebene der Unterwerfung«, wo sich die Bittsteller vor ihm zu Boden warfen. Der Legende nach zerstörte Patrick den Crom Cruach.

Druiden – Druiden waren die Priester des alten Irland. Die Ausbildung zum Druiden oder zur Druidin erforderte eine zwanzigjährige Lehrzeit bei einem Meisterdruiden oder Ollamh. Druiden führten in Eichenhainen (siehe *Fidnemid)* religiöse Zeremonien durch und besaßen umfassendes Wissen von den Naturwissenschaften, der

Astronomie, Philosophie und Geschichte sowie von der materiellen und der metaphysischen Welt. Die Druiden müssen über ein erstaunliches Gedächtnis verfügt haben, denn über Jahrhunderte hinweg wurde ihr gesamtes Wissen nur mündlich von den Lehrern an die Schüler weitergegeben. Niederschriften waren der Druidenschaft untersagt.

Eire – Synonym für Irland, eine ältere Namensform.

Faed Fiada – Auch unter den Bezeichnungen Hirschruf, Lorica oder Brustharnisch bekannt. Dieses Lied (eine freie, lyrische Interpretation davon findet sich in Kapitel 15) geht angeblich auf Patrick zurück und war bei den Iren jahrhundertelang als Schutzgebet gebräuchlich.

Feis – Ein Fest oder eine Feier. Im alten Irland zogen sich Feste über mehrere Tage hin. Dazu gehörten Festmähler, Lesungen über die Gesetze Irlands, Tanz, Gesang, Geschichtenerzählen, Wettläufe und Wagenrennen, Hurlingturniere, genealogische Erörterungen und religiöse Zeremonien.

Fidchell – Ein keltisches Brettspiel, ähnlich dem Schach.

Fidnemid – Ein heiliger Hain für die Ausübung der religiösen Zeremonien durch die Druiden. In der Mitte eines solchen Hains stand meist eine mächtige Eiche, deren Äste wie Arme zum Gebet nach oben gereckt waren. Oft war der Hain von Schlehdornbüschen umgeben, die mit ihren Dornen einen natürlichen Schutz boten. Vermutlich gab es in solchen Hainen auch Altäre. Misteln, die auf den Eichen wuchsen, waren den Druiden heilig und dienten möglicherweise sowohl medizinischen als auch zeremoniellen Zwecken.

Geis – ein Bannspruch, ein absolutes bindendes Verbot oder Gebot.

Rath – Ein Dorf im alten Irland. Solche befestigten Siedlungen konnten von unterschiedlicher Größe sein, in der Regel bestanden sie aber aus Wohnhäusern mit einem kreisförmigen Grundriß, einem größeren Gemeinschaftshaus, in dem Versammlungen und Feiern abgehalten wurden, einem mit Palisaden versehenen Außenwall und manchmal auch mehreren Außengräben.

Sabhal Padraig – In diesem Ort (möglicherweise in der Nähe des heutigen Downpatrick) befanden sich angeblich Patricks erstes Kloster, seine Kirche und seine erste christliche Siedlung. Hier verbrachte er auch die letzten Jahre seines geistlichen Dienstes.

Samhain – Der keltische Kalender kannte vier hohe Feiertage: Samhain (31. Okt./1. Nov.), Imbolc (1. Febr.), Beltaine (1. Mai) und Lughnasa (1. Aug.). Der bedeutendste davon war Samhain, weil er das Ende der hellen Jahreszeit und den Beginn der dunklen Monate, der kurzen Tage und langen, kalten Nächte symbolisierte. Samhain bedeutete für die Menschen immer auch eine gewisse Bedrohung, da sich in dieser Nacht die Pforten zwischen der Welt der Menschen und der Anderswelt öffneten, was Unheil und Schaden zur Folge haben konnte.

Sidhe – Diese auch als »Die Anderen« bezeichneten Wesen galten als Nachfahren der Tuatha de Danaan, einem Volk, das einst in Irland gelebt hatte. Nachdem die Eroberer die de Danaan in der Schlacht geschlagen hatten, überließen sie ihnen als Lebensraum die Orte unter den Hügeln und unter Wasser, also all die verschwiegenen, felsigen und verborgenen Plätze Irlands. Diese sagenhaften Wesen besaßen magische Kräfte, sie alterten nicht und liebten Musik und Schönheit. Sie konnten komisch und schalkhaft sein, liebevoll und menschenfreundlich oder schrecklich und todbringend. Der Begriff »Banshee« geht auf »Bain sidhe« (Frau von den Sidhe) zurück und bezeichnete in späterer Zeit ein Wesen, das durch sein Geheul den Tod eines Familienangehörigen ankündigt.

Tara – Tara, in der Grafschaft Meath gelegen, war der legendäre Sitz des Hochkönigs von Tara. Er verfügte einst über eine mehr als 200 Meter lange Banketthalle, eine Schule für Dichter, Druiden und Krieger, ein prachtvolles Sonnenhaus (Grianan) für die Frauen sowie über zahlreiche kunstvoll ausgestaltete Wohnstätten für die Könige und Stammesführer Irlands.

Tir Nan Og – Tir Nan Og, auch Insel der Seligen, die Westliche Insel, I Breasil und Land der Ewigen Jugend genannt, ist ein Ort, an dem es keinen Tod, kein Altern, keine Krankheit und kein Leid gibt. Dort vergnügt man sich mit Festen, Liedern und Tänzen, und die Zeit vergeht so schnell, daß Hunderte von Jahren wie wenige kurze Tage erscheinen. Die Kelten fürchteten den Tod nicht, denn sie glaubten, daß die Seele nach dem Tod nach Tir Nan Og gelangt und schließlich in einer irdischen Gestalt wiedergeboren wird. Diesen Glauben spiegelt auch ein in ihrer Kunst häufig wiederkehrendes Motiv wider: mehrere miteinander verbundene Spiralen, die den Kreislauf von Leben und Tod symbolisieren. Obwohl die Kelten an eine Vielzahl von Göttern glaubten, die teilweise ziemlich furchteinflößend waren, war ihnen die Vorstellung von einer Hölle, in die die Seele nach dem Tod gelangen könnte, gänzlich fremd.